高等院校财务管理专业规划精品教材

公司成本管理

杨蓉 著

上海财经大学出版社

图书在版编目(CIP)数据

公司成本管理/杨蓉著．—上海：上海财经大学出版社，2009.12
(高等院校财务管理专业规划精品教材)
ISBN 978-7-5642-0657-4/F·0657

Ⅰ.公… Ⅱ.杨… Ⅲ.①企业管理:成本管理-高等学校-教材
Ⅳ.①F275.3

中国版本图书馆CIP数据核字(2009)第208162号

□ 责任编辑　王　刚
□ 封面设计　张克瑶

GONGSI CHENGBEN GUANLI

公 司 成 本 管 理

杨　蓉　著

上海财经大学出版社出版发行
(上海市中山北一路369号　邮编200083)
网　　址：http://www.sufep.com
电子邮箱：webmaster@sufep.com
全国新华书店经销
上海叶大印务发展有限公司印刷装订
2009年12月第1版　2017年12月第6次印刷

710mm×960mm　1/16　22.75印张　445千字
印数：8 001—9 000　定价：36.00元

(本教材免费赠送习题集，请向售书单位索取)

序 言

　　公司成本管理,是公司全员管理、全过程管理、全环节管理和全方位管理,是经济和技术相结合的管理。这是公司管理系统的一个子系统,是一项涉及面广并较为复杂的系统工程。在世界经济全球化的信息时代,公司要生存、求发展,就必须苦练内功,强化成本管理职能,采取各种有效措施降低产品和劳务的成本,才能在竞争中立于不败之地。因而,公司管理必须更加重视成本管理,成本管理也必须更加科学化。

　　本书从我国实际情况出发,在理论与实践相结合的基础上,总结公司成本管理的经验,并借鉴国外行之有效的先进管理方法,构建一个以提高经济效益为中心的公司成本管理体系。本书共分四篇十二章。第一篇是成本管理基础,包括第一章和第二章,这一部分主要阐述了成本管理的基本原理、基础理论和基本方法;第二篇是对公司成本管理基本框架的展开,包括第三章至第八章,这一部分深入分析了成本管理的基本内容:成本预测、成本决策、成本计划、成本控制、成本核算和成本考核;第三篇是对公司成本管理基本框架的延续,探讨了成本报表与分析,包括第九章和第十章,这一部分详细研究了成本报表及对成本报表的分析;第四篇介绍了成本管理的新发展,包括第十一章和第十二章,这一部分分析战略成本管理、人力资源成本管理、资本成本管理、质量成本管理、全产品生命周期成本管理和社会责任成本管理,从而形成了较完整的成本管理体系,以期适应公司面向国内、国际市场的需要。

　　本书是以公司大量管理实践活动为基础,同时参考了国外相关权威论著,也吸收了国内兄弟院校优秀教材的相关内容,力图在使读者了解公司成本管理知识的同时,亦接触到最新的公司成本管理内容和手段。公司成本管理是动态发展的,新的现象和问题在不断产生,因此,我们将根据公司管理活动的实践,不断修改这本教材,也希望读者提出宝贵的意见。

另外,需要说明的是本书名为《公司成本管理》,亦可称为《企业成本管理》,"公司"和"企业"实际上是可以通用的,只是"公司"更现代一点而已,"公司"是"企业"的高级形式。

为了便于读者学习,作者在每章后特意安排了以下内容:

(1)本章小结。这部分内容强调了学生要掌握的重要内容。

(2)主要概念。这部分内容明确了学生要掌握的重要概念。

(3)本章案例。用真实的情况阐明成本管理将怎样更好地服务于公司。

本书在华东师范大学工商管理专业本科生和硕士研究生、企业管理专业研究生讲授过。本书可以作为高等院校财务管理学专业学生的教材,也可供财务会计人员和经济管理人员自学时使用。本书的主要目的是为了告诉读者如何使用成本信息,因而,公司的厂长、经理和其他中层管理人员要了解如何利用成本信息服务于公司时,选择本书是非常合适的。

参加本书写作的主要人员有杨蓉、林佶颖、杨宇、张静、金铭、陈俊等。其中,杨蓉是本书的主要著述者,负责全书的体系设计、章节安排、文稿撰写、修改和定稿。

本书各章配有练习题,要求学生灵活运用所学的基本方法,思考成本管理的具体应用问题;同时,配有相应的练习答案。习题与答案自成一册,随同本书出版,并放在一起。

本书有教学课件(PPT),选用本书作为教材的教师可在上海财经大学出版社的网站上下载。

上海财经大学出版社的网址:www.sufep.com

华东师范大学商学院

杨 蓉

2009 年 9 月

目 录

序言 ··· (1)

第一篇 成本管理基础

第一章 成本管理总论 ··· (3)
  第一节 成本管理的形成和发展 ·· (3)
  第二节 成本管理的基础理论 ·· (11)
  第三节 成本管理的基本原理 ·· (19)
  第四节 成本管理的基础工作 ·· (26)
    本章小结 ·· (31)
    主要概念 ·· (32)
    本章案例 ·· (32)

第二章 成本管理的基本方法 ··· (34)
  第一节 成本概念 ·· (34)
  第二节 本量利分析法 ·· (43)
  第三节 变动成本法 ·· (57)
    本章小结 ·· (64)
    主要概念 ·· (65)
    本章案例 ·· (65)

第二篇　成本管理的内容

第三章　成本预测 ································ (71)
  第一节　成本预测概述 ························· (71)
  第二节　成本预测的定性方法 ··················· (78)
  第三节　成本预测的定量方法 ··················· (83)
  第四节　定性与定量成本预测方法的结合应用 ····· (91)
    本章小结 ··································· (92)
    主要概念 ··································· (93)
    本章案例 ··································· (93)

第四章　成本决策 ································ (95)
  第一节　成本决策概述 ························· (95)
  第二节　短期经营决策 ························· (101)
  第三节　长期投资决策 ························· (113)
    本章小结 ··································· (117)
    主要概念 ··································· (119)
    本章案例 ··································· (119)

第五章　成本预算 ································ (120)
  第一节　预算概述 ····························· (120)
  第二节　全面预算 ····························· (124)
  第三节　成本预算的编制方法 ··················· (134)
    本章小结 ··································· (140)
    主要概念 ··································· (141)
    本章案例 ··································· (141)

第六章　成本控制 ································ (144)
  第一节　成本控制概述 ························· (144)
  第二节　定额成本制度 ························· (149)

第三节 标准成本制度 ………………………………………………… (159)
第四节 价值工程 ……………………………………………………… (168)
　本章小结 ……………………………………………………………… (175)
　主要概念 ……………………………………………………………… (175)
　本章案例 ……………………………………………………………… (176)

第七章 成本核算 ………………………………………………………… (178)
第一节 成本核算概述 ………………………………………………… (178)
第二节 成本核算的程序 ……………………………………………… (185)
第三节 成本的归集与分配 …………………………………………… (187)
　本章小结 ……………………………………………………………… (201)
　主要概念 ……………………………………………………………… (202)
　本章案例 ……………………………………………………………… (202)

第八章 成本考核 ………………………………………………………… (204)
第一节 责任成本概述 ………………………………………………… (204)
第二节 转移定价 ……………………………………………………… (216)
第三节 非财务手段的业绩评价 ……………………………………… (221)
　本章小结 ……………………………………………………………… (226)
　主要概念 ……………………………………………………………… (227)
　本章案例 ……………………………………………………………… (227)

第三篇 成本报表与分析

第九章 成本报表 ………………………………………………………… (231)
第一节 成本报表概述 ………………………………………………… (231)
第二节 产品生产成本表 ……………………………………………… (235)
第三节 主要产品单位成本表 ………………………………………… (240)
第四节 各种费用明细表 ……………………………………………… (242)
第五节 其他成本报表 ………………………………………………… (247)
　本章小结 ……………………………………………………………… (254)

主要概念 ·· (254)
本章案例 ·· (255)

第十章　成本分析 ·· (260)
　第一节　成本分析概述 ··· (260)
　第二节　设计阶段的成本分析 ··· (268)
　第三节　制造阶段的成本分析 ··· (275)
　第四节　综合成本分析 ··· (279)
　本章小结 ·· (288)
　主要概念 ·· (288)
　本章案例 ·· (289)

第四篇　成本管理的新发展

第十一章　成本管理的新发展（上） ·· (293)
　第一节　战略成本管理 ··· (293)
　第二节　人力资源成本管理 ·· (307)
　第三节　资本成本管理 ··· (316)
　本章小结 ·· (320)
　主要概念 ·· (321)
　本章案例 ·· (322)

第十二章　成本管理的新发展（下） ·· (324)
　第一节　质量成本管理 ··· (324)
　第二节　全产品生命周期成本管理 ·· (335)
　第三节　社会责任成本管理 ·· (340)
　本章小结 ·· (345)
　主要概念 ·· (346)
　本章案例 ·· (347)

参考资料 ··· (350)

第一篇
成本管理基础

第一集

基本理论研究

第一章

成本管理总论

【要点提示】
- 成本管理的形成和发展
- 成本管理的基础理论
- 成本管理的基本原理
- 成本管理的基础工作

【内容引言】

优胜劣汰是竞争的基本法则,公司要生存、求发展,就必须苦练内功,采取各种有效措施降低产品和劳务的成本,才能在竞争中脱颖而出。本章概括阐述成本管理的形成和发展、基础理论和基本原理等问题。

公司的竞争,实质上是成本的竞争。因此,公司能否生存、发展和获利,关键在于对成本的管理。为了适应新经济环境的变化,满足公司可持续发展的需要,公司的成本管理正在发生着前所未有的变化。

第一节 成本管理的形成和发展

成本管理(Cost Management)是公司生产经营管理的一个重要组成部分,它是以成本为对象,借助管理会计的方法,以提供成本信息为主的一个会计分支。在西方国家,公司管理大体上经历了经验管理、科学管理、现代管理和战略管理四个阶段。成本管理是公司的一项专业管理,公司成本管理理论和方法是由公司管理的总的要求决定的[1],因而成本管理的发展也相应地分为经验管理、科学管理、现代管理和战略管理四个阶段。

一、成本的经验管理(Experience Management)阶段

成本管理是基于生产发展的需要而逐步形成和发展起来的。但成本管理产生在什么年代,学者的认识并不一致。一种说法认为,早在14世纪就已经产生[2];另一种说法认为,在19世纪下半叶,首先是为了定价而产生的[3]。两种说法显然有很大差别。但多数学者的意见认为,1880～1920年是成本管理奠基的时期[4],它是社会经济发展到一定历史阶段的产物,是随着社会经济发展逐步成长并完善起来。

在商品生产出现以后,商品生产者总是希望他所生产的商品在交换中能从所获得的商品价值中补偿其生产耗费的部分。早在工场生产初期,工场主在接受顾客订货时,为了使卖出的商品能补偿其耗费的价值,不至于吃亏,便出现了估计成本,以满足定价的需要[5]。为了与估计成本接近实际,工场主开始用统计方法计算汇总生产中发生的直接费用,对数额不大的间接费用则作为损失处理。人们开始积累成本资料,对生产过程中发生的各种耗费进行粗略的计算和汇总,为成本计算迈出可喜的一步。

在西方会计史上,通常都把成本会计同产业革命联系在一起,认为成本会计是产业革命带来的一项成果。18世纪60年代,产业革命首先发生在当时资本主义最发达的英国,从棉纺织业开始,逐步发展到其他工业部门,到19世纪30年代末,在英国基本完成。美、德、法、日等国也在19世纪先后完成了产业革命。产业革命既是生产技术上的巨大革命,也是社会生产关系的深刻变革,它促进了资本主义生产力的迅速发展,用机器劳动代替了手工劳动,用自然力、机械力代替了人力,用工厂制代替了手工工场。一开始,资本家自己担任管理人员,以后才出现经理、厂长等代理人。在管理上仍然凭个人经验,没有统一操作规程和用料、用工标准,工人全凭经验操作,管理人员则凭经验管理,还没有完全摆脱小生产经营方式的影响。后来,工厂把劳动力、劳动对象和劳动工具集中在一起,规模逐渐扩大,分工协作比较密切,原始的成本会计就开始产生并逐步得到发展,从而改变了会计过去只服务于商业和金融事业,开始面向工业服务。

早期的家庭手工业,几乎都是业主提供原料,交由工匠在自己家中生产,然后由业主收回来向外销售,业主要分别记录个人成本。当时已经开始计算成本,但由于都

---

[1] 石新武. 论现代成本管理模式. 北京:经济科学出版社,2001:55.
[2] 参见《工商经济月刊》1948年第二卷第三期,"成本会计之史的发展——美国会计学会所属成本会计委员会之初步报告之一"一文。
[3] [日]番场嘉一郎主编. 新版会计学大辞典. 武汉:湖北省会计学会,1981:281～282.
[4] 王盛祥等. 成本会计学. 大连:东北财经大学出版社,1997.
[5] 颜敏. 成本会计学. 北京:首都经济贸易大学出版社,1998.

在外面加工,不用机械设备,所以间接费用往往忽略不计。在家庭手工业时期,产品按照订单生产,工场主为了规定产品的价格,必须正确估算成本,把成本看成是制定价格的工具,比之控制生产耗费更为重要。特别是设备制造商和工程建造企业,更需要估计成本,作为投标报价的依据。那时人们计算成本,只有直接材料和直接人工才是产品成本,把间接费用看成是一种生产损失。对于成本记录和财务会计记录也没有注意结合,甚至在总分类账户中也不反映产品成本的结转情况,时常用统计方法来计算成本。对于原材料都采用实地盘点,先确定期末结存量,再来计算耗用量,而不采用永续盘存法。

  19世纪产业革命后,企业数量增多,规模逐渐扩大,企业之间出现了竞争,力图以薄利多销取胜,生产成本的作用更加突出。铁路业是19世纪中叶人类创建的规模最大、经营最复杂的企业组织,铁路的经营跨越广泛的地理空间。富有创意的铁路业管理者发明了管理铁路经济业务的计量指标。新的计量指标如每吨公里成本、每位顾客公里成本、经营比率(经营成本与收入的比率)被建立起来,用以帮助管理者评估其经营业绩[①]。铁路业管理者创立的许多成本管理新方法,被随后发展起来的各种公司管理者所应用与拓展。为了提高成本计算的精确性,资本家要求会计担当起这项工作来。这样,就使成本计算与会计核算结合起来,形成了成本管理。此时的成本管理主要是将历史成本汇总,然后分配给各种产品和计算产品生产成本及销售成本,其主要目的是为了对存货进行计价和确定利润。因此,美国早期研究成本的会计专家劳伦斯(Lawrence)认为,"成本会计乃应用普通会计之原理,以有秩序之方法,记录一个企业之各项支出,并确定其所产物品(或所提供劳务)的生产和销售总成本和单位成本,使企业的经营达到经济、有效而又有利之目的。"[②]这里,强调应用会计的原理、原则来计算成本,是针对过去应用统计方法计算成本而言的,充分反映了当时的历史状况。这种成本管理是以事后核算和控制为其重点,可称为成本的经验管理阶段。

二、成本的科学管理(Scientific Management)阶段

  在1820~1880年之间,成本会计可以说处于停滞阶段[③]。这里有以下两个原因:(1)在工厂制度初期,各国都首先发展轻工业,手工劳动占主要地位,重型机器设备使用很少,间接费用在总成本中比例不大,可以忽略不计。产品成本主要是直接材料和直接工资,而且每个企业只有少数产品品种,成本计算十分简单。(2)当时工厂都把成本看成一种秘密,如果把成本计算方法公开出去,将对竞争者有利,因而阻碍了新

[①] Robert S. Kaplan, *Advanced Management Accounting*, Third Edition, Prentice Hall, 1998.
[②] [美]劳伦斯(William Beaty Lawrence). 劳氏成本会计. 上海:立信会计图书用品社,1950.
[③] [美]亨德里克森著. 会计理论. 上海:立信会计出版社,1987.

思想的传播。无论是会计师或企业主,都不愿讨论成本,会计书籍中也很少介绍成本计算方法。

正由于这一时期成本会计处于停滞阶段,因而成本计算中有些问题一直没有很好解决。例如,间接费用的计算和分配还没有得到普遍理解,成本记录和财务会计记录还没有很好结合,成本计算还根据统计数据,没有完全结合会计账户等。

1880年以后,情况就完全不同。一方面,工厂大量使用重型机器设备,折旧费增加,间接费用越来越大,产品品种也日益增多,间接费用的分配变得复杂起来,成本计算问题需要很好地研究改进,才能使产品成本正确真实。另一方面,工厂规模扩大,生产经营复杂化,产品面向全国,竞争日益剧烈,在决定产品价格时,成本占了主导地位。特别是大型企业的发展,更推动了成本会计向前发展。

20世纪初,资本主义社会从自由竞争阶段向着垄断阶段过渡,重工业和化学工业大大发展,企业生产规模更大,也更集中,分工协作更细,竞争更加激烈,机器设备越来越多,生产开始走向机械化和自动化。企业管理全凭经验已无能为力,需要总结经验,依靠专门知识,创造一些科学的管理方法,要求企业加强计划、组织、协调和控制等职能,实行标准化、专业化和数据化。以泰罗(Frederick Taylor)为代表的科学管理,就是在这种情况下产生的。

泰罗制度"一方面是资产阶级剥削最巧妙的残酷手段,另一方面是一系列最丰富的科学成就"[1]。泰罗制度的核心是强调提高生产和工作效率,即通过所谓时间研究、动作研究等来制定在一定条件下既能够实现的,又最有效率的标准,作为评价和考核的依据,从而推动了资本主义生产的发展。所以,泰罗制度得到资本家的普遍重视,先在美国广泛推行,以后又传播到世界各地工业发达的国家。

泰罗的科学管理方法,也给成本管理提供了启示,为标准成本管理方法的形成奠定了坚实的理论基础。随后,美国会计学家提出的标准成本制度脱离实验阶段而进入实施阶段,为生产过程成本控制提供了条件。就当时来说,标准成本计算的作用有三:(1)标准成本可用于控制营业并作为测定效率的尺度;(2)可使会计事务处理简单;(3)用作定价的基础。20世纪20年代,美国通用汽车公司和杜邦公司采用了标准成本和预算控制制度,其实践为其他公司广为效仿,标准成本管理推广程度进一步加大[2]。

会计师和工程师们都感到标准成本十分必要,但在有些方面大家的看法并不完全一致。工程师们的主导思想是奉行泰罗制,从提高效率出发,建立一套标准成本计

---

[1] 《列宁选集》第3卷. 北京:人民出版社,1972.
[2] 王竞达,于增彪,瞿卫菁. 成本管理系统解析:实务发展、制度变迁和学术研究. 南开管理评论[J]. 2007,10(2).

算法则,因而可以在复式簿记以外进行标准成本计算。而会计师们主张把标准成本纳入账户系统。直到20世纪30年代,双方意见才取得一致[①],标准成本计算和复式簿记系统融合在一起,建立了完整的标准成本会计制度。标准成本会计制度的建立,说明工厂成本管理已经进入了一个新阶段,会计理论已由原来以商业为重点转为以工业为重点,成本管理已由事后成本计算开始转向事前制定标准进行控制的做法,对于指导当时工厂成本管理起到了极其重要的作用。从此建立了以标准成本为中心的科学的成本管理制度,逐步摆脱了传统的经验管理方式。

在此之前,成本没有控制,只有事后计算实际成本。实行标准成本制度后,成本会计不只是事后计算产品的生产成本和销售成本,还要事前制定成本标准,并据以控制日常的生产消耗与定期分析成本。这样,成本管理的职能扩大了,发展成为管理成本和降低成本的手段,使成本管理的理论和方法有了进一步完善和发展,形成了成本管理的雏形。它标志着成本管理已经进入一个新的阶段。相对财务会计而言,成本管理已经具有一定的独立性。它既是财务会计确定在产品成本、产成品成本、销售成本和利润的依据,又具有成本预测和控制相对独立的体系。

三、成本的现代管理(Modern Management)阶段

第二次世界大战(以后简称"二战")以后,科学技术迅速发展,公司规模进一步扩大,大型公司转向多角化、多样化生产,出现了跨国公司。生产自动化、连续化程度大大提高,市场竞争空前剧烈。随着工业生产的现代化,管理也要加速现代化,要把现代自然科学、技术科学和社会科学的一系列成就综合运用到企业管理上来,以迎合现代化大生产的客观要求。现代公司管理的特点首先要突出经营决策,管理的重点在于经营,经营的关键在于决策。要把开发新产品和提高技术水平作为公司发展的核心,要运用系统论、控制论和信息论的观点,争取公司的最佳效益。盈利是资本主义企业的奋斗目标,公司要增加盈利,必须强化成本管理,这就在公司管理现代化的巨浪中,把成本管理也推向现代化。

20世纪50年代起,西方国家的社会经济出现了新的变化。一方面,资本主义企业进一步集中,跨国公司大量涌现,企业规模越来越大,生产经营日趋复杂;另一方面,战争中发展起来的科学技术大量用于生产,产品更新换代很快,竞争更加激烈。在这种情况下,公司为了在竞争中生存和发展,在发展新技术的同时,把目光进一步集中在降低成本上。他们意识到要大幅度地降低成本,必须在生产过程之前,对产品的设计、结构、工艺、生产的组织安排等进行改革,制定各种不同的方案,通过预测,选取成本最佳方案,作为经营决策的依据。因此,现代成本管理的主要特点是成本与管

---

① 郭道扬.会计发展史纲.北京:中央广播电视大学出版社,1984.

理相结合,以成本干预生产。其职能已发展为以核算为基础,以控制为核心,包括对成本的预测、决策、计划、控制、核算、分析和考核的整个职能体系。现代的成本管理,不仅要做好生产过程中的成本控制以及事后的成本核算和分析工作,更重要的是做好成本预测,进行成本决策,制定目标成本,加强事先的成本控制,而且要制定责任成本并进行责任成本的核算和考核,以成本的最优化方案来指导生产活动,以便取得最佳的经济效益。因此,现代成本管理的主要特点是成本与管理相结合,以成本干预生产。

到 20 世纪 70 年代,尤其是第三次技术革命的兴起,随着电子数控机床和机器人、电脑辅助设计、电脑辅助制造和弹性制造系统的广泛应用,它从产品订货开始,直到设计、制造、销售等所有阶段,将所使用的各种自动化系统综合成一个整体,由电脑中心统一进行调控。它使生产的电脑化、自动化进入一个崭新的发展阶段,并为生产经营管理进行革命性变革提供了技术上的可能。这正是在现代经济中,技术、管理与经济相辅相成的具体表现。新技术革命和日趋激烈的市场竞争,以及由此而带来的公司生产经营管理思想和方法的深刻变革,都要求革新成本管理。于是,以作业量为成本分配基础,以作业为成本计算的基本对象,旨在为公司作业管理提供更为相关、相对准确的成本信息的成本计算方法——作业成本管理(Activity-Based Costing,简称 ABC)就应运而生了。这种管理方式针对的是价值链、作业链、物流链,其本质是通过对作业成本的计算和有效控制,来克服传统的以交易或数量为基础的成本系统中间接费用责任不清的缺陷,使以前的许多不可控间接费用变成可控。

从另一侧面来看,随着经济的发展,公司在追求最大利润的同时,也追求社会效益。人们开始研究社会责任成本,即由于公司的经营活动给社会造成的各种耗费或价值牺牲的总和,它包括给社会造成的损失以及消除这种损失所付出的代价,例如环境污染成本、资源浪费成本等。除此以外,人力资源成本也在某些国家引起重视,并有所发展。

由于西方国家 50 多年来管理科学的研究非常活跃,出现了各种管理学派,特别是广泛应用运筹学、系统工程和电子计算机等各种科学技术和手段,由单纯的定性分析发展到定性分析和定量分析相互结合,并相应地建立了经济数量模型,求助于最优化方法,为企业经营决策提供科学依据。同时,还研究行为科学,激励职工提高工效,因而使公司管理在理论上有了新的突破,在方法上有了不断创新,在手段上趋向机械化和自动化,并逐步转向了现代管理阶段,以迎合现代大生产的客观要求,而成本管理的理论和方法也大大丰富起来,跳出了狭隘的成本会计的圈子。现代管理的一系列研究成果在成本管理中得到了广泛应用,从而使公司成本管理也推向到了一个新阶段,即现代管理阶段。

四、成本的战略管理(Strategic Management)阶段

20世纪50年代以前,大多数公司的经营处于一个相对稳定的外部环境之中,企业主要是向内部管理人员提供有助于经营决策的相关信息,并且不太关注企业的外部环境及其变化,公司的长远规划也是基于与现在或过去类似的这一假定而制定的。

20世纪50年代以后,公司的经营环境发生了很大的变化。世界进入了一个更新的时代(有人称为后工业时代)。特别是六七十年代以后,社会富裕程度逐步提高,顾客的需求有了很大的变化,公司的政治、经济、文化和自然环境与过去相比面临着更加激烈的竞争,科学技术高速发展,从而使公司面临着许多严峻的挑战和许多难以预料的突发事件。

这个时代的主要特征是:(1)社会、政府和顾客等提高了对公司的要求和限制。由于经济波动、通货膨胀、垄断行为、环境污染等,引起了社会、政府和顾客的不满,从而提高了对公司的要求,并提出了许多对公司的限制。(2)全球性竞争日益激烈。资本输出、跨国公司的迅猛发展,既给公司提供了新的机遇,也给公司带来了巨大风险。(3)科学技术水平不断提高,推动和加速了产品和制造工艺的发展,生产了许多属于"创造需要"性的产品;同时,也加强了公司间的竞争。(4)需求结构发生变化。基本消费品的需求达到饱和,社会已从对生活"数量"的需要转向对生活"质量"的需要,需求发生了多样化的转变。传统的大批量、标准化生产向小批量、个性化产品过渡。(5)资源短缺,突发事件不断出现。(6)公司管理方式的变化,从传统的刚性管理(以"规章制度管理为本"的管理)转变为柔性管理("以人为本"的管理),建立弹性制造系统,体现组织生产的柔性化[①]。传统的刚性管理模式适用于规模批量经济,实行的是生产的标准化和稳定的机械化作业。而柔性管理从传统的"大量生产"向"顾客化生产"转变,以便满足消费者多样化的需求,适应顾客需求的这种小批量多品种的变化,必须建立弹性生产体系,在一条生产线上通过设备调整来完成批量生产任务,而且要求设备调整时间最少,即"只在必要的时间内生产必要数量的必要产品"。从成本的角度来比较,传统生产体系是以规模成本为基础的,而弹性生产体系是以时间成本为基础的。运用弹性制造系统,一条生产线就可以快速生产不同规格、不同批量的各种产品,甚至可以独立生产一件产品。弹性制造系统的建立,增强了公司的竞争能力,有利于公司获得竞争优势。最近几年来,出现了一种更新的灵敏制造体系,它是一种以先进生产制造技术和动态组织结构为特点,以高素质与良好协作的员工为核心,应用公司间网络技术而形成的快速适应市场的社会化制造体系。它是公司面临变化和不确定性环境的挑战并在其中求生存的一种应对措施。有人认为,灵敏制造是21世

---

① 林万祥. 成本论. 北京:中国财政经济出版社,2001:403.

纪生产各个领域的模式和战略。

　　以上这些特征,使公司外部成为一种特别庞大的、复杂的、不熟悉的、变化的、难以预料的环境,公司面临着许多生死攸关的挑战。在这种情况下,公司界必须对环境进行深入分析,采取新的管理方式,谋求公司的生存和发展,强化公司经营战略等战略管理势在必行。

　　正是由于时代的变革导致了公司经营环境的变化,经营环境的变化推动了管理科学的发展,顺应了这一发展趋势,战略管理应运而生。1965年,美国学者安索夫(Ansoff)出版了《公司战略》一书,将原本用于军事的"战略"思想运用到了公司的管理中。该书与他1976年出版的《从战略计划到战略管理》和1979年出版的《战略管理理论》,被公认为战略管理开山之作。战略管理一经产生,即以其强调外部环境对公司管理的影响,重视内外协调和面向未来的显著特点而显示出强大的生命力。40多年来,战略就成为公司管理中的一个重要范畴,战略管理已为世界上许多国家的公司所采用,并成为公司繁荣成长的重要保证。一些调查研究结果也显示,实行战略管理的公司,其经营绩效普遍优于其他公司。

　　战略管理有如此功能,是因为它的核心是要寻求公司持之以恒的竞争优势[①]。竞争优势是一切战略的核心,它归根结底来源于公司能够为客户创造的价值要超过该公司创造它的成本。价值是客户愿意为其所需要的东西所付的价款。超额价值来自于以低于竞争厂商的价格而提供同等的受益,或提供的非同一般的受益足以抵消其高价而有余。竞争优势有两种基本形式,即成本领先和别具一格。一个公司要获得竞争优势就需要做出抉择,即公司要就哪一种优势和在什么范围内争取优势的问题做出选择。"万事要领先,事事都要每人满意"的想法只会造成战略上的平庸和经济效益的低下,因为这往往意味着一个公司根本没有竞争优势可言。

　　战略成本管理最早于20世纪80年代由英国学者西蒙(Simon,1981)提出,其研究偏重于理论性的探讨;美国管理会计学者杰克·桑克(John K. Shank)等接受了这种观点后,又加入美国学者迈克尔·波特(Michael Porter)的战略观点,于1993年出版了《战略成本管理》一书,使战略成本管理更加具体化。1998年,一向推崇作业成本法的英国教授罗宾·库珀(Robin Cooper)也提出了以作业成本法为核心的战略成本管理体系。进入20世纪90年代以后,日本学者成功地将战略成本管理推广到企业界,产生出"成本企画"这样一种具有代表意义的战略成本管理模式[②]。成本企画的思路不是先设计产品,再计算出产品成本,然后估计产品能否在市场上得到畅销,而是先根据消费者认可的售价,减去期望利润,计算出目标成本,再运用所谓"成本工程"

---

① [美]迈克尔 E·波特. 竞争优势. 北京:华夏出版社,2005.
② 余景选. 成本管理. 杭州:浙江人民出版社,2008:404.

的手段来研究产品生产如何满足目标要求。成本企画的创始者是日本丰田汽车公司，1967年以后，开始形成了制度化的组织活动，并更大地影响着全球成本管理思路的发展。总之，战略成本随着战略管理的需要而形成，并伴随着战略关联的发展而发展，最终形成了战略成本管理这一分支学科。

第二节　成本管理的基础理论

随着社会的发展、理论的体系化和系统化，各种学科的理论知识对成本管理产生了深远的影响，这是对成本管理知识的深化和延展，使成本管理的知识更具有应用性。

一、系统理论与现代成本管理

（一）系统理论

一般系统理论是奥地利生物学家贝塔朗菲（L. Bertalanffy）于1947年在芝加哥大学的一次讨论会上提出来的。他总结了生物机体论发展的成就，提出了系统观点、动态观点和层次观点等三个基本观点，从而为系统工程的发展，为使人类走向系统时代，奠定了理论基础。

所谓"系统"，是由具有相互作用和相互联系的若干组成部分结合而成的具有特定功能的有机整体，这个系统本身又是它们所属的一个更大系统的组成部分。作为一个系统，它将具有五个特征：

1. 整体性。系统是一个不可分割的整体，整体系统要比它所有分系统的功能的总和还要大，系统目的、系统结构和系统功能均具有整体性。所以，系统要树立整体观念。

2. 相关性。指系统各部分之间的关系，包括系统与要素之间的关系、要素与要素之间的关系和系统与环境之间的关系。系统内各个要素是相互作用而又相互联系的。所以，系统内部要相互配合、相互协作。

3. 层次性。系统都有一定的层次和结构，因而在职权上要分层、分级划分范围。

4. 目的性。人工系统都具有目的性，都是为了达到一定的目的。

5. 环境适应性。系统处于环境之中，环境的变化对系统有很大的影响，能经常同外界环境保持最佳适应的状态，才是理想的系统，不能适应环境变化的系统是缺乏生命力的。

（二）系统理论在现代成本管理中的运用

近年来，系统工程的发展被引进到社会工程和经济管理等领域中来，把管理科学的理论推进到一个新阶段。成本管理就要吸收系统工程的思想和方法,以加速公司成本管理的进程。

成本管理系统,是系统理论在现代成本管理中的具体应用,它要求建立如下系统:

1. 成本指标系统。要实行全面成本管理,公司成本指标要形成一个体系,并能系统地反映公司成本形成的全过程。既有综合性的指标,又有分解的小指标;既有全厂的指标,又有车间、班组、岗位的指标。分解的小指标要保证整体指标的完成,形成一个"个人保班组,班组保车间,车间保全厂"的格局。

2. 成本责任系统。有了成本指标,把指标层次分解落实到各个单位和岗位,形成一个责任成本网络,做到层层有人负责,每个单位和个人都要对责任成本的完成承担责任。

3. 成本执行系统。成本指标分解下达以后,各单位要认真执行,严格控制,保证完成成本指标。

4. 成本协调系统。在成本指标执行过程中,发生偏差,或涉及到几个单位的经济责任时,就要及时组织协调解决。

5. 成本信息系统。就是对成本信息进行收集、处理、加工、输出等的一系列过程,成本信息必须畅通,及时反馈,为成本决策和控制及时提供依据。

6. 成本检查系统。成本指标的完成情况要定期检查,并要规定合理的奖惩制度,做到赏罚严明。

二、信息理论与现代成本管理

(一)信息理论

信息论的奠基人是美国科学家申农(Claude Elwood Shannon),他发表了两篇论文,即《通讯的数学理论》和《在噪声中的通讯》。从此,信息论就逐步发展成为一门独立的边缘科学。

信息论最早只局限于通讯领域,以后广泛渗透到其他学科,从而在现代科学技术发展中占有越来越重要的地位,在管理科学中也得到了广泛应用。通常把公司的管理系统分为三个组成部分,即管理对象(物流)、管理机构和管理信息系统(信息流)。物流指原材料等资源从输入到变为产品而输出之间的运动过程,是公司最基本的运动过程。信息流是企业的神经脉络,管理机构好像人的大脑,大脑的功能离不开神经脉络,而公司的管理工作也离不开信息流。所以,公司的管理过程实际上就是借助于信息流对物流的管理过程。信息是企业协调和控制生产经营活动的基础。

所谓信息,通常是指表达事物存在方式或运动状态的消息、情报、数据和信号。在社会再生产过程中,信息虽然不能像自然资源那样直接创造有形的财富,但它可以帮助人们更好地利用和开发各种财富,它可以帮助人们更好地利用和开发各种自然资源,为社会增添更多的社会财富,避免物化劳动和活劳动的损失浪费,从这个意义上说,信息被人们看成是"无形的财富",是一种宝贵的社会资源,它同人力资源、物力资源和财力资源一样,都是公司生存和发展必不可少的重要资源。

(二)信息理论在现代成本管理中的运用

在公司的生产经营过程中,物流是基本。为了不断降低成本,物流必须运转快、减少投入量,增加产出量,才能提高经济效益。信息流随物流产生,管理部门要通过信息流来调节物流的数量、方向和速度。在成本管理中,信息必须及时反馈,才能指导物流顺利畅通,如果信息不能及时反馈,就会造成物流堵塞,就起不到管理的作用。成本管理实质上就是通过信息流来控制物流的过程,没有信息流,物流就无法控制。信息流的任何中断,都会造成物流的混乱,成本管理也就无能为力。从成本管理的角度看,要求信息流和物流是同步的。但实际上,信息流往往有滞后性,特别是手工处理信息,经常跟不上物流,比物流缓慢得多,这就会影响到成本管理的效果。为了解决这个问题,就要尽快建立电子数据处理系统,以增强信息反馈的及时性。在现代管理中,公司能否有效地进行成本管理,在很大程度上决定了公司各级部门能否及时获得和使用成本信息。

公司成本管理过程,就是成本信息的不断输入和输出,经过反馈再次重新输入的循环过程。建立成本信息系统是信息理论在公司成本管理中的应用。灵敏的成本信息系统,必须注意信息周转各个环节的密切配合。

1. 收集原始信息。原始信息不真实,整个信息系统就会陷入混乱,就会失去可靠的信息基础。

2. 进行信息加工。要通过整理加工,使其成为符合成本管理要求的有用信息。

3. 信息传输。要及时而迅速地把信息传输出去,必要时把信息存贮起来;在存贮的同时,还要建立一套信息的检索方法,使用时便于查找。

4. 健全信息反馈组织。利用信息反馈原理建立灵敏的成本信息系统,是对成本有效管理的重要手段。

整个成本管理的过程,就是成本信息的不断输入和输出,经过反馈再次重新输入的循环过程。成本管理简单地说,可以分为计划、执行和考核三个过程。在计划过程,主要任务是制定成本目标,通过输出,明确目标成本。在执行过程,生产发生了耗费,输出实际成本信息,并反馈给计划过程,作为制定后期目标成本的参考。在考核过程,通过业绩考核,输出成本差异及责任归属的信息,并反馈给执行过程和计划过程,作为改进工作、保证更好地完成目标成本的依据,对以后制定目标成本起到参考作用。这样,通过信息的不断反馈,就能提高成本管理的效率,以便及时采取措施,保证目标成本的按时完成。

三、控制理论与现代成本管理

（一）控制理论

美国数学家诺伯特·维纳（Norbert Wiener）是控制理论的奠基人，他发表的《控制论》标志着控制论这一新兴学科的诞生。

所谓控制，是按照一定的条件和预定的目标，对一个过程或一系列事件施加影响，使其达到预定目标的一种有组织的行动。控制论是研究复杂系统的控制和通讯共同规律的科学。控制论的发展，经历了三个时期：

1. 20世纪40年代末到50年代的经典控制论时期。这一时期主要研究单因素控制系统，着重应用于单机自动化。

2. 20世纪60年代的现代控制论时期。这一时期主要研究多因素控制系统，着重解决机组自动化和生物系统的多变量控制问题。

3. 20世纪70年代的大系统控制论时期。这一时期着重解决生产系统、社会系统这样一些众多变量的大系统的控制问题，研究重点是大系统多级递阶控制。

几十年来，控制论的发展很快，不断向各门学科渗透，已经形成以控制论为中心的四大分支，即工程控制论、生物控制论、社会控制论（包括经济控制论）和智能控制论。特别是经济控制论的发展，大大促进了管理的现代化。

（二）控制理论在现代成本管理中的运用

控制理论在公司成本管理中的应用，主要是：

1. 构造成本控制系统。从控制论的角度来研究成本控制，就要把成本控制看成是一个控制系统，或看成是一种经济行为的控制。经济行为通常是以经济系统的输入和输出的关系来进行描述的。如果一个控制系统的目的要求其输出保持为一个稳定值，就是一个恒值调节系统。作为一个恒值调节系统，要求成本受控对象按照成本施控主体所预定的成本目标进行活动，并最终达到这一目标。这里的控制是指施控主体对受控对象所产生的一种能动作用；反过来说，受控对象也要对施控主体产生反作用，这就是信息反馈。控制和反馈都是围绕预定的成本目标进行的。

2. 采用多级、多层和多段结合控制。控制论对成本控制的组织形式指明了方向，特别是大系统的控制结构。大系统的成本控制，一般采用多级、多层和多段结合控制。多级控制是指成本控制系统要按照公司管理的组织形式分为公司、班组、岗位等几级，上一级控制下一级，并进行协调，形成递阶控制结构。多层控制是指成本控制系统要按照控制的三个层次，基层进行作业控制，中层进行管理控制，高层从事经营控制，不同的层次，发挥不同的控制职能。多段控制是指成本控制系统要按生产经营过程分为设计、供应、生产、销售等不同阶段进行控制。这样，采用多级、多层和多段控制的方式，就能把一个大系统的成本控制工作搞好。

3. 进行优化控制。优化控制理论是通过数学方法，有效地解决大系统的设计和控制问题，强调采用动态的控制方式和方法，以满足各种多输入和多输出系统的控制要求，实现系统最优化。控制系统的行动可以有多种选择，哪一种最优，就按哪一种行动进行控制。成本控制经常会遇到优化控制的问题，这是因为制定成本目标往往有好几种方案可供选择，而且在执行过程中，客观情况有了变化，原有的成本目标有可能失去时效，又要重新选择一个控制目标，这都需要采用优化控制的方法来进行处理。控制论提出了优化控制问题，给我们很大启发，成本控制不能停留在现有目标的控制上，而应朝着最优化控制的方向前进；同时，还要考虑智能控制。这样，就使成本控制的视野更加广阔。

四、组织理论与现代成本管理

（一）组织理论

最早的组织管理学家要推法国的法约尔（Henry Fayol）。他在 1916 年提出公司管理具有五种职能，即计划、组织、指挥、协调和控制。当时，他已把组织看作为管理的一项重要职能。

所谓组织，是指为了完成一定目标，建立组织机构，配备必要人员，明确职责，交流信息，并协调工作，以不断提高管理效率的一种管理职能[1]。西方国家管理学派的组织理论包括：

1. 行为学派组织理论。认为组织由人组成，人和人之间的关系对个人行为和组织行为有着重要作用，因此，要实现公司的目标，必须处理好人际关系。

2. 系统管理学派组织理论。认为公司是一个由相互联系的各个要素组成的人造系统，他们把组织看成是一个与外界环境发生相互作用的开放系统，组织系统从外界输入物资、能源和信息，改变他们的形态，然后又向外输出。

3. 策论学派组织理论。认为组织的全部活动是集团活动，中心过程是进行决策。他们主张组织是一个分层等级系统。最上层从事非程序化决策，设计整个系统；中层从事程序化决策；基层则处理基本作业过程。

4. 权变论学派组织理论。认为公司管理是艺术，不是科学。公司管理中情况千变万化，没有普遍适用的原则和方法。

西方国家各种管理学派的组织理论给我们一个重要启示，就是要求组织科学化，要把公司的管理组织看成是一个统一的有机整体，要树立组织的系统观念，实行系统管理，以提高公司管理的有效性。

---

[1] ［美］亨利．艾伯斯．现代管理原理．北京：商务印书馆，1986．

(二)组织理论在现代成本管理中的运用

公司成本管理在组织设计中,要结合以上各种管理学派的组织理论,明确以下基本原理:

1. 有效性原理。指企业成本管理组织机构的设置,必须高效率并有利于公司目标的实现,以不断提高经济效益,如果组织效率不高,就要进行调整。

2. 统一指挥原理。公司的成本管理,必须统一步调,服从统一指挥,上下级之间形成一个等级链,不能中断,防止多头指挥或越级指挥,以保证目标成本的实现。

3. 有效管理幅度原理。管理幅度也叫控制跨度,是指一个领导人能够直接领导下属的人数。由于领导人精力有限,管理幅度不可能无限扩大,超过一定限度,就会影响到领导效率。管理幅度和管理层次互有制约,管理幅度增大,管理层次可以减少;反之,管理幅度减少,管理层次就要增加。

4. 权责对等原理。一个组织中管理人员的职权和职责必须相当,有职必须有权,才能有效地完成任务。就成本管理来说,各级成本责任中心都要承担保证目标成本完成的职责,因而也应具有对所需完成的目标成本进行决策、规划和控制的权力,如果没有这些权力,任何成本责任中心都难以保证完成目标成本。

5. 集权和分权结合原理。在公司管理体制中,集权和分权要表现为公司上下级之间的权力分配问题。"统一领导,分级管理"的原则体现了集权和分权合理结合的精神。成本管理中,要贯彻好"统一领导,分级管理"的原则,既要保证公司成本管理工作的统一性,又要充分发挥各级单位在成本管理上的积极性和主动性。

6. 专业管理和群众管理结合原理。成本管理既是一项专业性很强的工作,又是一项涉及广大群众的活动。在现代成本管理中,专业管理和群众管理相结合,要在专业管理的组织指导下,开展群众管理,在群众管理的基础上加强专业管理,以促使管理组织更加科学、更加有效。

五、行为科学与现代成本管理

(一)行为科学

行为科学是现代管理科学的一个分支,是运用心理学、社会学、社会心理学、人类学及其他与研究人的行为有关的学科的理论,是研究人的行为规律的科学。泰罗制把人当作机器,用劳动定额迫使工人提高效率。行为科学正好相反,研究个体行为、群体行为、领导行为和组织行为,把人看成是有感情、有思想的人,以解决管理效率、人才开发、提高素质和调动人的积极性等问题。

行为科学起源于美国,广泛应用于工业发达国家,它的发展经历了三个阶段:

1. 初创阶段。20世纪初,西方资本主义国家公司劳资矛盾日益尖锐,资本家为了缓和劳资关系,提高劳动效率,开始注意研究心理学。1924年开始,美国西方电气公司在霍桑地区的工厂先后进行了一系列实验,探讨影响职工劳动效率的决定因素。最后得出结论,认为工资待遇、工作条件等都不是影响劳动效率的第一因素,最重要的是公司管理当局和工人之间以及工人相互之间的相互关系。这就是有名的"霍桑实验",为后来行为科学的建立打下了基础。

2. 形成阶段。以后各大学相继研究人际关系,发表了各种意见。1949年美国科学界在芝加哥召开一次跨学科的科学讨论会,在会上正式提出"行为科学"的名称,并号召大家运用各种科学知识来发展行为科学。

3. 发展阶段。20世纪60年代起,行为科学进入了一个新的发展时期。主要特征是既重视人的因素,又重视组织因素,并同决策论、系统论和控制论等结合起来。同时,把行为科学的原理应用到公司管理上来,主张公司管理应由原来以"事"为中心转为以"人"为中心,决策目标由原来的单一化经济目标(利润最大化)转为多样化目标,决策方法由最优化准则转为满意性准则,对人的激励由原来单一的经济激励转为多种激励因素(物质的、精神的)。总之,使人们认识到要把激励和影响人的行为贯彻到企业规律中去。

目前行为科学已受到国内学术界和企业界的重视,并在某些公司中应用,取得较好的经验。现代成本管理也有必要研究行为科学。

(二)行为科学在现代成本管理中的运用

行为科学的基本理论主要包括以下四个方面的内容:

1. 个体行为理论。古典管理科学理论把人看成是"经济人",人都是为了追求经济目的。行为科学与此相反,认为人是"社会人",工人除了经济方面的需要以外,还有社会方面的需要,即人与人之间的友谊、感情和受人尊重感等。激励理论是个体行为的核心,它是诱导人的行为、发挥内在潜力、为实现目标而努力的一种心理因素。行为科学的激励理论对于现代成本管理来说,有一定启示,我们要关心如何满足职工的各种基本需要,用激励理论来激发人的行为,激励他们发挥生产中的积极性和创造性,挖掘降低成本的潜力,这比单纯采用物质刺激要有效得多。

2. 群体行为理论。行为科学认为,公司中除了明文规定的正式组织外,还有一种无形的"非正式组织"。这种"非正式组织"是由观点相同、兴趣相投的人们自发形成的群体。管理人员除了要依靠正式组织以外,还要重视"非正式组织"。行为科学还认为,群体有一种凝聚力,凝聚力大的群体,其成员的集体意识就强,士气就高,就能相互密切合作,集体效率就高。在成本管理中,就要注意培养班组的集体意识,以提高群众自觉完成目标成本的积极性。

3. 领导行为理论。领导行为指领导者影响和引导人们为完成集体目标而努力的行为。行为科学认为,领导是一种行为或影响力,目的在于引导人们去努力完成某种特定目标。决定一个组织好坏的关键因素是领导,领导行为理论的核心是领导行为的有效性。在现代成本管理中,各级领导要提高领导的有效性,特别要善于发挥每个人的积极性,更好地完成目标成本。

4. 组织行为理论。核心问题是如何提高组织效能。这要从组织设计、组织发展和工作设计三个方面着手解决,建立成本管理的组织机构也要注意这些问题。

六、决策理论与现代成本管理

(一)决策理论

决策是指人们为了实现特定目标,运用科学理论和方法,掌握大量信息,分析主客观条件,提出预选方案,并从中选取左右方案的过程。

决策理论派的代表人物是美国经济学家西蒙(H. A. Simon)[①]。他认为决策和管理几乎是同义词,全部决策就是管理过程,而如何管理就是决策过程。他认为决策包括四个主要阶段,即:查明决策的理由,即情报活动;寻找可能的行动方案,即设计活动;在各种行动方案中进行选择,即抉择活动;对已进行的抉择进行评价,即审查活动。

同时,决策又是一个复杂的逻辑过程,要遵循一定的程序,通常有以下几步:

1. 提出问题。提出问题是决策的开始,决策要对提出的问题进行判断和作出决定。

2. 确定目标。确定目标是决策的前提,决策目标必须明确。如有多项目标,应以总目标为基准,进行统一协调。

3. 收集信息。要广泛收集国内外情报资料,整理分析,为决策提供依据。

4. 预测未来。根据收集到的情报资料,预测未来的发展趋势。

5. 拟订方案。为使决策合理化,可拟订几个备选方案。

6. 进行评价。要对备选方案进行评价、分析和筛选。

7. 优选方案。通过数学分析法、经验判断等方法,选择最优方案。

8. 实施和反馈。方案选定后,要制定具体规划和措施,报经批准,然后执行;同时,要跟踪检查,发现偏差,逐级反馈,进行调整。所以,决策过程是一个"决策——执行——再决策——再执行"的不断循环的动态过程。

(二)决策理论在现代成本管理中的运用

在公司中,成本决策十分重要。从基本建设和固定资产更新改造方面来说,什么地方建厂最合适,采用什么工艺最经济,建设多大规模最合算,以及如何筹资最节约,都要制定不同的成本方案,通过比较分析之后作出决定。从生产经营方面来说,公司对于生产安排,首先要考虑收入补偿生产耗费之后有多少利润,如果达不到目标利润

---

① H. A. Simon:*Administrative behavior*,2nded,Macmillan Co.,1957.

要求,就要提出如何降低成本的方案,例如半成品是继续加工还是出售,零部件是外购还是自制,对外来订货是否接受等等,都要通过成本决策作出决定。再从国民经济管理方面来说,成本决策更为重要,例如生产布局、综合利用、技术改造、产业结构、公司规模等等,无不需要对成本进行决策。因此,在市场经济体制和现代企业制度下,必须十分重视成本决策。

第三节 成本管理的基本原理

成本管理是将公司在生产经营过程中发生的费用,通过一系列的方法进行预测、决策、计划、核算、分析、控制、考核,达到降低成本、提高企业经济效益的目的。

一、成本管理的意义

成本管理是公司全员管理、全过程管理、全环节管理和全方位管理,是商品使用价值和商品价值结合的管理,是经济和技术结合的管理。成本管理的意义包括成本管理在质和量上的规定性,也体现了在时间和目的上的具体要求。在质的方面,要求在公司管理现代化的总的思想指导下运用科学的思想、组织、方法和手段,改变当前公司成本管理的落后面貌。在量的方面,要求成本指标有明显的进步,达到或赶上国内、国外先进水平。从时间上说,是逐步前进的动态过程,要求成本管理水平不断提高,不断前进,逐步达到现代成本管理的要求。从目的来说,要求通过现代成本管理,不断降低成本,创造最佳经济效益。

成本管理的意义主要体现在以下几个方面:

第一,有助于降低和控制成本,为制定价格以及公司其他的经营决策提供依据。对成本进行管理是公司特别是生产制造型公司的一项重要工作。如何降低和控制成本事关企业的利润和经营效益,同时价格用来弥补成本水平,价格的高低在一定程度上受到成本水平的影响。此外,成本核算和分析的准确性和完整性亦会影响采购、投资、融资等公司重大决策。

第二,有助于提高生产要素营运效果,实现生产耗费与补偿的统一,促进生产要素合理流动,实现社会资源优化配置,使得公司获得优质资源,同时生产优质产品、提供优质服务,提高公司绩效,增强公司的竞争优势。

第三,有助于转换公司经营机制,顺应市场机制,改进和完善现代企业制度,加强公司内部治理水平,增强公司实力,推动公司面向市场,正确处理好促进公司发展与加强成本管理的关系,以及公司内部在成本管理责、权、利的关系,有利于公司的可持续发展。

第四,有助于在公司上下形成全员的成本意识。成本管理不只是生产部门的责任,公司中的全体人员都应该树立这样的成本意识,在生产和经营活动中,都应将成本管理落到实处,这也将有助于完善公司的财务制度和内部控制制度。

第五,有助于宏观经济决策的实施,以及宏观成本管理调控职能的实现。诸如根据国家产业政策,实现合理的工业布局、产业结构、产品结构、技术结构、公司结构的调整与优化,固定资产投资方向与项目的选择,社会再生产组织,设备的更新改造,技术进步的推进,以及利用国外资金、资源、技术和管理等等。

第六,有助于行业产业能级提升和产业链延长。通过成本管理,可以帮助公司经营管理者和行业商会组织发现行业内的薄弱环节和盈利环节。根据不同公司在行业内的位置,以及各地区、国家在行业内的定位,结合成本管理信息,政府、行业协会和公司能够有效对该行业的产业链进行管理和革新,优化产业链上的强势环,适当延长产业链,提高产业能级。

在实施成本管理的过程中,要注意防止两种偏向:一种偏向是迷信外国理论和数学公式,搞"全盘西化"或数学游戏,不实事求是;另一种偏向是片面理解中国特色的正确涵义,认为自己的东西都是好的,全盘否定外国的东西。这两种偏向都过于极端,成本管理要求的是西为中用,中西结合,有助于我国公司的成本管理。

二、成本管理的目标

成本管理的基本目标是提供信息、参与管理,但在不同层面又可分为总体目标和具体目标两个方面。

(一)总体目标

成本管理的总体目标是为公司的整体经营目标服务的,包括为公司外部的利益相关者提供其所需要的各种成本信息以供决策和通过各种经济、技术和组织手段实现控制成本水平。根据不同的经济环境,公司设置成本管理总体目标的表现形式也不同,而在竞争性经济环境中,成本管理的总体目标主要依竞争战略而定。波特将竞争战略分为成本领先战略和差异化战略,在成本领先战略指导下成本管理的总体目标是追求成本水平的绝对降低,而在差异化战略指导下,成本管理的总体目标则是在保证实现产品、服务等方面差异化的前提下,对产品全生命周期成本进行管理,实现成本的持续性降低。

(二)具体目标

成本管理需要在思想、组织、方法、手段和人才等方面符合集权和分权相结合的原则、技术和经济相结合的原则、全员管理等原则;同时,成本管理在宏观调控体系的良好环境的大背景下,使公司的主要物质消耗和产品成本大大降低,在国内外市场上形成较强的竞争力。因此,成本管理的具体目标如下:

1. 成本预测符合实际。公司通过成本预测，可以掌握未来的成本水平及变动趋势，有助于公司合理组织生产经营活动，挖掘降低成本潜力。成本预测必须根据成本特性及有关资料，运用定量分析和定性分析的方法，对未来成本做出科学估计，使成本管理工作更加符合客观规律的要求。

2. 成本决策科学合理。成本决策是公司经营决策的核心，公司的生产经营活动错综复杂，如果事前没有决策，盲目行动，将十分危险。成本决策必须广泛搜集资料，运用科学方法作为合理选择，既要做到技术上可行，又要达到经济效益最好，成本最低。

3. 成本计划积极先进。成本计划是指导成本管理工作的行动纲领，积极先进和实事求是的成本计划可以指导公司加强成本管理工作，组织全体员工齐心协力完成目标成本。

4. 成本控制全面实施。成本控制是在成本形成过程中，根据成本标准，对实际发生的生产耗费严格把关。一般不让其超过标准耗费，超过标准要有一定的手续批准。这样就把生产耗费控制在成本标准范围以内，有利于达到目标成本。成本控制要全面，包括全过程、全方位、全要素都要进行控制。

5. 成本核算及时准确。为了真实反映公司生产产品的各种资源耗费，成本核算必须及时准确，为成本控制和考核提供真实情况，必须真实反映生产耗费，不乱摊乱挤成本，不弄虚作假，并及时提供核算资料，为成本决策提供依据。

6. 成本分析全面客观。成本分析就是为了寻求降低成本的途径而对成本进行的对比、解剖和评价工作。因此，成本分析必须全面客观，这样有助于认识和掌握产品成本变动规律，为正确决策提供依据。

7. 成本考核严格公平。成本考核是对成本责任部门和个人完成目标成本的情况进行考查评价，作为工作奖惩的依据。因此，考核必须严格公平，要分清主观因素和客观因素，本身责任和外部责任，以及可控指标和不可控指标，做到功过分明，奖惩有据。

对于经济指标比较先进、成本管理基础较好的公司，可以提出较高的要求。对于经济指标比较落后、成本管理基础较差的公司，应从基础做起，脚踏实地地完成成本管理的各项工作。首先要加强各项基础工作，积极学习成本管理的知识和技能，做好起步工作，然后再逐步提高。对于小型公司，除了要做好基础工作以外，还可以针对公司本身成本管理上的弱点，选择和推行一些现代成本管理经验，取得实效后，再逐步前进，不必求全求快。

三、成本管理的内容

根据成本管理的具体目标，成本管理的内容应该包括七个环节，即：成本预测、成本决策、成本计划、成本控制、成本核算、成本分析和成本考核。

（一）成本预测

成本预测是指根据历史成本及其相关的资料，运用一定的专门方法对未来的成本水平及其发展趋势做出科学的估计。通过成本预测，有助于公司管理人员了解成本发展的前景，减少生产经营管理的盲目性，充分挖掘降低成本的潜力。

成本预测是加强成本管理的第一个基本环节。在成本预测时，既要分析研究公司内部环境的发展变化，如参考历史成本资料、研究构成成本的料工费价格变化趋势等；又要分析研究公司外部环境的发展变化，如与同行业同类型企业的有关成本资料进行分析比较、考察产品销售市场的情况与前景。所有这些因素，都要进行周密的调查，进行具体的计算，以期做出尽可能正确的预测。

（二）成本决策

成本决策是指根据成本预测的结果和其他有关资料，做出有关成本的最优决策，以便确定目标成本，制定成本计划。成本决策根据成本低、效益高的原则，一般对若干个成本预测方案经比较分析后择优选取。它是公司生产经营管理决策的一个重要方面，在源头上杜绝了浪费。做出最优的成本决策，是制定成本计划的前提，对提高公司的生产经营管理水平和经济效益具有重要的意义。

（三）成本计划

成本计划是指根据成本决策所确定的成本目标与成本预测资料，确定各种产品的成本水平，并提出为保证成本计划顺利实现而采取相应的管理措施，是成本决策的具体化表现。做好成本计划工作对于提高降低产品成本的自觉性、控制生产费用具有重要意义。编好公司的成本计划，使公司员工明确降低成本的目标和挖掘成本的潜力，是确保公司取得最优经济效益的关键之一。有效的成本计划应与收入计划、现金流量计划等财务计划协调一致，此外还应与生产计划、供应计划等生产经营计划协调一致，最后由公司决策部门加以综合平衡，成为全公司的成本目标。

（四）成本控制

成本控制是指根据成本计划，制定生产经营过程中所发生各项费用的限额，对各项实际发生的成本费用进行严格审查，及时揭示执行过程中的差异，并分析其原因。通过成本控制，可以及时揭示存在的问题，消除生产中的损失，实现成本管理的要求。成本控制是成本管理工作中的重要环节。上述成本预测和成本计划，都是成本控制的目标和依据。成本控制的实施应贯穿于全过程，既有事前控制，也有事中控制，还有事后控制。

（五）成本核算

成本核算是指对生产经营中所生产的各种费用，按照一定的对象和标准进行记录、归集、计算和分配，并进行相应的账务处理，以计算确定各个对象的总成本和单位成本。成本核算是成本管理工作的核心,是履行成本管理职责的最基本要求。成本核算所提供的资料,必须客观、真实;成本核算要求准确及时,所采用的成本计算方法要符合公司的生产类型和生产工艺过程的特点;成本开支的范围要符合政府政策的规定。加强成本核算,对于有效的开展成本预测、成本计划、成本控制、成本分析和成本考核具有极为重要的基础作用。

（六）成本分析

成本分析是指主要利用成本核算所提供的有关资料,分析成本水平及其构成,用以了解成本的变动情况,系统地研究成本变动的原因以及成本节约或超支的原因。通过成本分析,以深入了解成本变动的规律,寻求降低成本的途径,并为新的经营决策提供依据。在进行成本分析时,尤其要注重产品成本的技术经济分析,还应注意分析公司管理水平和内部控制制度,及时总结工作中的经验和教训,以促进并提高企业的经济效益。

（七）成本考核

成本考核是指在成本分析的基础上,对成本计划的完成情况进行考核和评价。进行成本考核,目的是调动各个管理层次搞好成本管理,使之为不断降低成本、提高经济效益做出贡献。成本考核要将责、权、利紧密结合起来,以调动各责任者完成目标成本的积极性。

上述成本管理的内容各有其基本特点（见表1－1）,同时又相互联系、相辅相成,并贯穿于公司生产经营的全过程,构成了成本管理的框架（见图1－1）。成本预测是成本决策的前提,成本决策是成本预测的结果。成本计划是成本决策所确定目标的具体化。成本控制是对成本计划的实施进行监督,保证决策目标的实现。只有通过成本分析,才能对决策的正确性作出判断。成本考核是实现决策目标的重要手段。必须指出,在上述各项内容中,成本核算是成本管理中最基本的内容,离开了成本核算,就谈不上成本管理,更谈不上其他内容的发挥。

表1－1　　　　　　　　　　　成本管理内容的基本特点

成本预测	(1)应以对历史成本的认识为基础 (2)应以对未来事项本身的发展变化趋势及其变化环境的了解为基础 (3)预测结果的好坏有赖于科学预测方法的运用 (4)基于不同的认识基础及不同预测方法的运用,将会产生不同的预测结果
成本决策	(1)应以成本预测的结果为基础 (2)最优成本方案的选择应建立在对整个相关的收入、利润及生产基于管理条件的利用等因素的综合考虑的基础上 (3)成本决策的结果是确定目标成本指标

续表

成本计划	(1)应以成本决策为依据 (2)目标是要具体明确公司在计划期各环节和各方面的成本水平 (3)内容应包括制定为实现成本计划指标所应采取的各项生产经营管理措施
成本控制	(1)目标是保证实现良好的成本效益关系 (2)依据:一是成本计划及有关费用定额;二是有关生产经营管理制度 (3)方式有两种:一是限制实际成本的发生;二是合理引导成本的发生
成本核算	(1)目标是提供实际成本信息 (2)内容:一是正确计算成本;二是正确进行成本账务处理 (3)基本要求:实事求是
成本分析	(1)对象:实际成本 (2)目标:一是要对实际成本水平的高低进行评价;二是要对实际成本水平的发生原因进行分析
成本考核	(1)目标是评价成本责任的履行情况 (2)是对成本管理工作内容的一种综合评价 (3)是公司内部经济责任综合评价的主要内容

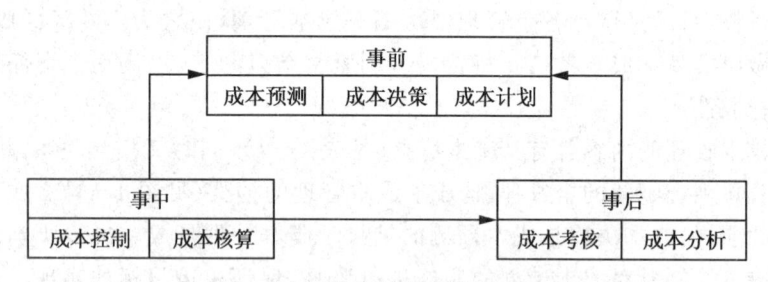

图1—1 成本管理内容的相互关系

四、成本管理的特点

随着科学管理方法的推进、信息技术的发展,成本管理具有如下特点:

(一)面向未来的成本管理

公司的成本管理必须事先进行成本的科学预测和可行性研究,制定出正确的成本目标,并依据成本目标进行成本决策和成本计划,制定最优的成本方案和实施措施,预先考虑到成本变动的趋势和可能发生的情况,提前做好准备和安排,采取妥善的预防性措施,从而把成本管理工作的重点放在公司产品成本的降低和控制上,围绕成本的降低扎扎实实地开展目前的成本管理工作,通过对成本发生和费用支出过程的有效控制,保证成本目标的实现。即变无目的的、盲目的、只顾眼前不顾今后的成本管理,为有目的的、自觉的、面向未来的成本管理。这也是将注意力从生产制造过程转移到了事前的成本控制。另外,事前控制和面向未来的成本管理,在新经济时代中更显示出其重要性。在新经济时代,公司的生产服务不再是单纯的流水线、大规模生产,而要针对客户特点和需要实现个性化产品和个性化服务。在这一形势的要求下,事前控制、面向未来的成本管理就成为成本管理工作的新重点。

（二）重视效益的成本管理

公司在成本管理中,必须把提高或保证效益作为成本管理工作的出发点和归宿。因为成本反映公司的消耗水平,直接决定着公司的经济效益,因此,成本管理工作必须以提高效益为指南,注重成本效益分析,把提高经济效益放在突出位置,用实际成果、贡献来评价和衡量各部门、人员的工作。随着人类学、社会学对人性本质的认识不断加深,人们发现人不仅是追求经济利益的经纪人,还是有多种需要的社会人。在这一认识的指导下,公司经营管理者为了激励下属积极参与到成本管理工作中,其激励手段和考核手段也需要综合除经济效益外的其他指标。这一趋势与公司财务管理目标从利润最大化向利益相关方利益最大化转移的趋势相吻合。

（三）积极主动的成本管理

公司的成本管理必须充分调动成本管理人员、其他各级管理人员以及一切与成本发生有关的人员的积极性、主动性、创造性,使他们积极主动地围绕成本目标,采取各种挖掘公司潜力、降低产品成本的措施,主动控制和消灭超支或浪费现象的发生。尤其是公司高层管理人员和成本管理专业人员,要开展调查研究,及时发现问题和解决问题,敢于开拓创新,打破传统旧观念和旧框框的束缚,主动并正确指导成本管理工作的开展,为下级人员创造和提供成本降低的条件,这样才能使目标成本的实现成为现实。总之,要把消极被动性成本管理改变为积极主动性成本管理。

（四）全面性的成本管理

公司的成本管理必须实行全环节、全过程和全体人员参加的成本管理。因为产品成本是公司的一项综合性经济指标,它的形成贯穿于公司生产经营活动的全过程,与公司所有部门、单位和工作人员的工作质量有关。因此,要使目标成本实现就必须做到:(1)实行成本管理各环节相统一的管理,即围绕目标成本认真做好成本预测、决策、计划、控制、分析、考核、核算工作,使这些成本管理的环节相互衔接、相互保证;(2)实行公司内部全过程、全方位的成本管理,即围绕目标成本对产品成本形成的全部过程进行管理,控制每个阶段、每个方面的成本发生情况;(3)实行公司内部各单位全体人员都参加的成本管理,即围绕目标成本,动员公司各级、各部门、各单位以及每个岗位上的工作人员都来参与成本管理工作,不仅厂部、会计部门和专职成本管理部门要参加,而且各个生产车间、班组以及成员参加,增强每个人的成本意识和观念。

（五）民主型的成本管理

公司在成本管理中制定的目标成本必须先进可行,制定目标成本要由群众参与、上下协商,目标成本的分解、落实要与经济责任制相结合,使每个人既有明确的成本控制方向和任务,又有明确的成本责任,还要有相应的物质利益作动力。目标成本的考评要"上评"和"自评"相结合,做到奖惩有力、奖罚兑现,这样才能调动群众参加成本管理以及控制成本的积极性和确保目标成本的实现。

(六)创新性的成本管理

成本管理的理论和应用并不是一成不变的,而是随着经济环境和社会环境的变化,不断地拓展它的内涵和外延,为生产、经营和管理提供更多、更丰富和更有效的成本管理方法。最重要的体现在两个方面:一是成本管理的观念创新。在新经济环境下,公司应当建立起一种战略成本管理的理念,管理层考虑问题的方式不仅仅在于如何降低成本,更应当在于如何增强企业的竞争力,通过进行全员成本管理和全过程的成本管理,来达到战略成本管理的目标。二是成本管理的计算方法的创新。主要是引入了作业成本法的计算模式,解决了传统的成本计算方法中成本分配方法的欠科学性,更加客观地反映了成本控制、资源分配的真实性,提高了决策的相关性,使得成本管理的责任能够落实到部门、个人,并以成本中心为单位,评价该中心的经营业绩[①]。

第四节 成本管理的基础工作

成本管理的基础工作是指为公司各项管理工作提供资料依据、行为规范、基本手段和保证条件的必不可少的先行性工作。它在工作要求、工作内容上需要紧密结合上文提到的成本管理的要求、内容、特点等,并在此基础上开展工作。

一、成本管理基础工作的要求

成本管理的基础工作具有以下主要特征:体现和反映了公司生产活动的客观规律,是公司各项专业管理的基础,是一项科学性的工作;涉及的面广、量大,必须依靠广大员工持之以恒地贯彻执行,是一项群众性的工作;一般走在各项管理职能工作之前,为公司各项专业管理提供资料、准则、条件和手段,是一项先行性的工作。

现代成本管理的基础工作同样是公司管理的基础工作。完善基础工作是组织现代化生产、做好成本管理工作的依据。公司管理基础工作的好坏,决定着公司成本水平的高低,决定着公司的经济效益。因此,建立现代成本管理体系,必须重视加强和完善成本管理的基础工作。

成本管理的基础工作是公司在生产经营活动中,为实现公司的经营目标、成本目标和成本管理职能,提供资料依据、共同标准、基本手段和前提条件必不可少的工作。成

---

① 陈良华. 成本管理. 北京:中信出版社,2006:49.

本管理的基础工作既是一项科学性很强的工作，又是一项涉及面广、工作量大的工作。因此，要持之以恒，必须依靠广大员工。成本管理的基础工作，不仅为成本管理提供数据、信息和资料，为公司管理者进行经营决策提供重要依据，而且也是有效组织生产经营活动的重要手段。成本管理的基础工作所提供的信息，经过归纳、整理和分析，能够显示公司生产经营的情况，促使公司改善经营管理，以提高公司的经济效益。

完善市场经济体制，建立现代企业制度，首先要从基础工作做起，成本管理也不例外。为了完善成本管理的基础工作，一般要求做到以下几点：

（一）规范化

每个工作岗位都要有明确的岗位责任制，各项工作都要规定业务流程，并要提出定量要求。通常要编制工程图，规定各个环节的工作内容和业务系统的信息联系，流程图使管理职责范围规范化，业务内容条理化。

（二）标准化

生产过程的技术质量和计量检测都有精确的技术标准，一切物化劳动和活劳动消耗都有完整的定额和计划价格目录。成本核算和管理业务也要按照流程图制定工作标准，使整个管理系统工作标准化，相互协调一致。

（三）统一化

各种报表、台账和原始记录的格式和内容都要统一，要根据本单位的生产组织、产品结构和核算体制，设计一套统一的核算用表，并进行统一分类和编码。

（四）程序化

数据的收集、整理和传递都规定有统一的程序和时间要求，并有专人负责，使成本管理工作有秩序地进行。

二、成本管理基础工作的内容

成本管理最重要的基础工作，主要包括标准化工作、定额工作、计量工作、信息工作、规章制度和职工教育六项。这些工作不搞好，成本管理就无从谈起。标准化工作是一项综合性的基础工作，对加强成本管理、提高经济效益具有十分重要的作用。定额是公司对人力、物力和财力的利用所规定的数量标准，定额管理搞不好，成本就很难控制。计量检测同样重要，计量器具不精确，检测手段不完备，物质资源的流动就会混乱，将直接影响到成本计算的正确性。灵敏准确的信息是现代成本管理的先决条件。规章制度的贯彻和职工教育对于加强成本核算、搞好成本控制和考核成本责任等都很重要，都需要加强和充实。

（一）标准化工作

标准化工作是一项综合性基础工作。它包括技术标准和管理标准的制定、执行和管理工作。技术标准是对生产对象、生产条件、生产方法及包装、贮运等所规定的应达到的标准。管理标准是关于公司各项管理工作的职责、程序、要求的规定。标准化是一项提高经济效益的技术措施,对加强成本管理,提高经济效益,具有十分重要的作用。

技术标准包括五个方面:(1)产品标准。对产品质量、规格、检验方法、保管、包装、贮运所作的规定。制定标准的目的,是使人们在协作过程中,相互配合,符合加工、装配、使用的要求,以保证产品质量。(2)工艺规程。它是为制造产品和零件规定的加工步骤和加工方法。(3)操作规程。它是为工人使用设备、工具、仪器规定的操作方法和注意事项,以保证工作效率、产品质量、设备安全和人身安全。(4)设备维护和修理规程。它是为保证设备处于良好状态和延长设备使用寿命所作的规定。设备维护的目的在于减轻磨损,设备修理的目的在于恢复功能。做好日常保养、定期检查、计划修理,以提高设备完好率。(5)安全技术规程、安全卫生规程。它是为保证人身安全和职工健康所规定的预防、保护措施。

管理标准就是把公司重复出现的管理业务,按照客观要求规定其标准的工作程序和工作方法,用制度固定下来,作为行动准则,明确有关职能机构、岗位和个人的工作职责、工作要求,明确它们之间的相互关系。制定管理标准,大体上分四个步骤:(1)绘制流程图。用图解法来反映管理业务的工作流程。包括:①总体图,反映某项管理业务总体关系的图解;②管理流程图,反映某一部门进行某项管理业务所作的流程图,内容有程序、岗位、信息、岗位责任制等;③岗位工作图,反映一个岗位工作的情况;④信息传递图,反映信息传递的路线图;⑤文字说明,是图表的附件。(2)研究流程的合理性。(3)流程图修改以后,要经过试验,检验它是否符合实际。(4)正式编制管理业务标准,由总经理颁布,坚决贯彻执行。

(二)定额工作

定额是公司在一定的生产技术条件下,为合理利用人力、物力、财力所规定的消耗标准、占用标准等数量界限。定额是编制计划的依据,是科学地组织生产经营活动的手段,是进行经济核算、提高经济效益的有效工具。定额主要有:劳动定额(包括产量定额、工时定额、看管定额、缺勤率等);各种材料消耗定额和储备定额(包括材料利用率、材料损耗率等);设备定额(单位产品台时定额、单位时间产量定额、设备利用定额);期量标准(节拍、批量、生产间隔期、投入产出提前期、生产周期、在制品定额);质量定额(产品合格率、废品率、返修率等);流动资金定额(存货定额);管理费用定额(管理费用各项定额)等。各种定额的制定主要是依据经验统计法和技术分析法两种方法。经验统计法是根据统计资料和公司自身的经验而制定的,这种方法虽然简单,但比较受管理层的主观影响。技术分析法是在充分研究并分析生产技术条件和生产组织,以及可能采取的技术组织措施的基础上,通过技术计算或者测定而确定,这种方法得出的定额比较准确,但需要花费大量的人力、物力、财力进行测定。加强定额管理工作,要建立健全完整的、先进的定额体系,有充分的技术和经济依据,采用科学的方法制定,应从实际出发,随着公司生产技术条件的变化,一年修订一次,动态变化。

(三)信息工作

信息工作一般是指原始记录、资料、报表、图纸、密码等。公司进行生产经营决策和执行决策,必须加强所需资料数据的收集、处理、传递、贮存等管理工作。而科学的信息系统是由原始记录、统计分析、经济技术情报、科技档案等构成。灵敏准确的信息是现代成本管理的先决条件。原始记录是记载企业生产技术经济活动情况的最初的直接记录。它有许多种类,与成本有关的原始记录,一般有物资方面的原始记录(如领料单、退库单、废料回收单、自制原材料入库单等)、生产方面的原始记录(如生产命令通知单、停工通知单、废品通知单、完工通知单、能耗记录单等)、产成品方面的原始记录(如产成品入库单、产成品报废单、产成品盈亏报告单等)、人事工资方面的原始记录(如职工录用通知单、职工调动通知单、请假单、考勤记录表、工资和奖金支付单等)、财务会计方面的原始记录(现金支付凭证、报销单、转账通知等)。原始记录是建立各种台账和进行统计分析的依据。搞好统计工作是管理公司必不可少的手段。准确、及时、全面地反映公司生产经营情况及其成果,是对原始记录和统计分析工作的要求。各种原始记录需要反映的是各个活动的内容和项目、各个活动发生的方式和发生的结果。健全的原始记录可以将财务信息在各个需要的部门间进行流转,有利于形成最终的财务信息,便于管理。

科技经济情报是指为了一定目的而收集的、比较有系统的、经过分析和加工的资料。它对开拓人们视野、启发人们思想、提供丰富资料、推动科技和经济发展,都具有重要意义。公司要生产适销对路、质量优良、价格便宜的产品,以满足需求,就必须面向市场,了解市场情报。这对市场预测和安排生产起着关键作用。情报资料在收集的基础上应进行加工整理,进行登录、分类、制卡、编目、保管,编制索引、快报和简介,提供咨询和检索手段,并做好科技档案工作。科技档案工作的基本内容,一般包括档案的收集、整理、鉴定、保管、统计和提供利用等六项工作。

(四)计量工作

计量是指测试、检验、化验分析方面的计量技术和计量管理工作。原始记录反映出来的数和量,都是通过计量等手段产生出来的。如果没有健全的计量工作,就不会有真实可靠的原始记录,就不能为成本管理提供正确的核算资料,也无法分清责任归属。因此,公司必须从原材料、燃料等物资进厂,经过生产过程,一直到产品出厂,在供、产、销各个环节上,都要设置准确可靠的计量器具,认真做好计量工作,建立计量管理机构,配备专业人员,提高计量工作水平。

(五)规章制度

公司的规章制度是用文字的形式,对各项管理工作的要求所作的规定,是全体职工的规范和准则。建立和健全各项规章制度,特别是责任制度,是成本管理的一项极其重要的基础工作。公司需要建立的规章制度有:(1)基本制度,如公司管理者制度;(2)工作制度,如有关计划、生产、技术、劳动、物资、销售、人事、财务管理、成本管理方面的工作制度等;(3)责任制度,它是依据现代化大生产对劳动分工和协作要求而制定的,规定着公司每个成员在自己岗位上应承担的任务和责任,以及相应的权利。公司的规章制度很多,但最基础的是岗位责任制,包括员工岗位责任制和管理者岗位责任制。建立和健全岗位责任制,明确责任成本的归属问题,应从本公司的实际出发,搞好调查研究,拟订方案,进行试点。然后,总结经验,建立制度,全面推广。规章制度一定要简明扼要,准确易懂,便于执行,切忌繁琐。

(六)职工教育

公司的各项工作任务,必须靠人去完成,因此,提高职工素质尤为重要。职工教育对各项工作任务的完成具有先导和保证的作用。公司要定期对各类人员进行思想教育、技术业务教育、职业道德教育,这是提高企业整体素质的关键。

三、加强成本管理的基础工作应注意的几个问题

加强成本管理的基础工作,当前要注意以下几个方面的问题:

(一)要对基础工作有一个新的认识

成本管理的六项基础工作有四个特点,即基础性、经常性、群众性和动态性。基础性指基础工作是成本管理的基础,没有坚实的基础,管理工作就不能搞好;经常性指这些基础工作随时随地都能发生,是公司成本管理中经常遇到的问题;群众性指基础工作涉及每个职工的生产经营活动,必须引起广大群众的重视;动态性指基础工作是不断发展的,随着生产的发展需要不断充实。认识到基础工作的这些特性,就能对基础工作产生一种新的认识,它不是可有可无的工作,而是公司最基本的工作,要求公司上下都重视起来,把基础工作搞好。应该指出,越是战略性的成本管理,对基础工作的要求就越严格。

(二)要对基础工作进行同步协调

成本管理的各项基础工作之间有着内在的联系,相互影响和促进。其中,标准化工作是管理的标准,定额工作是考核的尺度,计量工作是度量的手段,信息工作是管理的条件,规章制度是工作的规范,职工教育是公司素质的关键。这六个方面密切相关,哪一项工作搞不好,都会对成本管理产生不利的影响。因此,对这些工作必须进行全面管理,同步协调,求得共同提高。

(三)要对基础工作不断整顿改进

成本管理基础工作的建设要不断围绕成本管理现代化的要求,增加新的内容,提高原有水平。成本管理现代化每前进一步,都会对基础工作提出新的要求。所以,基

础工作不是静止不变的，而要一步一个台阶，不断提高。例如，应用电子计算机进行管理，就要求基础工作必须做到规范化、标准化、统一化和程序化，这就要比现在的管理水平大大提高一步。

(四)要对基础工作加强组织领导

根据各地经验，公司推行成本管理现代化，必须从基础工作抓起，这是一条十分重要的经验。因此，公司必须加强基础工作的组织领导，指定专人负责，配备必要的设备仪器，充实机构人员。并要从班组建设开始，一抓到底，使基础工作达到规定的要求。

(五)加强公司管理的基础工作必须同企业、职工的经济利益联系起来，使之具有内在的经济动力

过去那种单纯依靠行政手段的办法，抓一抓，放一放，往往造成基础工作不稳定、不巩固。这几年来实行经济责任制，使基础工作和公司、职工的经济利益结合起来，有了经济动力，使得加强科学管理、搞好成本管理成为职工的自觉需要，有利于基础工作的经常化和深入持久地开展下去。

本章小结

成本管理是公司生产经营管理的一个重要组成部分，是以成本为对象，借助管理会计的方法，以提供成本信息为主的一个会计分支。

在西方国家，公司管理大体上经历了经验管理、科学管理、现代管理和战略管理四个阶段。成本管理是公司的一项专业管理，公司成本管理理论和方法是由公司管理的总的要求决定的，因而成本管理的发展也相应地可分为经验管理、科学管理、现代管理和战略管理四个阶段。

与成本管理有关的基础理论是系统理论、信息理论、控制理论、组织理论、行为理论和决策理论等。

成本管理的内容是成本预测、成本决策、成本计划、成本控制、成本核算、成本分析和成本考核。成本管理的内容各有其基本特点，又各有其工作要求，同时它们又相互联系、相辅相成，并贯穿于公司生产经营的全过程，达到降低成本、提高公司经济效益的目的。

成本管理基础工作，是公司在生产经营活动中，为实现公司的经营目标、成本目标和成本管理职能，提供资料依据、共同标准、基本手段和前提条件必不可少的工作。同时，公司必须科学地组织成本管理工作，包括建立健全成本管理机构，配备适当素质的成本管理人员，制定合理的成本管理制度等。

【主要概念】

成本管理	弹性制造系统	成本决策	经验管理
作业成本管理	成本计划	科学管理	战略成本管理
成本控制	现代管理	成本企划	成本核算
战略管理	成本预测	成本考核	

【本章案例】

成本领先　花样年公司分步成本管理案例[①]

深圳市花样年投资发展有限公司(以下简称"花样年")成立于 1996 年 9 月,主营房地产业,是一家跨地域、多元化的生活产业开发投资公司。

为了全面提升企业的核心竞争力,从全国几千家房地产企业中脱颖而出,花样年在提高差异化竞争力的同时,也将目光放在了成本领先策略这一方面。

一期做好基础打底

2005 年,花样年提出了"全员成本"的发展战略,在内部加强了对成本的管理与控制。一期目标主要是建立起办公自动化平台,实现对合同审批、执行、存档全过程的管理,同时力求将公司重要的资料(如供应商资料、材料种类及报价信息、合同资料等)进行分类、建档,从而实现重要资料的沉淀与积累,为成本精细化管理做好铺垫。并优化了 OA 与知识管理库两套系统。目标已基本达成。

二期选择专业软件

2005 年下半年,高层制定了二期成本信息化管理目标:第一,实现成本数据的快速反馈;第二,历史数据能有效沉淀;第三,能在过程中有效控制成本,成本控制职责明确。显然,一期设计的信息化系统无法实现二期的目标。为了实现目标,花样年将目光投在专业的房地产信息化管理软件上。明源公司的新一代地产 POM 成本管理子系统,基于"目标成本＋责任成本＋作业过程控制"的现代成本管理体系而开发,以合同性成本的管理为主线,通过科学、规范的成本结构树,全面系统地反映各核算对象在其整个生命周期任意时点的动态成本、实际发生成本、实付成本、材料成本的构成情况,实现成本核算和成本控制的目标,并为房地产企业控制成本变动、洞悉成本动向、制定资金计划、掌控投资进度等提供强有力的依据。新系统得到了花样年相关部门的高度认可。在这样的背景下,花样年与明源双方的合作水到渠成。通过售前调研,给出以下解决方案:

(一)对合同的流程管理

通过规章制度的限制,正式合同必须通过 OA 系统进行审批,然后使用明源开发的 OA 接口导入明源 POM 成本管理子系统,合同后续的执行、存档都由成本管理系统完成。这样,OA 系统无法对合同执行过程进行管理的弱点得到了解决,同时进一步提高了 OA 系统在集团的使用率。

[①] CIO,http://www.cioage.com/art/200707/47002.htm.

（二）对供应商各类信息的管理

为实现历史数据沉淀的有效性及专业性，明源公司根据花样年的要求，对明源POM成本管理子系统中的供应商管理及材料管理进行二次开发，满足花样年业务管理需要；同时，将原知识库信息中已经积累的老数据导入成本系统中，并配合花样年完成对供应商、材料信息基础类别的设定。

（三）对成本科目的管理

由于花样年成本管理中科目级数非常细，达到八级，同时不同的科目由指定部门负责维护，明源公司将对系统进行二次开发，实现成本科目的八级管理及分科目授权管理和维护，同时配合花样年完成统一成本科目树的设置。

该系统的实施于2005年11月开始，2006年2月结束，历时三个半月。

2005年11月上半月，花样年实施小组配合明源实施小组开展POM成本管理子系统的学习，主要目的是了解实际业务如何在系统中实现，同时找到系统与实际业务的差异处，议定解决方案。花样年核心小组成员通过两周的学习，圈定了实施范围，明确了实施目标。而明源方实施小组收集了这两周的反馈，形成《花样年POM成本子系统需求验收清单》、《花样年POM成本子系统需求解决方案》两份关键文档。

2005年11月下旬至12月中旬，明源方项目小组根据上述两份文档进行二次开发，明源方共投入5位开发人员，在一个月的时间内完成了花样年POM成本管理子系统与OA接口的开发，整合原有知识库系统中供应商与材料功能，并将原有旧数据导入；财务收支方面实现了与金蝶财务软件的接口，并为了满足花样年成本管理业务需求，对POM成本管理子系统进行了适应性调整。

2006年2月，花样年POM成本管理子系统正式投入使用，明源实施小组针对花样年商务部、技术部、设计中心、营销中心、开发部及财务部等多个部门进行了培训，完成了POM成本管理子系统在花样年内部的全面推广。

通过近半年的应用，花样年POM成本管理子系统已开始为花样年创造明显的效益。

第一，为了配合POM成本子系统的运营，花样年特别颁布了《花样年动态成本控制管理规定》，使公司成本管理提高了一个台阶，加强了企业竞争力。

第二，整合了原知识库内供应商、材料信息库的内容，并对供应商与材料的类别做了整体规划，加强了历史数据的沉淀与积累，为日后系统稳定运行打下了基础。

第三，花样年POM成本管理子系统配合明源开发的第三方OA软件接口，完善了合同审批、执行、存档的整个流程，并且通过此次实施提高了第三方OA系统的使用率，弥补了以前OA系统使用率、执行率不高的不足。

第四，通过应用，完善了公司两大类型的产品成本数据标准，形成了"花"系列、"年"系列两套标准成本数据，配合明源开发的多类型成本数据相互调用，可方便地在花样年相同项目间相互引用，大大减少了人工录入的工作量，提高了工作效率。

第五，在明源系统中建立了按成本科目授权及应用、维护的方式，实现了系统架构的创新，使系统更加适用于花样年，且为明源POM平台提供了重要的设计思路。

第二章

成本管理的基本方法

【要点提示】
- 成本概念
- 本量利分析法
- 变动成本法

【内容引言】

　　成本管理的基本方法便是以公司的成本为对象,运用一定的方法进行计算和分析,便于公司管理者的评价和考核。本章主要阐明成本依其性态的分类方法,并在此基础上分析本量利关系,以及变动成本计算法在成本管理中的运用。

　　成本属于价值的范畴,与价值有着紧密的联系,一直是公司和管理者重视的对象。成本管理的基本方法便是以公司的成本为对象,运用一定的方法进行计算和分析,便于公司管理者的评价和考核。

第一节　成本概念

　　成本的概念由来已久,对其的讨论亦是百家争鸣。从以马克思的《资本论》为代表的政治经济学开始,我们对成本有了宏观和微观的分析和总结。我国在成本的理解上有其具体的内容,会计准则、会计制度为成本的核算和分析界定了范围,有利于将理论和实务联系起来。

一、成本概念的形成和发展

　　成本是商品生产的产物。政治经济学认为,在商品经济条件下,产品生产的过程,既是物化劳动和活劳动耗费的过程,同时又是剩余价值的创造和商品价值的形成过程。而成本正是企业为生产商品和提供劳务等所耗费物化劳动和活劳动中的必要劳动价值的货币表现。成本的概念便是在商品生产的过程中不断完善和发展起来的。

在资本主义商品生产之前,农民和小商品生产者关心的是生产中物化劳动耗费及其补偿,在很多情况下,个人耗费无法量化,所以他们几乎不考虑个人耗费的补偿,因而这便不能形成真正意义上的成本。

到了资本主义商品生产时期,劳动力也成为了一种商品,有了其价格和价值,一般用工资来表现劳动力的价格,资本家需要垫付的成本费用中也包括了劳动力的成本,便逐渐衍生出成本的概念。在资本主义企业中,资本家组织生产经营活动所耗费的资本是由用来补偿资本家所消耗的生产资料的价格和所使用的劳动力的价格共同组成的。

在商品生产高度发达的市场经济时期,随着科学技术的推动和市场经济的驱使,商品生产的范围不断扩大,除了生产资料的价格和劳动力的价格以外,演变出许多成本概念,扩充了原先狭窄的成本概念,例如人才培训和培养、研发费用等。这些成本概念从不同的角度、不同的目的、不同的条件,满足了企业管理和发展的需要[1]。

二、成本的经济实质

成本作为一个经济范畴,它随着商品经济的发展而不断改变其表现形式。马克思曾科学地分析了资本主义经济条件下商品价值的构成。他指出:"按照资本主义方式生产的每一个商品 W 的价值,用公式来表示是 W=C(不变资本的价值)+V(可变资本的价值)+m(剩余价值)。如果我们从这个产品价值中减去剩余价值 m,那么,在商品中剩下来的,只是一个在生产要素上耗费的资本价值 C+V 的等价物或补偿价值。……商品价值的这个部分,即补偿所消耗的生产资料价格和所使用的劳动力价格的部分,只是补偿商品使资本家自身耗费的东西,所以对资本家来说,这就是商品的成本价格。"[2]马克思这一关于成本本质的论述,人们通常称之为理论成本。基于马克思的论述,成本的涵义包括如下几个特征:

第一,成本是商品货币经济中的一个范畴。成本是构成商品价值的重要组成部分,是商品生产中生产要素耗费的货币表现。

第二,成本具有耗费性质。它是为实现特定的经济目的而发生的资本耗费,并且,这种消耗是个别性的。产品成本是商品生产中所耗费的物化劳动和活劳动中必要劳动的价值,即 C+V 部分,它是成本最基本的经济内容。

---

[1] 林万祥. 成本论. 北京:中国财政经济出版社,2001.
[2] 马克思. 资本论. 第三卷. 北京:人民出版社,1974.

第三，成本具有补偿性质。成本是补偿商品生产中资本消耗的价值尺度，即成本价格，它是成本最直接的表现形式。一个企业，只有当其收入足以补偿成本时，才能持续进行简单再生产。

综上所述，马克思对于成本的考察，既看到耗费，又重视补偿，这是对成本涵义完整的理解。在商品生产条件下，耗费和补偿是对立统一的。因为耗费是个别生产者的事情，补偿是全社会的过程。这就迫使商品生产者重视成本，加强管理，力求以较少的花费来寻求补偿，并获取最大限度的利润。这样，也就使成本与管理结下了不解之缘，确立了成本管理在企业生产经营管理中的重要地位。

由于成本与管理相结合，它的内容往往要服从管理的需要，并且随着管理的发展而发展。事实上，成本的概念无论从内涵到外延，都在不断变化之中。例如，从成本的内涵看，成本作为资本耗费，发生于生产过程，而补偿价值是生产成果的分配，属于分配领域的范畴。作为商品的所有者和经营者，为了符合自身利益的需要，常常会将分配领域的一些支出列作生产成本，导致实际补偿价值和已经消耗的 C＋V 不一致。早在 1992 年财政部颁布的《企业会计准则》和《企业财务通则》，对成本开支范围作了调整，即将劳动保险费从原来的营业外支出改为管理费用支出。这意味着，成本一方面要反映成本的经济内涵，另一方面又要按国家的财务成本管理规定，把某些不属于 C＋V 的内容列入成本。

从成本的外延看，成本的概念已不局限于马克思所说的商品成本。1951 年美国会计学会与标准委员会对成本做了如下定义："成本是为了一定目的而付出的（或可能付出的）用货币测定的价值牺牲。"例如，英国学者威尔逊认为，"成本是牺牲的同一语，是各种牺牲的一般形式。"[1]美国学者霍恩格伦认为，成本"是为了达到某一特定的目的所失去的或放弃的资源"。[2] 上述定义的外延相当广泛，远远越出了产品成本概念的范围。按上述定义，资金成本、环保成本、质量成本等都可以包括于其中。基于成本管理的不同目的，形成对成本信息的不同要求，使成本有各种各样的组合。同时应该指出，不同目的、不同条件可以有各种不同的成本概念。例如，为预测、决策需要的变动成本、固定成本、机会成本；为控制、考核需要的标准成本、可控成本、责任成本等。因此，在成本管理中，仅用"成本"一词已很难使人们确切理解其涵义，成本只有当它以特定目的和特定对象来表现时，才有意义。

三、成本的内容

将以上理论成本应用于成本计算的实践，还应考虑国家宏观经济政策和企业微

---

[1] 威尔逊．实用成本控制指南．北京：北京大学出版社，1988.
[2] 霍恩格伦．高级成本管理会计学．北京：中国财经出版社，1986.

观经营管理的需要。在实际工作中,为了使企业成本计算内容一致,国家统一制定了产品成本开支范围,明确规定哪些费用允许列入成本,哪些费用不允许列入成本。成本开支范围的规定是企业财会制度的重要组成部分,它直接涉及企业生产经营的劳动耗费补偿和利润取得的多少。所以,必须以成本的经济内涵为基础,考虑以下几个界限:

第一,划清生产经营支出与非生产经营支出的界限:一切与生产经营有关的支出,都应当按规定计入企业的成本;与生产经营无关的支出,则不准计入成本。

第二,划清资本性支出与收益性支出的界限:凡是为取得生产经营收益而发生支出,都应当按规定计入企业的成本;凡属资本支出,不能直接一次计入成本。

第三,划清产品制造成本与期间费用的界限:期间费用全部由损益表的当期产品销售利润项目扣除,而不计入产品成本。

第四,划清经营责任与非经营责任的界限:凡是生产经营活动中属于企业经营责任应承担的开支,都应计入成本。

企业实行费用归口、分级管理和预算控制,应当建立必要的费用开支范围、标准和报销审批制度[①]。我国工业企业成本开支范围,在实践中逐渐明确和完善。早在1992年,《企业财务通则》和《工业企业财务制度》明确了成本开支范围:

第一,生产经营过程中实际消耗的各种原材料、辅助材料、备品配件、外购半成品、燃料、动力、包装物、低值易耗品的原价和运输、装卸、整理等费用;

第二,固定资产的折旧费、租赁费和修理费;

第三,企业研究开发新产品、新技术、新工艺所发生的新产品设计费,工艺规程制定费,设备调试费,原材料和半成品的试验费,技术图书资料费,未纳入国家计划的中间试验费,研究人员的工资,研究设备的折旧,与产品试制、技术研究有关的其他经费及委托其他单位进行的科研试制的费用,以及该试制的失败损失等;

第四,按国家规定列入成本的职工工资、福利费和奖金;

第五,按规定比例提取的工会经费和按规定列入成本的职工教育经费;

第六,产品包修、包换、包退的费用,废品的修复费用或报废损失,削价损失,以及季节性、修理期间的停工损失;

第七,财产和运输保险费,契约、合同的公证费和签证费,商标注册费,专有技术使用费以及应计入成本的排污费;

第八,企业生产经营期间发生的利息净支出(减利息收入)、汇兑净损失、调剂外汇手续费、金融机构手续费以及筹资发生的其他财务费用;

第九,销售商品发生的运输费、包装费、展览费、广告费和销售服务费,以及销售

---

① 参阅《企业财务通则》,第五章第三十七条,2007.

机构的管理费；

第十，办公费、差旅费、会议费、取暖费、设计制图费、试验检验费、劳动保护费、公司经费、仓库经费、劳动保险费、待业保险费、董事会费、审计费、诉讼费、绿化费、消防费、税金(房产税、车船使用税、土地使用税、印花税)、土地使用费、土地损失补偿费、无形资产摊销、开办费摊销、在规定比例范围内的业务招待费和坏账损失以及属于一般经营损失的存货盘亏、毁损和报废(减盘盈)等费用。

为了严肃财经纪律，加强成本管理，财会制度还明确规定，下列各项费用任何企业都不得列入成本：

第一，购置和建造固定资产、无形资产和其他长期资产的支出。这些支出属于资本性支出，在财务上不能一次列入成本，只能按期逐月摊入。

第二，对外投资的支出。这些支出也是资本性支出，不能列入成本。

第三，被没收的财物，支付的滞纳金、罚款、违约金、赔偿金，以及企业赞助、捐赠支出。如果企业发生了这些支出，财务上不能列入成本。

需要指明的是，上述成本开支范围中的"成本"是广义的成本，一些期间费用也算入到这一概念中。若从狭义的成本概念来看的话，可以参看2007年新版《企业会计准则》第1号——存货的规定①，其中明确规定了存货的计量界限。存货成本包括采购成本、加工成本和其他成本。其中，存货的采购成本，包括购买价款、进口关税和其他税费、运输费、装卸费、保险费以及其他可归属于存货采购成本的费用；存货的加工成本，包括直接人工以及按照制造费用分配方法分配的制造费用；存货的其他成本，是指除采购成本、加工成本以外的，使存货达到目前场所和状态所发生的其他支出。下列费用应当在发生时确认为当期损益，不计入存货成本：

第一，非正常消耗的直接材料、直接人工和制造费用；

第二，仓储费用(不包括在生产过程中为达到下一个生产阶段所必需的费用)；

第三，不能归属于存货达到目前场所和状态的其他支出。

企业提供劳务的，所发生的直接从事劳务提供人员的直接人工和其他直接费用，以及可归属的间接费用，计入存货成本。

企业应当采用先进先出法、加权平均法或个别计价法确定发出存货的实际成本。已售存货，应当将其成本结转为当期损益，相应的存货跌价准备也应当予以结转。对于性质和用途相似的存货，应当采用相同的成本计算方法确定发出存货的成本。对于不能替代使用的存货、为特定项目专门购入或制造的存货以及提供劳务的成本，通常应当采用个别计价法确定发出存货的成本。

在进行成本管理时，也要注意存货的可变现净值。可变现净值，是指在日常活动

---

① 参阅《企业会计准则》第1号——存货，第5、6、7、8、9、13、14、15、18条，2007.

中,以存货的估计售价减去至完工时将要发生的成本、销售费用以及相关税费后的金额。在资产负债表中,存货应当按照成本与可变现净值孰低计量。存货成本高于其可变现净值的,应当计提存货跌价准备,计入当期损益。

【例 2—1】 2008 年 12 月 31 日,A 公司的产成品 a 的账面成本为 100 万元,数量为 20 台,单位成本为 5 万元/台。若在那时,产成品 a 的市场销售价格为 5.5 万元/台,预计发生的相关税费和销售费用合计为 0.6 万元/台。A 公司还未签订销售合同。请问该产品的可变现净值为多少?

解:可变现净值
=存货的估计售价-至完工时将要发生的成本-销售费用-相关税费
=20×(5.5-0-0.6)=98(万元)

公司应当按照单个存货项目计提存货跌价准备。对于数量繁多、单价较低的存货,可以按照存货类别计提存货跌价准备。与具有类似目的或最终用途并在同一地区生产和销售的产品系列相关,且难以与其他项目分开计量的存货,可以合并计提存货跌价准备。

【例 2—2】 沿用【例 2—1】的资料,请问该产品在 2008 年 12 月 31 日跌价多少?试写分录。

解:跌价金额=100-98=2(万元)
借:资产减值损失——存货减值损失　　　　　　20 000
　　贷:存货跌价准备　　　　　　　　　　　　　　　20 000

由此可见,国家规定的成本开支范围是以成本的经济内涵为基础;同时,为了发挥成本杠杆的调节作用,成本实际内容与其经济内涵又稍有背离,以起到一定的激励或制约作用。比如,对于一些不形成产品价值的损失性支出,如工业企业里的废品损失、停工损失等也列入产品成本之内。这些费用按其性质并不属于成本的范围,但考虑到企业加强经济核算和改善经营管理的需要,以及保证必要的补偿,就把这些费用也计入成本之内。存货成本引入成本与可变现净值孰低法的核算方法,使得成本的核算、控制和分析不只是局限在企业内部,而是与市场的情况有机结合起来,不脱离现实,有助于管理层在市场导向下,及时合理地调整产品结构,不是为了核算而核算。这样,可以提高成本综合反映的作用,使成本指标全面地反映企业工作质量的好坏,以充分发挥成本经济杠杆的积极作用。

四、成本的分类

由于不同的成本概念反映了不同的特定对象,因而可以将成本按照多种不同的标志进行科学的分类,有助于理解各种成本的涵义,获取各种成本管理信息,以满足企业生产经营管理的不同需要。

(一)成本按其经济用途的分类

1. 在西方企业,成本通常按其经济用途划分为以下三大类:

(1)生产成本,也可称制造成本,是指为生产(制造)产品或提供劳务而发生的成本。对这些成本,可根据其具体的经济用途分为料、工、费三大项目。

①直接材料,指在生产过程中直接用来构成产品主要实体的成本。其重要特征是,不论在理论上还是在实践上,该项成本都能准确地归属于哪一产品上。

②直接人工,指在生产过程中直接改变原材料的性质或形态所耗用的人工成本。其基本特征与直接材料相同,即必须能直接归属到产品上。

③制造费用,指在生产过程中,除直接材料、直接人工以外所发生的所有成本,是企业为生产产品和提供劳务而发生的各项间接费用。企业应当根据制造费用的性质,合理地选择分配方法。制造费用包括的内容可进一步细分为:

第一,间接材料,指在生产中耗用,但不易归入某一特定产品的材料成本,如各种物料用品等;

第二,间接人工,指为生产服务而不直接进行产品加工的人工成本,如维修人员工资等;

第三,其他制造费用,指不属于上述两种的其他各类间接费用,如固定资产折旧费、维修费、保险费等。

(2)推销成本,指在销售的广泛活动中所发生的费用,如销售费、广告费等。

(3)管理成本,指制造成本和推销成本以外的所有管理和办公费用,如办公费、董事费等。

通常将推销成本和管理成本合称为非制造成本,并将其作为期间成本来处理。

2. 我国 2007 年《企业会计准则》规定:费用应当按照功能分类,分为从事经营业务发生的成本、管理费用和销售费用以及财务费用等①。我国工业企业会计制度将一定期间发生的生产费用划分为产品制造成本和期间成本,产品制造成本属于产品成本的范畴,期间成本不再计入产品成本而作为当期损益处理。其具体内容如下:

(1)产品制造成本。

①直接材料,指企业生产经营过程中实际消耗的原材料、辅助材料、备品备件、外购半成品、燃料、动力、包装物、低值易耗品以及其他直接材料。

②直接工资,指企业直接从事产品生产人员的工资。

③制造费用,指企业各个生产单位为组织和管理生产所发生的各项费用。如生

---

① 参阅《企业会计准则》第 30 号——财务报表列报,第 26 条,2007.

产单位管理人员的工资、机器设备的折旧费等。

(2)期间成本。1993年7月,我国会计制度改革,将管理费用、财务费用、销售费用等作为期间费用,并沿用至今。

①管理费用,指企业行政管理部门为管理和组织经营活动而发生的各项费用。如公司经费、业务招待费、技术转让费等。

②财务费用,指企业为筹集资金而发生的各项费用。如利息支出、汇兑损益及金融机构手续费等。

③销售费用,指企业在销售产品、自制半成品和工业性劳务等过程中发生的各项费用,以及专设销售机构的各项费用。如运输费、广告费、销售人员工资等。

很显然,这种按其经济用途的成本分类与西方国家的分类基本一致。

(二)成本按其性态的分类

成本性态是指成本与业务量(产量或销售量)之间的关系。成本按其性态可分为变动成本和固定成本两个基本类别。

1. 变动成本,是指在相关业务量范围内,其发生总额会随着业务量的变动而成正比例变动的成本。例如,构成产品实体的直接材料成本和计件工资制度下的直接人工成本等。变动成本的基本特点是:(1)在一定范围内,成本发生总额与业务量水平成正比例关系;(2)单位业务量中所含该种成本的份额保持不变。

2. 固定成本,亦称固定费用,是指在相关业务量范围内其发生总额不会随着业务量的变动而变动,而保持不变的成本。例如,厂房的折旧成本和管理人员的工资成本等。固定成本的基本特点是:(1)在一定范围内,成本发生总额与业务量水平之间没有关系;(2)单位业务量中所含该种成本的份额会随业务量的变动成反比例变动。

在实际生产活动中,还存在一种既不与产量的变化成正比例变化,亦非保持不变,而是随产量的增减变动而适当变动的成本,这种成本被称为半变动成本或半固定成本,例如机器设备的日常维修费用、辅助生产费用等。由于这类成本同时具有变动成本和固定成本的特征,所以也称为混合成本。对于混合成本,应运用适当的方法进行分解,以区分其中的固定成本和变动成本,并分别加以计入变动成本和固定成本的总额。

(三)成本的其他分类

成本除按其经济用途和按其性态进行分类外,还可按其他多种不同标志进行分类,以满足管理上各种特定的需要,主要包括:

1. 有关成本和无关成本。有关成本和无关成本是按费用的发生是否与所决策的问题相关来划分的成本。

有关成本是指与制定决策相关的成本。例如,当是否决定接受一批订货时,生产该批订货所需发生的各种成本即为有关成本。无关成本是指与制定决策所不相关的成本,因而决策时可不予考虑。例如,接受特殊订货时,原有的固定成本就属无关成本,因为即使不接受这批特殊订货,这些固定成本也照样发生。

2. 可控成本和不可控成本。可控成本与不可控成本是按费用的发生能否为考核对象(即责任中心)所控制来划分的成本。

可控成本是指针对一定的责任中心而言,可以控制其发生水平的成本。例如,产品生产所消耗的原材料数量,对于生产部门而言就是可控的。不可控成本是指针对一定的责任中心而言,不可以控制其发生水平的成本。例如,厂房的折旧成本对生产部门而言就是不可控的。

当然,对于一个公司的各个生产经营管理环节的责任中心而言,哪些成本可控,哪些成本不可控,这有赖于公司管理当局所制定的管理制度。成本按其可控性分类的意义,在于反映成本的发生水平与业务责任者之间的关系,为明确经济责任、加强成本控制和成本考核提供基础。

3. 可避免成本和不可避免成本。可避免成本与不可避免成本是按决策方案变动时某项支出是否可避免来划分的成本。

可避免成本是指当决策方案改变时某些可免予发生的成本,或者在有几种方案可供选择的情况下,当选定其中一种方案时,所选方案不需支出而其他方案需支出的成本。例如,在机械化生产情况下,产品零部件的传送需用人工来搬运,而改用自动流水线进行生产时,就可自动传送,这样对于自动流水线生产方案来说,机械化生产情况下搬运零部件所需的人工费用、设备费用就是该方案的可避免成本。可避免成本常常是与决策相关的成本。不可避免成本是指无论决策是否改变或选用哪一种方案都需发生的成本,也即在任何情况下都需发生的成本。不可避免成本常常是与决策无关的成本。

4. 差别成本和边际成本。差别成本与边际成本的特点与上述成本概念的特点不同,它们不是相对称的成本概念。

差别成本是指两个不同方案之间预计成本的差异数。在作出决策时,由于各个方案所选用的生产方式、生产工艺和生产设备的不同,各方案预计所发生的成本也不同,各方案估计成本的差异数即为差别成本。在产品售价或销售收入相同的情况下,差别成本是进行决策的重要依据。在各方案的成本比较中,当选定某一方案为基本方案,然后将其他方案与之相比较时,增加的成本也称为增量成本,所以增量成本是差别成本的一种表现形式。

边际成本是指产品的产量每增加一个单位所需增加的成本。在大批量生产情况下,由于在一定的生产能力范围内,每增加一个单位产品只增加变动成本,所以边际成本常表现为变动成本。但在单件小批生产情况下,增加一个单位产品常需增加生产能力,即需增添机器设备等,这时边际成本就包括由增加这一单位产品所发生的所有变动成本和固定成本。严格地说，边际成本的含义如上所述，是指增加一个单位产品所增加的成本。但在会计实务中，人们常常也将增加一批产量所增加的成本看作边际成本，这时的边际成本实际上是边际成本总额。

5. 历史成本和未来成本。按成本发生的时间分类，历史成本属于过去发生的成本。公司定期编制的会计报表所提供的成本信息，几乎全部是历史成本。因为进行会计记录的条件是每一项记录必须附有客观的证据，而且这种证据不仅必须表明经济业务的实际存在，还必须能用货币加以精确计量。由此可见，历史成本是已经实际发生的成本。

未来成本属于未来发生的成本。从会计实践来看，未来成本不是已完成的事实，而是在特定条件下可以合理地预测将在未来某个时期或未来某几个时期发生的成本。它的基本计量是采用预计值的形式，如目标成本、标准成本等。

6. 专属成本与共同成本。专属成本是指那些能够明确归属于特定决策方案的固定成本或混合成本。例如，专门为生产某种产品而专用的机床的折旧费、保险费等，这就属于专属成本，它是与特定的产品或者特定的部门相联系的，它可以用特定的成本分配方式，分配到各个产品中去。因此，简单来说，专属成本就是指这笔支出与某个物件有关，而与别的物件不相关。它还是一个决策相关成本的概念。

共同成本是与专属成本对立的成本概念，是指由多个方案共同负担、注定要发生的固定成本。它的发生与方案的选择无关，因此在决策时可以不予考虑，但是在进行成本核算时必须考虑在内，分摊到每个产品或者每组产品中去，最终会影响到单位成本。

第二节 本量利分析法

本量利分析法是一种常用的生产经营的分析方法，它经常被运用在企业的生产、销售中。该方法易于理解，且具有广泛和深远的意义。

一、本量利分析法概述

本量利分析方法主要是用来分析成本、数量、利润这三个重要变量之间的关系，只有搞清这三者的关系，才有利于企业的管理层做出预测和决策。

(一) 本量利分析法的基本含义

企业的一系列生产经营活动，都离不开获得利润这个目标，但是在生产和利润之间，还有成本和数量这两个因素藏在黑匣子中。为了解密生产和利润之间的关系，克服传统的成本分类方法的弊端，逐渐形成了本量利分析法。这种方法的历史可以追溯到20世纪初。早在1904年美国就已经出现了有关最原始的本量利关系图的文字记载,1922年美国哥伦比亚大学的一位会计学教授提出了完整的保本分析理论[①]。

本量利分析法就是以成本、数量、利润之间的关系为研究对象,以探讨三者之间的相互作用,采用定量的方法,以便更加科学合理地做出生产决策。这种方法无论在西方还是在中国,应用都十分广泛。它简单易懂,并且能直接运用到企业的实际中去。因此,其已经成为企业改善经营管理和进行决策分析的重要手段。

(二)本量利分析法的前提假设

理论都是由一定的假设基础为依托的,这些假设限定了理论的应用范围,如果假设变化了,或者假设不成立了,那么这个理论的结果也便会发生改变。本量利分析法也是如此,因此,需要先明确它的基本前提。本量利分析法的基本假设主要包括:

1. 成本性态的分类假设。前面的成本分类中,已经介绍到了成本按其性态进行分类,按这种分类方法,成本可以分为变动成本和固定成本两个基本类别。它们都是在一定范围内与业务量水平保持正比例关系或者没有关系。这里还需要补充的是,成本中还有一种是混合成本,它随业务量的增长而增长,但与业务量的增长不成正比例关系,它是介于固定成本和变动成本之间的。混合成本的情况比较复杂,比较常见的混合成本如电话费中的座机费是固定的费用,但是进行通话又是按时间计费的,这就是变动的费用。在这样的情况下,混合成本便可以分解为固定成本和变动成本。因此,按照成本性态分类,主要还是由变动成本和固定成本两部分组成。

2. 本量利的线性假设。前面一再强调变动成本和固定成本是在一定范围内与产量的关系,这是因为存在规模经济或者规模不经济,成本的变化可能会存在非线性的情况,这样不利于简化对本量利分析法的研究。所以,假设成本函数是个线性函数,等式表现为:$y=a+bx$,y 为总成本,a 为固定成本,b 为单位变动成本,x 为产量。另一方面,产品的单价也表现出固定性,不以业务量的变化而变化。众所周知,产品价格可能因为商业折扣、现金折扣等等因素的存在,单价会发生一定的变化,而在此研究中,我们排除了这样的情况,也表现出线性的关系,即 $y=px$。y 为总收入,p 为单价,x 为业务量或者销量。

3. 产销平衡假设。这一假设要求产销平衡,全部的产品都得到销售,没有存货的剩余,不存在供过于求或者供不应求的局面。这样,全部的生产成本可以对应全部的销售收入,不需要将注意力放在销售的问题上,而是放在单价、成本以及业务量对营业的影响上。

4. 产品结构不变假设。企业的产品种类可能为一种,也可能为多种,而且产品结构还会因外部和内部各种因素的变动而变化。这在本量利分析中也是如此。但是,本量利分析法要求的是产品组合的结构不变,若经常变动,会不利于计算、分析和

---

① 唐婉虹、李怀栋、曹春华主编. 成本管理会计. 上海:立信会计出版社,2005:159.

比较。

5. 目标利润假设。西方会计中的利润比较看重利息、所得税对净利润的影响作用,由于这两者不是由于企业的生产所引起的,因此,通常采用"息税前利润"这样的说法。而在我国,会计中的利润指标主要是营业利润、利润总额和净利润。由于营业利润与成本、业务量有着密切的关系,所以本量利分析法中,一般采用营业利润的指标。

(三)本量利分析法的基本模型

在以上这些前提假设的基础上,可以列出一些本量利分析法的基本模型,用于后面的决策分析。

1. 损益模型。损益模型就是根据成本、数量、利润之间的关系所列出的基本等式,也是最重要的一组等式。

(1)最基本的模型。

营业利润＝销售收入－总成本

其中,销售收入＝单价×销量

总成本＝变动成本＋固定成本＝单位变动成本×销量＋固定成本

根据产销平衡的假设,则有:

营业利润＝单价×销量－单位变动成本×销量－固定成本

　　　　＝销量×(单价－单位变动成本)－固定成本

这个模型也称为本量利的基本关系式,它就将成本、数量、利润三个要素都囊括进去了,很直观地反映了这三个要素的关系,便于理解和分析。如果将上述公式用字母来表示的话,则有:

$$I = PQ - VC - FC = Q \times (P - UVC) - FC$$

其中,I 表示利润;P 表示单价;Q 表示销售数量;VC 表示总变动成本;UVC 表示单位变动成本;FC 表示总固定成本。

【例 2-3】 某公司 20××年 1 月预计的固定成本为 2 万元,生产一种产品,单价为 100 元,单位变动成本为 80 元,计划销售 2 000 件,问预期利润是多少?

将有关数据代入基本关系式:

$$I = Q \times (P - UVC) - FC = 2\,000 \times (100 - 80) - 20\,000 = 20\,000 (元)$$

(2)基本模型的变形。本量利的基本关系式可以根据所需计算的问题变换成其他形式,或者再加入一些与企业的具体情况相关的变量,从而改进为更复杂、更具有现实意义的模型。在这个关系式中,主要包含了 5 个相互联系的变量,只要在给定其中 4 个变量的情况下,就可以计算出另外一个变量的值。主要有 4 个变形后的模型:

①计算销量的模型。

$$销量 = \frac{固定成本 + 利润}{单价 - 单位变动成本} = \frac{FC + I}{P - UVC}$$

②计算单价的模型：

$$单价 = \frac{固定成本 + 利润}{销量} + 单位变动成本 = \frac{FC+I}{Q} + UVC$$

③计算单位变动成本的模型：

$$单位变动成本 = 单价 - \frac{固定成本 + 利润}{销量} = P - \frac{FC+I}{Q}$$

④计算固定成本的模型：

固定成本 = 单价×销量 − 单位变动成本×销量 − 利润 = $P \times Q - UVC \times Q - I$

【例2−4】 某公司20××年1月预计的固定成本为2万元，生产一种产品，单价为100元，单位变动成本为80元，若预期利润20 000元，问应销售多少产品？

$$销量 = \frac{固定成本 + 利润}{单价 - 单位变动成本} = \frac{20\,000 + 20\,000}{100 - 80} = 2\,000(件)$$

若以息税前利润来定义利润的概念的话，还可以将期间费用放入到总成本中，但是其中只是包括了销售费用和管理费用，而财务费用主要包含了利息和手续费，便不在营业的概念中了。那么，模型可以变形为：

营业利润
= 单价×销量 −（单位变动生产成本 + 单位变动销售和管理费用）×销量 −（固定生产成本 + 固定销售和管理费用）

= 销量×（单价 − 单位变动生产成本 + 单位变动销售和管理费用）−（固定生产成本 + 固定销售和管理费用）

若需要考虑税收问题的话，可以进一步将基本关系式进行变形，但我们在假设中已经明确不考虑税费问题，那就不再赘述了。

2. 边际贡献模型。在提出边际贡献的概念后，边际贡献模型就成为非常重要的一种分析手段。

(1) 边际贡献。边际贡献是产品的销售收入减去变动成本后的差额，也称贡献边际、贡献毛益、边际利润，可以理解为毛利的概念。它主要是运用于盈亏分析原理，进行产品生产决策的一个十分重要的指标。

边际贡献(CM) = 销售收入 − 变动成本 = $PQ - VC$

如果用单位产品表示的话：

单位边际贡献(UCM) = 单价 − 单位变动成本 = $P - UVC$

【例2−5】 某公司只生产一种产品，单价为100元，单位变动成本为80元，销量为500件，则边际贡献和单位边际贡献各为多少？

边际贡献 = 销售收入 − 变动成本 = 500×(100−80) = 10 000(元)

单位边际贡献＝单价－单位变动成本＝100－80＝20(元)

如果按照包含期间成本的变形模型的话,变动成本中也可以加入变动的销售费用和管理费用,这要根据经营决策的需要而定。

边际贡献的含义在于企业的售价,首先要弥补企业的变动成本。根据公式和定义,很显然的,边际贡献越大越好,当它大于 0 的时候,企业才有盈利的可能性。那么,当边际贡献大于企业的固定成本,也便是能弥补固定成本的支出时,企业便能盈利,如果小于固定成本,企业便要亏损,如果边际贡献等于固定成本,不盈也不亏,这便是决策分析的关键点。

(2)边际贡献率。边际贡献率指边际贡献在销售收入中所占的百分率。通常,边际贡献率是指产品边际贡献率,可以理解为每 1 元销售收入边际贡献所占的比重,反映了该产品为企业做出贡献的能力。

$$边际贡献 = \frac{边际贡献}{销售收入} \times 100\% = \frac{单位边际贡献 \times 销量}{单价 \times 销量} \times 100\%$$

$$= \frac{单位边际贡献}{单价} \times 100\% = \frac{UCM}{P} \times 100\%$$

【例2－6】 沿用【例2－5】,问边际贡献率为多少?

$$边际贡献率 = \frac{10\ 000}{500 \times 100} \times 100\% = \frac{20}{100} \times 100\% = 20\%$$

若公司生产的不是一种产品,而是一组产品的话,边际贡献率的计算就应该采用加权平均的方法,权重便是每种产品的销售收入占总收入的比重。

$$加权平均边际贡献率 = \frac{\sum 各产品边际贡献}{\sum 各产品销售收入} \times 100\%$$

(3)变动成本率。与边际贡献率相对的,便是变动成本率,即变动成本在销售收入中所占的百分比。通常,变动成本率指的就是产品的变动成本率。

$$变动成本率 = \frac{变动成本}{销售收入} \times 100\% = \frac{单位变动成本 \times 销量}{单价 \times 销量} \times 100\%$$

$$= \frac{单位变动成本}{单价} \times 100\% = \frac{UVC}{P} \times 100\%$$

结合边际贡献率的模型,我们可以发现:

$$变动成本率 + 笔记贡献率 = \frac{UVC}{P} + \frac{UCM}{P} = \frac{UVC + UCM}{P} = \frac{P}{P} = 1$$

所以,变动成本率＋边际贡献率＝1。

由于销售收入被分为变动成本和边际贡献两部分,前者是产品自身的耗费,后者是给企业的贡献,从含义上讲,两者的百分率之和也应当为 1。两者是互补的关系,产品的变动成本率高,则边际贡献率低,创利能力小;反之,产品的变动成本率低,则边际贡献率高,创利能力高。

(4)基于边际贡献的基本关系式的变形。根据前面所讲的基本关系式,以及这里提到的边际贡献的概念,可以将基本关系式变形为以下一些形式:

营业利润＝单价×销量－单位变动成本×销量－固定成本
　　　　＝销量×(单价－单位变动成本)－固定成本
　　　　＝边际贡献－固定成本
　　　　＝销量×单位边际贡献－固定成本
　　　　＝CM－FC＝Q×UCM－FC

营业利润＝边际贡献－固定成本
　　　　＝销售收入×边际贡献率－固定成本

那么,基本关系式的变形模型也用边际贡献来表达:

$$销量 = \frac{固定成本 + 利润}{单价 - 单位变动成本} = \frac{FC+I}{P-UVC} = \frac{FC+I}{UCM}$$

二、保本分析和保利分析

本量利分析法的具体分析方法,主要包括保本分析和保利分析。

(一)保本分析

1. 保本分析的基本含义。保本分析亦称盈亏平衡点分析,是本量利分析中的一项基本内容,是一种定量分析的方法。主要用来研究如何确定保本点(盈亏临界点)、有关因素变动对保本点的影响等问题,并可为决策提供在何种业务量下企业将盈利或者亏损等信息,从而合理安排生产销售,有助于管理层的决策。

保本点又称盈亏临界点,通常是指全部销售收入等于全部成本时的产量,即收支相等,不盈不亏。以保本点为界限,当销售收入高于保本点时,企业盈利;当销售收入低于保本点时,企业就亏损。

保本点通常有两种表现形式:一方面可以用销售量来表示,即保本点的销售量,简称"保本量"(BEu);另一方面也可以用销售额来表示,即保本点的销售额,简称"保本额"(BE_d)。

2. 单一产品的保本点确定。在进行保本分析的时候,就需要用前面所讲的本量利分析法的模型。

由于计算利润的公式为:

营业利润＝单价×销量－单位变动成本×销量－固定成本
　　　　＝销量×(单价－单位变动成本)－固定成本

令利润为0,此时的销量便为保本点的销售量:

0＝单价×销量－单位变动成本×销量－固定成本
＝销量×(单价－单位变动成本)－固定成本

$$保本点的销售量=\frac{固定成本}{单价-单位变动成本}=\frac{固定成本}{单位边际贡献}=\frac{FC}{UCM}$$

【例 2-7】 某公司只生产一种产品,单价为 10 元,单位变动成本为 8 元,固定成本为每月 3 000 元,请计算其保本点的销售量。

$$保本点的销售量=\frac{固定成本}{单价-单位变动成本}=\frac{3\,000}{10-8}=1\,500(元)$$

同样的方法,可以计算保本点的销售额。

营业利润＝边际贡献－固定成本＝销售收入×边际贡献率－固定成本

令利润＝0,保本点的销售额为:

0＝保本点销售额×边际贡献率－固定成本

$$保本点销售额=\frac{固定成本}{边际贡献率}$$

同时,保本点销售额＝保本点销售量×单价

【例 2-8】 沿用【例 2-7】,计算保本点的销售额。

$$保本点的销售额=1\,500\times10=\frac{3\,000}{(10-8)/10}=15\,000(元)$$

利用本量利图(见图 2-1)进行保本点的销售量和销售额的分析更加直观。

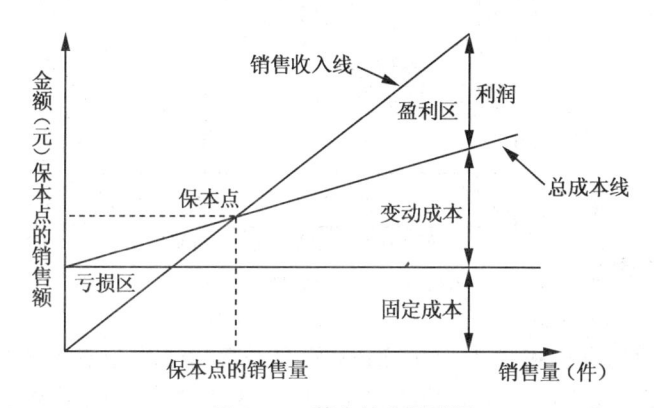

图 2-1 基本的本量利图

图 2-1 是以本量利为根据的基本关系式。图中主要函数线的含义为:销售收入线的斜率为产品的单价;固定成本线呈水平状,因为它不随销售量的变动而变动,而变动成本线是以单位变动成本为斜率的一条斜线,它随销售量的变动呈正比例变动,所以总成本线是在变动成本线和固定成本线叠加的基础上形成的。根据保本点的含

义,销售收入线与总成本线相交的点,即收入与成本相等的点,便是保本点。

这幅图直观地揭示了成本、数量和利润之间一些规律性的联系:

(1)在保本点不变的情况下,销售量每超过保本点一个单位,便可获得一个单位的边际贡献,因为在保本点以后,已经弥补了固定成本在保本点前的变动成本。那么,销售量越大,利润额越多,销售收入只要弥补变动成本就可以了。反之,销售量每低于保本点一个单位,便要发生一个单位的边际贡献的亏损,销售量越小,亏损越大。

(2)在销售量不变的情况下,保本点越低,盈利区的面积越大,亏损区的面积越小,便反映了企业的盈利能力越高;反之,当保本点越高,企业的盈利能力越低。

(3)在销售价格不变的情况下,即销售收入线不动,保本点的高低取决于总成本线的位置,也就是变动成本和固定成本的水平。如果总成本越多,则保本点越高;反之,保本点越低。

(4)在成本不变的情况下,即总成本线不动,保本点的高低取决于销售收入线的位置。销售收入线的位置主要取决于斜率,也就是单价,如果价格越高,保本点越低,反之,保本点越高。

图2-2是对图2-1的改进。在绘制时,销售收入线S为从原点出发的对角线,其斜率为1;总成本线V从点(0,固定成本值F)出发,斜率为变动成本率。这种图不仅用于单一产品,还可用于多种产品的组合,只不过需要计算加权平均的变动成本率。

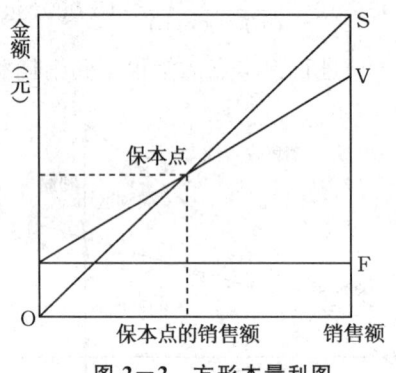

图 2-2 方形本量利图

图2-3的绘制方法和图2-1比较相像,只是运用了边际贡献的概念。这种图的主要优点是可以表示边际贡献的数值。企业的销售收入S随销售量呈正比例增长。这些销售收入首先用于弥补产品自身的变动成本,剩余的是边际贡献即SOV围成的区域。边际贡献随销售量增加而扩大,当其达到固定成本值时,企业处于盈亏临界的状态;当边际贡献超过固定成本后,企业进入盈利状态。

3. 产品组合的保本点确定。通常,公司并不只生产和销售一种产品,往往有多种产品,各个产品的成本、边际贡献都是不同的,那么就需要对前面所讲到的单一产品

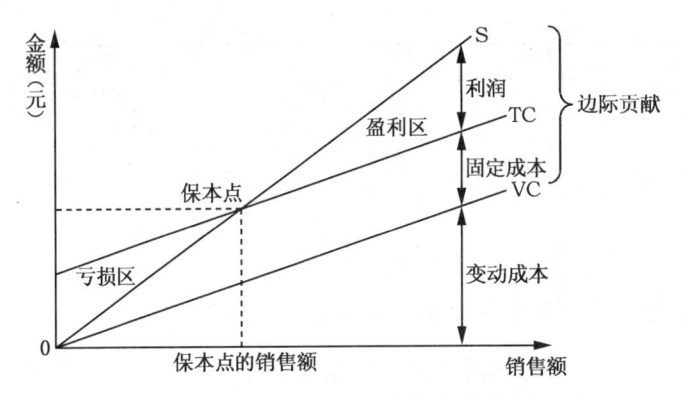

图 2-3 边际贡献式的本量利图

保本点的确定方法进行改进,采用的是综合边际贡献率。而且保本点的销售量和保本点的销售额也只能选择保本点的销售额了,因为不同产品的数量不能随意相加,但是金额是可以相加的。

$$综合保本销售额 = \frac{固定成本总额}{产品的加权平均边际贡献率}$$

$$产品的加权平均边际贡献率 = \frac{\sum 各产品边际贡献}{\sum 各产品销售收入} \times 100\%$$

【例 2-9】 某公司生产 A、B、C 三种产品,固定成本总额为 600 000 元,其他相关资料如表 2-1 所示。

表 2-1　　　　　　　　A、B、C 三种产品资料

摘　　要	A 产品	B 产品	C 产品
产销量(件)	200 000	50 000	20 000
销售单价(元)	10	20	50
单位变动成本(元)	8	15	30

要求:采用加权平均法,确定三种产品的保本销售额和保本销售量。
(1)根据上述资料,编制加权平均边际贡献率计算表,如表 2-2 所示。

表 2-2　　　　　　　　加权平均边际贡献率计算表

摘　　要	A 产品	B 产品	C 产品	合　计
产销量(Q)	200 000	50 000	20 000	—
销售单价(P)	10	20	50	—
单位变动成本(UVC)	8	16	30	—
单位边际贡献(UCM)	2	4	20	—

续表

摘　要	A产品	B产品	C产品	合　计
边际贡献率(CMR)	20%	20%	40%	—
销售收入总额(PQ)	2 000 000	1 000 000	1 000 000	4 000 000
销售比重	50%	25%	25%	100%
加权平均边际贡献率	10%	5%	10%	25%

(2)计算全部产品的综合保本销售额：

综合保本销售额 $=\dfrac{600\ 000}{25\%}=2\ 400\ 000$(元)

(3)把综合保本销售额分解为各产品的保本销售额：

A产品的保本销售额$=2\ 400\ 000\times 50\%=1\ 200\ 000$(元)

B产品的保本销售额$=2\ 400\ 000\times 25\%=600\ 000$(元)

C产品的保本销售额$=2\ 400\ 000\times 25\%=600\ 000$(元)

(4)计算各产品的保本销售量：

A产品的保本销售量$=1\ 200\ 000/10=120\ 000$(件)

B产品的保本销售量$=600\ 000/20=30\ 000$(件)

C产品的保本销售量$=600\ 000/50=12\ 000$(件)

4. 安全边际和安全边际率。安全边际是指正常销售额超过保本点(盈亏临界点)销售额的差额，它表明下降多少企业仍不至于亏损，也就是现有的销售量或预计可达到的销售量到盈亏临界点还有多大的差距。差距越大，则企业发生亏损的可能性就越小，企业的经营就越安全。

安全边际有绝对数和相对数两种表示方式。安全边际率表示的就是相对数的指标，表示安全边际与正常销售额(或当年实际订货额)的比值。

安全边际＝正常销售额－保本点销售额

安全边际率$=\dfrac{\text{安全边际}}{\text{正常销售额(或实际订货额)}}\times 100\%$

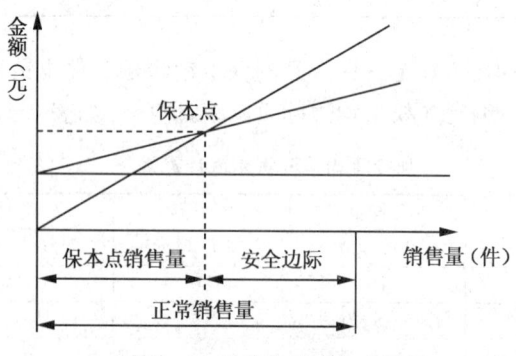

图2－4　安全边际的公式图解

图 2—4 很好地解释了保本点销售量、安全边际和正常销售量之间的关系。根据这幅图还可以看到,只有安全边际才能为企业提供利润,而保本点销售额扣除变动成本后只能为企业收回固定成本。安全边际部分的销售额减去自身变动成本后成为企业利润,即安全边际中的边际贡献等于企业利润。这个结论也可以通过公式推导得出:

利润＝销售收入－变动成本－固定成本
　　＝边际贡献－固定成本
　　＝销售收入×边际贡献率－固定成本
　　＝销售收入×边际贡献率－保本点销售收入×边际贡献率
　　＝(销售收入－保本点销售收入)×边际贡献率

所以,利润＝安全边际×边际贡献率

而且,将这个式子的左右两边都除以销售收入,便得到:

$$\frac{利润}{销售收入}=\frac{安全边际}{销售收入}\times 边际贡献率$$

即:销售利润率＝安全边际率×边际贡献率

安全边际模型主要用于企业分析其经营的安全程度。安全边际额的数值越大,或者安全边际率越高,说明企业发生亏损的可能性越小,企业也就越安全。而且,安全边际率作为相对数指标,也便于不同企业和不同行业比较。企业安全性的经验数据,如表 2—3 所示。

表 2—3　　　　　　　　安全性检验标准

安全边际率	40%	30%～40%	20%～30%	10%～20%	10%以下
安全等级	很安全	安全	较安全	值得注意	危险

【例 2—10】　沿用【例 2—7】,假设当月实际销售量为 2 000 件,请问该公司的安全边际和安全边际率为多少?

安全边际＝2 000－1 500＝500(件)

安全边际率＝500/2 000＝25%,属于较安全的等级范围。

(二)保利分析

有了上面保本分析的基础,保利分析便很容易了。

保本分析是在销售收入和销售成本相等时的销售量或者销售额水平,可以弥补所有的成本。而保利分析是为了达到一定目标利润的水平,而对成本、数量等方面进行分析,通过计算求得为保证目标利润的实现各因素应达到(或控制)的水平。它的分析方法和保本分析的思路是一致的。

可以通过对基本关系式的推导,得出保利分析的模型:

因为，营业利润＝单价×销量－单位变动成本×销量－固定成本
＝销量×(单价－单位变动成本)－固定成本

所以，实现目标利润的销售量＝$\dfrac{固定成本＋目标利润}{单价－单位变动成本}$＝$\dfrac{固定成本＋目标利润}{单位边际贡献}$

实现目标利润的销售额＝$\dfrac{固定成本＋目标利润}{边际贡献率}$

【例 2－11】 沿用【例 2－7】，假设公司的目标利润为 10 000 元，那么实现这个目标利润的销售量为多少件？

实现目标利润的销售量＝$\dfrac{3\,000＋10\,000}{10－8}$＝6 500(件)

通过对基本关系式的推导，还可以得出其他保利分析的模型：

实现目标利润的单位变动成本＝单价－$\dfrac{固定成本＋目标利润}{销售量}$

实现目标利润的固定成本＝销售量×(单价－单位变动成本)－目标利润

实现目标利润的销售单价＝单位变动成本＋$\dfrac{固定成本＋目标利润}{销售量}$

三、本量利分析法的敏感性分析

通过上述的定性分析和定量分析，可以看到影响保本点和保利点的因素有很多，但都包含在本量利分析法的基本关系式中。简单说来，影响因素主要包括产品单价、单位变动成本、固定成本、销售量。这些因素或单独地、或联合地对目标值发生作用。

敏感性分析是一种具有广泛用途的分析工具，它常常研究分析一个系统中因周围条件发生变化，而引起其状态变化的敏感性，是为了说明条件变化一个单位，系统会变化多少个单位，从而说明系统对这个条件的敏感程度。系统变化得越多，说明越敏感。反映敏感程度的指标是敏感系数：

敏感系数＝$\dfrac{目标值变动百分比}{参量值变动百分比}$

在此，我们将采用敏感性分析的工具，研究有关参数发生多大变化才会使企业的利润发生变化，以及各有关参数变化对利润的影响程度等问题。

(一)单价因素单独变动的敏感程度

当其他因素不变的时候，由于单价的变动会引起单位边际贡献和边际贡献的同方向变化，使得保本点和保利点发生变化。在单价上升时，单位边际贡献和边际贡献上升，相应的保本点和保利点便会下降，使得企业生产的安全边际变大，经营状况比较好；而当单价下降的时候，情况则相反。表现在本量利的图解上，便是销售收入线的斜率发生变化，以原点为轴点，发生转动，那么它与总成本线的交点就会发生上移

或者下移(见图2-1)。单价对利润的敏感系数的计算公式如下：

$$单价的敏感系数 = \frac{\Delta I/I}{\Delta P/P}$$

【例2-12】 假设某公司生产的A产品单价为100元，单位变动成本为80元，每个月的固定成本为10 000元，1月A产品的销量为5 000件，那么利润为90 000元。别的因素不变，如果现在A产品的单价上调10%，则利润变化为多少？单价对利润的敏感程度为多少？

变化后的利润＝5 000×[100×(1＋10%)－80]－10 000＝140 000(元)

$$单价的敏感系数 = \frac{\Delta I/I}{\Delta P/P} = \frac{(140\ 000 - 90\ 000)/90\ 000}{(110 - 100)/100} \approx 5.56$$

(二)单位变动成本因素单独变动的敏感程度

当其他因素不变的时候，由于单位变动成本的变动会引起单位边际贡献和边际贡献率的反方向变化，使得保本点和保利点发生变化。在单位变动成本上升时，单位边际贡献和边际贡献率下降，相应的保本点和保利点便会上升，使得企业生产的安全边际变小，经营状况变差；而当单位变动成本下降的时候，情况则相反。表现在本量利的图解上，便是变动成本线和总成本线的斜率发生变化，分别以原点和(0,固定成本值)为轴点，发生转动，那么它们与销售收入线的交点就会发生上移或者下移(见图2-1)。单位变动成本对利润的敏感系数的计算公式如下：

$$单位变动成本的敏感系数 = \frac{\Delta I/I}{\Delta UVC/UVC}$$

【例2-13】 沿用【例2-12】。别的因素不变，如果现在A产品的单位变动成本上调10%，则利润变化为多少？单位变动成本对利润的敏感程度为多少？

变化后的利润＝5 000×[100－80×(1＋10%)]－10 000＝50 000(元)

$$单位变动成本的敏感系数 = \frac{\Delta I/I}{\Delta UVC/UVC} = \frac{(50\ 000 - 90\ 000)/90\ 000}{(88 - 80)/80} \approx -4.44$$

(三)固定成本因素单独变动的敏感程度

当其他因素不变的时候，由于固定成本的变动会引起保本点和保利点计算公式的分子发生变化，使得保本点和保利点发生变化。在固定成本上升时，保本点和保利点便会上升，使得企业生产的安全边际变小，经营状况变差；而在固定成本下降时，情况则相反。表现在本量利的图解上，便是固定成本线和总成本线发生变化，以固定成本的变化量为界，上下平移，那么它们与销售收入线的交点就会发生上移或者下移(见图2-1)。单位变动成本对利润的敏感系数的计算公式如下：

$$固定成本的敏感系数 = \frac{\Delta I/I}{\Delta FC/FC}$$

【例 2-14】 沿用【例 2-12】。别的因素不变,如果现在 A 产品的固定成本上调 10%,则利润变化为多少?固定成本对利润的敏感程度为多少?

变化后的利润 = 5 000×(100-80) - 10 000×(1+10%) = 89 000(元)

$$固定成本的敏感系数 = \frac{\Delta I/I}{\Delta FC/FC} = \frac{(89\,000-90\,000)/90\,000}{(11\,000-10\,000)/10\,000} \approx -0.11$$

(四)销售量因素单独变动的敏感程度

由于保本点和保利点本身就是业务量指标,所以销售量的变动只会影响营业利润,对保本点和保利点的计算都不会产生影响。

销售量对利润的敏感系数的计算公式如下:

$$销售量的敏感系数 = \frac{\Delta I/I}{\Delta Q/Q}$$

【例 2-15】 沿用【例 2-12】。别的因素不变,如果现在 A 产品的销售量上调 10%,则利润变化为多少?销售量对利润的敏感程度为多少?

变化后的利润 = 5 000×(1+10%)×(100-80) - 10 000 = 100 000(元)

$$销售量的敏感系数 = \frac{\Delta I/I}{\Delta Q/Q} = \frac{(100\,000-90\,000)/90\,000}{(5\,500-5\,000)/5\,000} \approx 1.11$$

(五)敏感性因素小结

从上述的分析中可见,影响利润的主要因素有 4 个,即单价、单位变动成本、固定成本和销售量。其中,最敏感的是单价(敏感系数为 5.56),其次是单位变动成本(敏感系数为 -4.44),再次是销售量(敏感系数为 1.11),最不敏感的是固定成本(敏感系数为 -0.11)。敏感系数为正值,表明它与利润同方向增减;敏感系数为负值,表明它与利润反方向增减,如图 2-5 所示。这些直线与利润线的夹角越小,对利润的敏感程度越高。

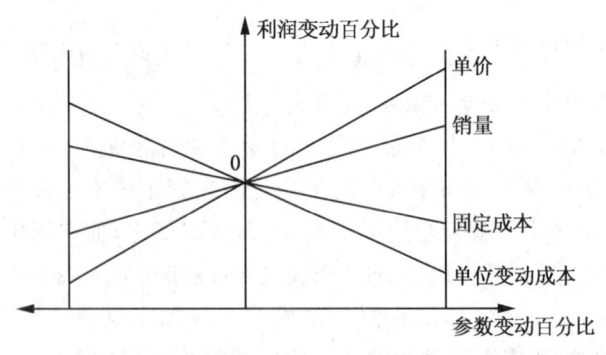

图 2-5 各因素对利润的敏感分析

第三节 变动成本法

变动成本法的应用具有重要的理论意义和实践意义,为大部分的企业在进行成本管理时所接受。

一、变动成本法的含义和特点

传统的完全成本法早已深入人心,但是新型的变动成本法的普及打破了企业成本管理的手段。

(一)变动成本法的含义

美国学者哈里斯于1936年首先提出了变动成本法的概念。之前,成本管理一直采用的是完全成本法。完全成本法,顾名思义,在计算产品成本时,将所有的相关成本都计入到产品成本中,包括变动成本和固定成本。但是到了第二次世界大战之后,传统的完全成本法已无法适应竞争日益加剧的市场经济,市场对成本会计也提出了更高的要求,所以,新型的变动成本法越来越得到企业的认可。这是由于人们开始重视成本的分析、决策和控制,而完全成本法已不能满足管理决策的需要,所以,管理层便开始运用变动成本法,以便获得更广泛、更有用、更相关的管理信息,提高企业的经营管理水平。

变动成本法也称直线成本法,是变动成本计算的简称,是指在组织常规的成本计算过程中,以成本性态分析为前提条件和理论基础,只将变动的生产成本作为产品成本的构成内容,而将固定生产成本作为期间成本,并按边际贡献确定程序计算损益的一种成本计算模式。产品的具体项目包括直接材料、直接人工和变动制造费用三项,而固定制造费用计入到期间费用中。

如今,变动成本法已广泛用于成本的计算方法。但是,它的某些局限性使得其还不能广泛用于对外报告,大部分地应用于企业的内部管理。因此,在实务中,通常是两种方法结合运用。

(二)变动成本法的特点

与完全成本法比较,变动成本法主要具有以下几个方面的特点:

1. 以成本性态分析为前提条件和理论基础。变动成本法将变动的成本部分计入到产品成本中,而将固定的部分、主要是固定制造费用计入到期间费用中。这种方法认为,固定的成本部分的转销是和期间相关的,例如机器设备的折旧费用是按月进行摊销的,当月的折旧费用应当计入到当月的成本费用中,若计入到产品成本中,未销售的产品中所包含的折旧费便意味着转销到下个月或者更晚的时候,这样是不符合匹配原则。所以,这种方法更加突出了营业利润随销售量的增加或减少而升降的产品特性,这也正是企业经理人员所想要的会计信息。

2. 突出了边际贡献在成本管理中的作用。边际贡献是产品的销售收入和变动成本的差额,与变动成本的性质正好契合。所以,变动成本法的中心问题就是计算、确定企业一定期间内经营某种产品的边际贡献,它的基本理论和程序揭示了成本、业务量、利润之间的内在关系,便于进行本量利分析,有利于和销售预测。

3. 有利于企业的生产经营管理。变动成本法已经成为一种比较普及的应用方法,有利于产品成本的计算工作,而且广泛应用在企业的内部管理中,有利于成本的事前规划、成本控制和业绩考核,有利于短期经营决策。这种方法的普及,有助于编制弹性预算。弹性预算实际上是根据变动成本法的原理编制的,在企业采取以销定产,可以随业务量的变化而机动地调整,具有弹性。这种方法的普及,有助于促使企业管理当局重视销售,防止盲目生产。因此,已成为企业内部管理的一种重要方法。

二、变动成本法和完全成本法的比较

变动成本法和完全成本法的重大差别是对固定制造费用的处理,由此引出了一系列的两种成本计算方法的区别。

(一)产品成本的构成不同

前面已经多次提到了两种方法的最重要最原始的差别就是产品成本的构成上,变动成本法没有把固定制造费用计入产品成本,而完全成本法把固定制造费用计入产品成本。在利润表中的期间费用(销售费用和管理费用),无论是变动部分还是固定部分,都仍是计入在期间成本中。具体见表2—4。

表2—4　　　　两种方法在产品成本和期间费用构成方面的比较

项目	变动成本法	完全成本法
成本划分的标准	按成本性态划分	按成本经济职能和用途划分
产品成本的构成内容	变动生产成本 { 直接材料 直接人工 变动制造费用 }	完全生产成本 { 直接材料 直接人工 变动制造费用 固定制造费用 }
期间费用的构成内容	固定生产成本——固定制造费用 全部非生产成本 { 销售费用 管理费用 }	全部非生产成本 { 销售费用 管理费用 }

【例2—16】　某公司生产100件产品,耗用直接材料30 000元,直接人工

42 000元,变动制造费用 20 000 元,固定制造费用 36 000 元。计算在变动成本法和完全成本法下的产品总成本和单位成本。

变动成本法:
产品总成本＝30 000＋42 000＋20 000＝92 000(元)
单位成本＝92 000/100＝920(元)
完全成本法:
产品总成本＝30 000＋42 000＋20 000＋36 000＝128 000(元)
单位成本＝128 000/100＝1 280(元)

完全成本下,单位成本比变动成本法下的单位成本高出 360 元,就是由于前者的每件产品"吸收"了固定制造费用 360(36 000/100)元所致。

(二)对存货的估价不同

完全成本法下,各会计期间(通常是每个月)发生的全部生产成本都要在完工产品和产成品中按照一定的分配方式进行分配,所以当期的固定制造费用部分在完工产品和产成品中都存在,固定制造费用只有一部分分配到产成品。而变动成本法下,在完工产品和产成品中分配的只是变动的生产成本部分,固定制造费用计入到了期间费用中,作为利润表中收入的减项。

由此可见,两种成本计算方法对存货的估价不同,完全成本法的存货计价必然高于变动成本法下的存货计价。

【例 2—17】 沿用【例 2—16】的资料。若当期销售了 80 件,编制两种成本计算方法计价的产成品存货计算单,如表 2—5 所示。

表 2—5　　　　　　　　　产成品存货计算单

项　目	变动成本法	全部成本法
单位产品成本	920 元	1 280 元
期末存货数量	20 件	20 件
期末存货成本	18 400 元	25 600 元

正是由于产品成本的构成不同,变动成本法下的固定制造费用都计入到了期间费用中,而全部成本法下的产品成本还承担了未销售出去的一部分固定制造费用。

(三)对盈亏的计算不同

根据前文的分析,可以了解到两种成本方法下,在利润表中所表现出来的计算程序是不同的,计算出来的盈亏也是不同的。

完全成本法下,便是按照传统的分布式利润表的形式:
营业收入－营业成本＝营业利润

59

营业利润－期间费用＝利润总额

其中的营业成本，包括直接材料、直接人工、变动制造费用、固定制造费用；期间费用，主要包括销售费用和管理费用。

而在变动成本法下，更要表现出边际贡献的作用：

营业收入－营业成本＝边际贡献

边际贡献－期间费用－固定制造费用＝利润总额

其中的营业成本，包括变动成本部分，即直接材料、直接人工、变动制造费用；期间费用，主要包括销售费用和管理费用的变动部分和固定部分。

【例 2－18】 沿用【例 2－16】和【例 2－17】的资料。假设每件产品的销售单价为 2 000 元，当期的变动销售及管理费用为 100 元/件，固定销售及管理费用为 5 000 元/月。请分别采用变动成本法和全部成本法计算利润，如表 2－6 和表 2－7 所示。

表 2－6　　　　　　　　　利润计算表（变动成本法）

项　目	金额（元）
营业收入（2 000 元×80 件）	160 000
减：营业成本（920 元×80 件）	73 600
边际贡献	
减：期间费用	86 400
固定制造费用	36 000
变动销售及管理费用（100 元×80 件）	8 000
固定销售及管理费用	5 000
利润总额	37 400

表 2－7　　　　　　　　　利润计算表（完全成本法）

项　目	金额（元）
营业收入（2 000 元×80 件）	160 000
减：营业成本（1 280 元×80 件）	102 400
毛利	57 600
减：期间费用	
变动销售及管理费用（100 元×80 件）	8 000
固定销售及管理费用	5 000
利润总额	44 600

通过以上的对比计算，可以发现两种成本方法所确定的利润总额相差 7 200 元。其原因是：由于本期销售量小于产量，期末存货增加了 20 件，在采用完全成本法时，20 件存货的成本包含了 7 200 元本期发生的固定制造费用，如果这 20 件产品在下期

销售,则这部分费用将随产品的销售,转为下期的费用,本期只负担了80件产品的固定制造费用。而采用变动成本法时,期末产成品不负担固定制造费用,这部分费用都作为期间费用了,所以比完全成本法的利润少了7 200元。

上面这道例题是当期销售量小于当期生产量的情况,但是还可能存在当期销售量等于当期生产量以及当期销售量大于当期生产量的情况。这三种情况下,成本计算方式和对利润表的影响各有不同。下面就用一道例题来说明这些问题。

【例2-19】 某公司刚开始生产一种产品,销售单价为100元,单位变动成本为40元,固定成本为240 000元/年。最近连续3年的销售量均为5 000件,产量分别为5 000件、8 000件、2 000件,销售和管理费用为30 000元/年。请分别采用完全成本法和变动成本法对这三年的利润情况进行计算。

在完全成本法下:
单位产品成本＝单位变动成本＋固定成本/产品产量
第一年产品单位成本＝40＋240 000/5 000＝88(元)
第二年产品单位成本＝40＋240 000/8 000＝70(元)
第三年产品单位成本＝40＋240 000/2 000＝160(元)

表2—8　　　　　　　　比较利润表(完全成本法)

项　目	第一年	第二年	第三年	合　计
产量(件)	5 000	8 000	2 000	15 000
生产成本	440 000	560 000	320 000	1 320 000
单位产品成本	88	70	160	—
期初存货(件)	0	0	3 000	—
期初存货成本	0	0	210 000	—
期末存货(件)	0	3 000	0	—
期末存货成本	0	210 000	0	—
销售数量	5 000	5 000	5 000	15 000
销售收入	500 000	500 000	500 000	1 500 000
减:销售成本(期初存货成本＋本期生产成本－期末存货成本)	440 000	350 000	530 000	1 320 000
毛利	60 000	150 000	－30 000	180 000
减:销售和管理费用	30 000	30 000	30 000	90 000
利润总额	30 000	120 000	－60 000	90 000

在变动成本法下,每年的产品单位成本都不变,都为 40 元。

表 2—9 比较利润表(变动成本法)

项 目	第一年	第二年	第三年	合 计
产量(件)	5 000	8 000	2 000	15 000
生产成本	200 000	320 000	80 000	600 000
单位产品成本	40	40	40	—
期初存货(件)	0	0	3 000	
期初存货成本	0	0	120 000	
期末存货(件)	0	3 000	0	
期末存货成本	0	120 000	0	—
销售数量	5 000	5 000	5 000	15 000
销售收入	500 000	500 000	500 000	1 500 000
减:销售成本(期初存货成本+本期生产成本-期末存货成本)	200 000	200 000	200 000	600 000
边际贡献	300 000	300 000	300 000	900 000
减:销售和管理费用	30 000	30 000	30 000	90 000
固定成本	240 000	240 000	240 000	720 000
利润总额	30 000	30 000	30 000	90 000

通过这个例题的比较,可以发现:在销售量不变的情况下,在变动成本法下,每年利润表中的数据都是一样的,每年的利润都是一样的,而在完全成本法下,每年利润的波动很大,甚至出现了亏损。这不免让公司的管理层担心,需要查明亏损出现的原因。其实,根本的问题就出在销售产品所负担的固定成本部分。按照完全成本法,固定制造成本要计入到产品成本中的。第一年发生的 240 000 元的固定成本由于产销平衡,全部随产品销售转化为当期费用。第二年,产量大于销量,形成了期末 3 000 件的存货当期发生的固定成本,有 90 000 元滞留在存货中,随销售转为当期费用的只有 150 000 元,所以第二年的利润比第一年要高出 90 000 元。第三年,销量大于产量,销售了当年生产的 2 000 件产品,同样也销售了去年留下的 3 000 件产品。也就是说,不仅当年的固定成本转销到费用中,而且上一年留在存货中的固定成本也计入到了第三年的费用中,所以第三年的利润比第一年的利润少了 90 000 元。但从这三年加总的利润情况看,两种方法是一样的。

三、对变动成本法的评价

通过学习了前文的理论介绍和例题分析,大致可以了解到,无论是变动成本法还是完全成本法,两者都各有利弊。因此,至今任何一种方法都还不能替代另一种方法。

(一)变动成本法的优点

1. 有利于公司的生产经营管理。变动成本法主要应用于公司的内部管理,特别是可以为公司的短期经营决策提供理论依据。这种方法的本质是将全部的成本划分为变动成本和固定成本,揭示了业务量与成本、利润之间的紧密联系和内在规律,而将没有直接联系的固定成本排除在外,提供关于边际贡献的管理信息,在预测、控制、分析、决策中发挥了重要的作用。

2. 有利于评价生产部门的业绩。生产部门作为一个责任中心,它所能控制的是成本部分,但是其中的固定成本是其所无法真正控制的,比如设备的购买和折旧问题;同时还与采购部门、财务部门的决策和规划有关。而变动成本的控制可以通过建立标准成本、额定成本、弹性预算等方式进行日常控制。因此,变动成本的高低可以用来反映和评价生产部门的工作业绩。

3. 能够使管理层更加重视销售,防止盲目生产。从以上的几个例题可以看到,在产销不平衡的情况下,利润会出现很大的波动,在销量下降的情况下,利润反而上升,这会容易使得管理层产生只重视生产而忽视销售这个重要环节的倾向,这明显是与市场经济背道而驰的。而在变动成本法下,就可以避免这样的情况发生,因为固定制造费用都是要计入到当期的期间费用中去的。如果销售收入不高的话,就很可能导致不能弥补费用的支出,而导致亏损。那么,管理层只能努力开拓销售渠道,重视市场的作用,以销定产,增加销售的数量和质量。

4. 可以简化成本计算,有利于成本控制。变动成本法下,产品的成本只记录变动成本的部分,而将固定部分直接计入当期的期间费用,这样就可以大大简化了费用的分配工作,避免了由于分配标准的多样性选择而带来的主观随意性,减少了人为因素,从而增强了会计信息的客观性和可靠性。

(二)变动成本法的局限性

1. 不符合传统的成本概念。按照会计准则,存货的成本应当包括固定制造费用成本,成本的变动部分和固定部分都是生产过程中企业资源的耗费,都应该成为产品成本的组成部分。

2. 不能适应长期决策的需要。变动成本法对短期经营决策有明显的作用,但不适合长期决策。从长期来看,经营能力和生产规模必然会发生一定程度的变动,固定成本和变动成本也会随之变动。那么,对于长期决策,变动成本法所提供的会计资料便不能满足这样的需要。

3. 影响征税部门的收益和投资者及时取得的收益。一方面，变动成本法一般会降低期末存货估价，降低了营业利润额，那么在计算所得税时，税基必然会降低，会影响税务部门的财政收入；另一方面，利润的降低势必会导致可供分配利润的减少，与之相联系的股利、分红也会减少，影响到股东在当期的权益。

4. 变动成本法如何提供对外报告成本信息。按照会计准则的规定，产成品存货成本应包括固定成本的部分，而期间成本中包括的是销售费用、管理费用、财务费用，没有固定成本的部分。因此，如果采用了变动成本法，则将无法对外报告信息，报告使用人也会难以理解。

本章小结

　　成本属于价值的范畴，与价值有着紧密的联系，一直是公司和管理者重视的对象。

　　在商品货币经济中，成本既具有耗费性质，是成本最基本的经济内容，又具有补偿性质。这是成本的经济实质。这一本质便要求商品生产者重视成本，加强管理，力求以较少的花费来寻求补偿，并获取最大限度的利润。在前人对成本进行更深入的研究后，将成本的概念进行了延展，并从不同的成本管理需要进行延伸。

　　国家规定的成本开支范围是以成本的经济内涵为基础，满足国家宏观经济政策和企业微观经济管理的需要；同时，为了发挥成本杠杆的调节作用，成本实际内容同其经济内涵又稍有背离，以起到一定的激励或约束作用。我国对会计法律法规对成本管理方面的内容做了详尽的规定，便于操作和管理。

　　由于不同的成本概念反映了不同的特定对象，因而可以将成本按照多种不同的标志进行科学的分类，有助于理解各种成本的含义，获取各种成本管理信息，以满足企业生产经营管理的不同需要。除了常见的产品制造成本、期间费用的划分方式和按成本性态划分的方式外，还有有关成本和无关成本、可控成本和不可控成本、可避免成本和不可避免成本、差别成本和边际成本、付现成本和沉没成本、原始成本和重置成本、机会成本和假计成本、专属成本和共同成本等，丰富了管理决策的依据。

　　本量利分析法是一种非常常用的生产经营的分析方法，它理清了成本、数量、利润这三个重要变量之间的关系，而且用数学模型的方式给出，以便更加科学合理地做出生产决策，具有可操作性和可理解性。本量利分析法是以成本性态分类、线性、产销平衡、产品结构不变、目标利润五个假设为前提的。在此基础上，列出了损益模型和边际贡献模型两大组的本量利分析模型。本量利分析法的具体分析方法主要包括保本分析和保利分析。保本分析主要用来研究如何确定保本点（盈亏临界点）、有关因素变动对保本点的影响等问题，并可为决策提供在何种业务量下企业将盈利或者亏损等信息，从而合理安排生产销售，有助于管理层的决策。保利分析是为了达到一定目标利润的水平，而对成本、数量等方面进行分析，通过计算求得为保证目标利润的实现各因素应达到（或控制）的水平。在敏感性分析中，影响利润的主要因素有4个，即单价、单位变动成本、固定成本和销售量。其中，最敏感的是单价，其次是单位变动成本，再次是销售量，最不敏感的是固定成本。

变动成本法的应用具有重要的理论意义和实践意义，为大部分的公司在进行成本管理时所接受。是指在组织常规的成本计算过程中，以成本性态分析为前提条件和理论基础，将变动的生产成本作为产品成本的构成内容，将固定生产成本作为期间成本，并按边际贡献确定程序计算损益的一种成本计算模式。产品的具体项目包括直接材料、直接人工和变动制造费用三项，而固定制造费用计入到期间费用中。

【主要概念】

产品制造成本	不可避免成本	变动成本率	期间费用
差别成本	保本点	可变现净值	边际成本
保本分析	成本性态	历史成本	安全边际
变动成本	未来成本	安全边际率	固定成本
专属成本	保利分析	有关成本	共同成本
目标利润	无关成本	本量利分析	敏感性分析
可控成本	混合成本	变动成本法	不可控成本
边际贡献	完全成本法	可避免成本	边际贡献率

【本章案例】

本、量、利盈亏均衡分析——特殊化学品有限公司[①]

特殊化学品有限公司的管理者目前正面临一个很好的机遇。然而，多年的经验使他们也意识到伴随机遇而来的是挑战。公司打算将其部分经营场所搬到美国的中西部地区。这次搬迁无疑是公司扩大销售的机会，而且很有可能提高公司的经营效率。

特殊化学品有限公司成立于20世纪30年代，起初是一家小公司。在早期的经营中，公司的主要业务是向州政府高速公路部门出售化学爆炸物，用于道路建设。在1950～1965年之间，美国东部的中部地区大规模修建州际高速公路。为了建造道路，大量的岩石和山地不得不通过爆破来改造。

自从20世纪60年代以来，公司收购了几家同行业的小公司。同时，公司从被购买公

---

① 资料来源 http://www1.shift.edu.cn/jrxy/jpkc/html/anli.

司及发明人那里购得了多样化学品及化学加工的专利权。在这段时期,公司在建筑行业、木材加工行业以及那些高质量、交货及时、要求不断创新的行业中,维持了一种可靠的、高质量化学产品制造商的声誉。

从目前情况看,公司主要是由于有技术熟练、忠诚可靠的员工才能建立和维持这样良好的声誉。当行业内许多小公司选择技术导向的竞争战略时,特殊化学品有限公司选择了不同的方法。公司的管理政策侧重于劳动密集战略,主要依靠拥有的劳动力,而不是最新的技术。公司过去5年的销售和利润如表2—10所示。行业内销售收入和利润的环比增长率分别为12%和10%。过去4年里,行业销售利润率一直维持在大约7.5%。

表 2—10　　　　　　　　特殊化学品有限公司销售和利润　　　　　　　　(单位:千美元)

	1990	1991	1992	1993	1994
销售收入	30 000	33 800	36 500	42 148	47 100
税后利润	1 800	1 960	2 064	2 215	2 362

公司新经营设施计划,包括一套办公管理方法以及区别于目前的不同生产方式。新设施在技术上将更先进,因此对劳动力的需要将相对减少。

公司的运营经理琳达·麦文和人力资源经理乔治·班维克,对公司的计划搬迁可能会给公司"以人为本"的声誉带来影响表示担心。两位经理了解到,现有雇员中的相当部分人希望到新的地点工作。两位经理同时也知道,新厂房所在的地区技术熟练工人充裕。另外,技术更先进的新工厂只需要较少的工人。尽管如此,班维克和麦文还是关心如何公正、合乎伦理地对待自己的员工。更难处理的是,现有的工人在技术熟练水平以及工作年限上差别很大。旧的经营方式和新的经营方式在固定成本上存在差别,这显然是行业发展的一个趋势。由于许多公司顺应管理、技术和金融发展的新潮流,因此行业内的合并即使部分是出于不情愿或无能为力,也使这种计划的搬迁变得有吸引力而且必要。特殊化学品有限公司希望避免在这方面可能出现的问题。麦文希望在新地点管理实践上进行改进的是公司经营风险的评估方法。例如,公司在评估成本、销售量和利润或亏损之间的关系时主要依靠盈亏均衡分析方法。这在将新产品推入到一个已知规模的现有的市场时非常管用。

麦文还关注另外两个重要的问题:第一,新设施比现有设施在运行时有更多的固定成本;第二,用盈亏均衡分析方法评估本、量、利的关系,主要手段可能不像以前那样奏效。麦文想将与融资及经营中所使用的与固定成本相关的杠杆概念,作为风险衡量的一部分。那些希望在商业环境不断变化中保持竞争力的公司通常使用这种方法。

除了预期在生产过程中使用更多的固定成本外,公司相对较弱的利润增长率和销售利润率也使公司不得不更关注内部风险评估方法的改进。事实上,在设施处计划的新运营方式就是对利润增长率和销售利润率关注的直接结果。

为了说明两种设施在固定成本使用上的差别,麦文提供了如下的信息,她希望以此来说明两种不同的运营特点。表 2—11 提供了目前工厂的本、量关系,表 2—12 给出了新工厂类似的信息。两个表中的数据并非是整个公司的销售、成本和利润数据,但是数据间的关系和特殊化学品有限公司的其他部门相同。表中的数据是麦文在最近参加一个经理专题讨论会时制作的。那些出席研讨会的人到时将最终完成这两张表,以此来加深对互相关联的数据和信息的理解。

表 2—11　　　　　　　　　　特殊化学品有限公司

旧经营模式——本—量—利

每单位销售价格＝432 美元

单位变动成本＝324 美元

固定成本总额＝500 000 美元

销售数量	经营成本(美元)	总销售收入(美元)	经营利润(美元)
0	500 000	0	(500 000)
5 000	2 120 000	2 160 000	40 000
7 000			
8 000			
14 000			

表 2—12　　　　　　　　　　特殊化学品有限公司

新经营模式——本—量—利

每单位销售价格＝432 美元

单位变动成本＝175 美元

固定成本总额＝1 728 000 美元

销售数量	经营成本(美元)	总销售收入(美元)	经营利润(美元)
0	1 728 000	0	1 728 000
5 000	2 603 000	2 160 000	443 000

第二篇
成本管理的内容

第一章

农村的经济本质

第三章

成本预测

【要点提示】
- 成本预测概述
- 成本预测的定性方法
- 成本预测的定量方法
- 定性与定量成本预测方法的结合应用

【内容引言】
成本预测是成本管理的首要环节,成本预测对于成本管理的成败有着举足轻重的影响。通过成本预测,管理者能够快速分辨决策是否可行,及时调整经营管理策略,减少经营损失,增加公司盈利机会。本章主要阐明成本预测的定性方法、定量方法及两者的结合应用。

成本预测是成本管理的首要环节,在整个经营管理过程中起到了重要的作用。成本预测是编制成本计划、确定目标利润、进行方案优选和经营决策的重要依据,也是实现公司目标管理和保证企业经济效益所必不可少的工作。

第一节 成本预测概述

成本预测对于成本管理的成败有着举足轻重的影响。通过成本预测,公司相关经营管理者能够快速分辨投资决策是否可行,及时调整经营管理策略,减少因为未来不确定性造成的经营损失,增加公司盈利机会。

一、成本预测

(一)预测的含义和特点

预测作为一门科学,是在第二次世界大战以后逐步发展起来的。20 世纪 60 年代以来,西方国家不仅重视对自然现象变化的预测,更重视对社会现象变化的预测。特别是随着资本主义经济危机的频频爆发,企业为了摆脱困境,加强了经济预测。目前,国外大型企业内部都设有预测机构,预测企业的竞争能力、产品的销售价格、销售数量、发展方向、市场潜力,以及企业的目标利润和成本水平等,企图从对未来的预测中找到摆脱困境的出路,以使企业少担风险、少受损失,在竞争中求得生存。

预测是指用科学的方法来预计、推测事物发展的趋势。它的主要特点是:根据过去和现在预计未来,根据已知推测未知。预测的理论根据是被研究对象的发展趋势具有一定的规律性,这种规律性可以为人们所认识和掌握,从而人们可以事先对它们的发展变化进行科学的估计。可见,正确地进行预测,一定要详细地占有材料,再在这个基础上进行加工计算和科学分析,从中找出客观存在着的规律,用于预测未来。

预测具有以下四个特点:

1. 超前性。对任何情况的预测都涉及未来,并直接涉及时间。预测分析是对企业未来某个时间点的经营活动作出合理的推测。预测必须是在时间上某一特定的点作出,改变这个时间点往往会影响到预测的性质。同时在作出推测时不能受制于现有条件或过去条件的束缚,不能只是对过去情况的总结,要根据未来经济活动的具体特点,进行科学和合理的估测,从而得到比较正确的预测,为企业管理者决策提供有用的信息。

2. 明确性。预测中总是存在着不确定性。如果预测者已确知在某一特定时间中将存在什么情况,预测就失去其意义了。实际上,企业所面临的一切情况都包含着不确定性,必须搜集各种资料作为预测的依据,从而作出判断。但是,预测分析结果的表述必须清晰,不能模棱两可、含糊不清,预测结果无论正确与否,最终都应得到验证,否则就不是科学的预测。

3. 客观性。各种预测都在不同程度上依靠了历史资料中所包含的信息。也就是说,在大多数情况下,预测是直接地或间接地以历史资料的信息为根据,进行预计和推测的。尽管在预测过程中,也需要预测人员通过自己的实践经验做出相应的分析判断,但这种分析判断也是以客观情况为基础做出的。

4. 灵活性。在企业进行预测时,要根据客观情况的变化及时作出调整,没有能适应任何情况的预测方法。这就要求企业在做预测时,一定要依据变化的新情况及时调整预测内容、预测程序和预测的方法。这样,预测的结果才有借鉴作用。

(二)成本预测的意义

成本预测是经济预测的一种,它是在认真分析研究企业和外在条件变化的基础上,确定一定时期的成本水平和目标成本。

1. 成本预测是成本管理的首要环节。做好成本预测工作,对于促进企业加强经济核算,改善经营管理,降低产品成本,提高经济效益,都具有十分重要的意义。

（1）成本预测是正确进行经营决策的科学依据。企业成本管理由过去单纯的"算账型"向"决策型"转变,而正确的决策,又以科学的预测为依据。通过成本预测,掌握了未来的成本水平及其变化趋势,有助于对经营管理中未知因素作出科学的预计,为决策提供多种可行性方案,使决策者掌握资料,心中有数,提高自觉性,避免冒险性、盲目性和被动性,从而作出合理组织生产经营活动和提高经济效益的正确决策。

（2）成本预测是进行成本决策和编制成本计划的基础。成本预测是成本管理的首要环节。成本管理包括成本预测、成本决策、成本计划、成本控制、成本核算、成本分析、成本考核等几个环节。成本预测和成本决策是不可分割的,成本计划则是成本决策的具体化。预测是为决策服务的,它是决策的前提。通过预测,提供一定条件下生产经营各方面未来可能实现的数据;而决策则以预测的数据为基础,通过分析比较,权衡利害得失,从中选取最优方案。在一定意义上,可以认为决策是预测的结果。通过成本预测,可以为成本决策和计划提供科学的数据和资料,使其建立在客观实际的基础上,克服成本决策的片面性和局限性,从而使其具有更高的科学性,最终达到提高经济效益的目的。

（3）成本预测是加强成本管理和降低产品成本的有效方法。成本预测的基本目标,是揭示生产耗费的发展趋势,挖掘降低成本的潜力,为确定目标成本提供科学依据;指明缩减耗费、降低成本的方向,为达到目标成本选择最佳的途径。因此,做好成本预测工作,可以帮助企业选择成本最低、经济效益最高的产品,充分发挥企业优势;可以在制造产品的各种技术经济方案中,选择最优方案,提高经济效益;可以在成本形成过程中,针对薄弱环节,加强成本管理,克服盲目性,提高预见性;可以把生产经营过程中可能发生的浪费消灭于发生之前,制止于过程之中,纠正于发生之后,形成一个良性循环。

（4）成本预测是改善企业经营的重要工具。通过成本预测,可以克服那种单纯事后分析所存在的缺点。它可以帮助企业面向未来,以便及早地把影响成本降低的不利因素消灭在萌芽状态,有利于挖掘降低成本的潜力,指明降低成本的方向和途径,从而加强预防性管理。

（5）成本预测是调动广大职工生产积极性的重要手段。在社会主义市场经济体制下的企业,职工的切身利益与成本指标完成好坏是息息相关的。通过成本预测,就可以知道成本水平如何,并且明确奋斗目标;同时,根据预计数可以计算出因为脱离计划的偏差给职工利益带来的影响,这就会增强职工的责任感,充分调动他们的积极性。

2. 在进行成本预测时,应注意如下几点:

（1）重视成本预测所花的费用与效益之间的关系,这一点是根本的。因为进行成本预测,是为了能获取较高的经济效益。如果预测本身的代价要比可能获取的效益大，或者两者相差无几，这样的预测就没有必要了。

(2)确定成本预测的时间范围。因为不同的时间范围适应于不同的方法，其取得的结果也不一样。成本预测可以是短期的，也可以是长期的。短期预测不仅要预计完成情况，还要全面地考虑降低成本的各种措施。而长期预测，通常只是指出方向，不可能十分具体。

(3)正确认识成本预测的效果。应该知道，效果再好的预测与实际发生的结果也不可能是完全相符的，因而必须考虑到预测具有假设性。根据预测结果所作的决策，必须留有余地。但也不能因此对预测丧失信心，要相信预测有助于提高决策的准确性。

(4)注意预测结果具有可变性。客观条件变化时，预测本身也要不断修改。

(5)成本预测不能主观臆断，要保证成本预测的客观性和预测方法的科学合理性。

总之，在市场经济条件下，企业要得到生存和发展，必须重视成本预测。因为产品成本的高低，关系到企业在竞争中的成败。因此，企业总是事先根据目标利润预测目标成本，然后再确定设计工艺标准和生产水平，并在执行中实行成本控制，以达到实现目标利润的目的。

二、成本预测的内容

成本预测涉及宏观经济和微观经济两个方面的内容，但通常人们谈到成本预测时，仅指微观经济方面的内容(就企业成本会计而言)，即企业成本预测的内容。在这个前提下，成本预测的内容主要包括：

(一)编制成本计划阶段的成本预测

它包括根据企业生产、销售发展情况和生产消耗水平的变化，在测定目标利润的前提下，测算目标成本；根据计划年度各项技术组织措施的实现，测算计划年度可比产品成本降低指标；根据产量与成本相互关系的直线方程式，预测产品成本发展趋势。

(二)在计划实施过程中的成本预测

在成本计划执行过程中，通过分析前一阶段成本计划的完成情况，考虑下一阶段生产技术经济措施的预计效果，预测下一阶段成本计划完成情况，查明与计划成本的差距，以便采取措施，保证完成和超额完成成本计划。

(三)技术经济指标对单位成本影响预测

通过分析主要技术经济指标变动与单位成本的关系，探索其变化发展的规律与因果关系，建立一定的数学模型，预测由于技术经济指标的变化而影响期末单位产品成本水平。

三、成本预测的原则

成本预测是一个涉及企业生产经营管理活动复杂的动态过程,其中包含许多不受人们控制和状态不确定的因素。因此,在进行成本预测时,除选择恰当的预测方法外,还应遵循以下几个原则:

（一）系统性原则

进行预测时,应把预测对象看成一个系统,观察系统内外的相互联系,从中寻找本质联系,进而找到预测对象的发展趋势。成本预测也不例外,在进行产品成本预测时,应分析企业生产经营过程中各方面的因素,分析评判这些因素的内在联系及其与成本的关系,并对它们的变动趋势及性质作出合理的分析和取舍,从而为建立合理、实用的成本预测模型提供依据。

（二）客观性原则

成本预测结果的正确与否,最关键的是其所依据的会计、统计资料是否完整、准确。若输入的信息不完整、不真实,即使成本预测方法完美无缺,其预测结果也绝对不可靠。因此,在进行成本预测之前,必须广泛收集客观、准确的成本资料,并给予认真的审查和处理,尽可能排除会计、统计资料中那些偶然因素对成本的影响,保证资料具有连续性、全面性和一般性,以真实反映成本变化的规律。

（三）适应性原则

成本预测是为成本决策和计划服务的,不能为预测而预测,必须正确认识成本预测的效果。应该知道,成本预测具有一定的局限性,这是因为影响产品成本的许多因素,往往受外部各种条件变化的制约,带有一定的随机性,加上人们对未来事物认识的局限或者资料不全等原因,以致预测的结果往往不能与实际发生的结果相吻合。在实务上,必须十分重视成本管理人员长期积累的实践经验,结合一系列定性预测方法,对定量预测结果给予合理的修正,从而使预测结果尽可能与未来成本发展趋势相一致。

（四）相关性原则

预测结果的准确与否在很大程度上取决于所选择的因素与产品成本之间的相关性。在实务中,当成本与某几个主要影响因素有较为明显的因果关系时,一般采用因果关系模型;当成本受到众多复杂因素影响,而且有些因素是不可控或不明确时,则应采用时间关系模型;当各个生产经营环节上的成本耗费与生产成果之间保持一定数量关系时,则可采用结构关系模型。

（五）时间性原则

预测时期的长短,对预测结果的精确度影响很大。成本预测可以是短期的(月、季),中期的(年),也可以是长期的(三年、五年)。因此,应把握好成本预测的时间范围,选择恰当的成本预测方法。在实践中,一般对较短时期的成本预测,采用较为简单的预测模型,考虑的因素也可以相应少些;而对于较长时期的成本预测,则应采用较为复杂的预测模型和多种预测方法,考虑的因素也应多些。

(六)多样性原则

在成本预测工作中,要注意研究问题所受到的宏观因素、中观因素和微观因素的影响,将内部外部多种因素结合起来,通盘思考,充分利用多种信息进行科学预测;另外,因为各影响因素在未来也具有不确定性,从而导致各因素发展方向会出现变化,因此成本预测中需要进行较为严格的假设,并通过情景分析法考虑多种可能,在不同情境和可能性下预测企业财务管理各指标的结果。

四、成本预测的步骤

成本预测一定要有过去和现在的本企业和国内其他企业同类产品的数据为基础,然后将定量分析法和定性分析法结合运用,依据目前生产技术和经济的发展对企业成本可能产生的影响进行计算、比较和分析,最后再作出判断。成本预测过程可用图 3-1 表示,即成本预测过程包括输入、处理和输出三个环节。输入包括有关的数据、假设条件等;处理是指在预测过程中所用的方法和技术;输出是指预测最终结果。

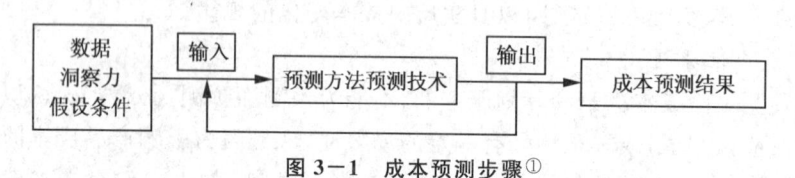

图 3-1 成本预测步骤[①]

成本预测通常可按以下步骤进行:

(一)确定预测目标

即根据预测的对象和内容,明确规定预测所要达到的目的和范围,才能有针对性地收集有关资料和数据,选择合适的预测方法,规定预测的期限,从而使预测工作有效进行,保证预测的结果符合未来的变动趋势。

(二)搜集相关信息

根据已确定的目标,利用各种手段搜集与预测目标有关的历史资料和现实信息,经过鉴别、取舍、加工、归纳、去伪存真,把各种资料结合起来加以应用,有的资料可绘制成统计图表以便于分析。

(三)提出预测模型,进行预测

首先,要选择适当的预测模型。预测模型是用数字语言来描述和研究某一经济

---

① 李洪斌.成本会计学.广州:广东人民出版社,1998:321.

事件与各个影响因素之间数量关系的公式。其次,利用有关资料,计算出预测公式所需要的参数值。最后,根据有关参数值进行预测。但需指出,数学模型均有一定的假定性。因而预测结果与客观实际进程有一定的误差,显然这一误差应尽量缩小,才能保证预测结果的正确性。

(四)分析预测误差,修正预测结果

由于数学模型有时不可能包括全部复杂的影响预测对象变化的诸多因素,而且有些因素也不可能全部列入模型。这就需要用定性预测方法考虑这些因素,对数学模型所做出的预测结果进行修正,以使其结果更加接近实际。预测的实践证明,把定量方法与定性方法有机地结合起来,是提高预测准确性的重要途径。

(五)分析内部、外部的各种影响因素,考虑重大因素的影响

为了使预测结果更加完善,必须从实际出发,根据客观形势的发展,考虑内外重大因素的影响,并要对那些不同于过去的影响因素进行分析研究和评定。如在成本预测中,必须考虑经济体制与价格、税制改革等重要因素的影响。

五、成本预测的基本方法

成本预测的方法随预测对象和预测期限的不同而各有所异,但其基本方法一般可以归纳为两大类:

(一)定量分析法

定量分析法是根据历史数据(包括会计、统计、业务核算资料),运用现代数学方法进行科学的加工处理,据以建立反映各有关变量之间规律性联系的各类预测的方法体系。定量分析法按照具体做法的不同,又可分为趋势预测分析法和因果预测分析法两种。趋势分析法是根据某项指标按时间顺序排列的历史数据,运用一定的数学方法进行加工计算,借以推测未来发展变化趋势的方法,亦称"外推分析法"。它的实质就是承认事物发展的连续性,并把未来视为事物的延伸,例如简单平均法、移动加权平均法、指数平滑法等。因果预测分析法则是从某项指标与其他有关指标之间的规律性联系中进行分析研究。它的实质是利用事物内部因素发展的因果关系来预测事物发展的趋势,例如投入—产出法、回归分析法等。

(二)定性分析法

这种方法主要是建立在预测者具有丰富实际经验和广泛科学知识的基础上,依靠主观判断和综合分析能力,来推断事物的性质和发展趋势的分析方法,亦称直观判断预测法或简称直观法。它一般是在企业缺少完备、准确的历史资料,或难以定量分析时应用,例如座谈会法、专家预测法等。

应该指出,定量预测法与定性预测法并不是相互排斥的,而是可以相互补充的。要注意把它们正确地结合起来使用,即在定量分析的基础上,考虑定性预测的结果,

综合确定预测值,从而使最终的预测结果更加接近实际。

例如,在具备比较完备的历史资料的条件下,应先用一定的数学方法进行加工处理,找出有关变量之间规律性的联系,作为预测未来的一个重要依据。但是任何数学方法的应用,都是以过去资料赖以产生的条件作为基础来预测未来。如果在预测期一些影响较大的因素发生变化,则根据数学计算所得到的结果,还要根据这些因素进行修正。在这种情况下,依靠熟悉情况和业务的专家进行分析判断,提出修正意见,就具有十分重要的意义。又如,用定性预测法进行预测,也要尽可能利用一些数据资料作参考,使判断更加正确。

第二节 成本预测的定性方法

成本的定性预测法,是根据熟悉市场未来变化的专家的丰富实践经验和综合判断能力,在对预测期的销售情况进行综合分析研究以后所作出的产品销售趋势的判断。由于定性预测主要依靠参与预测人员的素质和判断能力,因而要求参与者对企业成本耗费历史资料,现状和影响因素必须有深刻的了解。参与判断预测的专家,既可以是企业内部的人员,如销售部门经理和销售人员,也可以是企业外界的人员,如有关推销商和经济分析专家等。

定性预测法的具体方式,一般可分为调查研究判断法和分析判断法两种。

一、调查研究判断法

调查研究判断法就是预测人员组织或亲自参与有关经营事项的调查了解,在此基础上,经过分析和推算,预测经营未来发展的方法。调查研究判断法是依靠专家来预测成本的方法,所以也称专家预测法。采用这种方法,一般要事先向专家提供成本信息资料,由专家经过研究分析,根据自己的知识和经验,对未来成本作出个人判断;然后再综合分析各专家的意见,形成预测的结论。预测结果的准确性,取决于被调查专家知识和经验的广度和深度。这里所说的专家,一般是指会计师、工程师、经济师等,因为他们具有较高的学识水平和丰富的实践经验。

调查研究判断法主要有下列方法:

(一)主观判断法

主观判断法也称意见汇集法,它是由本企业熟悉销售业务、对市场的未来发展变化趋势比较敏感的领导人、主管人员和业务人员根据其多年的实践经验集思广益,分析各种不同意见并对之进行综合分析评价后所进行的判断预测。

这一方法的产生依据是,企业内部的各有关人员由于工作岗位和业务范围及分工有所不同，尽管他们对各自的业务都比较熟悉，对市场状况及企业在竞争中的地位也比较清楚，但其对问题理解的广度和深度却往往受到一定的限制。在这种情况下，就需要各有关人员既能对总的社会经济发展趋势和企业的发展战略有充分的认识，又能全面了解企业当前的销售情况，进行信息交流和互补，在此基础上，经过意见汇集和分析，就能作出比较全面、客观的销售判断。

这一方法在企业实行分片推销责任制的情况下尤为适用。因为在这种推销方式下，每个推销人员对他所负责推销地区的各方面情况都比较熟悉，并能根据该地区消费习惯、消费结构、收入水平等因素的变动，凭经验及时地估计出本企业产品在该地区的市场需求，而把本企业某一产品在所有地区的预测数汇总后，就能得到企业对该产品的整体销售预测。

采用这一方法，费时不长，耗费较小，运用灵活，并能根据销售市场的变动及时对预测数进行修正，是一种比较实用的方法。

(二)特尔菲法

特尔菲法又称专家调查法，它是一种客观判断法，由美国兰德公司在20世纪40年代首先倡导使用。它主要是采用通讯的方式，通过向见识广、学有专长的各有关专家发出预测问题调查表的方式来搜集和征询专家们的意见，并经过多次反复，综合、整理、归纳各专家的意见以后，作出预测判断。

采用这一方法在征询意见时，各专家之间应尽量互不通气，以使各人能根据自己的经验、观点和方法进行预测，避免专家之间因为观点不同、地位不同等原因而产生干扰和影响。同时，在每次重复征询意见过程中，都应注意把上次征询意见的结果进行加工整理后反馈给各专家，特别要注意不应忽略少数人的意见，以使各专家在重复预测时能作出较全面的分析和判断。

这种方法的优点是在模糊的领域对问题求得一致的判断，费用较低，用途广泛，花费专家时间较少等；缺点是可靠性不够，难以评价专家们意见的准确程度以及无法考虑意外事件，而且完成预测的时间过长。

(三)专家小组法

专家小组法也是一种客观判断法，它是由企业组织各有关方面的专家组成预测小组，通过召开各种形式座谈会的方式，进行充分、广泛的调查研究和讨论，然后运用专家小组的集体科研成果作出最后的预测判断。

与特尔菲法各专家"背靠背"预测形式相反，这一方法是由各专家组成小组面对面地进行集体讨论和研究。因此，可以相互启发和补充，使对预测问题的分析、研究更为全面和深入，避免各专家之间因信息资料不共享而使预测带有片面性。采用这一方法，要求各专家从企业的整体利益出发，畅所欲言，充分表达各自的观点，而不要受不同意见的干扰和影响。

这种方法的优点是专家之间可以相互启发,充分讨论,信息量大,考虑因素全面,所得预测结果较准确;缺点是容易屈从领导、权威或多数人意见,忽视"小人物"或少数人的正确意见,或会议准备不周而走过场。

二、分析判断法

分析判断法即因素测算法,是通过对与成本变动相关的各项技术经济因素进行分析,根据几个有关经济指标之间的内在联系,由一个或几个因素的变动来测算所要预测指标数值的方法。该方法根据计划期成本并在上年成本水平的基础上,结合计划期影响成本变动的有关技术经济指标的变化情况,测算产品成本的降低率和降低额,同时与计划期企业目标成本进行比较,以确定计划年度成本水平。

因素分析法进行成本预测一般分三个步骤:首先,预计上年平均单位成本,并按上年平均单位成本计算计划年度产品总成本;其次,分析与成本有关的各项因素变动对成本降低率和降低额的影响;最后,汇总计算成本降低率和降低额,并与目标成本进行对比,确定计划年度产品成本水平。

(一)按上年预计平均单位成本计算计划年度产品总成本

如果企业是计划年初编制成本计划,则可根据上年实际资料,直接求得上年实际平均单位成本。

上年实际平均单位成本=上年全年实际总成本/上年全年实际产量

但是在实际工作中,预测计划年度成本水平通常是在上年第四季度进行,这样第四季度的数据只能用预计数,前三个季度可以用实际发生数。

则上年预计平均单位成本=(上年1～3季度实际总成本+上年第四季度预计总成本)/(上年1～3季度总产量+上年第四季度总产量)

求得上年预计平均单位成本后,就可以计算出按上年预计平均单位成本计算的计划年度产品总成本:

按上年预计平均单位成本计算的年度总成本=上年预计平均单位成本×计划年度产品产量

(二)测算因素变动对成本降低指标的影响程度

在这里我们只讨论直接材料成本,直接人工成本和制造费用变动对成本降低指标的影响程度。

1.测算直接材料成本对成本降低指标的影响。直接材料成本对成本的影响主要从单位产品消耗定额和材料价格变化两方面对总成本进行影响。当单位产品消耗定额降低时,其产品成本自然就会跟着降低。同理,单位直接材料价格的下降也会使产品成本降低。

材料消耗定额变动影响成本降低率=材料消耗定额降低率×上年材料成本占产

品成本的比重

材料价格变动影响成本降低率＝（1－材料消耗定额降低率）×材料价格降低率×上年材料成本占产品成本的比重

若同时考虑材料消耗定额和材料价格两个因素的影响，材料消耗定额和材料价格两个因素同时变动对成本降低指标的影响程度可合并计算为：

材料消耗定额和材料价格变动影响成本降低率＝［1－（1－材料消耗定额降低率）/（1－材料价格降低率）］×上年材料成本占产品成本的比重

2. 测算直接工资变动对成本降低率和降低额的影响程度。直接工资变动对成本降低率的影响主要是从平均工资变动和劳动生产效率两方面对其影响。直接工资变动与平均工资变动成正比，与劳动生产率高低成反比。当劳动生产率的增长幅度超过平均工资的增长幅度时，就能使产品成本降低。

其计算公式为：

直接工资变动影响的成本降低率＝［1－（1＋平均工资增长率）/（1＋劳动生产率提高率）］×直接工资占产品成本比例

直接工资变动影响的成本＝按上年预计平均单位成本计算的计划年度产品总成本×直接工资变动影响的成本降低率

3. 测算制造费用变动对成本降低率和降低额的影响程度。制造费用包括固定制造费用和变动制造费用。固定制造费用包括管理人员工资、办公费、差旅费等，一般在各个年度都比较稳定，不受产量变动的影响，而随着产量的增加，其单位分担固定制造费用逐渐减少。变动制造费用包括修理费、变低值易耗品摊销等。其随着产量的变动而变动，一般都呈正方向变化，当产量增加时，变动制造费用总额也在增加，但是其增长幅度一般会小于产量增长幅度，所以当产量增加时，其产品每单位的变动制造费用在逐渐降低。所以，就制造费用总的而言，当产量增加时，要使产品成本降低唯一需要满足的条件就是制造费用的增长幅度要小于生产增长幅度。

制造费用变动影响的成本降低率＝［1－（1＋制造费用增长率）/（1＋生产增长率）］×制造费用占产品成本的比例

制造费用变动影响的成本降低额＝按上年预计平均单位成本计算的计划年度产品总成本×制造费用变动影响的成本降低率

（三）汇总计算成本降低率和降低额

计划成本降低率＝材料成本变动影响成本降低率＋工资成本变动影响成本降低率＋制造费用变动成本降低率

计划成本降低额＝计划成本降低率×按上年预计平均单位成本计算的计划年度产品总成本

计划年度产品成本降低率和降低额计算出来以后还应与预期成本降低目标进行

比较。如果达不到目标要求,财务部门必须会同有关部门共同研究,进一步挖掘潜力,采取补充措施,保证成本降低任务的完成,最后根据测算的降低额,计算出计划年度产品成本。计算公式如下:

计划产品成本＝按上年预计平均单位成本计算的年度产品总成本－计划产品成本降低额

例如,某企业计划年度继续生产 A 产品,上年预计平均单位成本为 2 000 元,上年预计产量 400 件,产品成本中各项目比重见表 3－1。

表 3－1　　　　　　　　　　　产品成本中各项目比重

成本项目	直接材料	直接人工	制造费用	合　计
预计单位成本	1 000	600	400	2 000
比重	50%	30%	20%	100%

计划年度要求成本降低 8.25%,根据计划年度降低成本的措施影响产品成本的有关因素有如下变动:

生产增长 20%,材料消耗定额降低 6%,材料平均价格提高 2%,平均工资增长 5%,劳动生产率提高 18%,增添设备,设备价值增长 2%。根据以上资料,测算因素变动影响的成本降低率和降低额。

1. 测算按上年预计平均单位成本计算的计划年度产品总成本。

按上年预计平均单位成本计算的计划年度产品总成本＝2 000×400×(1＋20%)＝960 000(元)

2. 测算各因素变动影响的成本降低率和降低额。

直接材料费用变动影响的成本降低率＝[1－(1－6%)(1＋20%)]×50%＝2.06%

直接材料费用变动影响的成本降低额＝960 000×2.06%＝19 776(元)

直接工资变动影响的成本降低率＝[1－(1＋5%)/(1＋18%)]×30%＝3.3%

直接工资变动影响的成本降低额＝960 000×3.3%＝31 680(元)

制造费用变动影响的成本降低率＝[1－(1＋2%)/(1＋20%)]×20%＝3%

制造费用变动影响的成本降低额＝960 000×3%＝28 800(元)

3. 汇总上述计算结果。

计划成本降低率＝2.06%＋3.3%＋3%＝8.36%

计划成本降低额＝960 000×8.36%＝80 256(元)

测算的年度产品成本减低率为 8.36%,已达到要求成本减低 8.25%的任务,可以编制甲产品的成本计划。

第三节　成本预测的定量方法

定量预测法是用数学的方法,对过去的历史资料进行科学的处理与加工,借以揭示有关因素和变量之间的数量关系,以此作为预测的依据。定量预测法可分为两类:一类是以某一指标过去的变化趋势预测未来,把未来看作是过去的延伸;另一类是利用指标间的数量关系,以一个指标的变动为基础,来推断另一个指标的变动程度。定量预测方法中运用比较广泛的有高低点法、回归分析法、本量利分析法、时间序列法、非线性回归模型与学习曲线法和投入—产出法等。

一、高低点法

企业产品成本与业务量(一般为产销量)的关系,可用如下数学模型来表示:$C=FC+UVC\times Q$。这就是常用的一元线性模型。式中,C 表示产品总成本,Q 表示产品产量,FC 表示固定成本总额,UVC 表示单位变动成本。在这个模型中,只要求出常数 FC 和系数(斜率)UVC 的数值,就可用这个直线方程式预测某一产量 Q 下的产品总成本 C。

(一)高低点法的含义

高低点法就是以历史成本资料中产量最高和最低两个时期的产品总成本数据为依据,计算出 FC 和 UVC,利用 $C=FC+UVC\times Q$,推算出计划产量下的总成本水平和单位成本的预测方法。它是一种最简便的预测方法,在产品成本的变动趋势较稳定的情况下,用来预测未来成本的发展趋势比较适宜。如果企业各期的成本变动幅度较大,则不宜用此法进行预测。

在对成本历史资料的选用上,还应注意时期性,不要过长或过短,通常以近期 3～8 年的资料为宜。这是因为当今经济形势发展快,变化大,时间过长,资料就失去可比性,过短则不能反映出成本变动的趋势。此外,对于历史资料中由于特殊原因而发生的某些金额较大的偶然性成本数据,在引用时应予以剔除。

(二)高低点法的计算步骤

高低点法的计算步骤如下:

1. 将最高产量下的总成本和最低产量下的总成本进行比较,确定系数 b(即 UVC),计算公式为:

UVC＝(最高点的成本－最低点的成本)÷(最高点产量－最低点产量)

2. 将最高点成本(或最低点成本)、最高点产量(或最低点产量)、已求得的 b 代入 $C=FC+UVC\times Q$,求出 a(即 FC),计算公式为:

FC＝最高点成本－UVC×最高点产量

或 FC＝最低点成本－UVC×最低点产量

3. 将计划产量及 FC、UVC 代入 C＝FC＋UVC×Q，计算出计划年度的产品总成本。

例如，某公司近几年有关产量和间接人工成本资料如表 3－2 所示。

表 3－2　　　　　　　产量和间接人工成本资料表

年　份	2003	2004	2005	2006	2007	2008
产量(吨)	400	200	300	500	400	600
间接人工成本(千元)	3 000	2 000	2 800	4 000	3 200	4 400

利用高低点法可预测 2009 年的间接人工成本。

首先，确定间接人工成本中的单位变动成本：

UVC＝(最高点的成本－最低点的成本)÷(最高点产量－最低点产量)

＝(4 400－2 000)÷(600－200)＝6(千元/吨)

然后，确定间接人工成本中的固定成本。将最低点或最高点的产量代入 C＝FC＋UVC×Q 中，即得：

UVC＝2 000－6×200＝800(千元)

最后，预测 2009 年的间接人工成本。假如 2009 年的计划产量为 700 吨，则 2009 年的间接人工成本预测为：C＝800＋6×700＝5 000(千元)

(三)应注意的问题

应该注意的是高点与低点的选择，既可以成本为依据，也可以产量为依据。当产量的最高点与成本的最高点不在同一月份，产量的最低点与成本的最低点也不在同一月份时，必须以产量为依据确定最高点和最低点，或者以成本为依据确定最高点和最低点。确定最高点和最低点后，产量与成本必须是同一月份的数据。所以，在有些情况下，所用的高点成本(或产量)不一定是最高成本(或产量)；同样，所用的低点成本(或产量)也不一定是最低成本(或产量)。

二、回归分析法

回归分析法是一个统计学线性模型，用于计量一个或多个自变量每变动一个单位导致因变量发生变动的平均值。用于估计一个自变量和因变量之间的关系称为简单线性回归，其回归模型为 C＝FC＋UVC×Q；用于估计多个自变量和因变量之间的关系称为多元线性回归，其模型为 $C＝FC＋UVC_1 Q_1＋UVC_2 Q_2＋\cdots＋UVC_n Q_n$。下面以简单线性回归模型为例来说明成本的预测。

简单线性回归模型中的参数 FC 与 UVC 可用下列最小二乘法公式估算。

$$UVC = \frac{n\sum QC - \sum Q \sum C}{n\sum Q^2 - (\sum Q)^2}$$

$$a = \frac{\sum C - UVC \sum Q}{n}$$

继续适用表 3－2 中的资料。根据以上资料,先计算有关数据如表 3－3。

表 3－3　　　　　　　　　　　回归分析计算表

月份	Q	C	QC	Q^2	C^2
1	400	3 000	1 200 000	160 000	9 000 000
2	200	2 000	400 000	40 000	4 000 000
3	300	2 800	840 000	90 000	7 840 000
4	500	4 000	2 000 000	250 000	16 000 000
5	400	3 200	1 280 000	160 000	10 240 000
6	600	4 400	2 640 000	360 000	19 360 000
合计	2 400	19 400	8 360 000	1 060 000	66 440 000

然后,将有关数据代入公式得:

$$UVC = \frac{n\sum QC - \sum Q \sum C}{n\sum Q^2 - (\sum Q)^2} = 6$$

$$a = \frac{\sum C - UVC \sum Q}{n} = 833.33$$

所建立的预测模型为:C＝833.33＋6Q

可见,由此法分解出的固定成本和单位变动成本是最合理的。

但必须指出,采用回归直线法分解混合成本,混合成本总额与产量之间必须具有线性联系,如果没有这种线性联系,分解出来的结果也就失去了意义。因此应先进行相关程度分析,并根据相关程度的分析结果来确定这种方法的适用性。相关程度分析以相关系数 R 来表示,R 的计算公式如下:

$$R = \frac{n\sum QC - \sum Q \sum C}{\sqrt{[n\sum Q^2 - (\sum Q)^2][n\sum C^2 - (\sum C)^2]}}$$

相关系数 R 的取值范围在 0 至 ±1 之间,但由于成本管理中一般不用负相关,故 R 的取值范围就在 0 至 1 之间。当 R＝1 时,说明混合成本总额与产量之间完全相关;当 R＝0 时,说明两者之间没有关系。在成本管理中,一般当 R≥0.8,表明混合成本总额与产量之间有密切联系,这样就可运用回归直线法进行分解。

根据上例资料,相关系数 R 的计算如下:

$$R = \frac{6 \times 8\,360\,000 - 2\,400 \times 19\,400}{\sqrt{[61\,060\,000 - 2\,400^2][6 \times 66\,440\,000 - 19\,400^2]}} = 0.984\,6$$

由于相关系数接近于1,相关程度较高,因此可使用回归直线法。

如果2009年的产量为700吨,则预计总成本为:

$$y = 833.33 + 6 \times 700 = 5\,033.33(千元)$$

与高低点法相比,回归直线法的预测结果较为精确,但是计算过程较为复杂,上面的案例计算分析便体现了这一点。

三、时间序列法

时间序列法是根据企业历年的成本资料,按时间的先后顺序予以排列,再采用数理统计的方法来推测未来的成本变动趋势的一种成本预测法。由于预测期长短和成本变动的规律性特点,决定了时间序列法主要分为简单平均、移动平均、加权移动平均和指数平滑等方法。

(一)简单平均法

简单平均法是通过计算以往若干时期成本的简单平均数,作为对未来的成本预测数。其计算公式如下:

预计成本值 = 各期成本值之和 ÷ 期数

根据表3—2,如果要求运用简单平均法预测7月份的成本数,则可计算如下(见表3—4):

表3—4　　　　　　　历年产量和间接人工成本资料表

时期(年)	2003	2004	2005	2006	2007	2008
产量(吨)	400	200	300	500	400	600
间接人工成本(千元)	3 000	2 000	2 800	4 000	3 200	4 400

预计2009年的成本数 = (3 000 + 2 000 + 2 800 + 4 000 + 3 200 + 4 400) ÷ 6 = 3 233.33(千元)

简单平均法在计算上十分简便,但它却使历史资料的差异平均化,而未考虑其变动趋势,因而可能会使预测结果产生较大的误差。因此,只有当被预测产品的成本比较稳定的情况下,才可运用这种方法。

(二)移动平均法

移动平均法是通过计算以往若干时期成本的移动平均数,作为对未来成本的预测数。它是将统计资料按时间顺序划分为若干个数据点相等的组,并依次向前平行移动一个数据,计算各组的算术平均数,并组成新的时间序列进行预测。

移动平均法假定预测值与较近期的观察值关系较大,因此它在处理历史资料时不像简单平均法那样进行一次平均,而是按顺序重叠分组(一般按三期或五期),求出该组的平均值。通过逐步向后移动,用近期数据替换远期数据,用新的平均值修改原来的平均值,从而反映实际增减趋势。设 x_t 为 t 时刻的成本数据,M_t 为 t 时刻的简单移动平均数,n 为每组数据的个数(一般为 3 或 5),则移动平均法公式为:

$$M_t = \frac{x_t + x_{t-1} + \cdots + x_{t-n+1}}{n}$$

例如,仍用上例的资料。假定该企业确定的移动平均期数为3,则见表3-5。

表3-5　　　　　　　　　　　产品成本移动平均值

时期 (年)	时间 (月)	成本 (千元)	3期移动平均	变动趋势
2003	1	3 000		
2004	2	2 000		
2005	3	2 800		
2006	4	4 000	2 600[(3 000+2 000+2 800)/3]	
2007	5	3 200	2 933.33[(2 000+2 800+4 000)/3]	+333.33(2 933.33-2 600)
2008	6	4 400	3 333.33[(2 800+4 000+3 200)/3]	+400(3 333.33-2 933.33)
2009	7		3 866.67[(4 000+3 200+4 400)/3]	+533.34(3 866.67-3 333.33)

一般来说,n 的取值越大,移动平均数对远期干扰因素的反应越弱,对数据变化的敏感性也越差,预测值较平稳;反之,n 的取值越小,预测值对近期的敏感性越强,但修匀能力下降,估计值误差较大。另外,数据序列存在非趋势变动时,也将影响最后预测值。

移动平均法在计算上比较简便,但它同样使历史资料的差异平均化。与简单平均法不同的是,它在历史资料的使用上尽量选择接近预测月份的数据,从而使预测数更接近实际。这一方法适用于成本略有波动的产品。

(三)加权移动平均法

这是一种在平均移动法的基础上,对所用资料分别确定不同的权数进行加权以后,算出加权平均数,作为预计成本数的预测方法。这一方法在权数上通常按照这样的原则确定:近期资料的权数大一些,远期资料的权数小一些。这是因为,在一般情况下,预测数受近期实际成本的影响程度较大。

例如，仍用表3－2的资料。假设移动期数仍为3，权数按资料距预测期的远近分别确定为1、2、3，则4、5、6、7月份的成本数如表3－6所示。

表3－6　　　　　　　　　　产品成本移动平均值

时期(年)	时间(月)	成本(千元)	3期移动平均	变动趋势
2003	1	3 000		
2004	2	2 000		
2005	3	2 800		
2006	4	4 000	2 566.67[(3 000×1＋2 000×2＋2 800×3)/6]	
2007	5	3 200	3 266.67[(2 000×1＋2 800×2＋4 000×3)/6]	＋700(3 266.67－2 566.67)
2008	6	4 400	3 400[(2 800×1＋4 000×2＋3 200×3)/6]	＋133.33(3 400－3 266.67)
2009	7		3 933.33[(4 000×1＋3 200×2＋4 400×3)/6]	＋533.33(3 933.33－3 400)

加权移动平均法既考虑了近期成本的发展趋势，又对之采用不同的权数进行加权，因而消除了差异的平均化，从而可使预测数与实际情况更为接近。

（四）指数平滑法

指数平滑法也称指数修匀法，它是通过导入平滑系数对本期实际成本和本期的预测成本进行加权平均，并将其作为下期的预测成本。其计算公式为：

$$M_t = \alpha x_{t-1} + (1-\alpha) M_{t-1} \quad (0 \leqslant \alpha \leqslant 1)$$

式中，M_t为本期预测值，M_{t-1}为上期预测值，x_{t-1}为上期实际数，α为平滑系数。α越小，则下期的预测数就越接近于本期的预测数；反之，α越大，则下期的预测数就越接近于本期的实际数。在实际运用时，一般采用试误法，选用不同的α值进行试算，选用预测误差最小的α值。

仍沿用前例表的资料。假定该企业对2003年的预计成本数为3 100万元，$\alpha=0.3$，则以后各年的成本预测值可计算如表3－7所示。

表3－7　　　　　　　　　　各年的成本预测值

t	x_t	αx_{t-1}	$(1-\alpha) M_{t-1}$	M_t
1	3 000			3 100
2	2 000	0.3×3 000＝900	0.7×3 100＝2 170	3 070
3	2 800	0.3×2 000＝600	0.7×3 070＝2 149	2 749
4	4 000	0.3×2 800＝840	0.7×2 749＝1 924.3	2 764.3
5	3 200	0.3×4 000＝1 200	0.7×2 764.3＝1 935.01	3 135.01
6	4 400	0.3×3 200＝960	0.7×3 135.01＝2 194.51	3 154.51
7		0.3×4 400＝1 320	0.7×3 154.51＝2 208.17	3 528.17

这种方法所需资料不多，因而计算比较简便，同时通过导入平滑系数加权，可适当消除偶然因素的影响。但是平滑系数具有很大的人为性，不同的平滑系数可得到不同的预测结果，所以在选择平滑系数时一定要谨慎。

四、学习曲线法

学习曲线是1925年美国一家飞机装配厂在实践中发现，学习可以提高效率。工人对他们的工作越熟悉，工作的效率就越高。这种现象的产生是由于产量的增加，引起工人操作经验的积累，从而引起成本消耗的降低。学习曲线反映了由于工人熟练程度的提高，每单位人工时数随产量增加而减少的函数关系。管理人员可用学习曲线来预测人工时数随产量增加而变化的情况。

学习曲线法的基本公式为：$y=ax^b$

其中，a为第一个单位所需要的人工时数，x代表累计生产单位数，b为学习曲线指数，y为生产x单位所需平均人工时数。当x＝2时，即累计生产量增加一倍时，2^b表示相应的单位人工时数变化率，因而也称为学习率。这里的b不是已知的，而是一个预测前需测算出的系数。因此，学习曲线是一种变化了的一元非线性回归模型，如图3－2所示。

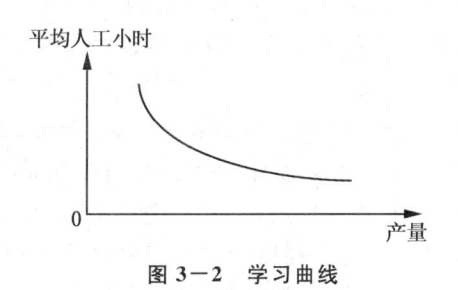

图3－2 学习曲线

例如，某企业生产某电子产品，劳动时间受到一个80％累计学习曲线的约束，也就是生产两件产品所需的平均时间是生产一件产品所需时间的80％，生产四件产品所需的平均时间是生产两件产品所需平均时间的80％。假设生产第一个单位所需时间为100小时，b＝－0.322，该企业生产每一单位的变动成本如下：

材料：每单位750元

直接人工：每小时15元

变动间接成本：每单位100＋直接人工费用的75％

根据学习曲线的公式，该企业在下列不同产量下的人工时数及变动成本可计算如表3－8所示。

表 3—8　　　　　　根据学习曲线不同产量下的人工时数及变动成本

x	y①	总时数	变动成本
1	100	100	3 475②
2	80（100×80%）	160	5 900
3	70.24	210.72	8 081.4
4	64（80×80%）	256	10 120

五、投入—产出法

投入—产出法是由美国经济学家瓦西里·列昂节夫于 20 世纪 30 年代提出的，是根据矩阵代数原理建立的一种投入—产出关系模型。其主要用于研究国民经济体系中各部门物资消耗投入和产出之间相互依存关系的一种平衡分析方法。它是以国民经济最终产品为计算目标，将各部门投入的消耗和产品产出之间的数量关系用表格形式列出来，使其保持一定的平衡状态。在 20 世纪 50 年代，资本主义国家纷纷运用这个手段来分析、预测各部门之间的平衡关系，它不仅可以用于国民经济各部门的汇总，而且还可以应用到对企业经济活动的科学管理上。

就企业来说，企业在生产过程中要投入原材料、动力、人工等，并产出产品，所以生产过程也是一个投入产出过程。生产过程中每一步骤、每个阶段，又有各自的投入和产出。原材料、零部件、上道工序的半成品，是下道工序的投入物，直至产成品产出，各道工序、各阶段的投入和产出必须保持适当的内在联系，因而可以利用投入产出模型来预测成本。由于企业投入原材料，经过加工产出半成品和产成品，也存在"投入"和"产出"的关系，因而也可以利用投入—产出模型来预测成本。采用该法首先应分析企业生产中投入—产出的平衡对应关系，建制投入—产出表。然后，分析各阶段产品之间的生产技术联系，将各阶段的"投入"数除以该阶段的"产出"总量，得到单位产品的消耗定额，以该消耗定额作为消耗系数，反映企业各阶段产品消耗以前阶段产品的高低水平。该消耗系数越大，说明需要以前阶段的产品多，所以它是平衡企业生产、衡量先进性的不可缺少的指标。最后，可根据预计的消耗系数、预定的商品产量，利用矩阵解法，即可预计生产消耗总量和产品成本。这里举例从略。

---

① $y=100\times(2^{-0.322})=80$
　　$y=100\times(3^{-0.322})=70.24$
　　$y=100\times(4^{-0.322})=64$
② $750+100\times15+100+1\,500\times75\%$

第四节　定性与定量成本预测方法的结合应用

各类不同的企业在产品功能结构、生产工艺技术条件、成本管理水平等方面存在较大的差异,同时不同企业在不同时期所处的生产经营环境和市场竞争形势也互不相同,因而,需要根据企业在某一段时期的具体情况,选择相适应的成本预测方法。

在成本管理实践中,许多成本管理工作者都感到采用定量预测方法所得到的结果往往与实际情况相距甚远,缺乏可靠性。究其原因,在于成本预测模型是依据成本统计资料的,对成本变动的历史发展趋势和规律所作的描述,没有充分考虑在生产经营条件发生变化的情况下,各因素对成本的影响作用。对未来影响因素的变动及其作用,仍然要依靠成本管理人员的实践经验和职业判断能力。即使在定量预测方法和计算手段渐趋成熟和先进的条件下,定性预测方法及其与定量预测方法的结合应用,也是提高成本预测可靠性的重要方面。如何将定性预测方法和定量预测方法更好地结合起来,一般要考虑下述情况：

一、影响成本变动因素的稳定性和可量化性

企业成本受到企业内部生产经营条件、管理水平以及市场状况、国家经济政策等众多复杂因素的影响,在这些因素中,有的较为明确和稳定,有的却具有不确定性;有的可以量化,有的却不能量化。当影响成本变动的主要因素在一段时期内保持相对稳定,且便于定量化时,宜主要采用定量预测方法;否则,宜主要采用定性预测方法为好。

二、预测期的长短

成本预测期的长短直接与影响因素的稳定性有关。在一个较短的时期内(如月度),未来成本水平状况能较好地保持历史趋势而递延发展,因而在作短期成本预测时,一般可以定量方法为主,并重视近期成本资料的作用。在一个较长的时期内(如年度)由于各种因素都有可能发生较大的变动,因而应在采用定量方法的基础上,运用定性预测加以修正,甚至更多地要依靠成本管理人员对因素变动及其影响作用的职业判断,以防止某些重要因素发生较大变动。

三、成本统计资料的完整性与可靠程度

采用定量方法建立成本预测模型,其计算结果是否可信,不仅取决于模型本身的合理性,更取决于成本统计资料的完整性和可靠程度。在成本统计资料较为完整、可

靠时，往往可以从中找出规律性联系，从而建立定量预测模型。反之，如果成本统计资料不完整、不可靠，或者其中包含有许多偶然性因素产生的影响作用，甚至根本无成本统计资料可循，则应以采用定性预测方法为宜。

四、预测模型类型的选择

通过对成本统计资料的分析，判断主要影响因素的性质及预测模型的类型，必须依赖定性分析。没有对影响因素的调查研究和对相互关系的分析，定量预测方法必然失误。

五、预测结果的检验与修正

为了避免预测结果的片面性，在采用某种定量成本预测方法时，需要采用定性预测方法或另一种定量成本预测方法，对预测结果予以检验和修正。

六、管理人员的专业水平和实践经验

定量预测方法和定性预测方法对管理人员的要求不同。如果管理人员理论水平较高，宜多考虑采用定量预测方法；如果管理人员实践经验较为丰富，宜多考虑采用定性预测方法。这样，因人制宜，扬长避短，可以收到较好的效果。

本章小结

成本预测是成本管理的首要环节。做好成本预测工作，对于促进企业加强经济核算，改善经营管理，降低产品成本，提高经济效益，都具有十分重要的意义。

成本预测的内容主要包括：编制成本计划阶段的成本预测；在计划实施过程中的成本预测；技术经济指标对单位成本影响的预测；根据本量利关系预测目标固定成本和单位变动成本。

成本预测是一个涉及企业生产经营管理活动复杂的动态过程，在进行成本预测时，除选择恰当的预测方法外，还应遵循以下几个原则：系统性原则；时间性原则；相关性原则；客观性原则；适应性原则。

成本预测一定要有过去和现在的本企业和国内其他企业同类产品的数据为基础，然后将定量分析法和定性分析法结合运用，依据目前生产技术和经济的发展对企业成本可能产生的影响进行计算、比较和分析，最后再作出判断。

成本预测的方法随预测对象和预测期限的不同而各有所异，但其基本方法一般可以归纳为两大类：定量分析法和定性分析法。

成本的定性预测法——判断分析法,是根据熟悉市场未来变化的专家的丰富实践经验和综合判断能力,在对预测期的销售情况进行综合分析研究以后所作出的产品销售趋势的判断。

定量预测法是用数学的方法,对过去的历史资料进行科学的处理与加工,借以揭示有关因素和变量之间的数量关系,以此作为预测的依据。定量预测法可分为两类:一类是以某一指标过去的变化趋势,预测未来,把未来看作是过去的延伸;另一类是利用指标间的数量关系,以一个指标的变动为基础,来推断另一个指标的变动程度。定量预测方法中运用比较广泛的有高低点法、回归分析法、时间序列法、非线性回归模型与学习曲线法和投入—产出法等。

在成本管理实践中,许多成本管理工作者都感到采用定量预测方法所得到的结果往往与实际情况相距甚远,缺乏可靠性。对未来影响因素的变动及其作用,仍然要依靠成本管理人员的实践经验和职业判断能力。即使在定量预测方法和计算手段渐趋成熟和先进的条件下,定性预测方法及其与定量预测方法的结合应用,也是提高成本预测可靠性的重要方面。

【主要概念】

定量分析法	专家小组法	回归分析法	定性分析法
高低点法	分析判断法	客观判断法	本量利分析法

【本章案例】

运通运输公司的经营案例[①]

运通运输公司是 MG 市一家经营乘客和货物运输的企业,经公司的市场调研部门调查发现,随着地方经济的发展,MG 市、CZ 市的经济联系日益密切,且近期当地政府对连接两座城市之间的道路进行了改造,将会更进一步促进两城市之间的人员与物资的流通。公司打算开通往来于两城市之间的客运路线,此路线的目的是服务于经常往来于两个城市之间的旅游者。通过提供高价高质量服务,以吸引那些希望使用有消费能力的商务旅行人员。公司目前的方案如下:公司希望争取到那些周一至周五往来于两城市之间的商务旅行人员,在这期间乘车的票价将提高,用来降低这一时间段的客流量。公司认为,如果商务时间的旅客票价定为 100 元,其余时间为 80 元,将会使这两个时间段的旅客流量大体平衡。

(1)公司将使用大型豪华客车,因为目前其他运输公司也已经开通了这条线路,但使用的是普通客车,使用豪华客车可以吸引具有高消费需求的乘客。运行这条路线,将需要两辆座位数为 60 人的豪华客车,每辆客车的每年租金为 100 000 元,每年的维修保养成

[①] 摘自 http://acct.shufe.edu.cn/Jpcourse/financial/case/2.pdf。

本约为 40 000 元;

(2)每辆客车需要配备一名驾驶员和一名售票员,驾驶员的工资为每年 30 000 元,售票员的工资为每次往返 50 元;

(3)客车每次往返的油料费用大约为 200 元,道路的车辆通行费为每次往返 60 元;

(4)交通运输管理部门每年要向每条运输路线收取管理费用 20 000 元;

(5)在整个过程中每位旅客的相关成本约为 5 元,包括售票、检票;食品和饮料服务成本大约每位旅客 10 元(这在商务时间免费为乘客提供)。公司希望通过在非商业时间内征收酒水费来补偿服务成本。

第四章

成本决策

【要点提示】
- 成本决策概述
- 短期经营决策
- 长期投资决策

【内容引言】
　　著名管理学家西蒙所言"管理就是决策",充分说明了决策在公司管理中所具有的至关重要的地位。成本决策对于正确地制定成本预算、促进企业降低成本,有着十分重要的意义。本章主要阐述成本决策的方法、短期经营决策和长期投资决策。

　　决策是企业经营管理的核心,公司决策的正确与否直接影响到公司的兴衰存亡。成本决策对于正确地制定成本计划,促进公司降低成本,提高经济效益,都具有十分重要的意义。

第一节　成本决策概述

　　成本决策是公司经营决策的重要内容之一。成本决策渗透到公司的各个领域。零部件的自制还是外购、"亏损"产品是否应该停产、公司是否应该扩大生产规模等,这些都需要进行成本决策。

一、成本决策的含义

　　所谓决策,它是对两种或两种以上备选方案,利用有关决策的理论和方法进行比较分析,权衡利弊,从中选择最优方案的一项活动;是人们在充分考虑各种可能的前提下,基于对客观规律的认识,对未来活动的动向、目标、原则和方法作出决定或选择的过程。决策正确与否,直接影响着企业未来的经营前途和经济效益的水平。著名经济学家郝伯西蒙在揭示管理的本质时指出:"决策是管理的心脏,管理是由一系列决策组成的,管理就是决策。"

市场经济条件下,竞争是不可避免的,作为市场主体的企业,它的各项经济活动必须面向市场,开拓市场,根据市场需求变化进行科学的决策。合理安排企业的人力、物力、财力,协调各部门之间错综复杂的经济关系,不断增强企业的竞争力,从竞争中求生存、求发展。显然,在这种情况下,决策的正确与否直接影响到企业经济活动的正常开展,甚至会影响到企业未来的发展。所以,对一个现代企业而言,决策者所面临的不是应否进行决策的问题,而是如何作出正确决策、如何进行科学决策的重大问题。

成本决策是按照既定或要求的总目标,选择达到目标成本最优化的活动,其核心问题是提高经济效益。说得更具体点,成本决策是在成本预测的基础上,利用各种决策成本数据,对各备选方案进行分析比较,从中选择最佳经济效益方案的活动。一个企业成本决策正确与否,直接影响着企业未来的经济效益水平。提高企业经济效益的途径有两个:一是提高收入;二是降低成本。在收入既定的情况下,降低成本就成了提高经济效益的关键。成本决策对于正确地制定成本计划,促进企业降低成本,提高经济效益,都具有十分重要的意义。

(一)成本决策是完善管理决策的一个重要组成部分

尽管管理决策时应考虑的因素是多方面的,但是企业作为一个经济实体,从根本上说,其管理决策应保证决策结果的执行是经济有效的。即经济决策是管理决策的根本所在。然而,经济决策的目标是谋求良好的经济效益——获取最大的利润。由于利润是收入弥补成本后的余额,因而经济决策考虑的两个重要方面是收入问题和成本问题。这样的话,我们就不难理解成本决策在整个管理决策中的地位和作用了。只有进行成本决策,才能保证管理决策的完整性,才能保证决策结果的经济有效。收入是增加利润的因素,成本是抵减利润的因素。从这个意义上讲,加强成本决策,有助于管理决策保持应有的谨慎,减少决策的风险。总之,在现代企业管理中,成本决策是管理决策不可或缺的重要组成部分。成本决策在企业制定产品销售价格、制定产品营销策略、开发新产品、经济资源的综合利用等方面都发挥着极为重要的作用。

(二)成本决策是成本管理的一项基本职能

成本管理是由一系列成本会计行为组成的有机整体。成本预测的结果,只是提供了多种可能性,它有待于成本决策之后才能加以确定并付诸实施。成本计划是具体的行动指南,它建立在成本决策的基础上,有利于保持计划的整体一致性,保证成本管理与其他生产经营管理方面的协调统一性。成本决策也与成本控制相关联。成本决策所确定的目标成本,是成本控制的总目标。总控制目标的存在,有利于增强控制过程的灵活性,调节因成本计划编制的局限性所带来的影响。成本决策是成本管理的关键环节。加强成本决策,对于加强成本计划、成本控制、成本分析和考核,都会产生直接或间接的影响。

二、成本决策的步骤

成本决策取决于四个基本要素:明确的决策目标;正确的决策原则;优秀的决策者;科学的决策程序[①]。前三个基本要素贯穿于整个决策过程。成本决策一般步骤如图4-1所示。

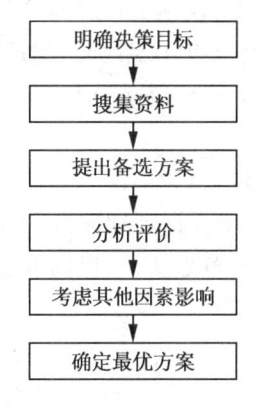

```
明确决策目标
   ↓
搜集资料
   ↓
提出备选方案
   ↓
分析评价
   ↓
考虑其他因素影响
   ↓
确定最优方案
```

图4-1 成本决策的步骤

(一)提出问题,确定决策目标

进行成本决策,首先要弄清楚这项决策究竟要解决什么问题。例如,某产品发生亏损,为合理安排生产要不要停产?停产后对企业利润有什么影响?假如工厂生产能力有剩余,国外有一客户要求订货,但出价低于生产成本,要不要接受这项一次性订货?工厂生产上需要某些零件原系自行制造,改为外购是否更为有利?工厂某些零件原系手工制作,改为机器制作是否能降低成本?等等。

(二)广泛搜集资料

决策分析要从实际出发,拟订方案后应以全面准确的信息为依据。为此,必须通过调查,搜集资料。资料准确完备,才能有把握地拟订方案,成功的可能性就大。要获得准确、全面、及时、适用的资料,一方面要搜集历史资料,另一方面要调查搜集第一手资料,加以汇总整理并使之系统化。为此,应建立信息网络,保证提供决策必需的信息。

---

① 杨玉红.管理会计.上海:立信会计出版社,2007:130.

(三)针对决策目标,提出若干可行的备选方案

为实现成本决策目标,可提出若干个备选方案。每个备选方案必须是技术上先进、经济上合理,同时在提出方案时要注意实事求是、量力而行、扬长避短、力戒浮夸,务使现有的人力、物力和财力的资源都能得到最合理、最充分的利用。例如,工厂生产某些零件手工制作效率低,是否改为机器制作?为解决这一问题,可提出以下方案:(1)继续采用目前制作方法;(2)购买提案人建议的设备;(3)购买其他类型的设备;(4)改进现有部件手工制作方案;(5)由自制改为外购。

(四)分析计算评价

每一个方案有优点也会有缺点,成本决策就是要测定哪一个备选方案有更多的优点。但是,如果各方案的优缺点只有文字说明,要进行分析评价就很困难。为此,在确定可行备选方案的基础上,要进行定量分析,进一步反复计算,以选择最优方案。

(五)考虑其他非计量因素的影响

根据上一步骤的初步评价,再结合计划期间各种非计量因素的影响,例如国际、国内政治、经济形势的变动,以及人们心理、习惯的改变等因素,严密地、逐一地加以考虑。

(六)确定最优方案

根据各个备选方案经济效益的大小进行筛选,从而确定哪个方案最优,供管理当局参考。

三、成本决策的方法

成本决策所采用的专门方法,因决策的具体内容和掌握资料的不同而各有所异。但其最常用的专门方法有差量分析法、本量利分析法、线性规划法、非线性方程式法等四种。

(一)差量分析法

这里的差量是指不同备选方案之间的差别。这一方法适用于同时涉及成本和收入的方案的决策分析。它是根据差别利润作为最终评价指标,以决定方案取舍的一种方法。

差量分析涉及"差别收入"、"差别成本"和"差别利润"几个基本概念。所谓差别收入是指两个备选方案之间的预计收入的差额,它是同差别成本相对应的概念。差别利润是指差别收入与差别成本之差。

差量分析法的基本内容,就是以两个备选方案的差别收入与差别成本进行比较,若差别收入大于差别成本,即取得差别利润,则前一方案是较优的;相反,如差别收入小于差别成本,即差别利润为负数,那么后一方案较优。成本决策中常常用这种方

法。

【例4-1】 某生产型企业生产A半成品，单位变动成本为14元，固定成本为80 000元，该半成品可以直接出售也可以继续加工成B产品，A直接出售价格为28元，继续加工成的B产品售价为38元，单位追加产品为6元。该企业是否应该继续加工A产品？

该企业继续加工和直接出售的差量收入＝38－28＝10(元)

差量成本＝6(元)

差量利润＝10－6＝4(元)

所以，继续加工比直接出售得4元的单位利润，该企业应继续加工A产品。

(二)本量利分析法

所谓本量利分析法，是指根据成本无差别点来分析评价方案优劣，进而据以进行决策的一种方法。在此，成本无差别点是指当两个方案的预计成本相等时的相关业务量水平。本法适用于在相关业务量水平未事先确定条件下的方案决策。本法的特点是将收入、成本及利润与业务量水平的变动进行相互关联的考虑。

该法应用的步骤是：

第一步：先建立各方案的预计总成本函数式。

第二步：然后以各方案的成本函数式为基础建立等式，即一元一次方程。

第三步：求解方程，计算出成本无差别点。

第四步：以成本无差别点为界，进行各相关方案之间的比较与评价，并进一步作出决策。

具体的方法请详见第二章第二节的介绍。

(三)线性规划法——图解法

线性规划法是稀缺资源最优使用的一种决策方法，专门用来对具有线性联系的极值问题进行求解的一种现代数学方法。所谓"线性"，是指所有变动因素的相互影响是直线关系。它能帮助管理人员在有若干约束条件(例如，机器设备的生产能力条件、材料供应条件、人员配备条件、资金供应条件、生产技术条件、产品销售条件等)的情况下，对合理组织人力、物力、财力作出最优决策，使企业的有限资源得到最佳应用，并以最低化的成本获得最大经济效益和社会效益。

在生产多品种产品的企业中，经常会碰到在一定的约束条件下，如何把有限经济资源充分加以利用，并在各产品之间作出最有利分配的优化决策问题。例如，为了充分利用材料、设备、工时、资金等有限资源，往往就需要应用线性规划的方法来实现产品生产的最优组合，以便实现利润最大值或成本最小值。

在该方法下，应首先确立进行决策的目标函数，然后根据约束条件列出所有的约束线性方程组。求解该方程组可以采用单纯形法，也可以采用图解法，这里仅介绍图解法。图解法就是在坐标图中画出目标函数和各约束线性方程,并找出各约束线性方程的交叉点,确定可行性区域,然后移动目标函数线,可得一组平行的等目标函数线。如果求极大值,等目标函数线应该从坐标原点向外移;如果求极小值,等目标函数应该从外向坐标原点移,目标函数最后离开可行性区域的交叉点就是最优点。

【例 4-2】 甲公司生产三种产品:A 产品、B 产品、C 产品。在生产过程中主要受到劳动力和原材料两种资源的限制,其基本条件如表 4-1 所示。甲公司应该如何安排这三种产品的日产量才能使企业利润最大化?

表 4-1　　　　　　　　　产品的劳动力和原材料的需要量

投入要素	资源日提供量	单位产品需要量		
		A	B	C
劳动力(个)	200	2/3	2/3	2/3
原料(千克)	1 800	2	8	16
单位利润(元)		4	6	2

设 A 产品的日产量为 x,B 产品的日产量为 y,C 产品的日产量为 z,则约束条件如下:

$$\begin{cases} 2/3x+2/3y+2/3z \leqslant 200 \\ 2x+8y+16z \leqslant 1\ 800 \\ x \geqslant 0, y \geqslant 0, z \geqslant 0 \end{cases}$$

目标函数为:Max P= 4x+6y+2z

利用图形法对上述现行规划问题进行求解,得:x=100,y=200,z=0,最大利润 P=1 600(元)

(四)非线性方程式法

有时各决策变量之间存在着多次函数关系,通过图形法进行最优决策很难。在数学上,可以通过求导的微积分法进行极大值或极小值的决策。采用该法通常可以先对决策函数微分求一阶导数,并令一阶导数为零,求出各拐点;然后,再对一阶导数微分求二阶导数;最后,将各拐点代入二阶导数,如果结果为正,该拐点就是极小值,如果结果为负,该拐点就是极大值。

非线性方程式法在成本管理上运用很广,它可以用于最大利润或收入的决策,也可以用于最小成本的决策。成本管理上的保本点销售量、存货采购的最佳经济批量或投产最佳批量的确定,就是该法在成本管理上的典型运用。

第二节　短期经营决策

成本决策按决策影响时间的长短可分为短期决策和长期决策。短期决策是指在较短时间（一般为一个经营年度或一个经营周期内）对生产经营产生影响的问题而进行的决策。短期决策主要探讨如何在生产经营过程中最有效、最经济、最合理地利用现有资源以获取最大的经济利益，一般不涉及新的固定资产投资，因而又称为经营决策。主要包括生产决策、成本决策、定价决策、采购决策等。其特点表现为资金投入少、见效快、充分利用现有资金。

一、决策成本

决策成本是指与决策有关的一些成本概念。这些成本概念同企业传统的成本数据，既有区别，又有联系。它们一般无需记录在凭证和账本上，而只是在决策过程中为了分析评价不同备选方案需要加以考虑的因素，主要包括沉没成本、重置成本、差别成本、机会成本等。

（一）沉没成本

沉没成本是指那些由于过去的决策所引起，并已经支付款项而发生的成本。这类成本一般都是过去已经发生，当然就无法由现在或将来的经济决策所能变更的成本，亦可可称为"旁置成本"或"沉入成本"。

例如，某企业有报废零件 20 000 元，如再行加工，需要支出 2 000 元，但可售得 6 000 元；如将该批零件不经加工直接处理，则只售得 1 000 元。由于报废零件，不管是否进行修复，总归是一项损失，它属于沉没成本。在决策时，对沉没成本可以不予考虑，只要按净收入大小来决定不同方案的优劣。本例废品修复后出售可得净收入 4 000（6 000－2 000）元，如直接处理报废只能售得净收入 1 000 元。两者相比，显然前一方案较优。正由于这类成本一经支付就一去不复返，因而即使在账簿上记录了该项成本，但是在分析未来经济活动并作出决策时则无需加以考虑。

（二）重置成本

重置成本是指目前从市场上购买同一项原有资产所需支付的成本，亦称"现时成本"。在定价决策中，往往要把重置成本作为重点考虑的对象。譬如，某公司库存商品的单位历史成本为 150 元，重置成本为 200 元，现在制定商品售价，如按历史成本考虑，每件售价 180 元即可获得利润 30 元。但该商品售出后，再按重置成本补进时，就不仅不能获利，反而每件商品要亏损 20 元。由此可见，重置成本在定价决策中是不可忽视的重要因素。

(三)差别成本

差别成本亦称差别成本,它有狭义和广义之分。狭义的差别成本是指由于生产能力利用程度不同(增减产量)而形成的成本差别额。广义的差别成本是指两个不同方案的预计差别。例如,如果企业投产甲产品的预计总成本为 2 万元,而投产乙产品的预计总成本为 3 万元,那么两种投资方案的差别成本为 1 万元。

(四)机会成本

机会成本是指现有资源不按这种方式使用而按另一种方式使用的牺牲代价或失去的利益。企业资源在短期内是既定的,因此要把准备放弃方案可能取得的利益看作是将被选取方案的机会成本加以考虑,才能对被选中方案的经济效益作出正确评价。例如,某企业有机器一台,可用于本厂生产也可出租给另一工厂而收取租金,则这台机器继续用于生产的机会成本就是失去的租金收益。又如,假设某企业只能生产甲或乙一种产品,预计甲产品利润为 5 000 元,而乙产品利润只有 4 000 元,则生产甲产品的机会成本为 4 000 元,因为这是放弃生产乙产品的牺牲代价;另一方面,决定生产乙产品的机会成本则为 5 000 元,这是未生产甲产品的损失代价。成本决策要求被选取方案的收益必须大于机会成本,否则所选中的方案就不是最优的。

(五)付现成本

付现成本又称现金支出成本,是指未来需要动用现金支付的成本。例如,如果企业需要购进某设备有两个方案,方案一是一次性动用现金 10 万元付款购买;方案二是用旧设备贴换,只需动用 6 万元现金支付。那么,方案一的付现成本为 10 万元,方案二的付现成本为 6 万元。

二、经营决策的应用

(一)生产决策

生产决策是指在短期内,围绕是否生产、生产什么、怎样生产、生产多少等问题进行的决策。

1. 新产品开发的决策。新产品有多种含义,从社会角度讲,凡具有某种独特功能,与以往传统产品相比有所创新的产品都属于新产品的范畴。随着现代科学技术的发展和经济文化的改变,人们物质和精神生活的方式和内容发生着巨大变化。社会的不断进步,使得人们越来越注重产品的品质、款式、功能等方面,企业已不能单纯地依靠增加传统产品的数量来满足人们日益增长的消费需求。这一客观现实,对于任何一个企业,既是一种严峻的挑战,同时又是一个发展的良机。为此,企业必须根据市场供求变化,不断推陈出新,向社会主动提供符合人们需求的各种新产品,通过实现产品的更新换代,去开拓市场、占领市场,最终实现企业价值最大化这一目标。

新产品开发的决策问题,既可能属于长期投资决策,也可能属于短期生产经营决策。在本章,是从短期生产经营决策来讨论新产品开发的决策。在短期生产经营过程中的新产品开发决策,主要是指在现有生产技术条件下,如何充分利用现有剩余生产资源开发某种新产品。

利用现有剩余生产能力,在不追加固定成本条件下的新产品开发决策,一般可采用差量分析法进行。

【例4—3】 某公司现有生产设备还有多余的生产能力,可以增加新产品的生产。该厂多余生产能力可以生产丙产品400件,或生产丁产品800件。这两种产品的预计销售价格、差别的有关数据资料如表4—2所示。

表4—2　　　　　　　　　产品价格差别资料表

方案 项目	丙	丁
单价	20	13
减:单位变动成本	8	6
单位边际贡献	12	7
固定成本	2 000	2 000

假设根据市场预测,这两种产品可以按照预计的产量与价格销售,试问:(1)生产哪种新产品?(2)若生产丙、丁产品需分别装备不同的专用模具1 500元、2 500元,如何决策?

解(1):将固定成本视为沉没成本,用差量分析法进行分析,说明生产丁产品合适,见表4—3。

表4—3　　　　　　　　　　差量法计算(1)

方案	丙	丁
差别收入	8 000	10 400
差别成本	3 200	4 800
差别利润	4 800	5 600

解(2):增加的固定成本为专属成本,用差量分析法进行分析,说明生产丙产品合适,见表4—4。

表 4—4　　　　　　　　　　　差量法计算(2)

方　案	丙	丁
差别收入	8 000	10 400
差别成本	4 700	7 300
差别利润	3 300	3 100

2.亏损产品应否停产的决策。亏损产品的决策问题,是指在历史期已计算表现为亏损的产品,在计划期是否应生产的问题。基于产品成本可分为固定成本和变动成本两部分,所以,在企业单一品种生产条件下,在只能按历史期生产规模生产的条件下,亏损产品无疑是不应再生产的。但考虑到企业多品种生产情形,生产规模可变化的情形,生产能力可转移利用的情形等,亏损产品应否继续生产就应视具体情况分析而定。

我们知道,亏损产品按其亏损情况可分为两种:一种是实亏产品,即销售收入低于变动成本,边际贡献为负。这种产品生产越多,亏损越多,除非特殊需要,一般不应继续生产。另一种是虚亏产品,即销售收入高于变动成本,边际贡献为正。这种产品对企业还是有贡献的。它之所以亏本,就是边际贡献不足以弥补全部固定成本,如果停止生产,由于固定成本依然存在,亏损不仅不能减少,反而还会增加。

例如,某企业生产两种产品,有关差别资料如表 4—5 所示。

表 4—5　　　　　　　　　　　产品资料表

	甲	乙	合　计
销售收入	1 500	1 000	2 500
变动成本	700	800	1 500
边际贡献	800	200	1 000
固定成本	500	400	900
利润	300	−200	100

很明显,如果乙产品停止生产,由于固定成本没有减少,整个企业将由获利 100 元,转变为亏损 100 元,如表 4—6 所示。

表 4—6　　　　　　　　　　变动后的产品资料表

	甲
销售收入	1 500
变动成本	700

续表

	甲
边际贡献	800
固定成本	900
利润	−100

因此，这种虚亏损产品不仅不应停止生产，如果有条件，还应扩大生产，才能转亏为盈。同样，如果企业任务不足，接受一些外协任务，只要销售收入高于变动成本，对于企业还是有利的，能够增加利润或减少亏损。

如果乙产品停止生产，空出来的设备可以用来生产甲产品，或者转产其他产品，只要增加生产的甲产品或其他产品所获得的边际贡献，大于现在乙产品获得的边际贡献（200元），则转产是有利的；否则，就不应转产。

3. 零部件是自制还是外购的决策。零部件自制或外购决策，是指企业在生产过程中，产品所需要的零部件既可依靠自身力量制造，也可在市场上购买，是两者择其一的决策。专业化生产与分工协作，是现代工业发展的趋势之一。一个企业不论规模多大，资金和技术力量多么雄厚，很难不依靠其他企业的协作而进行高效率的生产。事实上，许多产销高、精、尖产品的企业，他们的产品恰恰是充分利用了众多企业生产的各种零配件而完成其生产过程。与此相反，对于那些"大而全"、"小而全"的全能型企业来说，都很难适应市场需求的变化而及时推出新产品，从而丧失竞争的优势。所以，在市场分工越来越细的今天，企业往往会遇到零部件是否自制或外购的决策问题。

零部件自制或外购决策，除了考虑企业的生产能力、工艺水平、资源限制、产品质量、市场供应等因素外，一个重要的决策依据就是零部件自制或外购的成本高低，以便使企业获取最大利润。零部件自制或外购决策分析，一般可采用差量分析法或本量利分析法。

【例4—4】 假定某企业生产甲零件，每月需用10 000只，每只变动成本25元，应负担固定成本5 000元。如果：第一，该零件外购每只27元。零件外购后，企业这部分的生产能力不能利用，但固定成本可避免10 000元。第二，如甲零件外购后，可增产乙零件5 000只。乙零件外购每只30元，自制每只变动成本24元。第三，如甲零件需要量增至20 000只，自己生产需要增添设备，每月增加固定成本30 000元，而外购10 000只以上每只只需26元。

要求计算上述各种情况下，甲零件是自制还是外购合算？

(1)自制零件每只成本30(25+50 000/10 000)元。表面上看外购只要27元，但

由于外购后,不可避免的固定成本仍有40 000元。因此,还是自制合算。两者总成本比较如下:

自制总成本=25×10 000+50 000=300 000(元)

外购总成本=27×10 000+(50 000-10 000)=310 000(元)

自制比外购节约=310 000-300 000=10 000(元)

(2)如甲零件外购后,设备可用来生产乙零件,则甲零件外购合算。

甲零件自制,乙零件外购,总成本=25×10 000+50 000+30×5 000
=450 000(元)

甲零件外购,乙零件自制,总成本=27×10 000+24×5 000+50 000
=440 000(元)

甲零件外购,乙零件自制可节约=450 000-440 000=10 000(元)

(3)如甲零件需要增至20 000只,则甲零件外购合算。甲零件自制与外购总成本比较如下:

①不考虑生产乙零件:

甲零件自制总成本=25×20 000+50 000+30 000=58 0000(元)

甲零件外购总成本=26×20 000+(50 000-10 000)=560 000(元)

外购比自制节约=580 000-560 000=20 000(元)

②考虑生产乙零件:

甲零件自制,乙零件外购,总成本=25×20 000+50 000+30 000+30×5 000
=730 000(元)

甲零件外购,乙零件自制,总成本=26×20 000+50 000+24×5 000
=690 000(元)

甲零件外购,乙零件自制可节约=730 000-690 000=40 000(元)

4. 半成品进一步加工或出售的决策。对许多企业来讲,产品从原材料投入到产品生产完工要经过多道工序,上一道工序加工后的半成品有时是被其他企业买去作为材料使用的。在这些企业中,经常会面临着出售半成品还是进一步加工为完工成品后再出售的决策问题。例如,棉纺厂既可以直接出售半成品棉纱,也可以对其棉纱继续加工成棉布后再行出售。对产品而言,进一步加工后其售价肯定会高于加工前的半成品,但同时在加工过程中要追加一定的加工成本。因此,在进行半成品是否进一步加工决策时,不仅要考虑作为半成品或产成品的市场销售问题,而且要考虑相关的产品售价、加工成本、生产能力等问题。一般情况下,从效益角度考虑,只要进一步加工所增加的收入大于其加工中的相关成本,加工决策方案就是可行的。需要指出的是,半成品进一步加工前所发生的成本,无论是变动成本还是固定成本,在加工决策分析中都属于不相关成本,不应予以考虑。

半成品是否进一步加工的决策分析,一般可采用差量分析法或产品边际分析法。可利用下列公式进行决策:

增加的边际贡献＝边际收入－边际成本
　　　　　　　＝(加工后出售的收入－半成品出售的收入)
　　　　　　　　－(加工后总变动成本－半成品变动成本)

根据上述公式计算,如果增长的边际贡献是正数,说明继续加工有利;是负数,表示继续加工没有好处。

【例4－5】 企业生产甲种产品,在完成第一阶段生产后,半成品即可对外销售,销售单价为10元,单位变动成本为5元。如果继续加工成产品,售价为15元,但要追加变动成本4元。如果生产10 000单位,试分析继续加工能增加边际贡献多少?

根据上述公式,可计算如下:

[(15－10)－4]×10 000＝10 000(元)

从计算结果看,说明继续加工是有利的。

当然按照上述公式计算,是指进一步加工不增加固定成本。如果要增添设备,则要考虑增加固定成本,这在以下说明。

例如,W公司产销一种产品,目前的产销水平为年产80 000件,单位售价为10元,单位变动成本为4元。现公司还有剩余的生产能力,如果对产品进一步加工,年产量仍为80 000件,但价格却由原来的10元调高为20元,同时每单位产品需要再耗费3元变动成本,还需要增加专用设备一台,年折旧为100 000元。若不做进一步加工,而是增加其原有产品的产销量,可使产销量在原来的基础上增加50 000件。公司是进一步加工还是增加产品产量直接出售呢?

表4－7　　　　　　　　　不同方案下的获利情况

方　案	进一步加工	增加产销量	差　量
差量收入			300 000
增加收入	800 000	500 000	
差量成本			140 000
增加变动成本	240 000	200 000	
相关固定成本	100 000		
进一步加工比增加产销量可以多获利			160 000

从表4－7可以看出,对现有产品进一步加工要比增加现有产品的产销量而出售多盈利160 000元,所以进一步加工较为有利。

5. 生产工艺技术方案的决策。在许多规模较大的企业中,先进和落后的生产设备并存是一种正常现象,对一种产品或零部件的生产往往可以采用不同的机器设备并按不同的工艺进行,但其成本悬殊很大。采用先进设备,产品的产量和质量可能会大大提高,其单位变动成本可能会降低,但固定成本则较高。若用普通设备加工,单位变动成本可能较高,但其固定成本则较低。固定成本是靠产品的收入来弥补的,因此,对前一种设备来说产量较大时有利;若产量小,后一种设备则较为经济。因此,不同加工设备的选择,应与产品加工批量大小联系起来分析研究,才能作出正确的决策。因此,对这类问题进行决策分析,关键在于确定"成本无差别点"。

【例4-6】 W公司生产一种产品,可用普通车床、万能车床和数控车床进行加工,三种车床加工时所需要的成本资料见表4-8。

表4-8　　　　　　　　　　　加工车床成本资料表

车 床	变动成本	固定成本
普通车床	0.45	2.50
万能车床	0.20	5.00
数控车床	0.04	15.00

根据上述资料做出不同的批量选用不同车床的决策。
分别计算不同类型车床加工批量的成本无差别点:
(1)设 X_1 为普通车床和万能车床的成本无差别点。
普通车床的预期成本 $=2.5+0.45X_1$
万能车床的预期成本 $=5.00+0.2X_1$
而上述两种预期成本相等时的加工批量即为成本无差别点 X_1 的值。
$2.5+0.45X_1=5.00+0.2X_1$
解得:$X_1=10$(件)
(2)设 X_2 为万能车床与数控车床的成本无差别点。
万能车床的预期成本 $=5+0.2X_2$
数控车床的预期成本 $=15+0.04X_2$
而上述两种预期成本相等时的加工批量即为成本无差别点 X_2 的值。
$5+0.2X_2=15+0.04X_2$
解得:$X_2=63$(件)
这就是说,如果一次加工的批量小于10件,用普通车床;一次加工的批量大于10件而小于63件宜用万能车床;一次加工超过63件宜采用数控车床。

6.产品生产组合的决策分析。企业产销两种或两种以上产品时,会受到生产能力、材料供应、人工安排、市场销售等多种因素的限制。在这种情况下,应该如何合理安排生产,才能既使企业的生产资源得到充分利用,又可以实现较好的经济效益呢?于是,就产生了"产品组合"这一复杂的生产决策问题。产品组合,是指企业在多种产品均需要利用某些相同而又有限的生产资源条件下,各种产品的产量安排及其相互关系。

企业同时产销多种产品时,假如各种产品之间无论在生产能力、材料供应,还是在市场供求方面都互不相关,那么则不存在产品组合的问题。然而,实际生产中,企业有若干产品可能会使用和消耗某些相同的生产资源,而这些生产资源又不可能毫无限制地无条件增加。这样,各种相关产品的产量就会相互制约,某种产品生产多一些,另一种产品就只能少一些;反之,减少某种产品生产,可能会增加另一种或几种产品的产量。显然,企业能否合理确定各相关产品的生产规模,实现最优利润,这是我们进行产品组合决策的关键所在。

影响产品组合的限制因素可能是一个,也可能是多个,并且大部分产品的生产不仅受企业内部因素的影响,而且也受企业外部因素的制约,这就使得产品组合决策复杂化。这是因为,最佳产品组合必须符合以下三个条件:第一,各项有限的生产资源能得到充分合理的使用;第二,各种产品的产量均被限制在可容许的最高和最低销售范围之内;第三,各种产品共同提供的利润总额最优。

产品组合决策分析有以下两种情况:

(1)单一生产因素限制条件下的产品组合决策分析。如果仅有一项生产因素(某种机器、原材料)是几种产品的唯一共同限制条件,那么在解决产品组合问题时,所应着重考虑的是使此生产要素能为企业提供最多的收益。在这种情况下,产品组合的安排,应以提供产品边际贡献大的产品为主,适当兼顾其他产品。亦即:先安排一些产品边际贡献低、社会又非常需要的产品的最低需要量的生产;然后,在限制条件允许的范围内最大限度地生产产品边际贡献高的产品(在市场需要的前提下)。

假定 W 公司产销 A、B 两种产品,均需利用甲机器加工方能完成,甲机器每年仅可利用 8 000 工时,其有关资料见表 4—9。

表 4—9　　　　　　　　　　不同产品的资料

项　目	A 产品	B 产品
单位产品边际贡献	12	16
单位产品需用工时	2	4
甲机器单位工作小时边际贡献	6	4
产品最低需要量	500	500

A、B 产品各应安排多少产量最为合适?

在本例中,A 产品所提供的单位机器工时边际贡献为最高(6 元),因此甲机器在安排 B 产品最低销售量 500 件生产的基础上，应集中生产 A 产品，即可以安排 A 产品：$(8\,000-500\times4)/2=3\,000$（件）。

(2) 多种生产因素限制的产品组合决策分析。企业生产两种产品，往往受到生产能力包括机器设备、生产工人人数，以及材料供应、市场销售等方面的限制，一种产品生产量的增加，就要影响到另一种产品产量的减少。在这种情况下，怎样合理安排两种产品的产量，使企业的生产能力能够充分利用而企业的经济效益最佳呢？在多种生产因素限制条件下，确定产品组合的原则应该是：各相关产品共同提供的边际贡献总额最大。其决策分析方法一般可用线性规划的图解法求解。

【例 4—7】 人民公司生产子、丑两种产品，有关数据如表 4—10 所示。

表 4—10　　　　　　　　　　不同产品资料表

	子产品	丑产品	说　明
单位产品售价	30	20	
单位变动成本	20	12	
边际贡献	10	8	
每件产品在甲车间加工工时	10	4	甲车间生产能力为 30 000 小时
每件产品在乙车间加工工时	4	8	乙车间生产能力为 30 000 小时
甲产品最大销售量	2 500		
乙产品最大销售量		2 000	

设以 Q_1 表示子产品产量，Q_2 表示丑产品产量，以 CM 表可提供的边际贡献，则其目标函数和约束条件可表达如下：

目标函数 $CM=10Q_1+8Q_2$，求最大值：

$$\left.\begin{array}{l}10Q_1+8Q_2\leqslant30\,000\\4Q_1+8Q_2\leqslant24\,000\\Q_1\leqslant2\,500\\Q_2\leqslant2\,000\\Q_1,Q_2\geqslant0\end{array}\right\}\text{约束条件}$$

如果最后离开可行区的角点，在图中确定具体数值较困难，可根据该角点是哪两条线相交而成，用代表两条线的联立方程式求解，即为两条线相交的点，则联立方程式为：

$$\left\{\begin{array}{l}10Q_1+4Q_2=30\,000\\4Q_1+8Q_2=24\,000\end{array}\right.$$

解出：$Q_1 = 2\,250$，$Q_2 = 1\,875$

(二)定价决策

企业生产出的产品必须销售出去才能达到生产目的，在决定产品是否生产之后，企业面临的就是产品的定价问题。产品能否销售出去不仅要受到企业内部因素的影响，而且也要受到企业的外部因素的影响。因而产品的定价也要同时考虑到企业的内部因素和外部因素。关于产品定价的方法又很多，下面主要介绍实际生活中经常采用的产品定价方法。

1. 标准产品定价决策。标准产品定价决策是指常规产品正常的、长期性的一种定价决策，一般采用成本定价法。它的基本原理是产品售价除了补偿全部成本外，还应为投资者提供合理的报酬。标准产品定价决策就是在产品完全成本或产品变动成本的基础上，再加上成本加成率。所以，也称为成本加成定价决策。

标准产品定价决策可分为完全成本加成定价决策和变动成本加成定价决策。

(1)完全成本加成定价决策。完全成本加成定价决策就是在单位产品完全成本的基础上进行加成，作为定价决策的依据。价格构成内容如下：

某产品价格＝该产品预计完全成本(1＋成本加成百分比)

(2)变动成本加成定价决策。变动成本加成定价决策就是在单位产品变动成本的基础上进行加成，作为定价决策的依据。价格构成内容如下：

某产品价格＝该产品单位变动成本/(1－预计边际贡献率)

【例4—8】 某企业计划预定生产某产品，单位产品直接材料费5元，直接人工3元，变动制造费用为10元，预定产品边际贡献率为20%。若以变动成本为定价基础，则该产品销售价格应为：

该产品销售价格＝(10＋5＋3)/(1－20%)＝22.5(元)

由于加成法是企业根据已确定的加成额或加成率，所以成本加成法在目标售价决策中的应用带有很明显的主观性。只有在计划经济或企业生产的商品保持既定不变的市场占有率时，企业采取成本加成法才有实际意义。但是在现实的市场经济中，成本加成法的应用范围有一定的局限性。

2. 薄利多销。薄利多销是指企业采取主动、适度的降价措施，使其产品销量增加，借以实现更多利润的决策。

企业采取"薄利多销"决策，最难预测的是减价后产品的销售量到底能增加多少，带来的利润能否高于降价前的利润。这就要依靠降价前的市场调研与实验，以提供有力依据。

采取薄利多销对于企业来讲是有一定风险的，绝不可以想当然地认为只要降价就一定能扩大销量和增加利润。所以，企业还必须把握影响"薄利多销"决策的因素。

(1)降价时机。一般来说，企业在其产品进入市场并已在消费者中享有一定的声誉后,如果其产品的销售量趋于缓慢,呈现停滞状态,而企业又有较大的增产潜力,以及市场上对该产品的需要还未能达到饱和状态时,可以考虑采取降价的办法来扩大产品销售,借机提高企业的经济效益。应该注意的是,降价措施的采取,必须既及时又主动,才能取得好的经济效益。如果产品已经严重滞销积压才被迫降价,或此种产品确实已无销路,而盲目降价,都会给企业的生产和经营带来不利的影响。同时,企业还应考虑到其他企业也可能会采取类似的降价措施,其降价幅度甚至会超出本企业的降价水平。因此,降价销售的时机是短暂的,企业采取"薄利多销"决策时必须配之以有效的广告宣传,并尽可能地提高产品质量和改善服务态度,做好整个市场营销工作。

(2)降价幅度。如前所述,"薄利多销"决策的目的在于通过销售量的增加,以实现更好的经济效益。但是若降价幅度不合理,不仅不能给企业带来满意的效益,反而可能会使企业盈利减少,所以降价要适度。降价一般会引起产品销售量的上升,由于销售量增加,成本总额也会随之增加。所以,企业采取"薄利多销"决策时所增加的收入必须大于因降价所增加的成本。否则,"薄利多销"决策无任何意义。

3. 特殊定价决策。在特殊条件下,需要实施特殊的定价决策。特殊定价的目的,在于扩大产品的销售数量,获得尽可能多的盈利。特殊定价决策是以特定的限制条件为前提的。特别订货就是一项特殊的产品定价问题,产品价格一般由客户提出,价格可能要低于企业正常销售时的价格。

一般来说,企业要接受特别订货,必须符合以下三个条件:(1)通过特别订货所增加的收入足以补偿为生产特别订货所增加的全部成本,并有剩余。(2)企业有足够的剩余生产能力,为客户提供满意服务。(3)特别订货不会对企业正常销售和价格产生不利影响,即不影响企业目前的销售水平和占有率。这主要是为了防止客户以低价购得大量产品后,再在同一市场上与生产方进行恶意竞争,损毁生产方利益。

在不同的特定限制条件下,特殊定价决策的方法也有所不同。(1)当企业有剩余生产能力,增加产品产量而不必增加固定成本时,只要产品的特殊定价大于其单位变动成本,即使低于其单位成本,也可以给企业增加利润。计算公式式为:产品特殊定价≥单位变动成本。(2)当企业有剩余生产能力,但增加产品产量需要增加固定成本时,产品的特殊定价必须至少能够补偿其单位成本和单位产品应负担的新增固定成本之和,若定价超出这两者之和,便可以给企业增加利润。公式为:产品特殊定价≥(特殊定价产品数量×产品单位变动成本+新增固定成本)/特殊订货量。

4. 新产品定价策略。对于企业来说,新产品通常有两种含义:一是企业从未产销过,但市场上已有该产品;二是市场上尚无该产品出售,对于消费者来说完全是一种新的产品。新产品定价的难点在于无法确定消费者对于新产品的理解价值。如果价格定高了,难以被消费者接受,影响新产品顺利进入市场;如果定价低了,则会影响企业效益。常见的新产品定价策略有三种,即撇脂定价、渗透定价和适中定价。

(1)撇脂定价。新产品上市之初,将新产品价格定得较高,在短期内获取厚利,尽快收回投资。这一定价策略就像从牛奶中撇取其中所含的奶油一样,取其精华,所以称为"撇脂定价"策略。一般而言,对于全新产品、受专利保护的产品、需求的价格弹性小的产品、流行产品、未来市场形势难以测定的产品等,可以采用撇脂定价策略。撇脂定价策略只是在一定条件下具有意义。首先新产品必须"新颖"、"独具特色"或是专利产品,其次新产品大多是消费者急需而市场上又缺乏的商品。

柯达公司生产的彩色胶片在20世纪70年代初突然宣布降价,立刻吸引了众多的消费者,挤垮了其他国家的同行企业。柯达公司甚至垄断了彩色胶片市场的90%。到了80年代中期,日本胶片市场被"富士"所垄断,"富士"胶片压倒了"柯达"胶片。对比,柯达公司进行了细心的研究,发现日本人对商品普遍存在重质不重价的倾向,于是制定高价政策打响牌子,保护名誉,进而实施与"富士"竞争的策略。他们在日本发展了贸易合资企业,专门以高出"富士"1/2的价格推销"柯达"胶片。经过5年的努力和竞争,"柯达"终于被日本人接受,走进了日本市场,被称为与"富士"平起平坐的企业,销售额也直线上升①。

(2)渗透定价。这是与撇脂定价相反的一种定价策略,即在新产品上市之初将价格定得较低,吸引大量的购买者,打开销路,扩大市场占有率。利用渗透定价的前提条件有:①新产品的需求价格弹性较大;②新产品存在着规模经济效益。

例如,戴尔公司适用渗透定价策略,为高质量计算机产品定价,再通过邮寄渠道分销。当IBM公司、康柏公司、苹果公司和其他竞争对手通过零售商店销售计算机、不能达到很低的价格时,戴尔的销售已经上去了。

撇脂定价与渗透定价各有所长,又各有弊端。总的来说,撇脂定价是一种短期营销;渗透定价是一种长期营销策略。

第三节　长期投资决策

长期投资决策是企业拟订长期投资方案,用科学的方法对长期投资方案进行分析、评价,以选择最佳长期投资方案的过程。长期投资决策是涉及企业生产经营全面性和战略性问题的决策,其最终目的是为了提高企业总体经营能力和获利能力。长期投资决策通常需要投入大量资金,对企业有着长期持续的影响。

一、资本预算决策

资本预算决策是为企业尚未实现的资本投资活动进行未来现金流出量与流入量

---

① 闫丽霞.市场营销学.上海:立信会计出版社,2008:204.

的事前规划,即对资本活动的投资提出投资方案,通过对投资方案的预测与比较,决定是否进行投资。

在进行资本预算决策之前,需要了解影响资本预算的主要因素——货币的时间价值。货币的时间价值是指一定量资金在不同时点上价值量的差额。它反映的是由于时间因素的作用而使现在的一笔资金高于将来某个时期的同等数量的资金的差额,或者资金随时间拖延所具有的增值能力。长期投资所涉及的期限较长(一年以上),所以在进行长期投资决策时,要比较整个投资过程中的投资支出与其所带来的收益在同一时点上的金额,这样才有可比的意义。如果后面时点向前折算,就是计算现值;如果前面时点向后折算,就是计算终值。

货币的时间价值是指货币经历一定时间的投资和再投资所增加的价值,也称为资金的时间价值。现在的1元钱和1年后的1元钱其经济价值不相等。现在的1元钱要比1年后的1元钱经济价值大一些,即使不存在通货膨胀也是如此。如果把现在的1元钱存入银行,假设银行1年期存款利率是10%,则在1年后可得到1.1元,这就是货币的时间价值。用数字表示其货币的时间价值为10%。在计算货币时间价值时,有两个相关概念:终值和现值。在计算终值和现值时又会有复利和单利之分。

(一)单利

$F = P + P \times i \times n$

F表示本金和利息之和(单利终值),P表示本金(现值),I表示利率,n表示期数。在用单利计算本息和时,只对本金计算利息,不对前期产生的利息再计息。

(二)复利

与单利正好相反,复利不仅对本金计息,对前期产生的利息也要计息,即所谓的"利滚利"。其复利终值计算公式如下:

第一年:$F = P \times (1+i)$

第二年:$F = P \times (1+i) \times (1+i) = P \times (1+i)^2$

……

以此类推,第n年:$F = P \times (1+i)^n$

上式$F = P \times (1+i)^n$,是计算复利终值的一般公式,其中$(1+i)^n$被称为终值系数。

复利现值的计算是指未来一定时间的特定资金按复利计算到现在的价值,即"本金"。现值从本利和求本金的过程,是终值计算的逆运算。计算公式为:

$P = F \times (1+i)^{-n}$

$(1+i)^{-n}$称为复利现值系数,记作(P/S,i,n)。

在计算终值和现值时还有一个很重要的概念——年金。年金是指等额、定期的系列收支。例如,单位分期付款赊购、分期偿还贷款、计提折旧等,这些都属于年金支付形式。根据年金支付或收入的时间不同,又分为普通年金、预付年金、递延年金、永续年金等形式。其中,最常见的是普通年金。普通年金又称后付年金,是指各期期末收付的年金。

$$F = A + A \times (1+i) + A \times (1+i)^2 + A \times (1+i)^3 + \cdots + A \times (1+i)^n$$
$$= A \times [(1+i)^n - 1]/i = A \times (S/A, i, n)$$

其中,$[(1+i)^n - 1]/I$ 是普通年金为 1 元,利率为 i,经过 n 期的年金终值。记作 $(S/A, i, n)$,也称为现金终值系数。

(三)年金现值

年金现值是指为在每期期末取得或支出相等款项的复利现值之和。计算公式如下:

$$P = A \times [1 - (1+i)^{-n}]/i = A \times (P/A, i, n)$$
$$(P/A, i, n) = [1 - (1+i)^{-n}]/i$$

$(P/A, i, n)$称为年金现值系数。

上面所提到的现金终值系数和年金现值系数可通过现金终值系数表和年金现值表获得。

二、投资方案的评价

对投资项目评价时使用的指标分为两类:一类是折现指标,即考虑了时间价值因素的指标,主要包括净现值、现值指数、内含报酬率等;另一类是非折现指标,即没有考虑时间价值因素的指标,主要包括回收期、会计收益率等。根据分析评价指标的类别,投资项目评价分析的方法也被分为折现的分析评价方法和非折现的分析评价方法两种。

(一)非折现的分析评价方法

1. 投资回收期法。投资回收期指的是投资项目带来的营业现金净流量能够抵偿原始投资所需要的时间。投资回收期法评价投资方案就是根据投资回收期的长短来判断投资方案的优劣。一般来说投资回收期越短,投资方案就越好,带来的投资风险也就越小。

回收期=项目投资/年营业现金净流量

【例4-9】 某企业预投资一项固定资产,生产一种新产品,该项固定资产需花费 4 000 000 元,当年投产,有效期为 10 年,报废时无残值。该设备每年可生产 100 000 件产品,可于当年出售并收回现金。产品的单位变动成本 10 元(付现),预计售价 15 元。该企业采用直线法折旧。则该投资项目的回收期=4 000 000/[(15-10)×100 000]=8(年)。

用投资回收期法评价投资项目,计算比较简便,易于理解,但是该种方法只注意了项目回收投资的年限,没有直接说明项目的获利能力和项目整个寿命周期的盈利水平,同时也没有考虑资金的时间价值。

2. 会计收益率法。根据会计报表上的数据,计算会计收益率。计算公式如下:

会计收益率=年平均净收益/原始投资额×100%

(二)折现的分析评价方法

1. 净现值法。净现值是一项投资项目所产生的未来现金流的折现值与项目投资成本之间的差值。净现值法是评价投资方案的一种方法。当净现值为正值时,投资方案是可以接受的;当净现值为负值时,投资方案是不可接受的。净现值越大,投资方案越好。

$$NPV = \frac{CF_0}{(1+k)} + \frac{CF_1}{(1+k)^1} + \cdots + \frac{CF_n}{(1+k)^n} - CF_0 = \sum_0^n \frac{CF_t}{(1+k)^t} - CF_0$$

CF 为每期的净现金流量,k 为折现率,一般以实际可能发生的资金成本作为贴现率。CF_0 为项目的初始投资支出。

【例 4-10】 某企业有两个投资方案可供选择:

A 方案:购买一台设备,价值 120 000 元,价款需一次付清,适用期限为 6 年,其报废无残值,使用该设备后,预计每年可增加营业净利润 40 000 元。

B 方案:自建一生产设施,共需支出 240 000 元,当年建设并投产,使用期限 6 年,其报废无残值,投产后预计每年可增加营业利润分别为 70 000、70 000、60 000、50 000、40 000、30 000 元。

该企业采用直线法计提折旧,预计贴现率为 16%。

该企业应该采取 A、B 中的哪个方案?

A 方案每年折旧=120 000/6=20 000(元)

每年营业现金净流量=营业利润+折旧=40 000+20 000=60 000(元)

查表得 6 年 16% 的年金现值系数为 3.685

则现金流入现值总额=60 000×3.685=221 100(元)

净现值=221 100-120 000=101 100(元)

B 方案每年折旧=240 000/6=40 000(元)

每年营业现金净流量分别为 110 000、110 000、100 000、90 000、80 000、70 000(元);

查表得 1~6 年 16% 的复利系数分别是 0.862、0.743、0.641、0.552、0.476、0.410,则现金流入现值总额=110 000×0.862+110 000×0.743+100 000×0.641+90 000×0.552+80 000×0.476+70 000×0.410=357 110(元)

净现值=357 110-240 000=117 110(元)

A、B 两个方案的净现值都大于 0,说明两个方案的投资报酬率都超过了 16%,都是可以接受的,A、B两个方案相比,B方案的净现值大于A方案,所以应该选择B方案。

2. 现值指数法。现值指数是未来现金流入现值与现金流出现值的比率,也称为现值比率、获利指数等。计算公式如下:

现值指数＝总流入现金现值/总流出现金现值

根据【例4—10】的资料,A、B方案的现值指数如下:

现值指数(A)＝221 100/120 000＝1.842 5

现值指数(B)＝357 110/240 000＝1.488 0

A、B两个方案的现值指数大于1,说明其收益超过成本,即投资报酬率超过预定的折现率。

现值指数法的主要优点是可以进行独立投资机会获利能力的比较。净现值法主要用于互斥方案的评价。在【例4—10】中,A的方案净现值是101 100元,B的方案净现值是117 110元。如果这两个方案是互斥的,B方案较好。如果两者是独立的,可以根据现值指数来选择,A的现值指数要高于B的现值指数,所以A方案要好于B方案。

3. 内含报酬率法。内含报酬率是使投资项目的净现金流入现值和净现金流出现值恰好相等的报酬率。

净现值法和现值指数法虽然考虑了时间价值,可以说明投资方案高于或低于某一特定的投资报酬率,但没有揭示方案本身可以达到的、具体的投资率是多少。内含报酬率是根据方案的现金流量计算的,是方案本身的投资报酬率。

在知道了投资项目的每期净现金流量和初始投资支出后,通过一定的数学方法计算出各个项目的内部报酬率,然后进行比较,内部报酬率最高的为最优方案。内含报酬率的计算,通常需要"逐步测试法",首先估计一个折现率,用它来计算方案的净现值。如果净现值为正数,说明方案本身的报酬率超过估计的折现率,应提高折现率并进一步测试;如果净现值为负数,说明方案本身的报酬率低于估计的折现率,应降低折现率并进一步测试。经过多次测试,寻找出使净现值接近于零的折现率,即为方案本身的内含报酬率。

本章小结

成本决策是按照既定或要求的总目标,选择达到目标成本最优化的活动,其核心问题是提高经济效益。提高企业经济效益的途径有两个:一是提高收入;二是降低成本。在收入既定的情况下,降低成本就成了提高经济效益的关键。成本决策对于正确地制定成本计划，促进企业降低成本，提高经济效益，都具有十分重要的意义。

决策成本是指与决策有关的一些成本概念。这些成本概念同企业传统的成本数据，既有区别，又有联系。它们一般无需记录在凭证和账本上，而只是在决策过程中为了分析评价不同备选方案需要加以考虑的因素，主要包括沉没成本、重置成本、差别成本、机会成本等。

成本决策，一般可按以下步骤进行：提出问题，确定决策目标；广泛搜集资料；针对决策目标提出若干可行的备选方案；分析计算评价；考虑其他非计量因素的影响；确定最优方案。

成本决策所采用的专门方法，因决策的具体内容和掌握资料的不同而各有所异。但其最常用的专门方法有差量分析法、本量利分析法、线性规划法、非线性方程式法四种。

成本决策按决策影响时间的长短可分为短期决策和长期决策。短期决策主要包括生产决策和定价决策。生产决策中有包括新产品开发、亏损产品应否停产、零部件是自制还是外购等一系列问题。

在短期生产经营过程中的新产品开发决策，主要是指在现有生产技术条件下，如何充分利用现有剩余生产资源开发某种新产品。

亏损产品的决策问题，是指在历史期已计算表现为亏损的产品，在计划期是否应生产的问题。考虑到企业多品种生产情形、生产规模可变化的情形、生产能力可转移利用的情形等，亏损产品应否继续生产就应视具体情况分析决定。

零部件自制或外购决策，是指企业在生产过程中，产品所需要的零部件既可依靠自身力量制造，也可在市场上购买，是两者择其一的决策。在市场分工越来越细的今天，企业往往会遇到零部件是否自制或外购的决策问题。

对许多企业来讲，经常会面临着出售半成品或进一步加工为完工成品后再出售的决策问题。因此，在进行半成品是否进一步加工决策时，不仅要考虑作为半成品或产成品的市场销售问题，而且要考虑相关的产品售价、加工成本、生产能力等问题。

在许多规模较大的企业中，先进和落后的生产设备并存是一种正常现象，对一种产品或零部件的生产往往可以采用不同的机器设备并按不同的工艺进行，但其成本悬殊很大。不同加工设备的选择，应与产品加工批量大小联系起来分析研究，才能作出正确的决策。

企业产销两种或两种以上产品时，会受到生产能力、材料供应、人工安排、市场销售等多种因素的限制。在这种情况下，应该合理安排生产，才能既使企业的生产资源得到充分利用，又可以实现较好的经济效益。

短期决策中的定价决策，主要包括标准产品定价、薄利多销定价、特殊定价和新产品定价决策。

【主要概念】

成本决策　　　沉没成本　　　差别成本　　　成本控制
机会成本　　　差量分析法　　本量利分析法　货币时间价值
内含报酬率　　短期经营决策　净现值　　　　投资回收期
长期经营决策　重置成本

【本章案例】

沪港机械公司的成本决策[①]

沪港机械有限公司生产一种外销产品,需要G、H两种组件,每周需要量G为2 400件,H为3 000件。若向外商购买,G组件每件4.52美元,H组件为5.47美元。若企业自制,每种组件均需经过第一和第二两个生产部门制造才能完成。两个生产部门每周正常工作时间都为90小时,其中第一生产部门有设备36台,每周可以运转的机时是3 240小时,第二生产部门有设备54台,每周可以加工的机时是4 860小时。

G、H两种组件在两个生产部门加工所耗用的机时如表4—11所示。

表4—11　　　　　　　　　不同组件的耗用机时　　　　　　　　　单位:小时

	G组件	H组件	合　计
第一生产部门	1.5	1	2.5
第二生产部门	1	2	3
合　计	2.5	3	5.5

两个生产部门正常生产时间和加班时间每机时加工成本如表4—12所示。

表4—12　　　　正常生产时间和加班时间每机时加工成本　　　　单位:元/机时

	正常时间	加班时间
第一生产部门	9.6	14.4
第二生产部门	8	12

两种组件每单位各自消耗的直接材料成本如表4—13所示。

表4—13　　　　不同组件每单位各自消耗的直接材料成本　　　　单位:元/件

	G组件	H组件
直接材料	4.6	14.9

---

① 来源于管理先锋论坛:http://bbs.51mgt.com/.

第五章

成本预算

【要点提示】
- 预算概述
- 全面预算
- 成本预算的编制方法

【内容引言】

预算是用来分配公司的财务、实物及人力等资源，以实现公司既定战略目标的一种系统方法。对于一个成功的公司来说，编制合理的预算是必不可少的。成本预算是可以帮助公司有计划、有目的地利用公司现有的有限资源，尽可能得到更多的经济利益。本章主要阐述全面预算和成本预算的编制方法。

对于一个成功的企业来说，编制合理的预算是必不可少的。在企业的计划和控制中，预算是使用最为广泛的工具之一。成本预算可以帮助企业有计划、有目的地利用企业现有的有限资源，尽可能得到更多的经济利益。

第一节 预算概述

预算是一种系统的方法，用来分配企业的财务、实物及人力等资源，以实现企业既定的战略目标，它将各种经济活动用货币的形式表现出来。预算与计划不同。计划侧重于用文字说明企业未来经济活动的主要目标和如何完成这些目标。计划在付诸行动前必须把所定的目标和如何完成这些目标数量化，以提高实施计划的可行性。预算就是对计划的数量说明，是用数字和表格把计划反映出来，也就是把计划量化。在企业的计划和控制中，预算是使用有效的工具之一。企业可以通过预算来监控战略目标的实施进度，有助于控制开支，并预测企业的现金流量与利润。预算管理就像建筑师为建设大厦而设计的蓝图一样,它有利于计划和协调各种活动,为实现目标制定对策,为考核业绩制定各种标准。预算实质上是用货币表示企业在未来一定时期内经营、财务等方面的收入、支出、现金流的总体计划。

一、预算的作用

预算的作用有以下几个方面:

(一)预算是督促战略目标实现的手段

公司的经营预算应与战略目标一致。同时要求预算一旦获准执行,就意味着最高级的主管对所承接的预算目标承担直接责任,是对管理层的承诺,并且一般情况下不会改变,除非更高级别的管理层因为某种特殊的原因需要修改、重新审批,或者在制定该预算时面临的环境已经有了巨大的变化,现有的预算不再适用。

(二)预算有助于企业各级部门明确企业经营目标

预算的制定就是为企业的各个职能部门在计划期间的工作制定目标。企业职工对各自部门目标的了解,有助于企业各个部门目标和企业整体目标的完成。

(三)预算可以作为管理信息生成的基础之一

预算在编制时是业务工作的模拟,在执行时可以作为实时监控器。同时,伴随着预算的编制、执行产生的大量数据,是一整套可贵的管理信息,应该加以利用。

(四)预算是绩效考核的主要依据

预算责任部门把总体的预算再进行细化,分派到更下一级的预算单位,因此它也是部门内部的工作绩效评价标准。一般说来,至少每月评估一次,主要是观察预算指标与实际执行的对比情况,如果存在差异,就要对差异进行分析,找出原因和责任人,并寻求解决方案。

(五)预算是控制成本的依据

预算是现代成本管理工作的重要内容。成本控制就在于促使实际成本符合成本目标、成本计划、定额标准,以及有关成本制度的一切规定。成本控制的依据和标准,包括材料和能源消耗定额、工时消耗定额、费用开支标准等,一般用货币量加以反映,形成指标体系,纳入成本计划,因而成本计划就成为成本控制的依据。有了成本预算,就可以把成本指标进行分解,把成本责任落实到车间、工段、班组、机台、岗位和个人,实行归口分级管理,从而使权、责、利相结合,把成本控制与责任成本制度有机地结合起来。

(六)成本预算是企业成本分析和考核的基本标准

我们进行成本分析和考核,都离不开以预算成本作为标准。预算成本既包括各产品的计划成本,也包括各部门的目标成本,成本预算的逐级分解是将来进行成本考核分析的基本标准。无论分析全部产品还是个别产品成本,或是分析各部门成本降低完成的情况等,还是考核各部门成本管理水平,都以成本计划为基本标准。

企业编制预算是根据市场需要,力求企业供、产、销、资金等多方面的综合平衡。它不限于企业内部的生产平衡,而是考虑市场流通,做到产销平衡。

综上所述,预算作为现代成本管理的重要环节之一,作用明显,意义深远。整个预算的编制过程,就是动员广大职工群众挖掘潜力的过程。在预算的执行过程中,可以促进各部门、各单位改善经营管理,合理使用人力、物力、财力,把提高产品质量,降低成本,提高企业的经济效益,变成职工群众的自觉活动。

二、预算分类

预算可以根据不同的依据进行分类。

(一)长期预算和短期预算

预算按照预算适用的时间长短可分为长期预算和短期预算。

1. 长期预算。长期预算一般指的是预算适用期在一年以上的预算,如固定资产购置、长期资金收支预算等。这一类预算一般都是长期投资方面的预算,亦称"资本支出预算"。长期预算一般金额比较大,周期较长,是一种战略性质的预算,影响周期较长。正是由于长期预算的时间跨度较长,许多不确定性的因素很难在事前考虑周到,因而此类预算的准确性较差。但这类预算关系到企业生产经营的战略目标,在较长时期内会对企业的财务状况和经营成果产生重大影响,因而经常受到企业各级管理人员及有关主管部门的关注。同时,随着时间的推移,还需要每年根据实际情况对原编预算及时进行修订、调整,以便企业在投资项目的整个寿命周期内对资本支出的实际数及投资效果进行有效地监督和控制。长期预算通常应首先按每一投资项目分别编制,并在各项目的寿命周期内分年度安排;然后,在编制整个企业计划年度的全面预算时,再把属于该计划年度的长期预算进一步细分为按季或按月编制的预算,使其与全面预算的其他各种预算相互联系起来。企业长期预算是否合理直接影响着企业的战略目标能否实现。

2. 短期预算。相对于长期预算,短期预算预算期较短,一般都在一年以内或一个经营周期内。它通常包括业务预算、财务预算、一次性专门业务预算等。这类预算多以一年为期,并与企业的会计年度相配合,以便能够将实际数与预算数进行比较。在年度预算下,又经常分为月度或季度预算。短期预算编制期间的确定,对以后企业实施日常成本控制具有重要影响。一般来讲,在年度预算下,现金预算应根据企业的具体需要按月、按周、按天编制;其他财务预算(包括预计资产负债表、预计收益表)应按季编制;业务预算和一次性专门业务预算应按季分月编制。

(二)业务预算、财务预算和专门决策预算

预算按其具体内容的不同可分为业务预算、财务预算和专门决策预算。

1. 业务预算。业务预算是指为供、产、销及管理活动所编制的、与企业日常业务直接相关的预算,主要包括销售预算、生产预算、直接材料预算、直接人工预算、制造费用预算等。这些预算以实物量指标和价值量指标分别反映企业收入与费用的构成情况。

2. 财务预算。财务预算是一系列专门反映企业未来一定预算期内预计财务状况和经营成果,以及现金收支等价值指标的各种预算的总称,具体包括现金预算、预计利润表、预计资产负债表和预计现金流量表等内容。各种业务预算和专门预算大都可以反映在财务预算中。

3. 专门决策预算。专门决策预算是指企业为那些在预算期内不经常发生的、一次性业务活动所编制的预算。其主要包括:根据长期投资决策结论编制的与购置、更新、改造、扩建固定资产决策有关的资本支出预算;与资源开发、产品改造和新产品试制有关的生产经营决策预算等。专门决策预算所涉及的不是经常预测和决策事项,因而一般为长期或不定期编制的预算,针对性较强。专门决策预算又可分为资本支出预算和一次性专门业务预算。资本支出预算是根据经过审核批准的各个长期投资决策所编制的预算。一次性专门预算是指财务部门在日常理财活动中为提高资金的使用效果而进行的筹措资金和投放资金等财务决策的预算。

三、预算的编制原则

预算的编制原则包括如下几点:

(一)目标明确、围绕中心原则

一个企业的经营目标由许多方面构成。由于企业的性质、所处的环境和发展阶段,以及生产经营条件等具体情况不同,不同的企业或同一企业在不同时期的目标会有所不同,有所侧重。企业在编制全面预算时,要明确自己预算期的经营目标并以此作为编制全面预算的前提,作为考虑问题的出发点。否则,就难以使预算成为引导、控制日常经济活动的依据,收不到应有的效果。在社会主义市场经济条件下,企业一般是以提高社会效益和经济效益为最终目标,以销售工作为中心。因此,在编制全面预算时,要在确定销售预算的基础上,把其他预算与其相互配合,协调平衡,并体现目标利润的要求,确保目标利润计划的落实。

(二)科学性原则

企业预算编制要具有科学性,具体主要体现在:(1)预算收入的预测和安排预算支出的方向要科学,要与企业发展状况相适应,要有利于企业的可持续发展;(2)预算编制的程序设置要科学,合理安排预算编制每个阶段的时间,既以充裕的时间保证预算编制的质量,又要注重提高预算编制的效率;(3)预算编制的方法要科学,预算的编制要制定科学规范的方法,测算的过程要有理有据;(4)要同时考虑企业的外部环境与内部环境。

(三)稳妥性原则

企业经营目标的实现,受许多变量制约。在确定经营目标、落实预算指标时,应做好预测工作。要广泛搜集各方面的资料,充分估计各种因素,尤其是不确定性因素的影响,要遵循谨慎、稳妥性原则。

(四)自上而下全体职工参与的原则

如果各个企业的职工都能参与预算的制定,在预算的制定过程中提出各自的建议,并能得到合理的采纳。不仅能够提高职工参与管理的积极性,也有利于预算的执行,能够对经营目标的实现起到促进作用。

第二节 全面预算

全面预算是一系列预算的有机结合体,是指以本企业的经营目标为出发点,通过对市场需求的研究和预测,以销售为主导,进而延伸到生产、成本和资金收支等方面,最后编制预计财务报表的一种预算体系[1](见图 5-1)。全面预算用来规划计划期间企业的全部经济活动及其成果。全面预算从空间上看,它覆盖了企业供、产、销的各个经营环节和所有职能部门;从形式上看,它包含了企业全部经济活动的定量总指标和分指标,全面预算是企业及其所属各职能部门未来全部经营活动的一种量化形式[2]。全面预算的内容一般包括业务预算、财务预算和专门决策预算三个部分。其中,业务预算具体包括销售预算、生产预算、直接材料预算、直接人工预算、制造费用预算、销售与管理费用预算等;财务预算具体包括现金预算、预计利润表、预计资产负债表和预计现金流量表预算等;专门决策预算具体包括资本支出预算和一次性专门业务预算等。

本节主要探讨业务预算和财务预算。专门决策预算在长期投资决策中进行讨论。

一、全面预算的内容

全面预算是从销售预算开始,逐步延伸到生产、成本和资金收支等方面的预算。

(一)销售预算

在全面预算体系中,销售预算起着基础和核心的作用,在现代市场经济条件下,

---

[1] 乐艳芳.成本管理会计.上海:上海财经大学出版社,2007:266.
[2] 张涛.管理成本会计.北京:经济科学出版社,2001:365.

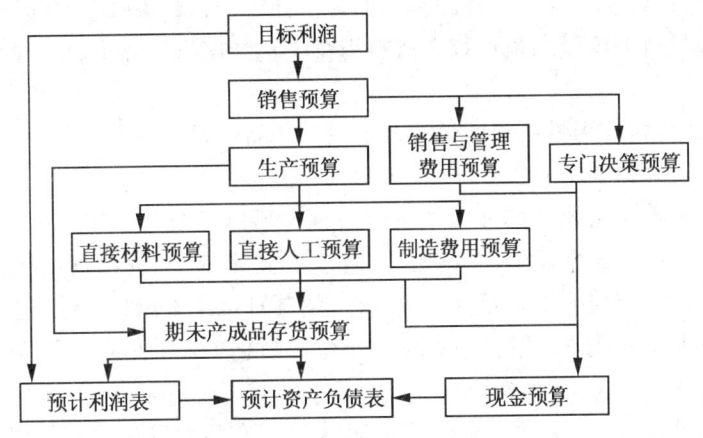

```
        目标利润
           │
        销售预算
           │
    ┌──────┼──────────┐
   生产预算  销售与管理   专门决策预算
           费用预算
    │
  ┌─┼─┐
直接材料  直接人工  制造费用
 预算    预算     预算
    │
  期末产成品存货预算
    │
 预计利润表 — 预计资产负债表 — 现金预算
```

资料来源：李春友. 管理会计. 北京：中国财经出版社，2007：107.

图 5-1　预算体系

企业必须适应市场的需求，以销定产，根据消费者的需求决定企业的产量，这样才有可能获得最大的经济效益。企业在编制预算前，必须对所销售产品的消费市场进行调查，了解产品需求状况，制定出合理的销售目标和利润目标。销售预算一般是企业生产经营全面预算的编制起点，生产、材料采购、存货费用等方面的预算，都要以销售预算为基础。销售预算把费用与销售目标的实现联系起来。销售预算是一个财务计划，它包括完成销售计划的每一个目标所需要的费用，以保证公司销售利润的实现。销售预算是在销售预测完成之后才进行的，销售目标被分解为多个层次的子目标，一旦这些子目标确定后，其相应的销售费用也被确定下来。

销售预算以销售预测为基础，预测的主要依据是各种产品历史销售量的分析，结合市场预测中各种产品发展前景等资料，先按产品、地区、顾客和其他项目分别加以编制，然后加以归并汇总。根据销售预测确定未来期间预计的销售量和销售单价后，求出预计的收入。

预计销售收入＝预计销售量×预计销售单价

（二）生产预算

生产预算是根据销售预算编制的，计划为满足预算期的销售量以及期末存货所需的资源。编制生产预算的关键是确定计划期的生产量。计划期间除必须有足够的产品以供销售之外，还必须考虑到计划期期初和期末存货的预计水平，以避免存货太多而形成积压，或存货太少影响下期销售。在确定了生产量之后，才能进一步预算生产成本和费用。

预计生产量＝预计销售量＋预计期末存货－预计期初存货

（三）直接材料预算

直接材料预算是一项采购预算，预计采购量取决于生产材料的耗用量和原材料

存货的需要量,是以生产预算为基础编制的。预计直接材料采购量的计算公式为:

预计直接材料采购量=预计直接材料用量+预计期末库存材料-预计期初库存材料

其中,预计材料耗用量=预计生产量×单位产品材料耗用量

(四) 直接人工预算

直接人工预算是指根据预计生产量进行生产所需的直接人工小时,以及相应的成本。直接人工成本通常从生产管理部门和工程技术部门获得,根据生产预算确定的每单位产出所需直接人工以及生产量,就可编制直接人工预算。计算公式:

预计直接人工总成本=预计生产量×单位产品直接人工小时×单位工时工资率

(五) 制造费用预算

制造费用是在直接材料和直接人工以外为生产产品而发生的间接费用。制造费用项目不存在易于辨认的投入产出关系,其预算需要根据生产水平、管理当局的意愿、长期生产能力、公司政策和国家的税收政策等外部因素进行编制。由于在制造费用中,有些费用如间接材料费用、间接人工费用等基本上属于变动成本,随产品常量成正比例变动,而另一些费用如固定资产折旧费、生产设备修理费、水电费等在一定时期内基本不变。所以,考虑到制造费用的复杂性,为简化预算的编制,通常按成本性态将制造费用分为变动性制造费用和固定性制造费用。变动性制造费用通常包括动力、维修费、直接材料、间接材料、间接制造人工等。计算变动性制造费用的关键在于确认那些可变的具体项目,并选择成本分配的基础。固定性制造费用通常包括厂房和机器设备的折旧、租金、财产税及一些车间的管理费用,他们支撑企业总体的生产经营能力,一旦形成,短期内不会改变。预计制造费用计算公式为:

预计制造费用=预计变动性制造费用+预计固定性制造费用

=预计业务量×预计变动性制造费用分配率+预计固定性制造费用

制造费用的编制通常还包括对预计的现金支出的计算,以便为编制现金预算提供必要的资料。

(六) 销售与管理费用预算

销售与管理费用预算,是指经营周期内将要发生的制造成本以外的各项费用的预算。其编制一般以历史数据为基础,先剔除其中的不合理开支,并根据各费用项目与有关业务量变动的依存关系逐一确定。与制造费用预算相似,销售与管理费用也要根据费用的成本性态进行。

(七) 期末产成品存货预算

存货的计划和控制可以使企业以尽可能少的库存量来保证生产和销售的顺利进行。期末产成品存货预算的编制,不仅提供了编制预计资产负债表的信息,同时也为编制预计损益表提供产品销售成本的数据。计算公式为:

预计期末存货成本＝预计期末存货数量×预计存货单位成本

(八)现金预算

现金预算是关于预算期内企业现金流转状况的预算,是企业对现金流动进行预计和管理的重要工具,它是用来反映未来某一期间的一切现金收入和支出,以及二者对抵后的现金余缺数的预算。这里所说的现金主要指资产负债表中列示的货币资金,主要包括企业的库存现金、银行存款和其他货币资金。

现金预算一般包括现金收入、现金支出、现金溢余或短缺、资金的筹集和运用四个部分。

1. 现金收入。现金收入部分包括期初的现金余额和预算期的现金收入,主要包括现销、应收账款收回、应收票据到期兑现、票据贴现收入、出售长期性资产、收回投资等产生现金的业务。其中,产品销售收入是取得现金收入的最主要的来源。

2. 现金支出。现金支出部分包括预算期预计的各项现金支出,包括材料采购支付的货款、职工工资、上缴的税金、支付的股利以及资本性支出等。

3. 现金溢余或短缺。现金溢余或短缺是当前可动用现金合计数与预计现金支出合计数的差额。差额为正,说明收大于支,现金有多余;差额为负,说明支大于收,现金不足,需筹集资金。

4. 资金的筹集和运用。资金的筹集和运用是根据预算期现金收支的差额和企业有关资金管理的各项政策,确定筹集和运用资金的数额。如果资金不足,可向银行取得借款或通过其他方式筹集资金,并预计还本付息的期限和数额。如果现金多余,除了可用于偿还借款外,还可用于购买有价证券作为短期投资。

现金收入、现金支出、现金溢余或短缺以及资金的筹集和运用四个部分的基本关系可表示如下:

期初现金余额＋现金收入＝当前可动用现金合计

当前可动用现金合计－现金支出＝现金溢余或短缺

现金溢余或短缺＋资金的筹集与运用＝期末现金余额

(九)预计利润表预算

预计利润表是在各项经营预算的基础上,根据会计原则——权责发生制编制的。它综合反映计划期内预计销售收入、销售成本和预计可实现的利润或可能发生的亏损,并体现企业预算期的盈利情况,有助于企业及时调整经营策略。

(十)预计资产负债表预算

预计资产负债表是根据当前的实际资产负债表和全面预算中的其他预算所提供的资料编制而成的,反映企业预算期末财务状况的总括性预算。预计资产负债表可以为企业管理当局提供预算期期末企业预期财务状况信息,有助于管理当局预测未来期间的经营状况,并采取适当的预防性改进措施。

二、全面预算的编制

下面将通过具体实例，介绍全面预算的编制。

【例5－1】 假定甲公司生产销售A产品，采用变动成本变动法计算产品成本，其2008年末的资产负债表如表5－1所示。

表5－1　　　　　　　甲公司资产负债表（2008年12月31日）　　　　　　单位：元

资　产	金额	负债和所有者权益	金额
流动资产：		流动负债：	
现金	10 000	应付账款	10 000
应收账款	20 000		
存货	22 000		
其中：原材料(1 000千克)	10 000		
产成品(400件)	12 000		
流动资产合计	52 000	流动负债合计	10 000
固定资产：		股东权益：	
固定资产原值	300 000	实收资本	200 000
减：累计折旧	100 000	留存收益	42 000
固定资产净额	200 000	股东权益合计	242 000
资产合计	252 000	权益合计	252 000

根据甲公司2008年（基年）资产负债表和预算期（2009年度）的有关事项，编制甲公司预算期的全面预算。

（一）销售预算

甲公司2009年度预计销售量、销售单价的预算数如表5－2所示。

表5－2　　　　　　　　销售预算(2009年度)　　　　　　　　单位：元

项　目	第一季度	第二季度	第三季度	第四季度	合　计
预计销售量	1 000	2 000	3 000	3 000	9 000
销售单价	100	100	100	100	
预计销售收入	100 000	200 000	300 000	300 000	900 000

假设根据预测，每季度60%的销售收入可以于当季收到现金，40%于下一季度收

到,则2009年度预计现金收入如表5－3所示。

表5－3　　　　　　　　　预计现金收入计算表(2009年度)　　　　　　　　单位:元

项　目	第一季度	第二季度	第三季度	第四季度	合　计
期初应收账款	20 000				20 000
第一季度销售收入	60 000	40 000			100 000
第二季度销售收入		120 000	80 000		200 000
第三季度销售收入			180 000	120 000	300 000
第四季度销售收入				180 000	180 000
现金收入合计	80 000	160 000	260 000	300 000	800 000

(二)生产预算

甲公司预计每季末的产成品存货占下一季度销售量的20%,年初预计产成品存货为400件,年末预计产成品存货为500件,各季预计的期初产成品即为上季末预计的期末存货,该企业没有在产品存货。则2009年的生产预算如表5－4所示。

表5－4　　　　　　　　　　　生产预算(2009年度)　　　　　　　　　　单位:件

项　目	第一季度	第二季度	第三季度	第四季度	合　计
预计销售量	1 000	2 000	3 000	3 000	9 000
加:预计期末存货量	400	600	600	500	2 100
减:期初存货量	400	400	600	600	2 000
预计生产量	1 000	2 200	3 000	2 900	9 100

(三)直接材料预算

单位A产品的直接材料消耗定额为1千克,直接材料单价为10元/千克。预计每季末的材料存货占下一季度需用量的10%,年末预计的材料存货为500千克,年初材料存货为1 000千克。根据表5－4的预计生产量,可编制直接材料预算如表5－5所示。

表5－5　　　　　　　　　直接材料预算(2009年度)　　　　数量单位:千克　金额单位:元

项　目	第一季度	第二季度	第三季度	第四季度	合　计
预计生产量	1 000	2 200	3 000	2 900	9 100
单位产品材料消耗定额	1	1	1	1	1
预计生产需要量	1 000	2 200	3 000	2 900	9 100

续表

项 目	第一季度	第二季度	第三季度	第四季度	合 计
加:预计期末材料存货	220	300	290	500	1 310
合计	1 220	2 500	3 290	3 400	10 410
减:预计期初材料存货	1 000	220	300	290	1 810
预计材料采购量	220	2 280	2 990	3 110	8 600
单价	10	10	10	10	10
预计材料采购成本	2 200	22 800	29 900	31 100	86 000

假设根据预测,每季度材料的购料款当季支付60%,其余在下季度支付。编制预计现金支出如表5—6所示。

表5—6 预计现金支出计算表(2009年度) 单位:元

项 目	第一季度	第二季度	第三季度	第四季度	合 计
期初应付账款	10 000				10 000
第一季度购料款	1 320	880			2 200
第二季度购料款		13 680	9 120		22 800
第三季度购料款			17 940	11 960	29 900
第四季度购料款				18 660	18 660
现金支出合计	11 320	14 560	27 060	30 620	83 560

(四)直接人工预算

A产品的工时定额为2小时,预计每小时直接人工成本为5元。根据表5—4的预计生产量,可编制直接人工预算如表5—7所示。

表5—7 直接人工预算(2009年度) 单位:元

项 目	第一季度	第二季度	第三季度	第四季度	合 计
预计生产量	1 000	2 200	3 000	2 900	9 100
单位产品工时定额	2	2	2	2	2
预计直接人工小时总数	2 000	4 400	6 000	5 800	18 200
小时工资率	5	5	5	5	5
预计直接人工成本总额	10 000	22 000	30 000	29 000	91 000

注:假定甲公司的工资于当月发放。

（五）制造费用预算

甲公司制造费用中的变动部分，按预测年度所需的直接人工小时总数进行分配，预计每小时变动制造费用分配率为 5 元；固定部分预计每季均为 10 000 元。预计折旧每季为 2 000 元。据此，可编制制造费用预算如表 5—8 所示。

表 5—8　　　　　　　　　制造费用预算(2009 年度)　　　　　　　　　单位：元

项　目	第一季度	第二季度	第三季度	第四季度	合　计
预计直接人工小时	2 000	4 400	6 000	5 800	18 200
变动制造费用分配率	5	5	5	5	5
预计变动制造费用	10 000	22 000	30 000	29 000	91 000
预计固定制造费用	10 000	10 000	10 000	10 000	40 000
预计制造费用合计	20 000	32 000	40 000	39 000	131 000
减：折旧	2 000	2 000	2 000	2 000	8 000
预计需用现金支付的制造费用	18 000	30 000	38 000	37 000	123 000

注：假设需用现金支付的制造费用当季全额用现金支付。

（六）销售与管理费用预算

甲公司预计单位产品的变动销售费用与管理费用为 5 元，根据预算期间的具体情况，编制销售与管理费用预算如表 5—9 所示。

表 5—9　　　　　　　　　销售与管理费用预算(2009 年度)　　　　　　　　　单位：元

项　目	第一季度	第二季度	第三季度	第四季度	合　计
预计销售量	1 000	2 000	3 000	3 000	9 000
单位产品变动销售与管理费用	5	5	5	5	5
预计变动销售与管理费用	5 000	10 000	15 000	15 000	45 000
预计固定销售与管理费用 广告宣传费	5 000	5 000	5 000	5 000	20 000
管理人员工资	10 000	10 000	10 000	10 000	40 000
租金等	2 000	2 000	2 000	2 000	8 000
小计	17 000	17 000	17 000	17 000	68 000
预计销售与管理费用合计	22 000	27 000	32 000	32 000	113 000

注：假定预计的销售与管理费用在当季用现金支付。

(七)期末产成品存货预算

甲公司采用变动成本法计算损益,产成品和年末库存产成品存货只负担变动成本。根据上述有关材料,编制甲公司 2009 年度期末产成品存货预算如表 5-10 所示。

表 5-10　　　　　　　　　期末产成品存货预算(2009 年度)　　　　　　　　单位:元

成本项目	单位产品消耗	单价	单位成本
直接材料	1 小时	10	10
直接人工	2 小时	5	10
变动制造费用	2 小时	5	10
单位变动生产成本			30

则期末产成品存货预算成本 = 30 × 500 = 15 000(元)

(八)现金预算

甲公司 2009 年度关于现金的预测收支资料如下:

(1)年初现金余额为 10 000 元;

(2)预计 2009 年企业所得税为 30 000 元,每季度分担 25%;

(3)预计 2009 年每个季度将购买机器设备 2 000 元;

(4)年末支付现金股利 20 000 元;

(5)预计每季末应保持现金余额 5 000 元。若资金不足,企业可按 5% 的年利率向银行借款;若资金有多余,每季末偿还,借款利息于偿还本金时一起支付。根据上述资料,可编制该企业 2009 年度现金预算如表 5-11 所示。

表 5-11　　　　　　　　　现金预算(2009 年度)　　　　　　　　单位:元

项目	第一季度	第二季度	第三季度	第四季度	合 计
期初现金余额	10 000	19 180	76 120	199 560	304 860
加:现金收入					
销售收入款(表 5-2)	80 000	160 000	260 000	300 000	800 000
合计	90 000	179 180	336 120	499 560	1 104 860
减:现金支出					
直接材料(表 5-5)	11 320	14 560	27 060	30 620	83 560
直接人工(表 5-7)	10 000	22 000	30 000	29 000	91 000
制造费用(表 5-8)	18 000	30 000	38 000	37 000	123 000
销售及管理费用(表 5-9)	22 000	27 000	32 000	32 000	113 000
所得税	7 500	7 500	7 500	7 500	30 000

续表

项 目	第一季度	第二季度	第三季度	第四季度	合 计
现金股利				20 000	20 000
机器设备	2 000	2 000	2 000	2 000	8 000
合计	19 180	76 120	199 560	341 440	636 300
现金溢余或短缺					
筹资与运用					
借款（期初）					
偿还借款（期末）					
利息					
合计					
期末现金金额	19 180	76 120	199 560	341 440	636 300

（九）预计损益表

根据上述有关资料，可编制甲公司 2009 年度的利润如表 5-12 所示。

表 5-12　　　　　　　　　预计利润表(2009 年度)　　　　　　　　单位：元

营业收入(表 5-2)	900 000
变动成本	
制造成本(表 5-10)	270 000
销售与管理费用(表 5-9)	45 000
边际贡献	585 000
固定成本：	
固定制造费用(表 5-8)	40 000
固定销售与管理费用(表 5-9)	68 000
营业利润	477 000
减：所得税	30 000
净利润	447 000

（十）预计资产负债表

甲公司在期初资产负债表（表 5-1）的基础上，结合上述各项预算表中的有关业务，可编制预计资产负债表如表 5-13 所示。

表5—13　　　　　　预计资产负债表(2009年12月31日)　　　　　　单位:元

资　产	金额	负债和所有者权益	金额
流动资产:		流动负债:	
现金(见表5—11)	341 440	应付账款(见表5—6)	12 440
应收账款(见表5—3)	120 000		
存货	20 000		
其中:原材料(500千克)　(见表5—5)	5 000		
产成品(500件)　(见表5—10)	15 000		
流动资产合计	481 440	流动负债合计	12 440
固定资产:		股东权益:	
固定资产原值(年初数+新购置)	308 000	实收资本	200 000
减:累计折旧(年初数+预计全年折旧)	108 000	留存收益(年初数+净利润-预计支付股利)	469 000
固定资产净额	200 000	股东权益合计	669 000
资产合计	681 440	权益合计	681 440

第三节　成本预算的编制方法

成本预算的编制方法,包括固定和弹性预算法、零基预算法、滚动预算法、概率预算法等。

一、固定预算法

固定预算又称静态预算,是根据未来固定不变的业务水平,不考虑预算期内生产经营活动可能发生的变动而编制的一种预算。这种预算用来考核非营利组织和业务水平较为稳定的企业是比较合适的。但是,如果用来衡量业务水平经常变动的企业的经营成果,往往就不恰当了,而且有时会引起人们的误解。例如,某种产品的固定预算如表5—14所示。

表 5-14　　　　　　　　　　　固定预算

产量:500 件　　　　　　　　　　20××年　　　　　　　　　　　　单位:元

成本项目	总成本	单位成本
直接材料	2 500	5
直接人工	500	1
制造费用	1 000	2
合　计	4 000	8

如果该种产品实际完成 800 件,实际总成本为 6 200 元,其中直接材料 4 200 元,直接人工 750 元,制造费用 1 250 元,单位成本为 7.75 元。实际费用如果与固定预算相比,则超支很大;如果与按产量调整后的固定预算相比,又节约很多。两种方法比较的结果,如表 5-15 所示。

表 5-15　　　　　　固定预算与按产量调整的固定预算的比较　　　　　　单位:元

成本项目	固定预算	实际费用	差异	按产量调整的固定预算	实际费用	差异
直接材料	2 500	4 200	+1 700	4 000	4 200	+200
直接人工	500	750	+250	800	750	-50
制造费用	1 000	1 250	+250	1 600	1 250	-350
合计	4 000	6 200	+2 200	6 400	6 200	-200

两种比较方法都不很合理,前者产量增加了,费用没有按产量调整,差异没有能够说明什么意义;后者全部都按实际产量调整,实际上其中一部分费用是固定不变的,如制造费用中的固定制造费用,因此也不妥当。

随着产量的变动重新编制固定预算的做法,虽然便于比较考核,但是由于产量变动比较频繁,这样做工作量往往很大。

二、弹性预算法

弹性预算亦称变动预算,是固定预算的对称。用弹性预算的方法来编制成本预算时,其关键在于把所有的成本划分为变动成本与固定成本两大部分。变动成本主要根据单位业务量来控制,固定成本则按总额控制。成本的弹性预算方式如下:

成本的弹性预算=固定成本预算数+∑(单位变动成本预算数×预计业务量)

例如,某企业 20××年×月预计生产甲种产品 1 000 件,实际生产 1 100 件。该月固定预算成本和实际成本的比较,如表 5-16 所示。

表 5-16　　　　　　　　　　　固定预算成本和实际成本的比较　　　　　　　　　　　单位:元

生产量		固定预算	实际	差异
		1 000 件	1 100 件	+100 件
成本项目	直接材料	10 000	10 800	+800
	直接人工	2 000	2 250	+250
	制造费用	6 000	6 350	+350
合　计		18 000	19 400	+1 400

该月弹性预算成本与实际成本的比较,如表 5-17 所示。

表 5-17　　　　　　　　　　　弹性预算成本与实际成本的比较　　　　　　　　　　　单位:元

生产量		弹性预算		实际	差异
		1 000 件	1 100 件	1 100 件	
成本项目	单位成本	总成本	总成本	总成本	
直接材料	10	10 000	11 000	10 800	-200
直接人工	2	2 000	2 200	2 250	+50
制造费用	2.4	2 400	2 640	2 540	-100
小　计	14.4	14 400	15 800	15 590	-250
固定制造费用	3.6	3 600	3 600	3 810	+210
合　计	18	18 000	19 440	19 400	-40

从上例中可以看到,把实际成本与成本的固定预算进行比较,实际超支 1 400 元。但由于生产量的增加,难以评价企业的实际成绩。如果把实际成本与成本的弹性预算进行比较,结论就完全相反。就个别成本项目来看,有节约的,也有超支的,但总成本是节约的。可见,弹性预算比固定预算更能清楚地表明企业实际工作成绩的好坏。

对于半变动成本的预算,可以采用一定的方法将它分解为变动和固定两部分,或者根据它与业务量的关系,分别确定每一种业务量水平上应该发生的半变动成本数额。

弹性预算的优点在于:一方面能够适应不同经营活动情况的变化,扩大了预算的范围,更好地发挥预算的控制作用,避免了在实际情况发生变化时,对预算作频繁的修改;另一方面能够使预算对实际执行情况的评价与考核建立在更加客观可比的基础上。

三、零底预算法

零底预算法是由美国得克萨斯工具公司担任财务预算工作的彼得·派尔于1970年编制该公司的费用预算时提出的。美国前总统卡特在担任美国佐治亚州州长时，曾在该州极力推广此法。卡特当选总统后，曾指示1979年联邦政府要全面实行零底预算，于是该预算方法在当时的美国风行一时，引人注目。

零底预算，或称零基预算，是指在编制预算时，对于所有的预算支出均以零字为基底，不考虑其以往情况如何，从根本上研究、分析每项预算有否支出的必要和支出数额的大小。

零底预算不同于传统的预算编制方法。传统的做法是在上期预算执行结果的基础上，结合预算期的情况，加以适当的调整而编制预算。这种预算方法比较简便，但是它以过去的水平为基础，实际就是承认过去是合理的，无需改进，因循沿袭下去，所以容易造成预算的不足，或者是安于现状，造成预算浪费。

零底预算针对传统预算的缺点进行改革，它要求对各个业务项目需要多少人力、物力和财力逐个进行估算，并说明其经济效益，在此基础上按项目的轻重缓急性质，分配预算经费。这种预算不以历史为基础，修修补补，而是以零为出发点，一切推倒重来。

编制零底预算的主要步骤如下：

第一步：提出计划设想。

零底预算的第一步，是提出对来年总的计划设想。这是各业务部门编制预算的依据。企业要根据社会的长远利益、市场需求、本企业的生产能力及资源条件，提出经营管理的总体目标。应该指出，生产或销售增长，不等于各个部门的业务量都会增加，因此，还需要具体地对各业务部门确定其业务量，并提出相应的要求和设想，以便这些基层单位在编制预算时有所遵循。不然的话，各业务部门往往会沿着过去的经验，或局限于本部门来考虑其业务，致使企业各部门缺乏协调配合。

第二步：确定基层预算单位。

基层预算单位指厂部以下的工作单位，它是独立进行某方面业务活动的一个集体，各项分析工作以单位来进行，它可以是传统上的基层预算单位，可以是成本中心（相当于我们实行厂内经济核算制下的成本核算单位）等。单位负责人对其全部预算费用应具有决策控制的权力，单位职责和业绩考评办法应力求明确、有效。

第三步：进行成本—效益分析。

各个编制预算的基层单位根据企业总体目标所提出的任务和要求，有效地安排自己的业务活动，以其成本或费用与业务量进行比较，或与收益比较，用来对各个费用开支方案进行分析评价；然后在权衡轻重缓急的基础上，把各个费用开支方案分成若干层次,哪些方案是可行的,哪些是不可行的,哪些方案是效益最大的等等,排出先后顺序。

第四步:分配资金,落实预算。

按照上一步骤所确定的层次顺序性和预算期可动用的资金来源分配资金,对凡属法律、制度、合同所规定的及本部门正常生产经营所必不可少的项目,需全额得到保证;对降低成本、增加盈利、改进技术及提高专业化程度有利的需要项目,可根据预算期企业财力的负担情况,酌情增减;对于诸如改善劳动环境之类的合理项目,要根据预算期企业财力的负担情况,酌情增减。这样,不仅能保证各基层单位主要生产经营活动的进行,又能使那些经济效益较大的项目优先得到保证,还可以避免在资金分配上的盲目性和平均主义,使预算得到落实。

零基预算法克服了传统成本计划的缺点,成本、费用计划过程从零开始,发生的一切支出都须有充分的理由证明是合理的,并且对一切业务都进行成本-效益分析,本着以最低耗费取得最大效益的原则来分配使用资金。

然而,由于零基预算法需要耗费大量的时间和精力,需要生产人员、工程技术人员、成本决策人员等的紧密配合才能实现,所以,在实际工作中很难实行。该法在公共组织部门的运用较为普遍。

四、滚动预算法

滚动预算的主要特点是预算期是连续不断的,始终保持12个月(一年),每过去一个月,就根据新的情况进行调整和修订后几个月的预算,并在原来的预算期末随即补充一个月的预算。这种预算要求一年中,头几个月的预算要详细完整,后几个月可以略粗一些。随着时间的推移,原来较粗的预算逐渐由粗变细,后面随之又补充新的较粗的预算,以此往复,不断滚动。

滚动预算方法的理论根据是:第一,根据企业会计中持续经营的时间观,企业的生产经营活动是延续不断的,因此,企业的预算也应该全面地反映这一延续不断的过程,使预算方法与生产经营过程相适应;第二,企业的生产经营活动是复杂的,随着时间的变迁,它将产生各种难以预料的变化;第三,人们对未来客观事物的认识也是由粗到细、由简单到具体的过程,而滚动预算能帮助我们克服预算的盲目性,避免预算与实际有较大的出入。

滚动预算的优点:第一,保持预算的完整性、继续性,从动态预算中把握企业的未来;第二,能使各级管理人员始终保持对未来12个月甚至更长远的生产经营活动作周详的考虑和全盘规划,保证企业的各项工作有条不紊地进行;第三,便于外界(银行信贷部门、税务机关、投资者等)对企业经营状况的一贯了解;第四,由于预算不断调整与修订,使预算与实际情况更相适应,有利于充分发挥预算的指导和控制作用。

当然，采用滚动预算的方法，预算编制工作比较繁重。所以，也可以采用按季度滚动来编制预算，而在执行预算的那个季度里，再按月份具体地编制各月份的预算，这样可以适当简化预算的编制工作。总之，预算的编制是按月份滚动还是按季度滚动，应视实际需要而定。

采用滚动预算，必须有一个与之相适应的外部条件，如上级下达的生产指标、材料供应的时间等。如果这些外部条件仍然是以自然年为基础，一年一安排，则企业要编制滚动预算是有困难的。随着我国经济体制改革的深化，市场经济的发展，这些条件的限制越来越小，这将为滚动预算的编制创造有利的条件。

五、概率预算法

在编制预算的过程中，涉及的变量很多，如业务量、价格、成本等。在生产和销售正常的情况下，这些变量的预计可能是一个定值（例如，当业务量为多少时，其相应的收入、成本也各为多少），但是在市场的供需、产销变动比较大的情况下，这些变量的数字就难以确定了。这就需要根据客观条件，对有关变量作一些近似的估计，估计它们可能变动的范围，分析它们在该范围内出现的可能性（即概率），然后对各变量进行调整，计算期望值，编制预算。这种运用概率来编制预算的做法，叫做概率预算。

例如，某企业2009年度预计有关产量和成本数据，如表5—18所示。

表5—18　　　　　某企业2009年度预计有关产量和成本数据

计划产量		计划单位变动成本		计划固定成本(元)
数量(件)	概率	金额(元)	概率	
2 000	0.2	6.3 5.8 4.6	0.1 0.6 0.3	3 000
4 000	0.5	6.3 5.8 4.6	0.2 0.5 0.3	3 200
6 000	0.3	6.3 5.8 4.6	0.2 0.6 0.2	3 600

根据上述资料，计算各成本的期望值，并确定计划成本，如表5—19所示。

表 5—19　　　　　　　　　　　　计划成本

计划产量		联合概率	计划变动成本			计划固定成本		总成本	
数量(件)	概率		单位	总额(元)	期望值	总额(元)	期望值	总额(元)	期望值
2 000 P=0.2	0.1	0.02	6.3	12 600	252	3 000	60	15 600	312
	0.6	0.12	5.8	11 600	1 392	3 000	360	14 600	1 752
	0.3	0.06	4.6	9 200	552	3 000	180	12 200	732
4 000 P=0.5	0.2	0.1	6.3	25 200	2 520	3 200	320	28 400	2 840
	0.5	0.25	5.8	23 200	5 800	3 200	800	26 400	6 600
	0.3	0.15	4.6	18 400	2 760	3 200	480	21 600	3 200
6 000 P=0.3	0.2	0.06	6.3	37 800	2 268	3 600	216	41 400	2 484
	0.6	0.18	5.8	34 800	6 264	3 600	648	38 400	6 912
	0.2	0.06	4.6	27 600	1 656	3 600	216	31 200	1 872
计划成本		1.00			23 464		3 280		26 744

本章小结

预算是企业成本管理的重要环节,是在成本预测的基础上编制的。预算是用货币表示企业在未来一定时期内在经营、财务等方面的收入、支出、现金流的总体计划。正确编制预算,是加强企业管理和宏观经济管理的重要手段。

预算的作用有以下几个方面:预算是督促战略目标实现的手段,保证完成企业财务计划的重要手段;预算有助于企业各级部门明确企业经营目标;预算可以作为管理信息生成的基础之一。预算在编制时是业务工作的模拟,在执行时可以作为实时监控器;预算是绩效考核的主要依据;预算是控制成本的依据;预算是企业成本分析和考核的基本标准;预算是编制国民经济和社会发展计划,以及宏观经济综合平衡的依据。

预算按其适用时间的长短,可分为长期预算和短期预算;按其具体内容的不同,可分为业务预算、财务预算和专门决策预算。

预算的编制原则:预算的编制要目标明确,围绕中心;企业预算编制要具有科学性;在确定经营目标、落实预算指标时,应做好预测工作;遵循谨慎、稳妥性原则;企业在编制预算时要采取自上而下全体职工参与的原则。

全面预算是一系列预算的有机结合体,是指以本企业的经营目标为出发点,通过对市场需求的研究和预测,以销售为主导,进而延伸到生产、成本和资金收支等方面,最后编制预计财务报表的这样一种预算体系。

全面预算的内容,一般包括业务预算、财务预算和专门决策预算三个部分。其中,业务预算具体包括销售预算、生产预算、直接材料预算、直接人工预算、制造费用预算、销售与管理费用预算等;财务预算具体包括现金预算、预计利润表、预计资产负债表和预计现金流量表等;专门决策预算具体包括资本支出预算和一次性专门业务预算等。

预算的编制方法可以采用固定和弹性预算法、零基预算法、滚动预算法、概率预算法等。

【主要概念】

预算种类	财务预算	成本预算	预算编制原则
固定预算	零基预算法	全面预算	弹性预算
专门决策预算	业务预算	滚动预算	

【本章案例】

苏州制造业:成本为何居高不下①

苏州的制造业优势仍然没有告别挑战,2004年底由中国台湾地区电子电机工业同业公会(简称"台湾电电公会")公布的一份调查报告中,苏州继2003年名列台商投资A类推荐城市榜首以后,首次滑出了14个A类城市的榜单。这一报告指出,缺水和缺地是苏州该次落选的主要原因;另外,高速公路严重堵塞也是台湾制造业抱怨的一个重点。

该报告公布以后,依据区域经济专家的分析,在三到五年的优惠政策到期之后,随着苏州当地的生产成本逐步上升,台商可能逐渐从苏州转移出去,如同几年前从珠三角移出一样。

作为新崛起的长江三角洲的制造业重镇,苏州依然在诱惑一些国家和地区的制造业,问题是苏州的制造行业也需要重视一个现实问题:当传统意义的"低成本制造"逐渐淡化以后,如何在高成本制造的时代重塑竞争优势?

人力升级

台湾明基集团一直在苏州扮演重要的角色,根据该公司提供的资料显示,苏州工厂的员工已经超过14 000人,成为其全球最大的制造中心。在制造业普遍为人力成本的上升困扰时,明基苏州工厂的现状如何呢?

明基制造主管俞观海介绍,明基的工人按照产品线划分,待遇相差许多。依据平均水平分析,一年以上工作经验的熟练工人的工资约为1 000元,然而一些特殊部门,如LCD(液晶显示器)线上的工人月收入能达到3 000元,这些工人的知识和技术水平要求也相对较高。除了基本工资,明基还要解决工人的住宿问题。

---

① 案例来源:http://www.cma—china.org。

位于第二梯队的是工程师和设计人员,俞观海说这部分员工的平均工资约在4 000元左右,但每年会根据上一年的表现进行一次调级,增幅从几百元到几千元不等。自三年前明基建立自有品牌开始,为避免与代工产品的冲突,设计和研发成为其差异竞争的重要一环。明基依据台湾地区和大陆市场的差异,在两地分别设立了设计团队。设计人员的工资随着明基自有品牌的发展,正在逐渐增加。而收入最高的是管理层,一旦进入管理层,收入即成倍数地增加。

尽管劳动力成本已较明基初入苏州时上升数倍,事实上明基的工资水平只是台湾公司在苏州的平均水平,因此想要留住成熟人才较为不易。为补充流失的人才,明基每年会招收一批应届本科生和研究生,这部分人员的用工成本相对较低,但培训费相对增加。另一个突出的问题是,由于成熟技术人才的流失,培训费用没有转化为相应的生产力。

管理增值事业部顾问徐积明说,明基提出的卓越制造"五项修炼"中的知识管理,就是想解决员工流失带来的知识流失问题。"我们设法压缩新员工培训周期,并且减少培训费用,我们还要防止员工流失使项目中断!"徐积明说,相对于原材料成本,明基苏州工厂的人力成本仅占其产品成本的5%。由于区位优势,苏州在人才吸引方面并不算困难,只是由于成本压力和制造功能集中等局限,使成熟人员的流失成为最大难题。"知识管理尽管可以留住知识,但是流失员工的成熟经验却始终无法取代。"俞观海解释说。

资源趋荒

相对于上海,苏州的房价增幅算不上惊人。据介绍,苏州市区的新房价格约为5 000元/平方米,高档住宅却达到8 000元/平方米。但是,苏州的缺地现象日趋严重,五年之内的规划用地指标都已经用尽。苏州市国土资源局的一份内部文件中表述:现今我市人均耕地只有0.78亩,而人均建设用地已经达到192平方米,远远超过了国家标准。该文件还指出,按照苏州经济发展的增长要求,全市GDP每增长1个百分点,就要消耗4 000亩左右的土地。

明基在苏州的老工厂位于市区,而新厂却位于较为偏僻的近郊,新厂的占地约为800亩。从使用功能看,老厂主要是市场、研发、行政和住宿中心,而新厂的功能则侧重于生产功能。从目前的占有率看,老厂的空地已经很少了,而新厂则预留了较多的空地。明基集团副总裁洪宜幸说,这些空地是预留给明基生产扩张之用。由此可见,明基已预见到近年来的土地紧张局势,事先分得一杯羹。

明基的核心能源消耗在于电力,在明基的生产线上,高度自动化机器使明基成为用电大户。俞观海这样形容,"明基80%的成本来自原材料采购和机器折旧,因此机器都是24小时运转,一旦停电,工厂的损失将非常严重。"作为苏州园区第二大台湾制造业,明基的用电已经得到苏州市政府的优先照顾,但是为明基生产零部件的上游厂商则没有那么幸运,在用电高峰的季节,这些供应商的工厂常常是被限制用电量的对象,这直接影响到明基的供应链。"我们只好要求他们在停电公告出来以后,多准备至少一天的部件库存。"洪宜幸说。

至今,在明基的市场和行政部,每逢中午的休息时间,这些部门的电灯全部被关闭。

尽管被解释为方便员工休息,但节约用电、降低成本也是显而易见的一环。

事实上,土地和能源紧张问题已经成为苏州作为制造业中心的主要障碍,一方面投资密集使苏州能源价格迅速上升,更严重的问题是随着投资的集中,苏州的能源愈加稀缺,投资吸收力将呈现"饱和状态"。

供应链之痒

高成本直接考验着制造业的供应链管理。"低端制造的竞争核心在于成本,尤其是对于劳动力成本反应敏感。但是,中高端制造的竞争核心主要是供应链。"洪宜幸说。

明基的制造分为代工和自有品牌两部分,代工的利润空间由于恶性竞争变得相当有限,而自有品牌业务虽然附加值高,风险却相对较大。明基自三年前创建自有品牌以后,股价缩水一半。"零部件成本和机器折旧居高不下,产品价格却不断下降,要想获得利润,要么扩大规模,要么改善供应链。"明基流程管理顾问张萍萍如是说。

明基算是幸运的,早在进入苏州之际,其董事长李焜耀先后说服了10多家供应商来到长江三角洲的昆山、无锡和苏州,形成了较为完善的上下游供应关系,避免了原材料稀缺以及物流成本倍数增加的尴尬。供应链的采购环节日渐成为制造业节约成本的关键,据张萍萍介绍,近年来明基对供应商进行了一次大整合。过去,不同的产品线均进行独立采购,整合后则按采购原料的类别分配,同种原料交给同一厂商,这样就扩大了单项采购规模,降低了采购成本。降低采购成本的另一项措施是,将下游的分销渠道同样交给上游的供应商,扩大供应商的盈利空间,借此降低采购成本。作为戴尔(DELL)显示器最大的OEM厂商,明基还借助戴尔在供货商中的号召力,获得较低的采购成本。

在生产环节,明基主要依靠"垂直生产"和VMI来降低成本。"垂直生产"意味着明基对于其众多产品中有共同需求的关键零部件进行独立生产,比如明基投资建立的"友达光电"专门生产液晶显示器,这种模式在PC、笔记本、手机和MP3等多项产品中均有使用。独立生产的结果不仅可以降低成本,而且能在相关产品的价格战中拥有独立的话语权。VMI则是明基今年降低库存的新策略,即空出新厂的一幢楼,以优惠的价格租给供应商,这样不但满足了零部件的需求,同时也不占用自身库存。

在销售环节,洪宜幸强调全球化战略。在供应链方面,苏州、昆山一带由于聚集了众多欧美和中国台湾地区的IT厂商,从上游到下游,形成了一条较为完整的生态链,这在一定程度上稳定了制造业的"迁徙"。

事实上,高成本环境下的制造恰恰是对中国制造业的考验,并且意味着中国制造产业的升级。高成本制造迫使中国的制造业考虑更多的竞争优势,而不仅是低成本优势,比如创造性研发、供应链协同、制造基地迁移、流程重塑以及绿色制造(低资源消耗型和环保型)等等新型制造业的竞争策略。毕竟,低成本意味着中国制造业处于下游,而高成本制造可能迫使中国制造业向价值链的上游迁移。

第六章

成本控制

【要点提示】
- 成本控制概述
- 定额成本制度
- 标准成本制度
- 价值工程

【内容引言】

　　成本控制是公司保证战略目标实现的重要手段,它是建立在成本预算的基础上对经营活动的监督和控制。成本控制在空间上渗透到公司的方方面面,在时间上贯穿于公司生产经营活动的全过程。本章主要阐述成本控制的概念和分类,定额成本制度和标准成本制度以及价值工程。

　　成本控制和成本预测、成本决策、成本预算、成本核算、成本考核等共同构成了现代成本管理的完整系统。成本控制在空间上渗透到企业的方方面面,在时间上贯穿于企业生产经营活动的全过程。随着生产活动的日益社会化和现代化,企业规模不断扩大,工艺过程也越来越复杂,生产组织形式的多样化和生产过程的连续化、自动化和信息化,都促使在企业的各个经营环节实施控制,无论哪一个环节的成本失去控制,都会给企业的整体造成巨大的损失。

第一节　成本控制概述

　　成本控制是根据预定的成本目标,对实际生产经营活动中的一切生产资金耗费,进行指导、限制和监督,发现偏差,及时纠正,以保证更好地实现预定的成本目标,促使成本不断降低。成本控制首先会运用以成本会计为主的各种方法,预定成本限额,按限额开支成本和费用,然后以实际成本和成本限额比较,衡量经营活动的成绩和效果,并以例外管理原则纠正不利差异,以提高工作效率。

一、成本控制的概念与分类

（一）成本控制的概念

"控制"一词,通俗地说,控就是掌握,制就是限制。从科学的定义来说,控制是指按照一定的条件和预定的目标,对一个过程或一系列事件施加影响,使其达到预定目标的一种有组织的行动。而成本控制就是根据预定的成本目标,对实际生产经营活动中的一切生产资金耗费,进行指导、限制和监督,发现偏差,及时纠正,以保证更好地实现预定的成本目标,促使成本不断降低。

成本控制有广义和狭义之分。广义的控制,强调对企业生产经营活动各个阶段、各个方面所有发生的成本的控制。广义的成本控制,贯穿于企业生产经营活动的全过程,与成本预测、成本决策、成本预算、成本考核等共同构成了现代成本管理的完整体系。

狭义的成本控制仅指成本的过程控制,不包括前馈控制和后馈控制。我们这里讲的是广义的成本控制,既包括目标成本的制定、预算的下达、差异的计算,也包括事后的汇总、成本的计算和分析。

成本控制在成本管理中起着重要作用。企业开展成本控制,可以事先限制各项费用和消耗的发生,有计划地控制成本的形成,使成本不超过预先制定的标准,达到降低成本、提高经济效益的目的;成本控制和成本计划密切相连,它是成本计划的实施过程,可以促进成本计划更好的实现,充分发挥成本计划应有的作用;通过成本控制,还可以促使企业更好地贯彻执行有关成本的各项法令、方针和政策,使企业成本会计提高到一个新的水平。

（二）成本控制的分类

成本控制一般可按照成本控制的时间来划分。

1. 事前控制。事前控制也称前馈控制,它是在产品投产之前进行产品成本的规划,通过成本决策时选择最佳成本方案,规划未来期间的目标成本,编制成本预算,以利于成本控制。例如,对开发新产品成本的控制,在产品尚未开始生产之前,就应根据该产品的特点、结构、所耗材料和工时等情况,制订出相应的消耗定额等资料,以便使成本控制在最低的水平上。

2. 事中控制。事中控制也称过程控制,就是在费用发生过程中进行成本控制。它要求实际成本支出尽量按照目标成本的要求来进行。但是实际发生时,往往发生超支或节约,这种超支或节约称为差异。事中控制是成本控制的重要阶段,因为事前控制是在预测的基础上所进行的控制,这种控制的实际效果是有限的,实际执行过程中会出现种种预先并不能完全预料到的突发或意外事件。所以,应在经济业务进行当中,根据已发生的经济业务并结合分析其今后的发展趋势,及时发现问题并采取有效的措施予以解决,才能不断纠正实际工作中所出现的偏差,最终实现控制目标,从而达到控制的目的。差异是一种重要的信息,将超支或节约的差异及时反馈给有关部门,有助于及时纠正偏差或巩固成绩。

3. 事后控制。成本的事后控制也称后馈控制,就是将所揭示的差异进行汇总、分配,计算产品的实际成本。广义的成本控制涉及企业生产经营活动的各个方面、各个环节以及各个阶段的所有成本的控制。事后控制与事中控制不同,它们虽然都要对实际执行的信息资料进行收集、整理、加工,并与被控目标对比进行反馈控制,但事中控制是在经济业务并未完成时进行的,它起着预防本期偏差发生的作用,而事后控制是在经济业务发生之后进行的,它起着预防下期偏差发生的作用。因此,两者在控制的时间和所起的作用上都是不同的。

二、成本控制的原则

任何管理制度实施时,都要遵照它们的经济原则,使其产生最大的效果。进行成本控制,也必须遵守它的基本原则。成本控制的原则是:

（一）全面介入的原则

全面介入的原则是指成本控制的全过程、全方位、全员控制。

1. 全过程成本控制。全过程成本控制,是对产品的设计、制造、销售过程进行控制,并将控制的成果在有关报表上加以反映,借以发现缺点和问题。成本控制不只限于生产过程对制造成本控制,而是贯穿于产品成本形成的全过程,即整个产品经济寿命周期的全过程,这样才能杜绝先天性的损失浪费,使成本显著降低。对全社会来说,这样才能达到节约资源的目的。

2. 全方位成本控制。全方位成本控制,是对产品生产的全部费用加以控制,不仅要对变动费用进行控制,对固定费用也要进行控制。成本控制不是单纯地强调成本的降低,片面地追求成本的降低而忽视产品的品种和质量。因此,在成本控制中,绝不能片面地抓成本降低,更不能粗制滥造,以次充好。成本控制必须贯彻全面性原则,既要兼顾国家利益,又要照顾集体利益和个人利益;既要考虑目前利益,更要考虑长远利益。

3. 全员控制。全员控制,是要发动领导干部、管理人员、工程技术人员和广大职工建立成本意识,参与成本的控制,认识到成本控制的重要意义,才能付诸行动。成本是一项综合性指标,反映企业所有部门和全体职工的工作实绩。要想降低成本,提高企业的经济效益,必须充分调动企业广大职工"控制成本、关心降低成本"的积极性和参与成本管理的意识。在充实成本控制的专职机构或专业人员的同时,必须充分注意发动职工群众,人人参加成本控制活动,把一切损失、浪费消灭在第一线。

(二)例外管理的原则

成本控制要将注意力集中在超乎常情的情况。因为实际发生的费用往往与预算有上下,如发生的差异不大,也就不一一查明其原因,只要求把注意力集中在非正常的例外事项上,并进行信息反馈。确定哪些成本差异属于"例外",有下列要点:

1. 重要性。重要与否主要根据成本差异金额大小确定。数额较大的差异,超过了规定的上下限,或虽未超过规定的上下限,但经常在上下限附近波动。例如,有的企业规定,凡实际数与预算数相差达到10%以上的应当是重要性的差异;也有的企业对重要性的差异,既规定一个百分率界限,又规定了绝对金额界限。

2. 特殊性。凡是对企业长期获利能力有重要影响的成本差异,不论是否达到重要性的程度,均应受到密切重视,查明原因,采取措施,及时解决。例如,生产设备改造的技术措施费用的支出,从片面追求节约看,短期内会因投入费用大,影响成本,但从长期考察,会因生产能力提高而大大降低成本,必须引起管理人员按特殊性的关键差异对待。

3. 一贯性。某项成本差异虽未达到重要性程度,从未超过规定的百分率或绝对金额,但是该项成本差异却持续时间很长(如一个月以上),则应视为"例外",需要引起管理人员的充分注意。因为,原来规定的百分率等可能过时失效,或是因为成本控制不当而产生,只要这项成本差异有一贯性的反映,必须注意研究解决。

(三)经济效益的原则

成本控制不能狭义地理解为单纯对生产耗费的节约,而是通过投入资源的耗费,转化为企业经济效益的提高。因而,应当以单位耗费所获效益最大为目标来实施成本控制。事实上,加强成本控制就是为了降低成本,提高经济效益。但是,提高经济效益不单是依靠降低成本的绝对数,更重要的是实现相对的节约,取得最佳的经济效益,以较少的消耗,取得更多的成果。例如成本预算、标准成本确定后,而产量、质量有所提高,可增加相对的限额。因而成本控制不仅要重视绝对数的降低,还应分析产品质量、产量的提高,能增加收入,降低成本,要把握产品数量、质量、成本与经济效益的关系,只要提高产品质量、数量,能提高经济效益,提高一些成本还是必要的。

(四)可控性原则

成本控制主体应对其成本控制的结果承担责任。为了合理反映成本控制主体应承担的责任,其成本控制对象应为可控制成本。

一般情况下,可控制成本应具备如下三个条件:第一,成本控制主体能够通过一定的途径和方法,在事先了解将要发生哪些耗费;第二,成本控制主体能够对发生的耗费进行计量;第三,成本控制主体能够对发生的耗费有权加以限制和调整。不同时具备这三项条件,就属于不可控制的成本。可控成本与不可控成本的划分是相对的,要依成本控制主体所处的管理层次、管理权限、控制的范围等确定,不是一成不变的。

企业发生的全部成本均是企业可控制成本,但其中有些成本是其下属二、三级部门本身的不可控制成本。例如,固定资产折旧费是企业的可控制成本,却是生产车间的不可控制成本,因为生产车间没有固定资产的购置及处理权,因此,折旧费在车间属于不可控制的成本。判断一项成本是否可控,必须根据成本控制主体的具体条件来判定。按照可控制原则,成本控制主体只对其可控成本承担责任。

(五)及时性原则

企业成本是在生产经营活动中形成的,且总是处于动态变化之中。在企业发生的实际成本和标准成本出现偏差时,企业应该能够及时地觉察到这种差异,并能够很快的追溯产生这种差异的具体原因,及时采取相应的恰当措施,使不利的差异达到最小化,并同时使不利的后果和影响限制在尽可能小的范围之内,以达到成本控制的时效性。

三、成本控制的程序

成本控制可按成本发生的时间先后划分为事前控制、事中控制和事后控制三个阶段,也就是成本控制循环中的设计阶段、执行阶段和考核阶段。

(一)事前控制阶段

事前控制阶段,即在产品投产前对影响成本的生产经营活动所进行的事前预测、规划、审核和监督。比如,用测定产品目标成本来控制产品设计成本;从成本上对各种工艺方案进行比较,从中选择最优方案;事先制定劳动工时定额、物资消耗定额、费用开支预算与各种产品和零件的成本目标,作为衡量生产费用实际支出超支或节约的依据,以及建立健全成本责任制,实行成本归口分级管理等。

(二)事中控制阶段

事中控制阶段,即在实际发生生产费用过程中,按成本标准控制费用,及时揭示节约还是浪费,并预测今后发展趋势,把可能导致损失和浪费的苗头,消灭在萌芽状态,并随时把各种成本偏差信息,反馈给责任者,以利于及时采取纠正措施,保证成本目标的实现。这就需要建立反映成本发生情况的数据记录,做好收集、传递、汇总和整理工作。

(三)事后控制阶段

事后控制阶段,即在产品成本形成之后的综合分析,对实际成本脱离目标(计划)成本的原因,进行深查,查明成本差异形成的主客观原因,确定责任归属,据以评定和考核责任单位业绩,并为下一个成本循环提出积极有效的措施,消除不利差异,发展有利的差异,修正原定的成本控制标准,以促使成本不断降低。

总之，成本控制包括以下几点中心内容：第一，确定目标成本；第二，将实际发生数与目标成本进行比较；第三，分析差异，查明原因，进行信息反馈；第四，把目标成本加减脱离目标的差异，计算产品的实际成本。

以上成本控制的程序，如图 6—1 所示。

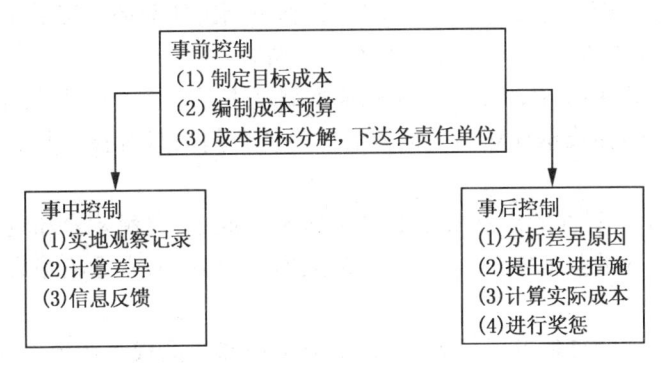

```
事前控制
(1) 制定目标成本
(2) 编制成本预算
(3) 成本指标分解，下达各责任单位
```

```
事中控制
(1) 实地观察记录
(2) 计算差异
(3) 信息反馈
```

```
事后控制
(1) 分析差异原因
(2) 提出改进措施
(3) 计算实际成本
(4) 进行奖惩
```

图 6—1　成本控制的程序

第二节　定额成本制度

一、定额成本制度的含义

定额成本制度是以事前制定产品的定额成本作为目标成本，在生产费用发生的当时将实际发生的费用与目标成本进行对比，揭示差异，找出原因，及时控制、监督实际生产费用的支出，加强成本差异的日常核算、分析和控制；月终，再根据定额成本、定额差异和定额变动来计算实际成本的一种成本制度。在定额成本制度下，产品实际成本的计算公式为：

产品的实际成本＝定额成本±定额差异±定额变动

这里的定额成本是根据现行消耗定额和费用定额计算得出，它是在现有的生产技术和劳动生产率下生产产品或提供劳务所发生的消耗定额和费用定额，它应随着生产技术的进步和劳动生产率的提高不断修订。新定额与老定额的差额称为定额变动。有关定额成本、定额差异和定额变动的计算，在后面详述。

可见，定额成本制度和一般核算方法不同的是，它不纯粹是一种成本核算方法，还是一种对产品成本进行控制和管理的方法。它不仅注重成本的事前和事后控制，更重要的是能做到对成本的日常控制。因此，定额成本制度能更有效地发挥成本核算对于节约生产费用、降低产品成本的作用。

定额成本制度,就是用产品的定额成本来控制实际生产费用的支出,随时查明实际生产费用脱离定额的数额及其原因,以实现降低产品成本的目的。它的基本做法是:首先,以产品的各项现行消耗定额为依据计算产品的定额成本;其次,根据实际产量,核算产品的定额生产费用和实际生产费用之间的差异;最后,在完工产品定额成本的基础上,加减定额差异和定额变动差异,计算出完工产品的实际成本。定额成本制度与其他实际成本方法对比,有如下两个基本特点:

第一,在生产费用的日常核算上,定额成本制度主要核算生产费用实际发生数与定额数之间的差异,而成本计算的其他方法对生产费用的日常核算都是按实际发生额进行的。

第二,定额成本制度的产品实际成本包括定额成本、定额差异和定额变动三部分,而产品成本计算的其他方法,对产品实际成本的核算,通常是根据实际生产费用计算的。

可见,定额成本制度能及时反映、监督生产费用和产品成本脱离定额的差异,加强了日常定额管理和成本控制;它弥补了成本计算其他方法只有在月末后才能确定成本定额差异的缺陷。

产品定额成本与产品计划成本并不完全相同。定额成本是以现行消耗定额为根据计算的产品成本;计划成本则是以计划期内平均消耗定额为根据计算的产品成本。计算定额成本所用的价格是不同时期的计划价格,计算计划成本所用的价格是全年平均计划价格。定额成本反映了企业在各时期现有生产条件下应该达到的成本水平,计划成本则反映了企业在整个计划期内成本的奋斗目标。

二、定额成本制度的基本内容

(一)定额成本的制定

制定产品的消耗定额、费用定额,并据以制定单位产品的定额成本,是采用定额成本制度的起点。产品定额成本的制定过程也是对产品成本进行事前控制的过程。

定额成本是目标成本的一种,它是根据现行定额和计划单位成本制定的。在制定时,要分别成本项目进行。其计算公式为:

原材料费用定额=产品原材料消耗定额×原材料计划单价

生产工资费用定额=产品生产工时定额×计划小时工资率

制造费用定额=产品生产工时定额×计划小时费用率

其中,计划小时工资率、计划小时费用率可用下列公式计算:

$$计划小时工资率 = \frac{预计某车间全年生产工人工资总额}{预计该车间全年定额工时总数}$$

$$计划小时费用率 = \frac{预计某车间全年制造费用总额}{预计该车间全年定额工时总数}$$

上述各项费用额的合计数,就是单位产品的定额成本。

定额成本的具体制定,通常有下列两种不同方式。

1. 从零件、部件到产品制定定额成本的方式。根据产品图纸,首先制定某产品所有的各种零件定额成本,这种定额成本只包括直接成本,不包括制造费用这些间接成本。其次,根据图纸的规定,对由若干种零件组成的各部件分别制定其定额成本,即将有关零件定额成本汇总,并加上装配该部件的装配定额成本而成。这样依次逐渐地、顺序地由小而简单的部件到大而复杂的部件。最终将若干部件和零件的定额成本汇总,加上总装的定额成本,制定产品直接成本的定额成本,然后加上应分配的制造费用,即可构成整个产品的单位定额成本。

2. 直接制定产品定额成本的方式。企业产品所需要的自制零件、部件,在品种规格繁多的情况下,要为每一种零件、部件编制一张定额成本计算表,然后逐步汇总,编制产品的定额成本计算表,则工作量很大。为此,可以采用直接制定产品定额成本的方式。它是将每单位产品的有关材料(分材料品种、规格)、工时等定额资料汇总。如果各车间工资率不相同,则工时要分别车间汇总,然后按汇总的材料、工时的总数计算其定额成本。

(二)定额差异的计算

脱离定额差异的计算是定额成本制度下进行成本日常控制的重要手段。在日常核算中,当费用发生时,应将符合定额的费用与脱离定额的差异,分别编制定额凭证和差异凭证,并在有关的费用分配表和明细账中分别进行登记。为了更好地控制成本,找出成本差异的原因,脱离定额差异的计算应分别按成本项目进行。以下分别按成本项目讲述脱离定额差异的计算方法。

1. 原材料脱离定额差异的计算。原材料(包括自制半成品)脱离定额差异的计算方法一般有限额法、整批分割法和盘存法。

(1)限额法。所谓限额法,就是车间向仓库领料采用限额领料制度。在该制度下,凡符合定额的原材料应根据限额领料单领发,凡超过限额的领发或领用代用材料,又未办理追加限额手续的,则应另行填制差异凭证。差异凭证的签发必须经过一定的审批手续。代用材料的领用、废料的利用等还应经过技术部门的鉴定。代用材料超过或少于原规定材料的数量,才作为定额差异。若车间月末有余料,还应办理退料手续。退料单也应视为差异凭证,它与限额领料单中的原材料余额一样,都是脱离定额的节约差异。

应该注意的是,限额法是控制领料、促进用料节约的重要手段,但是它不能完全控制用料。这是因为,差异凭证中的差异仅仅是领料差异,而不一定是用料差异。只有在产品投产数量等于规定的产品数量,而且车间没有余料或者期初、期末余料相等的情况下,领料差异才是用料差异。

(2)整批分割法。对于那些贵重的材料,以及经常大量使用的原材料,通常要在准备车间经过切割以后,才投入生产。这样,可以采用整批分割法来组织日常的定额差异的核算。这就是说,一批材料进行分割,要把分割后材料的数量乘上定额,求得分割后材料的定额耗用量,与材料实际耗用量相比较,其差额就是定额差异。

(3)盘存法。在按限额法或整批分割法计算材料定额差异有困难时,也可用定期盘存法来计算差异。例如,领用油漆,不可能限额发料,可采用定期盘存法来计算差异。定期盘存法就是按一定的间隔日数,对生产中余存材料进行盘点,根据材料领用数和盘点所确定的余额,算出一定日期材料实际耗用量,以实际耗用量和这一期内产品的数量乘上耗用定额所求得的定额耗用量相比较,算出材料的定额差异。这种盘存一般不应按全月和整个车间进行,而应按较短的时间(如 5 天、7 天)分生产小组或工作地点来进行。因为,核算的时间愈短,则计算差异愈及时;核算的范围愈小,则差异的责任愈明确。这样,能使差异的核算发挥更大的作用。

总之,对原材料脱离差异的日常控制,不仅要通过限额法控制领料不超过限额,而且在采用盘存法的企业还要控制产品的投产数量不少于计划规定的产品数量;在采用整批分割法的企业,也要控制其实际切割数不应少于计划规定的切割数;此外,还要注意车间有无余料和余料的数量。

不论采用哪一种方法核算原材料定额消耗量和脱离定额差异,都应分批或定期地将这些核算资料按照成本计算对象汇总,编制原材料定额费用和脱离定额差异汇总表。表中填明该批或该种产品所耗各种原材料的定额耗用量、定额费用和脱离定额的差异,并分析说明发生差异的主要原因。这种汇总表,既可用来汇总反映和分析原材料脱离定额差异,又可作为原材料费用分配表登记产品成本明细账。

但是,需要指出的是:为了有利于产品成本的分析和考核,原材料的定额费用和脱离定额的差异都是按计划成本计算的。也就是说,原材料的定额成本加减脱离定额的差异只是某产品耗费原材料的计划成本。这里所说的脱离定额差异只是量差,不包括材料的价格差异。因此,在月末计算产品实际原材料费用时,还要计算分配应负担的原材料成本差异,即所耗原材料的价格差异(价差)。其计算公式如下:

某产品应分配的原材料成本差异=(该产品原材料定额成本±原材料脱离定额差异)×原材料成本差异率

2. 生产工人工资脱离定额差异的计算。生产工人工资的定额差异,因工资形式的不同而异。在计件工资形式下,如果工资定额不变,则生产工人劳动生产率的提高,并不会影响单位产品成本中的工资额。单位产品成本中工资额的变动,可能是由于变更工作条件或支付了补加工资和发给工人的奖励工资的变动,以及加班加点津贴而造成的。在这些情况下,为了便于及时查明工资差异的原因,符合定额的生产工人工资,可以反映在产量记录中;对于脱离定额的差异,应该经过一定的手续,反映在专设的工资差异凭证中,并填明差异原因,以便根据工资差异凭证进行分析。

在计时工资形式下,生产工人工资总额平时无法确定,因此不能随时按产品直接计算工资差异。为此,可以把工资差异分为工时差异和工资率差异两部分进行核算。在日常核算中,主要核算工时差异,月末实际生产工人工资总额确定以后,再核算工资率差异。

工时差异,主要反映因劳动效率提高或下降而影响工资的节约或浪费,它是以实际产量的定额工时与实际工时相比之差乘上计划小时工资率而求得。为了及时核算工时差异,产量记录应正确反映产品的定额工时与实际工时及其差异原因;班组应根据劳动记录,每天或定期按成本核算对象汇集实际产量的定额工时与实际工时以及工时差异,并按差异发生的原因分类反映,用以计算班组劳动效率和产品的工资费用,并据以考核和分析产品生产工人工资定额成本的执行情况。

工资率差异,主要反映因实际小时工资率脱离计划小时工资率而形成的工资差异,它是在月终实际工资总额计算出来以后,按以下计算方法求得的:

实际小时工资率＝实际工资总额÷实际工时

工资率差异＝实际工时×(实际小时工资率－计划小时工资率)

上述公式中的实际小时工资率可根据某车间实际生产工人工资总额除以该车间实际生产工时总额而得,计划小时工资率可根据某车间计划产量的定额生产工人工资除以该车间计划产量的定额生产工时而得。

3. 制造费用脱离定额差异的计算。制造费用一般都属于间接费用,不能在费用发生的当时直接按产品确定定额差异。因此,在日常核算中,主要通过制定费用预算,并下达给有关部门和车间负责管理。其中,能落实到班组的还应分配到各班组,然后采用一定的核算形式对各开支单位的费用支出进行反映和监督,计算费用脱离预算的差异,查明节约或超支的具体原因,以便采取措施,谋求进一步降低费用的支出。各种产品的制造费用脱离定额的差异,只有在月终实际费用分配到各产品以后才能确定。假定按生产工时分配,则计算公式如下:

某产品制造费用脱离定额的差异＝该种产品实际制造费用－该种产品实际产量的定额工时×计划小时制造费用

制造费用按生产工时分配时,其定额差异原因同生产工人工资类似,也是由工时差异和每小时分配率差异两方面因素构成的。

为了计算完工产品的实际成本,在产品数量较少时,上述各成本项目脱离定额差异可全部记入产成品成本,即在产品按定额成本计算。这样,不仅简化了计算手续,而且产成品成本水平能够正确地反映当期工作的成果。但是,如果各月间在产品数量波动较大时,则定额差异应按完工产品和在产品定额成本的比例进行分配。

(三)定额变动的核算

实行定额成本计算方法,除了要及时核算定额差异,以考核定额成本执行情况外,还要核算定额变动差异。

定额变动与定额差异不同,定额变动是指因技术革新、劳动生产率的提高、生产条件的变化,企业对定额进行修改而产生新旧定额之间的差异。因此,它是定额本身变动的结果,与生产费用的节约或超支无关,而定额差异则是反映生产费用的节约或超支的程度。由于两者经济内容不同,所以在核算处理上也有所区别。对于定额差异要尽可能及时揭示,而对定额变动不一定要立即计算。此外,定额差异的发生不一定是由某一种产品单独引起的,而定额变动则与某一种产品直接有关,因此通常都是直接记入产品成本的。

各项消耗定额的修改,一般是定期在年初进行。但如定额与实际差距很大时,在年度内也可进行调整。在实际工作中,变动后的定额通常是在月初实施,当月初有在产品时,则要按新的定额调整,以便将月初在产品定额成本同按新定额计算的本期投产的定额成本在同一基础上相加起来。由于消耗定额的变动,一般表现为不断下降的趋势,因而月初在产品定额变动差异。一方面,应从月初在产品定额成本中扣除这项差异;另一方面,由于该项差异是月初在产品生产费用的实际支出,所以应该将这项差异计入当月生产费用。相反,如果消耗定额提高,则月初在产品定额成本应加上这项差异,但实际上并未发生这部分支出。所以,应从本月生产费用中扣除这项差异。举例如下:

设月初在产品100件,直接材料项目的定额成本按上月的定额每件为20元,共计2 000元,自月初起改为18元;本月投入生产1 000件,实际发生原材料费用19 000元;产品1 200件在月内全部完工,则计算结果如下:

上月转来月初在产品定额成本	2 000
减:月初在产品定额成本减低数	$100 \times (20-18) = 200$
加:本月投入产品定额成本	$1\ 000 \times 18 = 18\ 000$
定额成本合计数	19 800
加:定额超支差异	$19\ 000 - 18\ 000 = 1\ 000$
加:定额变动	200
实际成本	21 000

定额变动的计算,是定额成本制度中的一个重要组成部分,不论月初或月份内定额变动,都应及时把变动影响的一部分在产品数量及时记录下来,以便计算定额变动

数额。否则,将会影响成本计算结果的正确性。

三、定额成本制度的应用

(一)定额成本制度下产品实际成本计算程序

定额法下,产品成本计算程序一般如下:

1. 事先制订产品定额成本。
2. 按产品成本对象设置生产成本明细账,有关专栏内应分设"定额成本"、"定额差异"、"定额变动"等各小栏。
3. 在定额成本修订的当月,应调整月初在产品的定额成本,计算月初定额变动。
4. 分别成本项目,按定额成本和定额差异分项汇总本月发生的生产费用。
5. 分配材料成本差异。
6. 在生产成本明细账中计算生产费用累计数。
7. 生产费用累计数在完工产品和月末在产品之间分配。

在定额法下,由于有现成的定额成本资料,各种差异可按当月完工产品定额成本和月末在产品定额成本的比例分摊。如果差异金额较小,也可以完全由完工产品成本负担,月末在产品按定额成本计价。但如果产品生产周期小于一个月,则定额变动不论金额大小,都应由完工产品成本负担。

8. 将本月完工产品的定额成本加减各种差异,调整计算出完工产品的实际成本。

(二)计算举例

下面举例说明定额成本制度下产品实际成本的计算。

某企业大批量生产 A 产品,采用定额成本法计算产品成本。该种产品的定额变动差异与材料成本差异均由完工产品负担,脱离定额差异在完工产品与月末在产品之间按定额成本比例分配。

第一,产量资料。某年 8 月,该厂投入 A 产品 300 件,月初在产品 25 件,月末完工 310 件,在产品 15 件。材料在生产时一次投入。

第二,定额资料。一是 A 产品单位定额成本见表 6—1。

表 6—1　　　　　　　　　单位产品定额成本计算表

产品:A　　　　　　　　　　20××年 8 月　　　　　　　　　　单位:元

材料编号及名称	计量单位	材料消耗定额	计划单价	材料费用定额
×××	千克	90	5	450

工时定额	直接工资		制造费用		产品定额成本合计
	工资率	金额	费用率	金额	
100	0.6	60	0.4	40	550

二是月初在产品定额成本及脱离定额差异见表6-2。

表6-2　　　　　　　　月初在产品定额成本及脱离定额差异
产品:A　　　　　　　　　　20××年8月　　　　　　　　　　　单位:元

成本项目	定额成本	脱离定额差异
直接材料	12 500	-800
直接人工	750	+50
制造费用	500	+40
合　计	13 750	-710

三是定额变动资料。该企业由于工艺技术的改进,于某年7月对材料消耗定额进行修订,将材料消耗定额由100千克/件调整为90千克/件,其余各项消耗定额不变。

第三,本月实际发生的生产费用。直接材料134 000元,材料成本差异率为-3%,直接工资18 200元,制造费用11 900元。

根据上述资料,计算A产品成本。

解答:

1. 计算各成本项目的定额成本,编制"本月定额成本和脱离定额成本差异汇总表"(见表6-3)。

表6-3　　　　　　　本月定额成本和脱离定额成本差异汇总表
产品:A　　　　　　　　　　20××年8月　　　　　　　　　　　单位:元

成本项目	定额成本	实际费用	脱离定额差异
直接材料	300×450=135 000	134 000	-1 000
直接人工	300×60=18 000	18 200	+200
制造费用	300×40=12 000	11 900	-100
合　计	165 000	164 100	-900

2. 计算材料成本差异。

A产品应负担的材料成本差异=(135 000-1 000)×(-3%)=-4 020(元)

3. 计算月初在产品定额变动差异。

A产品定额变动系数=90×5/(100×5)=0.9

月初在产品定额变动差异＝12 500×(1－0.9)＝1 250(元)

4.计算脱离定额差异分配率(按成本项目计算)。

$$\frac{直接材料脱离}{定额差异分配率}=\frac{-800-1\ 000}{12\ 500-1\ 250+135\ 000}=-1.2\%$$

$$\frac{直接人工脱离}{定额差异分配率}=\frac{50+200}{750+18\ 000}=1.3\%$$

$$\frac{制造费用脱离}{定额差异分配率}=\frac{40-100}{500+12\ 000}=-0.48\%$$

5.计算完工产品与月末在产品定额成本。

完工产品定额成本：

直接材料定额成本＝310×450＝139 500(元)

直接人工定额成本＝310×60＝18 600(元)

制造费用定额成本＝310×40＝12 400(元)

月末在产品定额成本：

直接材料定额成本＝12 500＋135 000－139 500＝8 000(元)

直接人工定额成本＝750＋18 000－18 600＝150(元)

制造费用定额成本＝500＋12 000－12 400＝100(元)

6.计算完工产品与在产品应负担的脱离定额差异。

完工产品应负担的脱离定额差异：

完工产品应负担直接材料脱离定额差异＝139 500×(－1.2%)＝－1 674(元)

完工产品应负担直接人工脱离定额差异＝18 600×1.3%＝241.8(元)

完工产品应负担制造费用脱离定额差异＝12 400×(－0.48%)＝－59.5(元)

在产品应负担的脱离定额差异：

在产品应负担直接材料脱离定额差异＝－1 800－(－1 674)＝－126(元)

在产品应负担直接人工脱离定额差异＝250－241.8＝8.2(元)

在产品应负担制造费用脱离定额差异＝－60－(－59.5)＝－0.5(元)

7.计算完工产品与在产品实际成本。

完工产品实际成本：

直接材料＝139 500－1 674－4 020＋1 250＝135 056(元)

直接人工＝18 600＋241.8＝18 841.8(元)

制造费用＝12 400－59.5＝12 340.5(元)

在产品实际成本：

直接材料＝8 000－126＝7 874(元)

直接人工＝150＋8.2＝158.2(元)

制造费用＝100－0.5＝99.5(元)

表 6—4　　　　　　　　　　　　产品成本计算单

产品名称：A 产品　　　　　　　20××年 8 月　　　　　　　　产量：310 件

成本项目		直接材料	直接人工	制造费用	合　计
月初在产品	定额成本	12 500	750	500	13 750
	脱离定额差异	－800	＋50	＋40	－710
月初在产品定额变动	定额成本调整	－1 250			－1 250
	定额变动差异	＋1 250			＋1 250
本月费用	定额成本	135 000	18 000	12 000	165 000
	脱离定额差异	－1 000	＋200	－100	－900
	材料成本差异	－4 020			－4 020
生产费用合计	定额成本	146 250	187 500	12 500	177 500
	脱离定额差异	－1 800	＋250	－60	－1 610
	材料成本差异	－4 020			－4 020
	定额变动差异	＋1 250			＋1 250
差异分配率	脱离定额差异	－1.2％	＋1.3％	－0.48％	
产成品成本	定额成本	139 500	18 600	12 400	－58 900
	脱离定额差异	－1 674	241.8	－59.5	－1 491.7
	材料成本差异	－4 020			－4 020
	定额变动差异	＋1 250			＋1 250
	实际总成本	135 056	18 841.8	12 340.5	161 238.3
	实际单位成本	435.66	60.78	39.81	536.25
月末在产品	定额成本	8 000	150	100	8 250
	脱离定额差异	－126	8.2	－0.5	－118.3

(三)优缺点及适用性

通过对上述定额成本计算的基本特点、基本内容和应用的研究,可以看出,定额成本计算方法是用产品的定额成本来控制实际生产费用支出,随后进一步查明实际生产费用脱离定额的差异及其原因,以实现降低成本目的的一种成本计算方法。定额成本制度的优点是:(1)定额成本计算方法有利于加强成本的日常控制。因为定额成本计算方法,在生产费用的日常核算中,同时计算生产费用定额数和实际费用脱离定额的差异,能及时发现各项费用的节约和超支情况,从而采取措施,有效地控制费用的发生,达到控制成本的目的。(2)定额成本的计算方法有利于进行产品成本定期分析。定额成本计算方法计算的产品实际成本,能分别反映出产品定额成本、定额成本差异和定额变动差异,这样在产品成本的定期分析时,便于准确确定产品实际成本脱离计划或脱离定额的原因及其程度,使成本分析有比较客观的依据。(3)通过实际脱离定额的差异和定额变动差异的核算,有利于提高成本计划工作和定额管理工作的水平。(4)由于有现成的定额成本资料,因而能较合理和简便地解决生产费用在完工产品和月末在产品之间的分配问题。

定额成本制度的缺点主要是:(1)由于采用定额成本制度要在定额成本的基础上通过调整各种差异计算产品实际成本,企业必须事先制定出各项消耗定额及定额成本;(2)成本计算过程中要分别核算定额成本、脱离定额差异及材料成本差异,在定额变动时,还要修订定额成本,计算定额变动差异,因此核算工作量较大。

为了充分发挥定额法的作用,并且尽量简化计算工作,采用此法必须具备以下两个条件:(1)企业的定额管理制度比较健全,定额管理工作的基础比较好。(2)产品的生产已经定型,各项消耗定额都比较准确、稳定。如果定额成本计算不准确,定额制定的不合理,会影响产品实际成本的准确性。如果定额不稳定,经常修订定额,会使得成本核算工作更加繁重且复杂。

第三节 标准成本制度

标准成本系统是为了克服实际成本计算系统的缺陷,尤其是不能提供有助于成本控制的确切信息的缺点而研究出来的一种会计信息系统和成本控制系统[1]。企业在制定全面预算时,就要不断降低成本耗费,当企业总体目标成本一旦确定,还要结合企业生产经营的实际情况,层层落实,并按成本项目逐一细致地制定出各个环节的控制成本,即标准成本。企业在制定实施标准成本系统时,一般有以下几个步骤:(1)制定单位产品标准成本;(2)根据实际产量和成本标准计算产品的标准成本;(3)汇总计算实际成本;(4)计算标准成本与实际成本的差异;(5)分析成本差异的发生原因,如果标准成本纳入账簿体系,还要进行标准成本及其成本差异的账务处理;(6)向成本负责人提供成本控制报告。

一、标准成本制度的作用

标准成本制度的产生与1903年泰罗出版的《工厂管理》一书有着密切的关系。该书提出产品的标准操作程序及时间定额,成为标准成本制度产生的基础。1911年

---

[1] 中国注册会计师协会. 财务成本管理. 北京:经济科学出版社,2008:424.

美国会计师卡特·哈里逊第一次设计出一套完整的标准成本制度。他在 1918 年发表一系列文章，其中曾介绍一套分析成本差异的公式，并对账户、分类账及成本分析单叙述得十分详细。从此，标准成本会计就脱离实验阶段而进入实施阶段，以后逐渐完善和广泛推广。

(一) 标准成本制度的作用

标准成本制度在西方工业企业中得到广泛应用。国外多年来实践表明，企业实行标准成本制度有很多优点，它的作用有以下几项：

1. 有利于增强员工的成本意识。标准成本制度要求在基层管理者参加之下，用科学的方法制定成本标准，作为员工工作努力的目标和业绩评估的尺度，这对于促使广大员工关心成本计算、增强成本意识、努力完成预定目标，具有积极的推动作用。

2. 有利于成本控制。标准成本制度在成本控制中起着重要作用。它通过事前制定的成本标准，对各种资源消耗和各项费用开支规定数量界限，可以事前限制各种消耗和费用的发生；在成本形成过程中，按成本标准控制支出，随时揭示节约还是浪费，及时发现超过成本标准的消耗，迅速制定改进措施，纠正偏差，以达到降低成本的目的；产品成本形成之后，通过实际成本与标准成本相比较，进行定期的分析和考核，及时总结经验，为未来降低成本指出途径。

3. 有利于价格决策。标准成本是价格决策和投标议价的一项重要依据，这是因为标准成本提供了及时、一致的成本信息，它消除了经营管理过程中由于低效率或浪费以及偶然性因素对成本的影响，从而避免了由于实际成本波动而造成价格波动的后果。所以，标准成本较比会计期间结束后才求得的实际成本作核价基础更为符合客观真实情况，并能满足竞争时市场对定价及时性的要求。

4. 有利于简化会计工作。在标准成本制度下，在产品、产成品和销售成本均以标准成本计价时，可以减少成本计算工作量，简化日常账务处理，及时提供利润等数据，加速了会计报表的编制。

5. 有利于正确评价业绩。在实际成本会计制度下，通过本期的实际成本与上期的同一产品的实际成本相比较，以评估成本超、降情况。然而，比较的成本和被比较的成本都是偶然性成本。所以，这样的比较不能作出正确的评价。在标准成本制度下，以标准成本作为评估业绩的尺度，由于标准成本通常是指在正常生产条件下制造产品应有的成本额。因此，以本期实际成本与标准成本相比较，就能正确评价企业的工作质量。

(二) 标准成本制度的特点

标准成本制度并非是一种单纯的成本计算方法，它是把成本的计划、控制、计算和分析相结合的一种会计信息系统和成本控制系统。其基本特点有：

1. 预先制定所生产的各种产品应该发生的各项成本，亦称标准成本，作为员工工作努力的目标,以及用作衡量实际成本节约或超支的尺度,从而起着成本的事前控制作用。

2. 在生产过程中将成本的实际消耗与标准消耗进行比较,及时地揭示和分析脱离成本标准的差异,并迅速采取措施加以改进,以加强成本的事中控制。

3. 每月终了按实际产量乘各项目的成本标准,将求得的标准成本同计算出来的实际成本相比较,揭示各成本差异,分析差异原因,查明责任归属,评估业绩,从而制定有效措施,以避免不合理支出和损失的重新发生,为未来的成本管理工作和降低成本的途径指出努力方向,实现成本的事后控制。

二、标准成本的种类和制定

(一)标准成本的种类

标准成本的种类很多,主要包括理想标准成本、正常标准成本、现实标准成本、基本标准成本和预期标准成本。

1. 理想标准成本。它是在现有技术、设备和经营管理达到最优状态下的目标成本水平。所谓"最优状态"是指在资源无浪费、设备无故障、产品无废品、工时全有效、生产能力达到充分利用的前提下,以最少的耗用量、最低的费用水平生产出最大的产出量。在该生产水平下制定的标准成本是最理想的,也是最难实现的。虽然这种目标成本可以激励员工努力工作,但在实际工作中,通过努力难以做到,以此为目标,可能会适得其反。

2. 正常标准成本。它是以正常的技术、设备和经营管理水平为基础制定的目标成本。所谓"正常",是指在考虑了设备可能发生的故障、意外或计划停工等一切不利因素后的技术、设备和经营管理水平,是企业过去较长时间内所达到的平均水平,是经过努力可以达到的。但该标准成本只是根据过去经验估计的,不能反映目前的实际水平,用它来评价各个时期的业绩往往不符合实际。

3. 现实标准成本。它是在正常标准成本基础上,考虑到目前的实际情况而制定的目标成本。它是根据合理的耗用量、费用耗用水平和生产能力利用程度制定的、切合实际情况的一种标准成本。这种标准成本是通过努力能够达到的、切实可行的标准成本。

4. 基本标准成本。它是指材料成本一旦确定,只要生产经营条件无重大变化,就不予变动的一种标准成本。但实际上,企业的经营条件随着时间的推移在不断地变化着,因此,基本标准成本赖以存在的基础也是很脆弱的。

5. 预期标准成本。它是根据企业现有生产技术条件,结合总的目标成本,考虑到未来时期可能的变化因素而制定的一种标准成本,它是对现行标准成本的改进。企业在进行成本控制、选择标准成本形式时,以预期标准成本为宜。这样,才能恰当地表现出企业各部门、各车间、各工段、各小组的工作效率的高低、成本的节约或浪费，促进目标成本的实现。

(二)标准成本的制定

标准成本一般是由会计部门会同采购部门、技术部门和其他有关的经营管理部门，在对企业生产经营的具体条件进行分析、研究和技术测定的基础上，采用科学的方法共同制定的。产品标准成本的制定通常按成本项目进行，通常有直接材料标准成本、直接人工标准成本和制造费用标准成本。

1. 直接材料标准成本的制定。直接材料标准成本的制定包括直接材料用量标准的制定和直接材料价格标准的制定。

直接材料用量标准是指在现有的生产技术条件下，生产单位产品所需要的材料数量，即材料的消耗定额。直接材料用料标准通常应根据企业产品的设计、生产工艺状况，并结合企业的经营管理水平，考虑降低材料消耗的可能等条件制定的。企业应为产品耗费不同的直接材料分别制定标准耗用量。

直接材料价格标准是指采购部门根据供应单位的市价，结合最佳采购批量和最佳运输方式等其他影响价格的因素预先确定各种材料的单价，包括买价和运杂费等。

根据材料用量标准和价格标准就可以确定直接材料的标准成本。其公式如下：

直接材料标准成本＝直接材料数量标准×直接材料价格标准

【例6-1】 假定某企业甲产品耗用A、B、C三种直接材料，其直接材料标准成本计算如表6-5所示。

表6-5　　　　　　　　甲产品直接材料标准成本计算

标　准	A材料	B材料	C材料
数量标准(1)	6千克	3千克	8千克
价格标准(2)	50元	30元	10元
标准成本(1)×(2)	300元	90元	80元
直接材料标准成本	470元		

2. 直接人工标准成本的制定。直接人工标准成本的制定包括直接人工的工时标准制定和工资率标准制定。

工时标准是指在现有的生产技术条件下，生产单位产品所需要的时间。这里的工时既可以是生产工时，也可以是机器工时。但在制定工时标准时，应考虑生产间歇和正常停工所用的时间。如果有的企业生产工艺比较复杂，可先制定零件的工时标准，再制定部件及产品的工时标准。

在计时工资下,工资率标准就是单位工时工资率标准。其计算公式如下:

工资率标准＝标准工资总额÷标准总工时

根据标准工时和小时标准工资率就可以确定产品的直接人工标准成本。其计算公式如下:

直接人工标准成本＝工时标准×工资率标准

上例企业甲产品的直接人工标准成本计算如表6－6所示。

表6－6　　　　　　　　　　直接人工标准成本计算

项　目	标　准
月标准总工时(1)	22 800 小时
月标准工资总额(2)	182 400 元
工资率标准(3)＝(2)÷(1)	8元/小时
单位产品工时标准(4)	5 小时
直接人工标准成本(5)＝(4)×(3)	40 元

3. 制造费用标准成本的制定。制造费用标准成本可分为变动制造费用标准成本和固定制造费用标准成本。

(1)变动制造费用标准成本。变动制造费用标准成本的制定与直接人工标准成本的制定相类似,除了工时标准的制定外,还包括标准变动制造费用分配率的制定。其计算公式为:

变动制造费用标准分配率＝变动制造费用预算总额÷标准总工时

变动制造费用预算总额可采用弹性预算的方式按不同的生产活动水平分别确定。

据此,可确定变动制造费用标准成本计算公式如下:

变动制造费用标准成本＝工时标准×变动制造费用标准分配率

(2)固定制造费用标准成本。固定制造费用标准成本的制定与变动制造费用标准成本的制定基本相同,只不过固定制造费用的预算总额只能是预计某一生产水平下的费用总额,一旦计划确定,不能随生产量的变动而任意变动。其计算公式如下:

固定制造费用标准分配率＝固定制造费用预算总额÷标准总工时

固定制造费用标准成本＝工时标准×固定制造费用标准分配率

以上甲产品制造费用标准成本计算如表6－7所示。

表 6-7　　　　　　　　　　制造费用标准成本计算

项　目	标　准
月标准总工时(1)	22 800 小时
变动制造费用预算总额(2)	68 400 元
变动制造费用标准分配率(3)=(2)÷(1)	3 元/小时
工时标准(4)	5 小时
变动制造费用标准成本(5)=(4)×(3)	15 元
固定制造费用预算总额(6)	239 400 元
固定制造费用标准分配率(7)=(6)÷(1)	10.5 元/小时
固定制造费用标准成本(8)=(4)×(7)	52.5 元
制造费用标准成本(9)=(5)+(8)	67.5 元

4.单位产品标准成本的计算。在按成本项目制定出标准成本后,就可以计算单位产品的标准成本。单位产品标准成本的计算,通常以填制"标准成本卡"的形式进行。标准成本卡的格式如表 6-8 所示。

表 6-8　　　　　　　　　　甲产品标准成本卡

成本项目		用量标准	价格标准	单位标准成本
直接材料	A	6 千克	50 元	300 元
	B	3 千克	30 元	90 元
	C	8 千克	10 元	80 元
	小计			470 元
直接人工		5 小时	8 元	40 元
变动制造费用		5 小时	3 元	15 元
固定制造费用		5 小时	10.5 元	26.25 元
单位标准成本				1 013.75

三、标准成本制度下成本差异的揭示

标准成本制度下成本的事中控制是通过差异的计算来进行的。而差异的计算,往往是根据一定时间实际产量的实际耗用量以及实际价格与实际产量的标准耗用量和标准价格的计算来求得。现分述如下:

(一)变动成本差异的揭示

变动成本包括直接材料、直接人工和变动制造费等。作为变动成本控制的项目,

必须与成本预算项目相一致。

1. 材料差异。引起材料差异的因素有两个,即材料数量差异和材料价格差异。

(1)材料价格差异。材料价格差异即材料实际价格和标准价格的差异。计算公式如下:

材料价格差异=(实际价格-标准价格)×材料实际数量

需要说明的是,上述公式中材料实际数量是实际采购数量还是生产中的实际耗用量,这要根据具体情况决定,如价格差异是在企业供应部门的控制范围内,属于供应部门的考核指标,那么这个材料实际数量应该是实际采购数量,即材料价格差异,在材料采购时认定;如要计算本期耗用材料的价格差异,那么这个材料实际数量应该是实际耗用量。从成本控制角度来考虑,为了及时揭示价格差异并改进材料采购工作,材料实际数量应以实际采购量为好,以免时过境迁,为时已晚。

(2)材料数量差异。材料数量差异即生产经营过程中,材料实际耗用量和标准耗用量之间的差额。用公式可表示如下:

材料数量差异=(实际耗用量-标准耗用量)×标准价格

一般情况下,材料数量差异应在材料领用时揭示。通常领用材料时,可根据限额领料卡领料,如超过限额领料卡领料,应另填领料单,经有关部门或领导的批准方可领料。这些领料单从成本控制角度来考察就是材料数量差异凭证。

有些材料是整体的,领用时很难分割(如块、桶、条),须用后再清算,这时材料数量差异的揭示也只能在事后了。但这种事后,间隔时间不宜过长。

2. 直接人工差异。直接生产工人工资的形式多种多样,归纳起来无外乎两种,即计件工资和计时工资。计件工资毫无疑问属于变动成本,适合我们下面的分析;而纯粹的计时工资属酌定性固定成本,其控制分析应归在固定成本分析中进行。但在实际工作中很多计时工资属于半变动成本,因为即使是拿计时工资的工人,其实得到的工资也会随着其工作质量的好坏、产量的大小而发生变化。因此,在人工成本差异揭示时,可视具体情况把直接生产工人的计时工资或归入变动成本分析中,或归入固定成本分析中。直接人工的差异可归纳为两类,即人工工时差异和工资率差异。

(1)人工工时差异。它是因工时利用情况好坏而引起的差异。如劳动生产率提高,工时利用充分,在相同的情况下可生产出更多的产品,从而降低成本;反之,则使成本上升。人工工时差异计算公式如下:

人工工时差异=(实际工时-实际产量×单位标准工时)×标准工资率

(2)工资率差异。它是指实际工资率和标准工资率不同引起的差异。其计算公式如下:

工资率差异=实际工时×(实际工资率-标准工资率)

引起工资率差异的原因有客观因素和主观因素。客观因素如国家调整工资水平,物价上涨引起工资水平的上升。主观因素可能是人事部门选择了具有较高工作效率的工人或可能给其中一些工人付了较高的工资所致。

3.变动制造费用差异。变动制造费用差异由两个因素构成,即工时差异和分配率差异。

(1)变动制造费用工时差异。变动制造费用的节约与否与劳动生产率的高低有密切关系,提高劳动生产率,可相对降低单位产品所负担的变动制造费用,从而使变动制造费用有所节约。其计算公式如下:

变动制造费用工时差异＝(变动制造费－实际产量×单位标准工时)×标准小时费用分配率

(2)变动制造费用分配率差异。即使没有工时差异,变动制造费用也会发生一定的差异。这种差异大多是由变动制造费用耗用水平发生变化而引起的,如电费、煤炭价格涨价,引起变动制造费用耗用水平上升。其计算公式如下:

变动制造费用分配率差异＝(实际小时费用分配率－标准小时费用分配率)×实际工时

(二)固定制造费用差异的揭示

固定制造费用指在一定时间范围内与经营业务量变动无关的成本,如折旧、财产保险、车间管理人员工资等等。因此,固定成本主要控制其总额。但是,如果产量比预算增加,而固定制造费用总额却保持不变,固定制造费用相对来说节约了,反之则相对超支了。固定制造费用与各项变动成本差异分析不同,其分析方法有"两因素分析法"和"三因素分析法"两种。

1.两因素分析法。两因素分析法是将固定制造费用差异分为耗费差异和能量差异。耗费差异是指固定制造费用的实际金额与固定制造费用预算金额之间的差额。其计算公式为:

固定制造费用耗费差异＝固定成本实际发生数－固定制造费用预算数

能量差异是指固定制造费用预算与固定制造费用标准成本的差额,或者说是实际业务量的标准工时与生产能量的差额用标准分配率计算的金额。它反映实际产量标准工时未能达到生产能量而造成的损失。计算公式如下:

固定制造费用能量差异＝固定成本预算－固定制造费用标准成本
＝固定制造费用标准分配率×生产能量－实际产量标准工时×固定制造费用标准分配率
＝(生产能量－实际产量标准工时)×固定制造费用标准分配率

2.三因素分析法。三因素分析法是将固定制造费用成本差异分析分为耗费差异、效率差异和闲置能量差异三部分。在三因素分析法中,将两因素分析法中的"能量差异"进一步分成两部分:一部分是实际工时未达到生产能量而形成的闲置能量差

异;另一部分是实际工时脱离标准工时而形成的效率差异。其计算公式如下:
　　固定制造费用耗费差异＝固定成本实际发生数－固定制造费用预算数
　　固定制造费用闲置能量差异
　　　　　＝固定制造费用预算－实际工时×固定制造费用标准分配率
　　　　　＝(生产能量－实际工时)×固定制造费用标准分配率
　　固定制造费用效率差异
　　　　　＝实际工时×固定制造费用标准分配率
　　　　　　－实际产量标准工时×固定制造费用标准分配率
　　　　　＝(实际工时－实际产量标准工时)×固定制造费用标准分配率

(三)标准成本控制差异揭示举例

例如,星光公司20××年生产A产品有关资料如表6－9、表6－10所示。

表6－9　　　　　　　　　　产品A标准成本卡

直接材料	20千克	单价30元
直接人工	5工时	工资率4元
变动制造费用	5工时	分配率10元
固定制造费用	5工时	分配率8元
生产能量	2 000件	即10 000小时

表6－10　　　　　　　　　　产品实际资料

实际产量	2 400件	—
实际领用材料	50 000千克	单价29元
直接人工工时	9 600工时	每小时平均工资率为4.5元
制造费用	—	202 000元
其中:变动制造费用	—	118 000元
固定制造费用	—	84 000元

根据上述资料,有关差异揭示如下:

1. 材料差异。

材料数量差异＝(实际耗用量－实际产量×标准单耗)×标准单价
　　　　　　＝(50 000－2 400×20)×30＝60 000(元)(超支)
材料价格差异＝材料实际耗用量×(实际单价－标准单价)
　　　　　　＝50 000×(29－30)＝－50 000(元)(节约)

2. 直接人工差异。

人工工时差异＝实际产量×(实际单位工时－标准单位工时)×标准分配率
　　　　　　＝(9 600－2 400×5)×4＝－9 600(元)(节约)

工资率差异＝实际耗用工时×(实际工资率－标准工资率)
　　　　　＝9 600×(4.5－4)＝4 800(元)(超支)

3. 变动制造费用差异。

变动制造费用工时差异＝(实际工时－标准工时)×标准分配率
　　　　　　　　　　＝(9 600－2 400×5)×10＝－24 000(元)(节约)

变动制造费用分配率差异＝实际工时×(实际分配率－标准分配率)
　　　　　　　　　　　＝118 000－9 600×10＝22 000(元)(超支)

4. 固定成本差异。

(1)两因素分析。

固定制造费用耗费差异＝实际数－预算数
　　　　　　　　　　＝84 000－2 000×5×8＝4 000(元)(超支)

固定制造费用能量差异＝预算数－实际产量×标准工时×标准分配率
　　　　　　　　　　＝80 000－2 400×5×8＝－16 000(元)(相对节约)

(2)三因素分析。

固定制造费用耗费差异＝实际数－预算数
　　　　　　　　　　＝84 000－2 000×5×8＝4 000(元)(超支)

固定制造费用闲置能量差异
　＝(生产能量－实际工时)×固定制造费用标准分配率
　＝(10 000－9 600)×8＝3 200(元)(能量闲置)

固定制造费用效率差异
　＝(实际工时－实际产量标准工时)×固定制造费用标准分配率
　＝(9 600－2 400×5)×8＝－19 200(元)(效率提高)

第四节　价值工程

价值工程，指的是通过集体智慧和有组织的活动对产品或服务进行功能分析，使目标以最低的总成本可靠地实现产品或服务的必要功能，从而提高产品或服务的价值。价值工程的主要思想是通过对选定研究对象的功能及费用分析，提高对象的价值。

一、价值工程的原理

价值工程又称价值分析，是降低成本、提高经济效益的有效方法。

价值工程 20 世纪 40 年代起源于美国,创始人是美国通用电气公司设计工程师劳伦斯·戴罗斯·麦尔斯。1961 年美国价值工程协会成立时麦尔斯当选为该协会第一任会长。在第二次世界大战之后,由于原材料供应短缺,采购工作常常碰到难题。经过实际工作中孜孜不倦地探索,麦尔斯发现有一些相对不太短缺的材料可以很好地替代短缺材料的功能。后来,麦尔斯逐渐总结出一套解决采购问题的行之有效的方法,并且把这种方法的思想及应用推广到其他领域。例如,将技术与经济价值结合起来研究生产和管理的其他问题,这就是早期的价值工程。麦尔斯发表的专著《价值分析的方法》,使价值工程很快在世界范围内产生巨大影响。

20 世纪 50 年代末和 60 年代初,价值工程方法先后被引入日本及西欧各国。1955 年这一方法传入日本后与全面质量管理相结合,得到进一步发扬光大,成为一套更加成熟的价值分析方法。我国引入并开始研究价值工程方法大致在 1978 年前后。1983 年国家经委还把这种方法列为在全国企业推广应用的 18 种现代管理方法之一。价值工程中的"成本",从产品来说,是以功能为对象而进行的成本核算。一个产品往往包含许多零部件的功能,而各功能不尽相同,这就需要把零部件的成本变成功能成本,这与一般财会工作中的成本计算是有较大差别的。财会工作中计算成本都是先求得各个零部件的成本,即以零部件数量乘以其成本单价,然后再将各种零部件成本相加,求得总成本。而价值工程中的功能成本,是把每一零部件按不同功能的重要程度分组后计算的。价值分析中成本的"大小",是根据所研究的功能对象确定的。

在价值工程中,价值的定义为:$V = \dfrac{F}{C}$

式中,V 为价值,F 为功能评价值,C 为总成本。

可见,价值工程包括三个基本要素,即价值、功能和成本。

式中的成本并非仅指生产或制造成本,它还包括使用成本,二者的加总即所谓的寿命周期成本。价值工程方法的核心是功能分析。应用价值工程的目的是分析产品的设计,省略不必要的功能和不能为消费者提供所需要的功能的费用,达到用最低的生产成本换取足够的必要功能。价值工程强调发挥组织力量和集体智慧,并把解决问题的程序分为分析、综合、评价三个阶段。

提高价值的五种主要途径为:(1)成本不变,功能提高(F↑/C→ = V↑);(2)功能不变,成本下降(F→/C↓ = V↑);(3)成本略有增加,功能大幅度提高(F↑大 /C↑小 = V↑);(4)功能略有下降,成本大幅度下降(F↓小 /C↓大 = V↑);(5)成本降低,功能提高(F↑/C↓ = V↑大)。

价值工程虽然起源于对材料和代用品的研究,但这一原理很快就扩散到各个领域,有广泛的应用范围,大体可应用在两大方面:第一,在工程建设和生产发展方面。大的可应用到对一项工程建设,或者一项成套技术项目的分析;小的可以应用于企业生产的每一件产品、每一部件或每一台设备。在原材料采用方面也可应用此法进行分析,具体做法有:工程价值分析,产品价值分析,技术价值分析,设备价值分析,原材料价值分析,工艺价值分析,零件价值分析,工序价值分析等。

第二,在组织经营管理方面。价值工程不仅是一种提高工程和产品价值的技术方法,而且是一项指导决策、有效管理的科学方法,体现了现代经营的思想。在工程施工和产品生产中的经营管理,也可采用这种科学思想和技术。例如,对经营品种价值分析、施工方案价值分析、质量价值分析、产品价值分析、管理方法价值分析、作业组织价值分析等。

麦尔斯在长期实践过程中,总结了一套开展价值工作的原则,用于指导价值工程活动各个步骤的工作。这些原则是:(1)分析问题要避免一般化、概念化,要作具体分析。(2)收集一切可用的成本资料。(3)使用最好、最可靠的情报。(4)打破现有框框,进行创新和提高。(5)发挥真正的独创性。(6)找出障碍,克服障碍。(7)充分利用有关专家,扩大专业知识面。(8)对于重要的公差,要换算成加工费用来认真考虑。(9)尽量采用专业化工厂的现成产品。(10)利用和购买专业化工厂的生产技术。(11)采用专门生产工艺。(12)尽量采用标准。(13)以"我是否这样花自己的钱"作为判断标准。这13条原则中,第1条至第5条是属于思想方法和精神状态的要求,提出要实事求是,要有创新精神;第6条至第12条是组织方法和技术方法的要求,提出要重专家、重专业化、重标准化;第13条则提出了价值分析的判断标准。

使用哪种价值工程种类依赖于产品的功能。对于这样一组产品,包括汽车、计算机软件和许多消费性的电子产品如照相机和视听设备,可以轻易地增加其功能或取消其功能。这些都是不断有新款式或不断升级的产品,消费者的偏好也经常改变。事实上,制造商往往选择一组有特色的特征赋予每一款新的产品。对于汽车来讲,这意味着新的性能和新的安全特征;而对于计算机软件来讲,它可能意味着完成新的任务或进行分析的能力。

相反,对于另一组以专业设备和工业产品为最好代表的产品,例如建筑设备、载重汽车和专用医学设备,产品功能必须设计在产品之中,而不是另外加上去。与第一组产品相比,消费者的偏好更固定一些。

目标成本对于第一组产品更有用一些,因为该类产品存在大量企业可以自行控制的特征。在这些企业中普遍运用的价值工程类型是功能分析,即对产品的每一主要功能或特性的效用和成本进行考察。这种分析的目的是确定效用与成本间的平衡。当全部功能的成本低于目标成本时,每种功能的总效用值即可达到。

在这一个步骤中,标杆经常被用来确定哪个特征能给企业带来竞争优势。例如,在发行一个新版软件时,对照其成本和开发所需的时间,要对新版本的每一个预期特性进行检测,目的是使软件的"一揽子"特性达到既满足顾客偏好,又使成本低于目标水平。再如,汽车制造商必须确定哪种效用和安全特征应赋予其新款。这种决策是基于对顾客分析、功能分析及顾客偏好的性能与其成本间的对比分析。例如,可以增加改进了的安全气囊,但是由于目标成本约束,一个改进了的声音系统可能会推迟到下一个款型才能应用。

设计分析是第二组产品,即产业和专业化产品中利用价值工程的普通形式。设计小组准备了几种可能的产品设计,每种都有相似的特性,但各自的效用水平与成本则不同。标杆和价值链分析,有助于指导设计人员设计、准备那些成本低且有竞争力的方案。设计小组与成本管理人员协同工作,以选择最符合顾客偏好但未超过目标成本的设计方案。

在 R. 库珀实地研究的基础上,表 6-11 列示了三家日本企业不同的目标成本及成本降低战略的比较。请注意,功能需求不同常导致不同的成本降低方法。就像在尼桑公司和奥林巴斯公司,当顾客期望的功能增加时,目标成本就有更显著的应用。相反,Komatsu 公司,重点则在于生产率分析。

表 6-11   三家日本企业的目标成本

公司名称	功 能	成本降低方法	战 略
尼桑汽车	迅速增加;易于添加或削减功能	价值工程;提高价格或减少功能	价格由顾客对功能的期望来定;在功能确定后,用目标成本寻找节约,尤其是从供应商处。主要关注成本控制而非再设计或功能分析
Komatsu 建筑设备	静态;必须设计在产品中	设计分析:确定多项设计;功能分析:揭示成本与功能的权衡;生产率分析:减少残余成本	
奥林巴斯照相器材	增长迅速;应该设计在产品中	着重关注再设计和功能。不同功能有不同价格点,再加上(低成本的)支持作业功能	像尼桑那样更加注重功能管理,但更加重视价格点

其他成本降低方法包括成本表和分组技术。成本表是计算机基础上的基础数据,包括关于企业成本动因的大量信息。例如,成本动因包括产品规格、制造所用材料以及产品特性数量。生产出自同一设计的不同规格零部件如导管组件、工具等的企业,使用成本表来显示不同规格、不同类材料的部件成本的不同。

分组技术是一种辨认公司所生产产品不同部件的相似性的方法,因为两个或更多的产品可以使用相同的部件,从而降低成本。拥有多种生产线的大制造商,例如汽车业,就是这样使用分组技术的。运用分组技术的一个关键点是,当降低制造成本时,如果一个不良部件应用于许多不同的款式,那么服务和保修成本可能会上升,结果导致产品的返修并影响到更多的顾客。当然,无论是制造成本还是服务/保修成本,分组技术和全面质量管理的结合能够使成本降得更低[①]。

价值工程已发展成为一门比较完善的管理技术,在实践中已形成了一套科学的实施程序。这套实施程序实际上是发现矛盾、分析矛盾和解决矛盾的过程,通常是围绕七个合乎逻辑程序的问题展开的,即:(1)这是什么?(2)这是干什么用的?(3)它的成本多少?(4)它的价值多少?(5)有其他方法能实现这个功能吗?(6)新的方案成本多少?功能如何?(7)新的方案能满足要求吗?

依次回答和解决这七个问题的过程,就是价值工程的工作程序和步骤。即:选定对象,收集信息资料,进行功能分析,提出改进方案,分析和评价方案,实施方案,评价活动成果。

二、价值工程的方法与程序

(一)选择对象

实施价值工程,首先必须选择要进行价值分析的对象。一个企业并不是要对本企业的全部产品进行价值分析,而是要根据本身实际情况选择存在问题较多的产品或作业流程进行价值分析。一般来说,应选择那些对降低成本影响较大的产品或零部件。对于研制的新产品来说,一般应选择预期产量较大的、用户急需的、设计研究费较多的、利润较高的、竞争激烈的产品。对于现有产品来说,一般应选择产量较大的、用户要求的功能不足的、成本和价格较高的、制作水平低的、利润少的、有发展前途的产品。强制确定法是最常用的方法。

一般在选择价值分析对象时,会采取一些方法科学地进行选择。

1. 因素分析法。因素分析法,又称经验分析法,是指根据价值工程对象选择应考虑的各种因素,凭借人员经验集体研究确定选择对象的一种方法。因素分析法是一种定性分析方法,依据分析人员经验做出选择,简便易行,还是比较有效的,特别是在被研究对象彼此相差比较大的情况下,以及时间紧迫的情况下。在对象选择中还可以将这种方法与其他方法相结合使用,往往能取得较好的效果。因素分析法的缺点是缺乏定量依据,准确性较差,对象选择的正确与否,主要决定于价值工程活动人员的经验及工作态度,有时难以保证分析质量。为了提高分析的准确程度,可以选择技术水平高、经验丰富、熟悉业务的人员参加,并且要发挥集体智慧,共同确定对象。

2. ABC 分析法。该法由意大利经济学家帕累托所创,基本原理为"关键的少数和次要的多数",抓住关键的少数可以解决问题的大部分。在价值工程中,我们把占成本的 70%~80% 而占总零部件数的 10%~20% 的产品划分为 A 类;把占总成本的

[①] 布洛切等.成本管理——战略与概论.北京:华夏出版社,2002:150.

10%～20%而占总零部件数的70%～80%的产品划分为C类,其余为B类。其中,A类是价值工程的主要研究对象。

有些产品不是由各个零件组成,如煤炭、钢铁、工程项目投资等,对这类产品可按费用构成项目分类,如分为管理费、动力费、人工费等,将其中所占比重最大的产品,作为价值工程的重点研究对象。这种分析方法也可从产品成本利润率、利润比重角度分析,其中利润额占总利润比重最低,而且成本利润率也是最低的,应当考虑作为价值工程的研究对象。

分析法抓住成本比重大的零部件或工序作为研究对象,有利于集中精力重点突破,取得较大效果,同时简便易行,所以广泛为企业所采用。但在实际中,有时由于成本分配不合理,造成成本比重不大,但用户认为功能重要的对象可能漏选或排序推后,而这种情况应列为VE工程研究对象的重点。ABC分析法的这一缺点可以通过经验分析法、强制确定法等方法补充修正。

3. 强制确定法。强制确定法译自Forced Decision,简称FD法。这种方法抓住每一事物的评价特性,然后把这些因素组合起来进行强制评价。这种方法在功能评价和方案评价中也有应用。强制确定法兼顾功能与成本,具体做法是先求出分析对象的成本系数、功能系数,得出价值系数,揭示出分析对象的功能与花费的成本是否相符,不相符、价值低的被选为价值工程的研究对象。

强制确定法的评价规则是:(1)由对产品性能熟悉的人员参加评价;(2)评价人数5～15人;(3)评价人员在评价时各自计分,互不通气;(4)评价两个功能的重要性时,采用一比一的方法,功能重要的得1分,相对不重要的得0分,不能同时得1分,也不能同时得0分。这样将零件逐一对比之后,即可得到每个零件所得的分数,以每个零件所得分数除以各零件分数之和,即可得到代表某零件功能的评价系数。其计算公式如下:

某零件功能系数(F)＝某零件所得分数/各个零件所得分数的总和

将各个零件的实际成本除以各个零件实际成本之和,即可得到成本系数。其计算公式如下:

某零件成本系数(C)＝某零件实际成本/各个零件实际成本的总和

以零件功能系数(F)除以零件成本系数(C),即可得到价值系数(V)。计算公式如下:价值系数(V)＝功能系数(F)/成本系数(C)

如果价值系数大于1,意味着对这个零件的相对重要性来说,成本分配偏低;如果价值系数等于1,或接近于1,说明该零件的相对重要性与该零件所耗费的成本相等,或大致相等;如果价值系数小于1,则说明该零件相对来说并不太重要,但成本分配偏高,应列为重点分析对象。

(二)收集情报

价值工程离不开情报资料,以收集的情报资料为依据,才能做出科学的价值分

析。收集的情报越全面、及时、准确,价值工程工作越能得到较好的经济效果。一般情报收集的步骤如下所述:

1. 确定情报工作的目的,制定情报收集活动计划。

2. 收集情报。掌握价值工程对象在寿命周期内的要求事项,成员统一认识并根据计划收集自己所承担的那部分情报。一般收集的情报包括:市场消费情报,产品科研、设计情报,产品工艺制造情报,材料消耗情报,产品销售情报,国内外同类型产品情报等。

3. 情报整理汇总,进行分析。这一阶段将情报整理汇总到工作表上,情报收集工作表的形式如表6-12所示。

表6-12　　　　　　　　　情报收集工作表

价值工程情报收集	VE工作表之一
VE对象名称_____	年采用量_____
市场方面情报	
技术方面情报	
成本费用方面情报	
采购外协方面情报	
本企业状况	
其他	
工作小组名称_____ 　小组成员_____ 　日期_____	

（三）功能分析

有了较为全面的情报之后,就可以进入价值工程的核心阶段——功能分析。在这一阶段要进行功能的定义、分类、整理和评价等。

1. 功能定义。就是用确切的词汇表述产品的功能或作用,加深对产品功能的理解。任何一种产品都具有一定功能,这样,产品才具有使用价值、交换价值的基础。产品才能在市场上出售。产品具备一定的功能,要花费相应的成本才能达到,价值工程就是分析研究用最少的成本去达到产品的使用功能。

2. 功能整理。明确功能的范围,检查功能的正确性和科学性。

3. 功能评价。就是分析功能的价值。

（四）制定方案

经过分析和评价,分析人员可以提出多种方案,从中筛选出最优方案加以实施。在决定实施方案后应该制定具体的实施计划,提出工作的内容、进度、质量、标准、责任等方面的内容,确保方案的实施质量。为了掌握价值工程实施的成果,还要组织成果评价。成果的鉴定一般以实施的经济效益、社会效益为主。作为一项技术经济的分析方法,价值工程做到了技术与经济的紧密结合。

本章小结

　　成本控制就是根据预定的成本目标,对实际生产经营活动中的一切生产资金耗费,进行指导、限制和监督,发现偏差,及时纠正,以保证更好地实现预定的成本目标,促使成本不断降低。

　　任何管理制度实施时,都要遵照它们的经济原则,使其产生最大的效果。进行成本控制,也必须遵守它的基本原则。成本控制的原则是:全面介入的原则;例外管理的原则;经济效益的原则;可控性原则。

　　成本控制可按成本发生的时间先后划分为事前控制、事中控制和事后控制三个阶段,也就是成本控制循环中的设计阶段、执行阶段和考核阶段。

　　定额成本制度是以事前制定产品的定额成本作为目标成本,在生产费用发生的当时将实际发生的费用与目标成本进行对比,揭示差异,并找出原因,及时控制、监督实际生产费用的支出,加强成本差异的日常核算、分析和控制。月终,再根据定额成本、定额差异和定额变动来计算实际成本的一种成本制度。

　　标准成本制度并非是一种单纯的成本计算方法,它是把成本的计划、控制、计算和分析相结合的一种会计信息系统和成本控制系统。其基本特点有:预先制定所生产的各种产品应该发生的各项成本,亦称标准成本,作为员工工作努力的目标;在生产过程中将成本的实际消耗与标准消耗进行比较,及时地揭示和分析脱离成本标准的差异,并迅速采取措施加以改进,以加强成本的事中控制;每月终了按实际产量乘各项目的成本标准,将求得的标准成本同计算出来的实际成本相比较,揭示各成本差异,分析差异原因,查明责任归属,评估业绩,实现成本的事后控制。所谓价值工程,指的是通过集体智慧和有组织的活动对产品或服务进行功能分析,使目标以最低的总成本(寿命周期成本)可靠地实现产品或服务的必要功能,从而提高产品或服务的价值。价值工程的主要思想是通过对选定研究对象的功能及费用分析,提高对象的价值。价值工程是以功能分析为核心,使产品或作业能达到适当的价值的一次系统工程。

【主要概念】

成本控制	成本控制原则	标准成本制度	事前控制
价值工程	基本标准成本	事中控制	标准成本
事后控制	标准成本差异		

【本章案例】

邯钢——项目成本逆向分解[①]

钢铁行业是多流程、大批量生产的行业，由于生产过程的高度计划性决定了必须对生产流程各个工艺环节实行高度集中的管理模式。为了严格成本管理，一般依据流程将整个生产线划分为不同的作业单元，在各个作业单元之间采用某些锁定转移价格的办法。而邯钢在成本管理方面率先引入市场竞争手段，依据市场竞争力为导向分解内部转移成本，再以此为控制指标，落实到人和设备上，将指标责任与奖罚挂钩，强制实现成本目标，达到系统总和最优。

"倒"出来的利润

对邯钢而言，要挤出利润，首先需要确定合理先进、效益最佳化的单位产品目标成本。公司根据一定时期内市场上生铁、钢坯、能源及其他辅助材料的平均价格编制企业内部转移价格，并根据市场价格变化的情况每半年或一年作一次修订，各分厂根据原材料等的消耗量和"模拟市场价格"核算本分厂的产品制造成本，也以"模拟市场价格"向下道工序"出售"自己的产品。获得的"销售收入"与本分厂的产品制造成本之间的差额，就是本分厂的销售毛利。销售毛利还需要做以下两项扣除：一是把公司管理费分配给分厂作销售毛利的扣除项，一般采用固定的数额（根据管理费年预算确定）；二是财务费用由分厂负担，一般根据分厂实际占用的流动资金额参考国家同期同类利率确定。作这两项扣除后，就形成了本分厂的"内部利润"。

如三轧钢分厂生产的线材，当时每吨成本高达1 649元，而市场价只能卖到1 600元，每吨亏损49元。经过测算，这49元全部让三轧钢分厂一个生产单元消化根本做不到。如果从原料采购到炼钢、轧钢开坯和成材，各道工序的经济指标都优化达到历史最高水平——比如邯钢三轧钢厂发现，为使产品的包装质量符合公司要求，修卷减去的线材头尾一个月达上百吨，由此造成的损失超过6万元，为了降低成本对卷线机进行了技术改造，在充分保证包装质量的前提下，轧用量降低了40%，吨材成本下降8元。其他流程环节也纷纷采取不同手段降低成本，开坯的二轧钢厂挖潜降低5元/吨坯，生产钢锭的二炼钢厂挖潜降低24.12元/吨钢，原料外购生铁每吨由780元降到750元以下——这样环环相扣[8＋5＋24.12＋(780—750)＞49]就可扭亏为盈。

当时，总厂分别对各生产单元下达了目标成本，其中对三轧钢分厂下达了吨材1 329元的不赔钱成本指标。面对这一似乎高不可攀的指标，分厂领导班子对这个指标既感到有压力，但又提不出完不成的理由。因为这既是从市场"倒推"出来的，又是由自己的历史水平和比照先进水平测算出来的，再下调就意味着邯钢都要出现亏损，压力就变成了动力。面对新的成本目标，只能扎实工作，努力实现。

三轧钢分厂组成专门班子，也将工段进行层层分解，将总厂下达的新成本"倒推"，测算出各项费用在吨钢成本中的最高限额。比如各种原燃料消耗、各项费用指标等，大到

---

① 摘自http://www.em—cn.com/Article/200704/160643_2.html.

840多元(时价)1吨的铁水,小到仅0.03元的印刷费、邮寄费,横向分解落实到科室,纵向分解落实到式段、班组和个人,层层签订承包协议,并与奖惩挂钩,使责、权、利相统一,使每个单位、每个职工的工作都与市场挂起钩来,经受市场的考验,使全厂形成纵横交错的目标成本管理体系。

为促使模拟市场核算这一机制的高效运转,当然需要严格的奖惩机制保驾护航。在考核方法上,公司通常给分厂下达一组目标成本和目标利润。分厂制造成本低于目标成本,即形成成本降低额或称贷差,作为计奖或不"否决"奖金的依据,反之则"否决"奖金。实际内部利润大于目标利润的差额,通常也被当作计奖的依据。在现实中,有的公司以考核成本降低额为主,有的以考核内部利润为主。由于成本降低本身就是增加内部利润的因素,有的公司为了避免重复计奖,就将成本降低额从内部利润增加额中扣除,作为增加内部利润的计奖基数。在保证基本收入的前提下,加大奖金在整个收入中的比例,奖金约占工资的40%~50%;设立模拟市场核算效益奖,按年度成本降低总额的5%~10%和超创目标利润的3%~5%提取,仅1994年效益奖就发放了3 800万元。结果,三轧钢分厂拼搏一年,不仅圆满实现了目标,而且扭亏为盈,当年为总厂创利润82.67万元。

协同的正向循环

这种用以市价为基础的内部成本倒推分解法,把产品成本、质量、资金占用、品种结构等因素纳入完整的考核体系之中,给了成本中心更大的责任和压力,使分厂在有限的决策权之下,有了除降低成本以外的增利手段。可以使分厂了解假如自己是一个独立企业时的盈亏水平,增强"亏损"或微利单位的危机感和紧迫感,则公司推进降低成本目标时遇到的阻力比较小;由于实行优质优价的定价原则,可鼓励分厂提高产品质量以增加"销售收入",也使他们有了寻求质量与成本最佳结合点的权利;利息作为内部利润的扣除项,有利于量化资金占用水平,鼓励分厂压缩资金占用;通过对不同品种的合理定价,可鼓励分厂结合市场需求调整产品结构。采用项目成本倒推分解这种方法,从根本上改变了各个流程成本控制与总成本控制之间的关系,使个人将自己对总成本控制的贡献直观相关联,个人的晋升与发展也与这些贡献相关联,从而形成了良性循环。

邯钢推行以项目成本分解制后,使它能够在1993年以来国内钢材价格每年降低的情况下保持利润基本不减,1994~1996年实现利润在行业中连续三年排列第三名,1997~1999年上升为第二名。1999年邯钢的钢产量只占全国钢产量的2.43%,而实现的利润却占全行业利润总额的13.67%。冶金行业通过推广邯钢经验,也促使钢材成本大幅度降低,1997年以来全行业成本降低基本与钢材降价保持同步,1999年成本降低还超过了钢材降价的幅度,不仅使全行业经济效益呈现恢复性提高,而且为国民经济提供了廉价的钢材,缩小了高于国际钢价的价格差,增强了中国钢铁工业的国际竞争能力。

事实上,不只在钢铁行业,其他有色金属业、机械行业、化学工业、制糖业、造纸业等都具有邯钢这种大批量多流程生产的特点,由于邯钢成功地实施"模拟市场核算、倒推单元成本、实行成本否决、全员成本管理"这一全新的企业经营机制,因此在全国掀起了学习邯钢的一轮浪潮。

第七章

成本核算

【要点提示】
- 成本核算概述
- 成本核算的程序
- 成本的归集与分配

【内容引言】
　　成本核算是指对生产费用的发生和产品成本的形成所进行的会计核算,是成本管理的基础环节,为成本管理分析和管理控制提供信息基础。加强成本核算,有助于及时正确地反映和监督生产经营过程中的资源耗费,促使公司降低成本。本章主要阐述成本核算的会计流程、成本归集和分配。

　　成本核算是按照会计准则和相关制度的规定,核算企业在生产经营过程中所支出的物质消耗、劳动报酬以及有关费用支出。成本是综合反映一个企业生产经营成果的一项重要指标,原材料和能源消耗的使用是否节约、生产工艺及设备利用是否合理以及劳动生产率的高低,都会综合反映在产品成本的水平上。

第一节　成本核算概述

　　成本核算过程既是对企业生产经营过程中发生的各种生产耗费进行如实反映的过程,是为满足企业管理要求进行成本信息反馈的过程,也是对企业成本计划的执行情况进行检查和控制的过程。

一、成本核算的意义

　　成本核算是成本管理中的基础工作内容,它为一定的管理目的提供管理上所需

的成本信息,并把成本信息传递给有关的使用者。成本核算有以下几个方面的意义:

（一）正确计算财务成本,为财务会计确定企业收益

存货计价和收益确定是财务会计中的两个重要问题,这两个问题都与成本核算有着密切的联系。因为,成本核算是将历史成本汇集起来,然后分配给各种成本对象,计算出成本对象的成本。其目的是为了对存货计价、计算销售成本、对收益进行确定。为此,成本计算是否正确,直接关系到存货计价和收益确定是否正确,最终表现为所编制的财务报表能否如实地反映企业的财务状况和经营成果。

（二）提供成本管理信息,为成本过程控制进行决策支持

成本会计具有双重性,它既是财务会计的一个重要组成部分,也是管理会计的一个重要组成部分。从管理会计角度看,成本核算是为了企业正确进行最优决策、有效经营和成本控制服务的。

企业管理者为了实现有效经营,正确进行经营决策,往往会从许多方案中选取最优方案。"优"的标准主要是经济效果,而各种形式的"成本"又是经济效果的重要表现形式。因此,成本核算能为企业短期的生产经营预测和决策提供所需的数据。企业进行成本决策后所确定的成本称为目标成本。目标成本是企业在一定时期内为保证实现目标利润而制定的成本控制指标,要通过预算的编制付诸实施,这一实施的过程就是成本控制。现代成本控制是将成本事前的计划、日常的控制和最终产品成本的确定有机地结合起来,将成本计算和成本控制相结合,由一个包括制定标准成本、计算和分析成本差异、处理成本差异三个环节所组成的完整系统。所以,成本核算能为控制、降低成本提供必要的信息。

（三）提供责任成本信息,为成本考核进行决策支持

成本管理还包括成本考核,成本考核是为了贯彻经济责任制,激发企业员工对成本控制的责任感,便于企业管理机构对各个成本中心的业绩进行考核,进行成本考核必须建立责任成本制,要把成本责任指标分解落实,使企业各部门、各层次和个人都承担一定的责任成本,并把责、权、利相结合。这里的责任成本也是由成本会计核算系统提供执行信息的。

随着新技术革命与适时制生产管理系统、全面质量管理体系相辅相成、配合运用,成本核算还通过分析成本动因,在资源消耗与最终产出之间架起一座桥梁,以便提供更准确的成本信息,为从根本上降低成本指明方向。总之,成本核算的意义是多方面的,最重要的是为企业管理者服务,提供必要的内部管理的成本信息,帮助他们了解并解决生产经营中所存在的问题,挖掘降低成本的潜力,并为今后的决策提供所需的资料。

二、成本核算的原则

成本核算的原则是会计人员在成本核算过程中所应遵循的基本原则,是对企业

成本会计工作具有指导和规范作用的成本会计准则。成本核算一般应遵循的原则主要有：

（一）合法性原则

合法性原则是指计入成本的费用都必须符合国家法律、法令、准则和制度等的规定，不合规定的费用就不能计入成本。

根据合法性原则，企业在记录和分配当期发生的各项支出时，应该将作用于当期生产经营的收益性支出计入当期成本和期间费用；同时，将作用于多个会计年度的资本性支出计入有关的长期资产账户，在以后期间通过折旧、摊销等方式得到弥补；对于被没收的财物、各项罚款及由于自然灾害等原因而发生的非常损失，因不是企业日常经营活动发生的，不应计入成本。

（二）可靠性原则

可靠性原则包括真实性和可核实性。真实性就是所提供的成本信息与客观的经济事项相一致，不应掺假或人为地提高、降低成本。可核实性即成本核算资料按一定原则由不同的会计人员加以计算，都能得出相同的结果。真实性和可核实性是为了保证成本核算信息的质量正确可靠。

（三）相关性原则

相关性原则包括两个方面，即成本信息的有用性和及时性。成本信息的主要目的是帮助使用人员解决成本有关的问题，并为未来决策提供有用信息。例如，将成本信息反馈能为成本的升降找出原因，及时进行控制，以达到降低成本的目的。所以，有用性就是要求把成本核算的质量提高，并成为成本管理中重要的一环。如果有利于改善管理，对降低成本关系甚大的项目或环节，成本工作就应该细致一点。及时性也是相关性的一个重要因素，因为及时把信息反馈，可及时改进工作或为预测决策服务。过时信息往往成为徒劳无用的资料。

（四）分期核算的原则

成本核算必须将企业的经营管理活动划分为若干个相等的成本会计期间（如月、季、年），以便确定各个会计期间的有关成本。

成本分期核算不同于产品的成本计算期。不论是何种性质的企业，成本核算工作都包括费用的归集、汇总与分配，都必须按月进行。而完工产品的成本计算，则与成本类型有关，可定期进行，与成本核算期一致；也可能是不定期的，与成本核算期不一致。

（五）配比的原则

为了确定某一会计期间的产品销售利润，除需确定本期营业收入外，还应确定应由本期成本负担的费用，将费用和相应的收入相配比。这对企业成本计算来说，就是为实现本期收入而发生应由本期成本负担的费用，不论是否已经支付，都要计入本期成本,凡不是为实现本期收入所发生的费用(即已计入以前各期的成本,或应由以后各期成本负担的费用),虽然在本期支付,也不应计入本期成本,以便正确提供各期的成本信息。

(六)实际成本原则

成本核算必须以实际发生的经济资源耗费为依据。按照实际成本原则核算,具体表现在三个方面:第一,对生产所耗用的原材料、燃料和动力等费用,都要按实际成本计价。第二,对固定资产折旧必须按其原始价值和规定使用年限计算。第三,对完工产品实际成本要按实际成本计价。当然,按实际成本计价并不排斥原材料、产成品等存货按计划成本或定额成本进行日常核算,但必须合理计算成本差异,月末编制会计报表时,将计划成本或定额成本调整为实际成本。

(七)一致性原则

企业在成本核算过程中所采用的各种会计方法,如存货的计价方法、固定资产折旧方法、各种费用的分配方法等,前后各期应尽量保持一致,以保证各个期间成本核算信息的可比性。

成本核算所采用的方法要求前后一致,如耗用材料成本的计算,折旧的计提方法,辅助生产、制造费用的分配方法,在产品的计价方法,产品成本计算方法等。企业应根据会计准则、会计制度的规定,以及企业经营的特点和管理要求,选择适当的核算方法。方法一旦确定,应保持相对稳定,如确有必要改变,须单独进行说明。

(八)重要性原则

重要性原则是上述有关原则的补充,是指对于成本有重大影响的项目,应作为重点,力求精确,而对于那些不太重要的项目,就可以从简处理。

依据重要性原则,对于产品直接耗用的原材料应该直接计入有关产品成本,而对于那些虽是直接耗用,但数额不大的材料,可以作为消耗材料计入制造费用。重要性原则是一条补充原则,例如按照权责发生制原则,凡属于本期成本负担的费用,虽未支付亦应作为应付费用计入本期成本,但如果数额较小,就不一定要这样做,可以在实际支付时计入支付月份的成本。

以上是一些主要的成本核算原则,它们大多是国际上通用的会计准则,也符合我国会计准则的要求,用以指导我国的成本核算工作。

三、成本核算的要求

为了完成成本核算的各项任务,充分发挥成本核算的作用,不断改善企业的生产经营管理,产品成本的核算工作应做到:

(一)严格执行国家规定的成本开支范围和费用开支标准

成本开支范围是根据企业在生产过程中生产费用的不同性质,根据成本的内容以及加强经济核算的要求,由国家统一制定的。企业在生产过程中发生的费用是多种多样的,而这些不同用途的费用应由不同的渠道开支。例如,企业为生产产品所发生的各项费用应列入产品成本。企业进行基本建设、购建固定资产、同企业正常生产经营活动无关的营业外支出等费用的支出,不能列入产品成本。费用开支标准是对某些费用支出的数额、比例所作出的具体规定。如固定资产和低值易耗品的划分标准、应付福利费的提取比例、工资标准及其他开支标准,都应根据国家规定的标准开支,不能突破。企业严格遵守国家规定的成本开支范围和费用开支标准,既能保证产品成本的真实性,使同类企业以及企业本身不同时期之间的产品成本内容一致,具有分析对比的可能,又能正确计算企业的利润并进行分配。所以,严格遵守成本开支范围和费用开支标准这一财经纪律,是国家对企业核算产品成本时提出的一项纪律要求。

(二)正确划分成本的界线

1. 分清本期成本费用和下期成本费用的界线。凡应由本期产品成本负担的费用,都应全部计入本期产品成本;不应由本期产品成本负担的费用,则不能计入本期产品成本。实行待摊费用和预提费用的企业,待摊费用和预提费用要按受益期限摊销和预提,不能任意摊提、人为地调节产品成本。

2. 分清计入产品成本和不应计入产品成本的界线。对于企业在生产经营过程中发生的一些资本性支出,如购建固定资产的支出,不应列入产品成本,而应由特定的项目开支。只有生产经营过程中的耗费才能计入产品成本,筹资活动和投资活动不属于生产经营活动,它们的耗费不能计入产品成本,而属于筹资成本和投资成本。

3. 分清各种产品成本的界线。属于哪一种产品成本负担的费用,就应计入哪一种产品成本;对于不能直接计入产品成本的费用,应采用合理的分配标准,在有关产品之间进行分配。不得将应计入可比产品的费用,转作不可比产品成本;也不能将应计入亏损产品的费用,列入盈利产品成本中。

4. 分清在产品成本和产成品成本的界线。对需要计算在产品成本的某些产品,要采用适当的方法,将生产费用在产成品和在产品之间进行分配,不得任意压低或抬高在产品的成本,保证成本计算的真实性。在产品的成本计算方法一经确定,一般不应经常改变。

(三)完善成本责任制

为了正确地进行成本计算,考核各责任单位的成本水平,必须完善成本责任制,以进一步降低产品成本,提高企业的经济效益。要完善成本责任制,应做好如下几项工作:

1. 建立健全责任成本制度。责任成本是指各责任单位作为成本计算对象所计算的成本。企业在进行成本计算时,计算出产品成本是非常重要的。但是,产品成本不能反映每一责任单位的工作业绩,不便于将每一责任单位成本的高低与其应承担的责任、利润相联系。因此,在进行成本计算时,还应创造条件,计算出每责任单位的责任成本,便于进行考核和分析。

2. 建立健全内部成本管理体系。内部成本管理体系是一个非常复杂的系统,它涉及企业的所有部门和全体职工。该系统的完善程度、运行是否合理,直接关系到成本责任制的推行。因此,应建立一个运行自如、合理的内部成本管理体系,使之逐步完善。

3. 建立健全成本考核制度。在成本会计制度中不仅要计算成本,并对成本指标进行分析,而且还需进行考核。应考核每一种产品成本的升降情况以及各责任单位的情况。要对成本进行考核,就应做好各项基础工作,如成本指标的制定、各项定额、消耗量的制定等。建立一套成本考核的收集、整理、对比、计算等方法和程序,使成本考核形成制度,促进成本指标不断降低。

4. 建立健全成本责任奖惩制度。在计算出产品成本及责任成本之后,应对各责任单位可控制成本的高低进行分析,实行规范、严格的奖惩制度,以鼓励先进,督促落后,调动各部门及人员不断降低产品成本的积极性,促进企业经济效益的不断提高。

(四)做好成本核算的各项基础工作

在进行成本核算时,要正确计算成本,各项基础工作是非常重要的。如果基础工作做得不好,就会影响成本计算的准确性。要做好成本核算的各项基础工作,需要会计部门和其他部门的密切配合,共同做好这项工作。成本核算的基础工作主要包括:制定各种定额并及时地进行修订;建立健全财产物资的计量、收发、领退制度;建立各种原始记录的收集整理制度;制定厂内内部结算价格;建立责任成本会计各单位的责任成本等。

(五)选择适当的成本计算方法

企业在进行成本核算时,应根据本企业的具体情况,选择适合于本企业特点的成本计算方法进行成本计算。成本计算方法的选择,应同时考虑企业生产类型的特点和规律的要求两个方面。在同一个企业里,可以采用一种成本计算方法,也可以采用多种成本计算方法。成本计算方法一经选定,一般就不能经常变动。

四、成本与费用的分类

为了科学地进行成本计算,必须对企业的各种费用进行合理的分类。企业费用要素和产品生产成本项目,就是对企业各种费用的两种最基本的分类。

(一)企业费用要素

产品的生产经营过程,也是劳动对象、劳动手段和活劳动的耗费过程。因此,企业发生的各种耗费按其经济内容(或性质)的划分称为费用要素,主要有劳动对象方面的费用、劳动手段方面的费用和活劳动方面的费用三大类。前两方面为物化劳动耗费,即物质消耗;后一方面为活劳动耗费,即非物质消耗。这三类可以称为企业费用的三大要素。为了具体地反映企业各种费用的构成和水平,还应在此基础上将企业费用进一步划分为下列费用要素:

1. 外购材料,指耗用的一切从外部购入的原料及主要材料、半成品、辅助材料、包装物、修理用备件、低值易耗品和外购商品。

2. 外购燃料,指耗用的一切从外部购入的各种燃料。一般情况下,外购燃料包含在外购材料中,只有在外购燃料所占的比重比较大的时候才会单独列为一类。

3. 外购动力,指耗用的从外部购入的各种动力。

4. 职工薪酬,凡是在生产过程中企业为获得职工提供的服务而给予或付出的各种形式的代价,都构成职工薪酬。具体而言,包括工资、奖金、津贴、职工福利费、医疗保险费、养老保险费、失业保险费、工伤保险费、社会保险费、住房公积金、工会经费和职工教育经费、非货币福利等。

5. 折旧费,指企业提取的固定资产折旧。

6. 利息费用,指企业的借款利息费用减去利息收入后的净额。

7. 税金,指应计入生产费用的各项税金。

8. 其他支出,指不属于以上各要素的耗费。例如,邮电通讯费、差旅费、租赁费、外部加工费等。

按照费用要素分类反映的成本信息,可以反映企业在一定时期内发生了哪些生产经营耗费,数额各是多少,用以分析企业耗费的结构与水平。还可以反映物质消耗和非物质消耗的结构与水平,有助于统计工业净产值和国民收入。

(二)产品生产成本项目

企业的各种费用按其经济用途分类,有生产经营管理费用和非生产经营管理费用。生产经营管理费用又可区分为计入产品成本的生产费用和不计入产品成本的经营管理费用。计入产品成本的费用在生产过程中的用途也各不相同。有的产品直接用于产品生产,有的间接用于产品生产。为了具体地反映计入产品成本费用的各种用途,还应进一步划分为若干个项目,即产品生产成本项目,简称产品成本项目或成本项目。

根据生产特点和管理特点,企业一般可以设立以下四个成本项目:

1. 直接材料。这是指直接用于产品生产、构成产品实体的原料及主要材料、外购半成品、有助于产品形成的辅助材料以及其他直接材料。

2. 直接人工。这是指参加产品生产的工人工资以及按生产工人工资总额和规定的比例计算提取的职工福利费。

3. 燃料和动力。这是指直接用于产品生产的外购和自制的燃料及动力费。如果产品成本中燃料和动力费所占的比重很小,也可以将其并入制造费用项目中。

4. 制造费用。这是指为生产产品和提供劳务所发生的各项间接费用，包括工资和福利费、折旧费、办公费、水电费、劳动保护费以及其他制造费用。它不包括企业行政管理部门为组织和管理生产经营活动而发生的管理费用。

以上成本项目构成产品的制造成本。为了使产品成本项目能够反映企业生产的特点，满足成本管理的要求，各企业可以根据自己的特点和管理的要求，对以上成本项目作适当的增减调整。如产品成本中直接用于产品生产的外购半成品费用比重较大，而且又按产品制定了消耗定额，就可以将"直接材料"项目中外购半成品单独列为一个成本项目。又如，燃料和动力费用在产品成本中比重很小，也可以将其并入"制造费用"项目。

（三）企业费用要素与产品生产成本项目的区别与联系

按费用要素反映的费用和按成本项目反映的产品成本，既有联系又有区别。

二者的联系是：费用要素是构成产品成本的基础，它们都是在同一个生产过程中发生的生产耗费，都是为企业获得经营收入这一目的而付出的代价。

二者的区别是：费用要素包括了企业在一定时期内（月、季、年）实际发生的全部费用支出，而不管这些费用是否计入成本、是为哪些产品发生的；而成本项目只包括费用要素中用于产品生产的那部分费用，它不管费用与本期发生是否有关。如费用要素中的"工资"项目，既包括生产工人的工资，又包括车间、厂部管理人员的工资，而生产工人和车间管理人员的工资应计入成本，厂部管理人员的工资则不计入成本；成本项目中的"工资"项目则只包括生产工人的工资。同时，产品成本反映的是某一时期内生产某种产品所发生的全部费用支出。由于某一时期投入的产品，当期不一定全部完工，而当期完工的产品也不一定全部是当期投入的，这时的产品成本就可能包括几个时期的生产费用。

第二节　成本核算的程序

成本核算的一般程序，就是对生产费用进行分类核算，将生产经营过程中发生的各项要素费用按照经济用途归类反映的过程。产品成本核算包括生产费用的归集、分配和产品总成本和单位成本的计算两部分。

一、产品成本核算的一般程序

产品成本核算的一般程序如下：

1. 对所发生的费用进行审核，确定这些费用是否符合规定的开支范围，并在此基础上确定应计入产品成本的费用和应计入各项期间费用的数额。

2. 将应计入产品成本的各项费用,区分为哪些应当计入的产品成本,哪些应当由其他月份的产品成本负担。

3. 将每个月应计入产品生产成本的生产费用,在各种产品间进行分配和归集,计算各种产品成本。

4. 将既有完工产品又有在产品的产品成本,在完工产品和期末在产品之间进行分配和归集,并计算出完工产品总成本。

5. 将完工产品成本结账入"产成品"科目。

6. 结转期间费用。

二、产品成本核算使用的主要科目

为了按照用途归集各项费用,划清有关费用的界限,正确计算产品成本,应设置"生产成本"、"制造费用"、"待摊费用"、"预提费用"等科目。

"生产成本"科目,核算企业进行工业性生产所发生的各项产品费用。包括生产各种产成品、自制半成品、提供劳务、自制材料、自制工具以及自制设备等所发生的各项费用。该科目应设置"基本生产成本"和"辅助生产成本"两个二级科目。"基本生产成本"二级科目核算企业为完成主要生产目的而进行的产品生产所发生的费用,计算基本生产的产品成本。"辅助生产成本"二级科目核算企业为基本生产服务而进行的产品生产所发生的直接费用,计算辅助生产产品的成本。在这两个二级科目下,还应当按照成本核算对象开设明细账,账内按成本项目设专栏进行明细核算。

企业发生的直接材料和直接人工费用,直接记入本科目及"基本生产成本"和"辅助生产成本"两个二级科目及其所属明细账的借方;发生的其他间接费用先在"制造费用"科目归集,月终分配记入本科目及所属二级科目和明细账的借方;属于企业辅助生产车间为基本生产车间生产产品提供的动力等直接费用,先在本科目所属二级科目"辅助生产成本"中核算后,再分配转入本科目所属二级科目"基本生产成本"及其所属明细账的借方。企业已经生产完成并已验收入库的产成品以及自制半成品的实际成本,记入本科目及所属二级科目"基本生产成本"及其所属明细账的贷方;辅助生产车间为基本生产车间、企业管理部门和其他部门提供的劳务和产品,月终应按照一定的分配标准分配给各受益对象,按实际成本记入本科目及"辅助生产成本"二级科目及其所属明细账的贷方。本科目的借方期末余额反映尚未完成的各项在产品的成本。

"制造费用"科目,核算企业为生产产品和提供劳务而发生的各项间接费用。该科目应按不同的车间、部门设置明细账,账内按制造费用的内容设专栏,进行明细核算。发生的各项间接费用记入本科目及所属明细账的借方;月终将制造费用分配记入有关的成本计算对象时,记入本科目及所属明细账的贷方。本科目月末一般应无余额。

"待摊费用"科目,核算企业已经支付但应由本期和以后各期共同负担的、分摊期限在一年以内的各项费用,如低值易耗品摊销、出租出借包装物摊销、预付保险费、预付报刊费等。该科目应按费用种类设置明细账进行明细核算。企业发生待摊费用时记入本科目及所属明细账的借方;分期摊销的费用记入本科目及所属明细账的贷方。本科目借方的期末余额表示尚未摊销的费用。

"预提费用"科目,核算企业按照规定从成本、费用中预提但尚未实际支付的各项费用,如预提的租金、保险费、借款利息、修理费用等。该科目应按费用的种类设置明细账,进行明细核算。企业预提各项费用时,记入本科目及所属明细账的贷方;实际支付预提各项费用时,记入本科目及所属明细账的借方。本科目的贷方期末余额表示已预提但尚未支付的费用。如果实际支付的预提费用数额大于已预提数额,则本科目会出现借方余额,应视同待摊费用处理,分期摊入有关成本、费用账户中。

第三节 成本的归集与分配

成本计算的过程实际上就是成本的归集和分配过程,生产经营成本通过多次的归集与分配,最终计算出产品总成本和单位成本。

一、材料费用的归集和分配

材料是工业企业生产加工的劳动对象,是产品生产中必不可少的物质要素。在企业的生产活动中,大量消耗各种材料,比如各种原料及主要材料、辅助材料及燃料。它们有的用于产品生产,有的用于维护生产设备和管理、组织生产;此外,还有的用于非工业生产等。

(一)材料的分类

工业企业的材料品种繁多,规格复杂,收发频繁,为了便于管理与核算,相对准确地计算产品成本,必须对材料进行科学地分类。材料按其在生产经营过程中的作用不同,可分为以下几类:

1. 原料及主要材料。指经过生产加工后构成产品实体或主要成分的各种原料和材料。如在加工企业中,炼铁用的铁矿石,纺纱用的原棉,炼油用的原油,制造机器用的钢材等。企业如果外购半成品,作为进一步加工使用,就其性质看与原材料一样,也是用来加工生产以构成产品实体或主要成分的劳动对象,因而也可列入本类。

2. 辅助材料。指直接用于生产过程,有助于产品的形成或为产品生产创造正常劳动条件,但不构成产品主要实体的各种材料,如漂染用的漂白剂、染料,防腐用的油漆,化学反应中用的各种触媒、催化剂等。

3. 燃料。指在生产过程中用来燃烧发热的各种燃料,包括固体燃料、液体燃料和气体燃料,如煤、汽油、天然气等。

4. 修理用备件。指为修理本企业的机器设备和运输设备等所专用的各种备品配件,如齿轮、阀门、轴承等。

5. 包装物。指为包装本企业产品并准备随同产品一起出售的、或者在销售过程中租借给购货单位使用的各种包装用的物品,如桶、箱、坛、袋、瓶等。

6. 低值易耗品。指单位价值较低、容易耗损的各种工具、管理用具、玻璃器皿以及劳保用品等。从性质上看,低值易耗品并不是劳动对象,而是劳动资料,但由于它不具备固定资产的条件,因而把它列为材料的一类。

上述分类,是按照材料在生产过程中的作用来划分的,因而同一种材料在不同的企业中,就有可能划分在不同的类别中。当然也存在一些材料,其兼有多种用途,这时应按其主要用途来进行分类。应指出,为了加强材料实物的管理,搞好成本核算工作,各类材料还可以按其物理性能、技术特征、规格等标准作进一步分类。

(二)材料费用计入产品成本和期间费用的方法

用于产品生产的原料及主要材料,如纺织用的原棉、铸造用的生铁、冶炼用的矿石、造酒用的大麦等,通常是按照产品分别领用的,属于直接费用,应根据领料凭证直接计入各种产品成本的"直接材料"项目。但是,有时一批材料也为几批产品共同耗用。在消耗定额比较准确的情况下,通常采用材料定额消耗量比例或材料定额成本的比例进行分配,计算公式如下:

$$分配率 = \frac{材料实际总消耗量(或实际成本)}{各种产品材料定额消耗量(或定额成本)之和}$$

某种产品应分配的材料数量(费用)＝该种产品的材料定额消耗量(或定额成本)×分配率

【例7-1】 领用某种原材料 2 000 千克,单价 20 元,生产甲产品 400 件,消耗定额 5 千克;乙产品 500 件,消耗定额 4 千克。分配结果如下:

$$分配率 = \frac{2\ 000 \times 20}{400 \times 5 + 500 \times 4} = 10$$

应分配的材料费用:
甲产品 400×5×10＝20 000(元)
乙产品 500×4×10＝20 000(元)
　　　　合计　40 000(元)

原料及主要材料费用除按以上方法分配外,还可以按产量或重量比例分配。具体的计算可以比照上例进行。

辅助材料费用计入产品成本的方法,与原材料及主要材料基本相同。

上述耗用的基本生产产品的材料费用,应记入"生产成本"科目及所属明细账的借方,在明细账中还要按"直接材料"、"燃料和动力"项目分别反映。此外,用于辅助生产的材料费用、用于生产车间和行政管理部门为管理和组织生产所发生的材料费用,应分别记入"生产成本——辅助生产成本"、"制造费用"、"管理费用"等科目及其明细账的借方。

(三)材料费用分配表的编制

在实际工作中,材料费用的分配一般是通过"材料费用分配表"进行的。这种分配表应该按照材料的用途和材料类别,根据归类后的领料凭证编制。格式如表7-1所示。

表7-1　　　　　　　　　　材料费用分配表

总账及二级科目	明细科目	成本项目	直接计入	间接计入			合计
				定额消耗量	分配率	分配金额	
生产成本——基本生产成本	甲产品	直接材料	100 000	10 000		50 000	150 000
	乙产品	直接材料	75 000	3 000		15 000	90 000
	小计		175 000	13 000	5	65 000	240 000
生产成本——辅助生产成本	供电车间	直接材料	8 000				8 000
	锅炉车间	直接材料	15 000				15 000
	小计		23 000				23 000
制造费用	基本车间	机物料	6 000				6 000
管理费用		其他	4 000				4 000
合计			208 000			65 000	273 000

根据"材料费用分配表"分配材料费用记入有关科目,其会计分录如下:

借:生产成本——基本生产成本——甲产品　　　150 000
　　　　　　　　　　　　　　　——乙产品　　　 90 000
　　　　　　——辅助生产成本　　　　　　　　　 23 000
　　制造费用　　　　　　　　　　　　　　　　　 6 000
　　管理费用　　　　　　　　　　　　　　　　　 4 000
　　　贷:原材料　　　　　　　　　　　　　　　 273 000

二、人工费用的归集和分配

工资是企业支付给职工的劳动报酬,是产品成本的组成部分。为了搞好工资费用的核算,必须明确权益工资总额的构成及其分类。

(一)工资费用的分类

工资按其性质,可分为:

1. 标准工资或称基本工资。指按照计时工资标准和工作时间支付给个人的劳动报酬;按照职工完成的符合质量要求的工作数量与计件单价计算支付的计件工资。它是工资费用的主要部分。

2. 经常性奖金。指为了调动职工生产积极性,奖励在生产、工作中取得优异成绩的职工,在标准工资以外,支付给职工的超额劳动报酬和增收节支的劳动报酬。如超产奖、节约奖等。

3. 工资性质津贴。指为了补偿职工额外劳动消耗或特殊劳动消耗,以及为了保证职工工资水平不受特殊条件影响,以津贴形式支付给职工的劳动报酬。如夜班津贴、高空作业津贴、井下作业津贴、物价补贴等。

4. 加班加点工资。加班加点工资是企业支付给职工因在节假日或其他正常工作时间以外劳动的额外报酬。

5. 其他工资。指根据国家规定,支付给职工非工作时间的工资。如病、伤、产假工资,探亲假工资,女工哺乳时间的工资。

对于支付给职工但不属于工资性质的支出,不能列入工资费用。如创造发明奖、科技进步奖,合理化建议奖,劳动保险支出、劳动保护费用支出、离退休职工的各项福利支出,出差伙食补助,购买本企业股票和债券所得到的股息收入和利息收入等。

(二) 直接从事产品生产人员的工资费用计入产品成本的方法

正确地进行应付工资的计算,是工资费用核算的基础。由于各类企业实行的工资制度不同,具体计算的方法应根据企业的具体规定进行。

1. 计时工资制。实行计时工资制的企业,每月应付给职工的工资数是根据每一职工的工资等级、工资标准、出勤情况和其他有关规定进行计算的。但由于当月职工的出勤情况要到月底才能统计出来,所以在实际工作中计算本月应付工资时,往往是根据上个月考勤记录确定应扣缺勤和应增加班工资等。具体计算方法有以下两种:

(1)月工资扣除缺勤工资,其计算公式为:

应付职工薪酬＝月标准工资＋奖金＋各种工资性津贴－(事假日数×日工资标准)－(病假日数×日工资标准×病假应扣工资比例)

(2)按出勤日数计算工资,其计算公式为:

应付职工薪酬＝(出勤日数×日工资标准)＋奖金＋各种工资性津贴＋(病假日数×日工资标准×病假应发工资比例)

上列公式中的日工资标准的计算为:

日工资标准＝月标准工资÷平均每月工作日数

2. 计件工资制。实行计件工资制的企业或车间,每月应付给职工的工资是根据产量凭证的记录中每一个工人制造完成的合格品数量,乘以规定的计件单价计算的标准工资。所谓计件单价,亦称计件工资率,可以根据工时定额和每小时工资率或者产量定额和计件工资标准来计算。

如应由4级工制造的A产品,其时间定额为0.5小时,该级工的每小时工资率为6元,则A产品的计件工资率为3元(0.5×6)。某工人本月加工完成A产品500件,应付计件工资为：500×3＝1 500(元)

按照规定的工资总额的一定比例(目前制度规定14％)从产品成本中提取的职工福利费可与工资费用一起分配。

(三)工资费用表的编制

为了按工资的用途和发生地点归集并分配工资和提取福利费用,月末应分配生产部门根据工资结算单和有关的生产工时记录编制"工资费用分配表",然后编制"工资及福利费用分配汇总表"。格式如表7－2所示。

表7－2　　　　　　　　工资及福利费用分配汇总表

应借科目			工资			职工福利费14％	
总账及二级科目	明细科目	分配标准	直接生产工人工资(0.5)	管理人员工资	合计	除奖金后工资	金额
生产成本——基本生产成本	甲产品	280 000	140 000		140 000	100 000	14 000
	乙产品	160 000	80 000		80 000	50 000	7 000
	小计	440 000	220 000		220 000	150 000	21 000
生产成本——辅助生产成本	供电车间		87 600		87 600	85 000	11 900
	锅炉车间		60 000		60 000	57 000	7 980
	小计		147 600		147 600	142 000	19 880
制造费用				6 350	6 350	5 600	784
管理费用				18 000	18 000	16 500	2 310
合　计			367 600	24 350	391 950	314 100	43 974

根据上表即可登记总账和有关的明细账,其会计分录如下：
工资费用：
　　借：生产成本——基本生产成本——甲产品　　　　　　140 000
　　　　　　　　　　　　　　　　　　——乙产品　　　　　　 80 000
　　　　　　　　　——辅助生产成本　　　　　　　　　　147 600
　　　制造费用　　　　　　　　　　　　　　　　　　　　　6 350
　　　管理费用　　　　　　　　　　　　　　　　　　　　　18 000
　　　　贷：应付职工薪酬——工资　　　　　　　　　　　391 950
提取的职工福利费：
　　借：生产成本——基本生产成本——甲产品　　　　　　 14 000

	——乙产品	7 000
	——辅助生产成本	19 880
	制造费用	784
	管理费用	2 310
	贷：应付职工薪酬——职工福利	43 974

三、制造费用的归集和分配

制造费用是指企业各生产单位为组织和管理生产而发生的各项间接费用。具体而言，企业发生的列入制造费用的项目主要包括：

(1)间接材料，指各个生产单位耗用的一般性材料。例如，机物料消耗、低值易耗品等。

(2)间接人工，指各个生产单位管理人员的工资及计提的职工福利费、奖金、津贴等。

(3)其他制造费用，如房屋和建筑物及机器设备等的折旧费、修理费、租赁费、保险费、取暖费、办公费、差旅费、水电费、运输费、设计制图费、试验检验费、劳动保护费以及季节性生产和固定资产大修理期间的停工损失、其他制造费用等。

企业发生的各项制造费用，是按其用途和发生地点，通过"制造费用"科目进行归集和分配的。根据管理的需要，"制造费用"科目可以按生产车间开设明细账，账内按照费用项目开设专栏，进行明细核算。费用发生时，根据支出凭证借记"制造费用"科目及其所属有关明细账，但材料、工资、折旧以及待摊费用和预提费用等，要在月末时，根据汇总编制的各种费用分配表记入。材料、产品等存货的盘盈、盘亏数，则应根据盘点报告表登记。归集在"制造费用"科目借方的各项费用，月末时应全部分配转入"生产成本"科目，计入产品成本。"制造费用"科目一般月末没有余额。

在生产一种产品的车间中，制造费用可直接计入其产品成本。在生产多种产品的车间中，就要采用既合理又简便的分配方法，将制造费用分别计入各种产品成本。

制造费用分别计入产品成本的方法，常用的有按生产工时、定额工时、机器工时、直接人工费等比例分配的方法。

在具有产品实用工时统计资料的车间里，可按生产工时的比例分配制造费用。如果企业没有实用工时统计资料，而制定有比较准确的产品工时定额，也可采用按产品定额工时的比例进行分配。在机械化程度较高的车间中，制造费用也可按机器工时比例分配。计算公式如下：

制造费用分配率＝制造费用总额÷各种产品实用（定额、机器）工时之和

某产品应负担的制造费用＝该种产品实用工时数×分配率

会计分录如下：

借：生产成本　　　　　　　　　　　　　　　　　××
　　　贷：制造费用　　　　　　　　　　　　　　　　　　××

制造费用的大部分支出，属于产品生产的间接费用，因而不能按照产品制定定额，而只能按照车间、部门和费用项目编号制定制造费用计划加以控制。通过制造费用的归集和分配，反映和监督各项费用计划的执行情况，并将其正确及时地计入产品成本。

例如，假设某基本生产车间甲产品生产工时为 28 000 小时，乙产品生产工时为 16 000 小时，本月发生制造费用 18 040 元。要求在甲、乙产品之间分配制造费用，并编制会计分录：

制造费用分配率＝18 040÷(28 000＋16 000)＝0.41
甲产品制造费用＝28 000×0.41＝11 480(元)
乙产品制造费用＝16 000×0.41＝6 560(元)

编制会计分录：
　　借：生产成本——基本生产成本——甲产品　　　11 480
　　　　　　　　　　　　　　　　——乙产品　　　 6 560
　　　　贷：制造费用　　　　　　　　　　　　　　　18 040

通过以上各种费用的分配和归集，应计入本月产品成本的各种产品的费用已记入"生产成本——基本生产成本"科目的借方，并已在各种产品之间划分清楚，而且按成本项目分别登记在各自的产品成本计算单（基本生产成本明细账）中。

四、待摊费用和预提费用的归集和分配

（一）待摊费用的归集和分配

待摊费用是指本期已经发生（已经支付）的，但应由本期和以后各期共同负担的，摊销期限在一年以内的各项费用，如预付保险费、税金等。

待摊费用的归集与分配是通过"待摊费用"科目进行核算的。待摊费用发生时，应根据有关费用分配表或凭证记入"待摊费用"账户的借方；摊入产品成本或有关费用时，记入"待摊费用"账户的贷方，并根据费用的用途记入"制造费用"、"管理费用"、"产品营业费用"等账户的借方，月末余额表示已经发生（支付）但尚未摊销的费用。待摊费用应按费用的种类设置明细账，以便分别反映各项费用的发生和摊销情况。待摊费用的摊销（分配）应按照费用项目的受益对象、受益期限分期摊销，期限最长不得超过一年，但可以跨年度摊销。摊销期超过一年的归"递延资产"核算。

例如，某企业基本生产车间 20××年 7 月初预付第三季度财产保险费 6 000 元，应在本季度内摊销完毕。

7 月份预付时的会计分录：

借:待摊费用	6 000
贷:银行存款	6 000

每月摊销的会计分录：

借:制造费用	2 000
贷:待摊费用	2 000

（二）预提费用的归集与分配

预提费用是指按照规定预先分期计入成本、费用，但尚未实际支出的各项费用，如预提修理费、借款利息及其他预提费用等。

预提费用的归集与分配是通过设置"预提费用"账户来进行的。企业根据估计的数额在受益对象和受益期限内预提各项费用时，应计入本期成本、费用，按费用的用途记入"制造费用"、"管理费用"、"产品营业费用"账户的借方和"预提费用"账户的贷方；实际支出时，记入"预提费用"账户的借方和"银行存款"等账户的贷方。预提费用账户月末余额反映已经预提而尚未支付的费用。如果出现实际支出数大于预提数的差额，一般应计入实际支出期的成本、费用，若实际支出数超过已预提数时，应视同待摊费用，分期摊入成本。预提费用也应按费用种类分设明细账户进行核算。预提数与实际数发生差异时，应及时调整预提标准。多提数一般在年终冲减有关成本、费用。

例如，某企业按银行借款数额和利率，计算出4月份应预提借款利息2 000元。

4月份会计分录：

借:财务费用	2 000
贷:预提费用	2 000

2个月后，实际支付利息6 500元。

借:预提费用	6 000
财务费用	500
贷:银行存款	6 500

五、辅助生产费用的归集和分配

（一）辅助生产费用的归集

企业的辅助生产，主要是为基本生产服务的。有的只生产一种产品或提供一种劳务，如供电、供汽、运输等辅助生产；有的则生产多种产品或提供多种劳务，如从事工具、模型、备件的制造，以及机器设备的修理等辅助生产。辅助生产提供的产品和劳务，有时也对外销售，但这不是辅助生产的主要目的。

辅助生产费用的归集和分配，是通过"生产成本——辅助生产成本"科目进行的。该科目应按车间和产品品种设置明细账，进行明细核算，辅助生产发生的直接材料、直接人工费用分别根据"材料费用分配表"、"工资及福利费用分配汇总表"和有关凭证,记入该科目及其明细账的借方;辅助生产发生的间接费用,应先记入"制造费用"科目的借方进行归集,然后再从该科目的贷方直接转入或分配转入"生产成本——辅助生产成本"科目及其明细账的借方。辅助生产车间完工的劳务成本,应从"生产成本——辅助生产成本"科目及其明细账的贷方转出。"生产成本——辅助生产成本"科目的借方余额表示辅助生产的在产品成本。

(二)辅助生产费用的分配

归集在"生产成本——辅助生产成本"科目及其明细账借方的辅助生产费用,由于所生产的产品和提供的劳务不同,其所发生的费用分配转出的程序方法也不一样。制造工具、模型、备件等产品所发生的费用,应计入完工工具、模型、备件等产品的成本,完工时,作为自制工具或材料入库,从"生产成本——辅助生产成本"科目及其明细账的贷方转入"低值易耗品"或"原材料"科目的借方;领用时,按其用途和使用部门,一次或分期摊入成本。提供水、电、汽和运输、修理等劳务所发生的辅助生产费用,多按受益单位耗用的劳务数量在各单位之间进行分配。分配时,借记"制造费用"或"管理费用"等科目,贷记"生产成本——辅助生产成本"科目及其明细账。在结算辅助生产明细账之前,还应将各辅助车间的制造费用分配转入各辅助生产明细账,归集辅助生产成本。

辅助生产提供的产品和劳务,主要是为基本生产车间和管理部门使用和服务的,但在某些辅助生产车间之间也有相互提供产品和劳务的情况。例如,锅炉车间为供电车间供汽取暖,供电车间也为锅炉车间提供电力。这样,为了计算供汽成本,就要确定供电成本;为了计算供电成本,又要确定供汽成本。这里就存在一个辅助生产费用在各辅助生产车间交互分配的问题。辅助生产费用的分配通常采用直接分配法、交互分配法和按计划成本分配法等。

这里仅就直接分配法进行说明和举例。采用直接分配法,不考虑辅助生产内部相互提供的劳务,即不经过辅助生产费用的交互分配,直接将各辅助生产车间的费用分配给辅助生产以外的各个受益单位或产品。

分配计算公式如下:

辅助生产的单位成本=辅助生产费用总额÷辅助生产对外提供的产品或劳务总量(不包括对辅助生产各车间提供的产品或劳务量)

各受益车间、产品或各部门应分配的费用=辅助生产的单位成本×该车间、产品或部门的耗用量

例如,某工业企业机修和运输两个辅助车间之间相互提供劳务。修理耗用的材料不多,修理费用均按修理工时比例分配。该企业20××年12月有关辅助生产费用的资料如表7—3所示。

表7—3　　　　　　　　　　　辅助生产费用资料表

辅助车间名称		运输车间	机修车间
待分配费用		4 800元	9 400元
供应劳务数量		16 000公里	18 800小时
耗用劳务数量	运输车间		800小时
	机修车间	1 000公里	
	基本一车间	6 000公里	9 200小时
	基本二车间	5 000公里	6 800小时
	企业管理部门	4 000公里	2 000小时

要求：采用直接分配法计算分配率，并编制辅助生产费用分配表。

对外供应劳务数量：

运输车间＝16 000－1 000＝15 000（公里）

机修车间＝18 800－800＝18 000（小时）

运输车间分配率＝4 800/15 000＝0.32（元/公里）

机修车间分配率＝9 400/18 000＝0.522 2（元/小时）

表7—4　　　　　　　　　　　辅助生产费用分配表

辅助车间名称			运输车间	机修车间	合　计
待分配费用			4 800	9 400	14 200
对外供应劳务数量			15 000	18 000	
单位成本（分配率）			0.32	0.522 2	
基本车间	一车间	耗用数量	6 000	9 200	
		分配金额	1 920	4 804.24	6 724.24
	二车间	耗用数量	5 000	6 800	
		分配金额	1 600	3 550.96	5 150.96
	金额小计		3 520	8 355.2	11 857.2
企业管理部门		耗用数量	4 000	2 000	
		分配金额	1 280	1 044.8	2 324.8
金额合计			4 800	9 400	14 200

根据表7—4编制会计分录，将运输车间及机修车间的费用分配记入有关科目及所属明细账。

借：生产成本——基本生产车间——甲产品　　　　　6 724.24
　　　　　　　　　　　　　——乙产品　　　　　5 150.96
　　管理费用　　　　　　　　　　　　　　　　　2 324.80
　贷：生产成本——辅助生产成本——运输车间　　　　　4 800
　　　　　　　　　　　　　　　——机修车间　　　　　9 400

六、完工产品成本核算

（一）生产费用在完工产品和在产品之间的分配

通过上述各项费用的归集和分配，基本生产车间在生产过程中发生的各项费用，已经集中反映在"生产成本——基本生产成本"科目及其明细账的借方，这些都是本月发生的产品的费用，并不是本月完工产成品的成本。要计算出本月产成品成本，还要将本月发生的生产费用，加上月初在产品成本，然后再将其在本月完工产品和月末在产品之间进行分配，以求得本月产成品成本。它们之间的关系如下：

月初在产品成本＋本月发生生产费用＝本月完工产品成本＋月末在产品成本

或：

月初在产品成本＋本月发生生产费用－月末在产品成本＝本月完工产品成本

由于公式中前两项是已知数，所以，在完工产品与月末在产品之间分配费用的方法有两类：一是将前两项之和按一定比例在后两项之间进行分配，从而求得完工产品与月末在产品的成本；二是先确定月末在产品成本，再计算求得完工产品的成本。但无论采用哪一类方法，都必须取得在产品数量的核算资料。

生产费用在完工产品与在产品之间的分配，在成本计算工作中是一个重要而又比较复杂的问题。企业应当根据在产品数量的多少、各月在产品数量变化的大小、各项费用比重的大小，以及定额基础的好坏等具体条件，选择既合理又简便的分配方法。常用的方法有以下六种：

1. 不计算在产品成本（即在产品成本为零）。这种方法适用于月末在产品数量很小的情况。在产品成本的计算对完工产品成本影响不大，为了简化核算工作，可以不计算在产品成本，即在产品成本是零。本月发生的产品生产费用就是完工产品的成本。

2. 在产品成本按年初数固定计算。这种方法适用于月末在产品数量很小，或者在产品数量虽大但各月之间在产品数量变动不大，月初、月末在产品成本的差额对完工产品成本影响不大的情况。为简化核算工作，各月在产品成本可以固定按年初数计算。采用这种方法，某种产品本月发生的生产费用就是本月完工产品的成本。年终时，根据实地盘点的在产品数量，重新调整计算在产品成本，以避免在产品成本与实际出入过大，影响成本计算的正确性。

3. 在产品成本按其所耗用的原材料费用计算。这种方法是在产品成本按所耗用的原材料费用计算,其他费用全部由完工产品成本负担。这种方法是在原材料费用在产品成本中所占比重较大,而且原材料是在生产开始时一次就全部投入的情况下使用的。为了简化核算工作,月末在产品可以只计算原材料费用,其他费用全部由完工产品负担。

4. 约当产量法。所谓约当产量,是指在产品按其完工程度折合成完工产品的产量。比如,在产品10件,平均完工60%,则约当于完工产品6件。按约当产量比例分配的方法,就是将月末结存的在产品,按其完工程度折合成约当产量,然后再将产品应负担的全部生产费用,按完工产品产量和在产品约当产量的比例进行分配的一种方法。

这种方法的计算公式如下:

在产品约当产量 = 在产品数量 × 完工程度

$$单位成本 = \frac{月初在产品成本 + 本月发生生产费用}{产成品产量 + 月末在产品约当产量}$$

产成品成本 = 单位成本 × 产成品产量

月末在产品成本 = 单位成本 × 月末在产品约当产量

例如,某产品本月完工50件,在产品25件,平均完工程度40%,发生生产费用共3 000元。分配结果如下:

分配率 = 3 000/(50 + 25 × 40%) = 50(元/件)

完工产品成本 = 50 × 50 = 2 500(元)

在产品成本 = 25 × 40% × 50 = 500(元)

应当指出,在很多加工生产中,原材料是在生产开始时一次投入的。这时,在产品无论完工程度如何,都应和完工产品同样负担材料费用,因而不需计算在产品的约当产量。如果原材料是随着生产过程陆续投入的,则应按照各工序投入的材料费用在全部材料费用中所占的比例计算在产品的约当产量。

例如,某企业生产甲产品,本月完工800件,期末在产品200件。原材料费用在各工序开始时一次投入,其他费用随加工进度陆续投入。月末在产品资料见表7-5。

表7-5　　　　　　　　　月末在产品资料

工序	各工序的定额工时	各工序的定额材料耗用量	盘存数(件)
1	40	100	60
2	30	50	100
3	10	10	40
合计	80	160	200

要求:第一,计算各工序在产品各项目的完工率及各工序在产品的约当产量;
第二,填写下列完工产品和在产品成本分配表。

(1)原材料各工序的完工率及约当产量:

第一工序完工率=(100/160)×100%=62.5%

第一工序在产品约当产量=60×62.5%=37.5(件)

第二工序完工率=[(100+50)/160]×100%=93.75%

第二工序在产品约当产量=100×93.75%=93.75(件)

第三工序完工率=[(100+50+10)/160]×100%=100%

第三工序在产品约当产量=40×100%=40(件)

各工序在产品的约当产量=37.5+93.75+40=171.25(件)

工资福利费及制造费用的完工率及约当产量:

第一工序完工率=[(40×50%)/80]×100%=25%

第一工序在产品约当产量=60×25%=15(件)

第二工序完工率=[(40+30×50%)/80]×100%=68.75%

第二工序在产品约当产量=100×68.75%=68.75(件)

第三工序完工率=[(40+30+10×50%)/80]×100%=93.75%

第三工序在产品约当产量=40×93.75%=37.5(件)

各工序在产品的约当产量=15+68.75+37.5=121.25(件)

(2)完工产品和在产品成本分配表。

表7-6　　　　　　　　　完工产品和在产品成本分配表

项　目		原材料	工资及福利费	制造费用	合　计
分配前的费用金额		182 615.56	74 900	112 350	369 865.56
分配率(单位成本)		188.02	81.30	121.95	391.27
完工产品	数量(件)	800	800	800	
	金额	150 416	65 040	97 560	313 016
期末在产品	数量(件)	171.25	121.25	121.25	
	金额	32 199.56	9 860	14 790	56 849.56

归集甲产品完工产品总成本编制完工产品入库的会计分录如下:

借:产成品——甲产品　　　　　　　　　　　　313 016
　　贷:生产成本——基本生产成本　　　　　　　313 016

5.在产品成本按定额成本计算。这种方法是事先经过调查研究、技术测定或按定额资料,对各个加工阶段上的在产品,直接确定一个定额单位成本,月终根据在产品数量,分别乘以各项定额单位成本,即可计算出月末在产品的定额成本。将月初在产品成本加上本月发生费用,减去月末在产品的定额成本,就可算出产成品的总成本了。产成品总成本除以产成品产量,即为产成品单位成本。这种方法的计算公式如下:

月末在产品成本=月末在产品数量×在产品定额单位成本

产成品总成本=(月初在产品成本+本月发生费用)-月末在产品成本

产成品单位成本=产成品总成本÷产成品产量

6.按定额比例分配完工产品和月末在产品成本的方法(定额比例法)。如果各月月末在产品数量变动较大,但制定了比较准确的消耗定额,生产费用可以在完工产品和月末在产品之间用定额消耗量或定额费用作比例分配。通常材料费用按定额消耗量比例分配,而其他费用按定额工时比例分配。

计算公式如下:

材料费用分配率=(月初在产品实际材料成本+本月投入的实际材料成本)÷(完工产品定额材料成本+月末在产品定额材料成本)

完工产品应分配的材料成本=外购成本定额材料成本×材料费用分配率

月末在产品应分配的材料成本=月末在产品定额材料成本×材料费用分配率

工资费用分配率=(月初在产品实际工资费用+本月投入的实际工资费用)÷(完工产品定额工时+月末在产品定额工时)

完工产品应分配的工资费用=完工产品定额工时×工资费用分配率

月末在产品应分配的工资费用=月末在产品定额工时×工资费用分配率

(二)完工产品成本的核算

企业发生的各项费用,按照成本核算的要求,划清各种费用界限,即经过分类、归集和分配,其中应计入本月各种产品成本的各项费用,按照成本项目直接计入或分配计入各种产品的成本;计入各种产品成本的生产费用,又经过在完工产品和月末在产品之间的分配,从而求得月末在产品的成本和完工产品的成本。

企业的完工产品包括产成品、自制材料及自制工具、模型等低值易耗品,以及为在建工程生产的专用设备和提供的修理劳务等。本月完工产品的成本应从"生产成本"科目的贷方转入有关科目。其中,完工入库的产成品的成本,转入"产成品"科目的借方;完工自制材料、工具、模型等的成本,转入"原材料"等科目的借方;为企业在建工程提供的劳务费用,月末无论是否完工,都应将其实际成本转入"在建工程"科目的借方;"生产成本——基本生产成本"科目月末余额,就是基本生产车间在产品的成本。

表7—7　　　　　　　　　　产品成本计算单

产品名称：甲产品　　　　　　　20××年×月　　　　　　　产成品数量：1 000件

成本项目	月初在产品成本	本月生产费用	生产费用合计	产成品成本 总成本	产成品成本 单位成本	月末在产品成本
直接材料费	13 000	59 000	72 000	60 000	60	12 000
直接人工费	5 800	27 200	33 000	30 000	30	3 000
燃料和动力费	10 100	79 000	89 100	81 000	81	8 100
制造费用	3 000	27 800	30 800	28 000	28	2 800
合　计	31 900	193 000	224 900	199 000	199	25 900

七、已销售产品成本的核算

企业产品销售后，获得了销售收入，同时需要结转与收入相配比的成本。企业销售产品结转的成本，设置"主营业务成本"科目核算。"主营业务成本"科目的借方反映从"产成品"科目中结转的本期销售产品的实际成本，贷方反映期末转入"本年利润"科目的销售产品的实际成本，结转后"主营业务成本"科目应无余额。企业结转销售产品的成本时，借记"主营业务成本"科目，贷记"产成品"科目；期末结转本年利润，借记"本年利润"科目，贷记"主营业务成本"科目。

本章小结

产品成本核算为一定目的的、提供管理上所需的成本信息，并把成本信息传递给有关的使用者。正确组织产品成本核算工作具有重要意义。

为了完成成本核算的各项任务，充分发挥成本核算的作用，不断改善企业的生产经营管理，产品成本的核算工作应做到：严格执行国家规定的成本开支范围和费用开支标准；正确划分成本的界线；完善成本责任制；做好成本核算的各项基础工作；选择适当的成本计算方法。

企业的基本经济活动是生产和销售产品。产品的生产过程，同时也是生产的耗费过程。企业要生产产品，就要发生各种耗费，生产中的耗费包括劳动对象（如原材料）的耗费、劳动手段（如机器）的耗费以及劳动力（如人工）的耗费。费用是企业在生产经营过程中发生的各项耗费。企业为生产一定种类、一定数量的产品所发生的直接材料费用、直接人工费用和制造费用的总和，就是这些产品的成本。

产品成本核算包括生产费用的归集、分配和产品总成本、单位成本的计算两部分。

产品成本核算的一般程序如下：对所发生的费用进行审核，确定这些费用是否符合规定的开支范围，并在此基础上确定应计入产品成本的费用和应计入各项期间费用的数额；将应计入产品成本的各项费用加以区分，弄清楚哪些应当计入产品成本，哪些应当由其他月份的产品成本负担；将每个月应计入产品生产成本的生产费用，在各种产品间进行分配和归集，计算出各种产品成本；将既有完工产品又有在产品的产品成本，在完工产品和期末在产品之间进行分配和归集，并计算出完工产品总成本；将完工产品成本结账入"产成品"科目；结转期间费用。

【主要概念】

成本核算　　待摊费用　　　直接分配法　　期间费用
预提费用　　约当产量法　　辅助材料　　　辅助生产费用
成本界限　　制造费用

【本章案例】[①]

约翰与2009年成立了一家约翰工程公司，专门生产其为自己设计的一种阀门。年末，公司的会计因病无法完成年末的财务报表，但该会计已经正确地计算了年末存货的数据，如表7—8所示。

表7—8　　　　　　　　年末存货的数据

原材料	230 000元
在产品	157 500元
产成品（3 000个）	442 500元

由于这是第一年生产，因而年初没有存货。

为了能够及时了解公司的经营结果，约翰自己计算了当年的经营成果。其结果如表7—9所示。

表7—9　　　　　　　　2009年经营成果

销售净额	3 053 000元
已销售产品的成本	
购买原材料	905 000元
生产工人工资	550 000元
发生的制造费用	850 000元

---

① 乐艳芬. 成本管理会计. 上海：复旦大学出版社，2007：69.

续表

销售净额		3 053 000 元
营业费用	353 000 元	
管理费用	660 000 元	3 318 000 元
净亏损		265 000 元

约翰对公司经营成果非常不满意,他说:今年我们不但亏损了 26.5 万元,而且单位成本也太高。我们销售了 10 000 个阀门,总成本为 3 318 000 元,平均单位成本为 331.80 元。而有些竞争对手的单位成本只有 175 元。不用会计我也知道今年的经营结果糟透了。

第八章

成本考核

【要点提示】
- 责任成本概述
- 转移定价
- 非财务手段的业绩评价

【内容引言】
　　成本考核的是成本管理职能的重要组成部分。考核成本完成情况、评价成本管理的实绩，是实现全面成本管理的重要环节，也是对成本实行管理的重要手段。本章主要阐述责任成本、转移定价和非财务手段的业绩评价。

　　成本实际指标同计划、定额、预算指标对比，考核成本计划完成情况、评价成本管理的实绩，是实现全面成本管理的重要环节，也是对成本实行计划管理的重要手段。成本考核是成本会计职能的重要组成部分。

第一节　责任成本概述

　　成本考核的重点是对成本中心的责任成本的考核。计算责任成本的目的是为了评价和考核企业责任预算的执行情况，并作为控制生产耗费和贯彻经济责任制的重要手段。

一、责任成本的概念

（一）责任成本的含义

　　责任成本是指由特定的责任中心所发生的耗费。当将企业的成本控制责任层层落实到各责任中心后,就需要对各责任中心发生的耗费进行核算,以正确反映各责任中心的经营业绩,这种以责任中心(责任单位或个人)为对象归集的可控成本叫做责任成本。各责任中心的可控成本必须符合以下三个条件:

(1)责任中心能够通过一定的方式了解将要发生的成本;

(2)责任中心能够对发生的成本进行准确计量;

(3)责任中心能够通过自己的行为对成本加以调节和控制。

凡不具备以上三个条件的,属于不可控成本。不可控成本不能作为责任成本。每个成本单位在计划期开始前编制的责任成本预算值,平时对责任成本实际发生数的记录,以及定期编制的实绩报告,都应以成本单位的可控成本为限;至于不可控成本,因为该成本单位对它无能为力,通常在其实绩报告中不予反映。

责任成本的归集以可控性为原则,这是责任成本最重要的特点。所谓可控制,是指产品在生产过程中所发生的耗费能为特定的责任中心所控制和调节。例如材料的耗费,它可以分解为价格的差异和耗用量的差异两个方面,对于只有生产权而没有采购权的生产部门来说,它所能控制的只有耗用量一个方面,所以考核生产部门时,只能用耗用量作为考核内容。根据成本的可控性标准,所有的生产耗费对于不同的责任中心来说,均可划分为可控成本和不可控成本。例如对生产部门来说,材料的耗用量成本是他们的可控成本,而价格成本是不可控成本。而对于采购部门或供应部门来说,材料的价格成本是他们的可控成本,而耗用量成本则是不可控成本。尽管如此,对整个企业来说,所有的耗费都是可控成本,只是可控的主体不同而已。掌握责任成本的可控性特征,是正确进行责任成本计算并进行有效考核的基本条件。由于各种形式的责任中心都会发生耗费,所以责任成本适用于各种形式的责任中心,只是在不同的责任中心中所起的作用不同而已。

必须注意,成本的可控与否是相对而言的,应视具体情况而定。成本中心本身具有层次性,各层次的成本中心,其控制范围是不同的。对企业来讲,其所有成本都可被视为可控成本,而车间班组则各有其不可控成本。一般在确定可控成本与不可控成本时应注意,一个成本单位的不可控成本往往是另一个成本单位的可控成本;下一级成本单位的不可控成本,对于上一级成本单位来讲,往往是可控制成本。因此,在确立可控成本范围时,要根据企业的具体情况而定。

(二)责任成本与产品成本

责任成本是以成本责任中心为主体所汇集的,隶属于该主体经营权限范围,并负有相应经济责任的可控制成本。责任成本与产品成本具有不同的性态,与产品成本相比,责任成本具有以下主要特点:

1.成本核算对象不同。产品成本以特定时空范围的产品为生产费用汇集对象,而责任成本以责任成本中心为责任费用汇集对象。责任成本要落实到各责任中心，按责任中心进行核算、控制和考核，从而将成本核算和责任控制紧密地结合起来。

2.成本核算原则不同。产品成本核算遵循的是权责发生制和受益原则，注重成本核算结果的真实性，所提供的成本信息与责任主体相关性较弱，对成本控制的有效性较差；而责任成本是以"谁负责，谁承担"为原则，注重落实成本责任，将成本耗费与责任主体紧密相连，有效地强化了成本控制与监督职能。

3.成本核算目的不同。产品成本核算主要是为正确计算损益提供成本依据，而责任成本核算的目的在于落实成本责任、考核成本管理工作绩效，为加强成本管理提供信息。

4.成本核算依据不同。由成本核算目的所决定，产品成本核算必须严格执行企业会计准则和企业会计制度的有关规定，计算的是"财务成本"；而责任成本核算只需按企业内部管理的要求和特点自行设计责任成本制度，可以采用不同的核算模式和方法，计算的是"管理成本"。

5.成本核算内容不同。产品成本的构成内容是产品生产过程中发生的与生产经营活动相关的制造性费用，既包括可控成本，也包括不可控成本，但不包括期间费用；责任成本是各责任中心可以控制的各项耗费。不论其是否与生产过程直接相关，因而责任成本在内容上不仅包括产品可控成本，也包括可控期间费用。可控成本具备三个基本特征：一是可预计性；二是可计量性；三是可调控性。即责任单位可以通过自身的行为控制并调节责任成本的耗费，凡不符合这三个特征的成本为不可控成本。各责任中心以该中心可控成本为其责任范围。责任成本在主体上的不可转移性和在时间上的不可递延性是划分责任成本中心、确定成本责任的基本标志。

6.成本核算的期间范围不同。产品成本是在权责发生制的基础上，按成本核算对象汇集本期生产费用，调整期初、期末在产品成本计算的结果，当期完工的产品成本，不一定完全是当期发生的生产耗费。责任成本主要是责任主体在当期发生且应承担责任的耗费，基于"责任产生于耗费发生之时"的指导思想，在责任成本核算方法上，既不必考虑期初、期末的在产品成本结转，也不必考虑权责发生制的要求。

7.成本计价的标准不同。计算产品成本时，一般要求以实际成本对财产物资转移价值进行计价，如果日常核算采用计划价格计价，计算成本时必须调整为实际成本。责任成本按计划成本或内部结算价格计量所消耗的非本责任单位投入（或转入）物资价值，以划清责任界限。

责任成本与产品成本的主要区别，参见表8-1。

表 8-1　　　　　　　　产品成本与责任成本的比较

项　目	责任成本	产品成本
核算对象	责任可控成本	产品、劳务
核算原则	谁负责,谁承担	权责发生制、受益原则
核算目的	落实成本责任、考核工作绩效	提供计算损益的依据
核算依据	按企业内部管理要求自行设计	严格执行会计准则和制度
核算内容	产品可控成本	制造性费用
核算期间	对内控制、考核	对上、对外
成本计价	计划成本或内部结算价格	实际成本

责任成本与产品成本虽然有许多不同点,但是它们之间也有密切的联系。首先,两者都属于成本范畴,数据都来自于企业生产经营过程,具有一定的共享性;其次,实行责任成本管理的主要目的是为了加强成本管理,最终要以降低产品成本为归属。

二、责任成本的核算程序

责任成本的核算程序如下:

（一）划分责任成本中心

责任成本中心的划分与确定是进行责任成本核算与管理的前提。企业应根据生产组织结构特点,确定责任成本中心,并根据各责任成本中心的情况,划分不同的责任层次。

（二）确定各责任成本中心应负责任成本的内容,即成本责任的范围

合理确定责任成本范围是进行责任成本核算、控制和考评的依据。

（三）编制责任成本预算,分解责任成本

责任成本预算是责任成本控制的标准,企业应按各责任成本中心的责任成本内容、预算工作量、费用支出标准、内部结算价格等因素,编制责任成本预算,并进一步分解到各班组、工序等下一层次的责任单位,形成责任预算体系,以指导、约束各责任主体的成本行为。

（四）制定内部结算价格体系

各责任单位之间相互提供的产品和劳务应按规定的内部结算价格进行结算和责任转账,以便进行差异分析和责任控制。

（五）实施责任成本日常控制

在企业日常生产经营过程中对责任中心的责任成本采用一定的方法进行及时控制,这对于降低企业成本有着重要作用。

（六）组织责任成本核算

责任成本核算时以责任成本中心为主体，汇集责任成本，落实成本责任的过程。责任成本核算体系的建立是责任成本的管理基础，它对于划清各责任中心的成本责任，正确、合理地考评各责任单位责任履行情况，对保证责任成本管理的有效运作有着重要作用。责任成本核算的一般内容为：

1. 选择责任成本核算模式。企业应建立责任成本核算制度，即建立一套完整的计量、记录、计算和汇集有关成本责任预算执行情况的核算方法。责任成本核算体制分为双轨制和单轨制两种模式。在双轨制核算模式下，责任成本核算和产品成本核算分开进行，互不干涉；在单轨制核算模式下，责任成本核算与产品成本核算合二为一。两种核算模式各有利弊，企业可根据实际情况选用。

2. 汇集责任成本。为便于责任成本核算和责任追溯，对于发生于该责任成本中心的费用，不论是否属于该责任中心，先按责任中心汇集，以反映耗费发生的原始情况，再确认属于本中心的责任成本。

3. 追溯责任成本。对于各责任中心发生的不属于该责任中心的成本，按责任归属进行追溯和结转。为便于明确责任，可采用按责任顺序，层层追溯，如第一道工序的废品经第二道工序结转到第三道工序，可先由第三道工序追溯到第二道工序，再由第二道工序追溯到第一道工序。

4. 结转责任成本。各责任中心的成本按责任落实后，要按责任归属结转责任成本，以完整地反映各责任成本中心的实际责任成本以及与责任成本预算之间的差异。

（七）编制责任成本报告，反映各责任成本中心成本责任的履行情况

责任成本报告又称责任成本控制绩效报告，是各责任成本中心根据责任成本核算资料编制的、反映责任成本预算执行情况，以评价责任成本差异形成的原因和责任归属的内部报告。责任成本报告揭示了各责任成本中心的责任成本发生情况，有利于进一步明确方向，为改进成本管理，加强成本控制提供依据。

责任成本报告按责任成本中心编制。由于责任成本核算的模式、责任成本中心的层次以及责任成本中心的类别不同，责任成本报告的格式和内容各异。

（八）责任成本考核与激励

责任成本考核与激励是责任成本管理的重要一环，直接关系到责任成本管理的成败。

三、责任成本的计算

责任成本的计算是指将产品生产耗费或其他耗费按照责任成本控制管理的指标进行汇集、分配与汇总的过程。由于责任成本与产品成本在经济意义、计算对象与归集范畴上的不同，企业往往既需要计算责任成本，也需要计算产品成本。

根据前文所述责任成本与产品成本之间的联系和区别,我们可把责任成本和产品成本的计算模式进行对比,见图8-1。

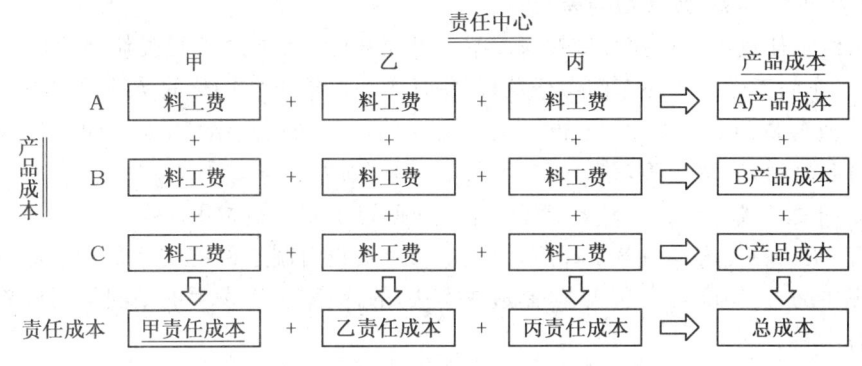

图8-1 责任成本与产品成本的归集模式

从图8-1中可以看出,责任成本的计算与产品成本的计算是两个不同的核算体系。产品成本以产品品种为归集对象,将各种产品在各责任中心中所发生的料工费加总起来,就是生产该种产品的生产成本。而责任成本则以各责任中心为归集对象,将各责任中心为生产各种产品所发生的料工费加总起来,就构成责任成本。所以,根据责任成本核算的特点,应建立责任成本核算体系,以保证责任成本计算的顺利进行。其中,包括责任中心的明确划分和根据责任成本计算的要求做好各项基础工作等内容。由于责任成本中心的确定与责任成本的计算密切相关,因此,在介绍成本计算之前,有必要先介绍责任中心的确定原则及方法。本节最后补充介绍成本计算的各项基础工作。

(一)责任成本中心的确定

进行责任成本核算,首先要确定各个成本中心。成本中心的组织体系一定要和生产经营的组织体系相适应。成本中心的划分一般应遵循三个原则:一是管理上可分,包括对责任者的管理可分和对责任者的成本指标管理可分两方面内容;二是责任可辨,指每个责任中心的责任可单独确立;三是成绩可以单独考核,主要包括各责任中心的责任者所负的经济责任,以及围绕责任而建立起来的责任指标体系,可以通过比较、分析、检查等方法加以评价,以落实其完成责任的情况,找出脱离目标责任的原因。

根据责任成本中心确立的原则要求,大致有以下方式可供选择:

1. 按照责任单位在生产经营中对成本形成的不同作用,可将成本中心分为制造成本中心、行政成本中心、研究成本中心、推销成本中心。其中,制造成本中心主要负责与产品有关的可控成本控制,包括制造成本中的直接材料、直接人工及其他可控成本。制造成本中心又可以根据成本组织管理的特点,细分为工厂制造成本中心、车间成本中心、班组成本中心等层次。

(1)班组成本由班组长负责。每月上报给车间主任的实绩报告中应列举该班组可控成本的实际数、预算数与差异数。

班组责任成本＝可控直接材料成本＋可控直接人工成本＋可控制造费用

(2)车间责任成本由车间主任负责,每月的上报给工厂厂长的实绩报告应汇总本车间所属各班组的责任成本,再加上应由车间控制的制造费用,如车间管理人员工资、车间设备折旧费用等,并分别列示其实际数、预算数与差异数。

车间责任成本＝∑各班组责任成本＋车间可控制制造费用成本

(3)工厂责任成本由各工厂厂长负责,每月上报给制造部的实绩报告以汇总车间责任成本为主,为配合产品成本(制造成本法)的计算,工厂发生的期间费用应单列责任指标考核。

2.按照成本计价来确立成本中心,可分为实际成本中心、计划成本中心、以内部价格计算内部成本的责任中心等。

3.按产品产值和质量关系确立成本中心,可分为产品产值成本中心和产品质量成本中心。前面所谈的内容主要是按产品的产值成本中心确定的。

上述确立成本中心的办法都是以成本性质为依据的,各成本中心便于按成本性质确定其责任。但这些确立办法很少考虑生产管理组织问题,各中心的责任也比较单一,限制了责任成本控制作用的发挥。为了进一步将成本组织管理与责任成本指标体系的核算、分析与考核结合起来,现代企业开始尝试建立成本中心网络,即以企业组织结构为成本中心,以责任指标体系为内容的责任成本体系(网络)。作为企业,不论确立或选择何种成本组织结构,均要求组织严密、各成本中心的确立科学,以便于成本管理。

(二)责任成本的计算

如前所述,责任成本不同于产品成本,产品成本侧重于按产品来计算成本,而责任成本则将成本落实到各责任成本中心或责任个人,因此,应采用不同的计算方法。但产品成本和责任成本都是企业的生产耗费,它们所包含的内容有很多相同的地方,而且从全厂的角度来看,某一定时期全厂的产品总成本和全厂的责任成本的总和是相等的,因而两者的计算过程也可以适当结合起来。现举例说明责任成本的计算。

某公司生产 A、B、C 三种产品,该公司设有第一、第二两个生产车间,另有修理和运输两个辅助生产车间,四个车间均为成本中心。整个企业在生产过程中共发生直接材料消耗65 000元,直接人工费用40 000元,制造费用30 000元,根据料工费耗用的原始凭证及有关的分配表,该公司本期产品成本及各成本中心的责任成本计算如表8—2所示。

表 8—2　　　　　　　　　　产品成本和责任成本计算的比较

1. 产品成本。　　　　　　　　　　　　　　　　　　　　　　　　　　　　　单位：元

成本项目	合计	A产品	B产品	C产品
直接材料	65 000	28 000	22 000	15 000
直接人工	40 000	14 000	14 000	12 000
制造费用	30 000	12 000	10 000	8 000
合　　计	135 000	54 000	46 000	35 000

2. 责任成本。

成本项目	合计	责任成本中心			
^	^	一车间	二车间	修理车间	运输车间
可控成本					
直接材料	65 000	40 000	15 000	8 000	2 000
直接人工	37 000	23 000	8 500	3 000	2 500
制造费用	18 000	8 000	5 000	2 600	2 400
小　计	120 000	71 000	28 500	13 600	6 900
不可控成本	15 000	5 000	3 800	4 000	2 200
合　　计	135 000	76 000	31 300	17 600	9 100

上述责任成本计算实例表明，责任成本计算可以和产品成本计算相结合。根据结合的不同方式，责任成本的计算可归为两类方法：第一类方法是指将成本中心的各项责任成本（可控成本）直接汇总，求得某期总的责任成本，其计算公式为：

某成本中心某期的责任成本＝Σ各项责任成本

这类方法适用于所有的成本中心。第二类方法是指先计算某成本中心产品的生产成本，扣除其中的不可控成本，加上其他成本中心转来的属于该成本中心的可控成本，最后计算出该中心的责任成本。其计算公式为：

某成本中心某期的责任成本 ＝ 该中心本期的生产成本发生额 － 各种不可控成本 ＋ 其他成本中心转入的本中心可控成本

这类方法一般适用于生产成本中心。某成本中心不可控成本一般是指属于客观原因造成的或由其他中心转来的本中心无法控制的费用，如企业生产车间的不可控成本主要有：材料成本差异，材料质量问题所造成的损失，产品设计不合理造成的浪费，工艺规程不合理造成的损失和浪费，以及其他外部因素所增加的费用。

以上两类方法各有优缺点。第一类方法计算过程比较严密，便于形成一套较科学的独立核算系统，但计算工作量较大；第二类方法计算工作量较小，但其组织不够严密，责任成本的计算也欠准确。实际工作中两类方法应结合应用。本章开始即已介绍，责任成本核算有"双轨制"与"单轨制"两个系统，且各有其优劣。责任成本核算系统的建立和完善完全视企业的实际情况而定，不应拘泥于固定形式。

四、责任成本的考核

责任成本的考核是将责任完成实绩指标与预算指标加以对比,考核其责任完成情况。责任成本的考核也是责任成本的分析、评价过程。责任成本的考核有广义和狭义之分。广义考核范围包括责任实体的价值指标与非价值指标考核,即综合考核,它是落实责任成本指标实绩及奖惩兑现的要求。狭义考核是指责任实体中价值指标的考核,它是责任成本考核的核心。

责任成本的考核具有重要的经济意义。首先,它是责任成本会计循环的重要组成部分。责任成本会计循环中的指标建立、分解、控制、核算与考核缺一不可,互相联系,构成责任成本会计的整体。其次,考核是加强责任控制的有力保证。只有考核才有利于随时揭示生产经营中存在的问题,控制整个企业和每个责任实体的成本实施过程,把生产成本管理工作做得更好。最后,责任成本的考核也是贯彻责、权、利相结合原则的重要措施。各成本责任中心的利益如何,完全决定于责任履行如何,通过考核其责任履行情况,把职工利益与经济责任结合起来,真正实现按劳分配的原则,推动企业提高经济效益。因此,责任成本的考核应经常化、规范化和制度化。

成本考核工作主要有编制和修订责任成本预算、确定成本考核指标和分析、评价最终业绩等几个方面。

(一)编制和修订责任成本预算

责任成本预算是根据预定的生产量、生产消耗标准和成本标准,运用弹性预算方法编制的各责任中心的预定责任成本。责任成本预算也称责任成本计划,是从成本中心的角度形成成本管理的行动计划。严格遵守和完成责任成本预算是各责任中心应履行的职责。

责任成本制定的方式是目标成本。目标成本是责任成本预算的目标,也是责任成本制定的方式。它是一种预计成本,是指产品、劳务、工程项目等在其生产经营活动之前,根据预定目标制定的成本。也是在责任成本控制之前,根据预期责任目标制定的、用以考核责任成本完成业绩的成本。目标成本按制定的方法,一般有计划成本、定额成本、标准成本、估计成本等。无论何种成本形式,一旦被确定为企业的目标成本,就成为了企业责任成本控制的标准,成为企业计划期奋斗的成本控制总目标。企业要想实现这个目标,还必须把目标成本(扣除不可控部分)按责任成本项目层层分解,落实到各成本责任单位。确定目标成本的方法一般有:

1. 倒扣法。

公式是:

目标成本=销售收入－税金－销售费用±营业外收支净额－目标利润

或=销售收入×(1－税率)－销售费用±营业外收支净额－目标利润

采用倒扣法,对于目标利润、销售收入、销售费用的确定,企业应在总结经验和科学调研的基础上开展市场预测,大量搜集以前年度和同类型企业的数据资料,考虑企业计划期单位变动成本和固定成本总额的变化、生产条件的变化和价格变化等因素,组织有关专家进行分析研究,使制定的目标成本既先进又合理,真正达到控制成本的目的。

2. 预测分析法。

公式是:

$$\text{基本生产车间目标成本} = \sum\left[\left(\text{上年实际车间单位成本} + \text{单位成本新增因素} - \text{上年单位成本不合理支出}\right) \times \text{产量} \times (1-\text{节约率})\right]$$

$$\text{辅助生产车间目标成本} = \sum\left[\left(\text{上年实际辅助生产车间总成本} + \text{新增因素} - \text{上年不合理支出}\right) \times \frac{\text{生产计划产值}}{\text{上年实际产值}} \times (1-\text{节约率})\right]$$

企业管理费用预算 = 上个企业管理费用实际数 × (1±升降率)

$$\text{全厂目标总成本} = \text{基本生产车间目标成本} + \text{辅助生产车间目标成本} + \text{企业管理费用预算}$$

采用预测分析法确定企业的目标成本,应对基本生产车间、辅助生产车间的劳动生产率作出充分地测算,进而确定其目标成本。

目标成本按照一定的程序分解到各个责任中心之后,责任中心应按其可控成本的详细项目,按照成本标准,分项目编制本责任中心的成本开支预算(采取自下而上方式编制成本预算的企业,则在预算工作的一开始即要编报此表)。

例如,某生产车间为成本中心,计划年度预计生产甲产品 150 件,乙产品 50 件,根据标准成本各项资料,编制该中心的成本预算如表 8-3 所示。

表 8-3　　　　　　　　　　生产车间成本预算
20××年　　　　　　　　　　　　　　单位:万元

成本项目	甲产品 预计产量:150 件				乙产品 预计产量:50 件				总预算
	标准用量	标准价格	标准成本	成本预算	标准用量	标准价格	标准成本	成本预算	
直接材料				7 500				5 500	13 000
	A 材料:2 千克	15	30	4 500	C 材料:5 千克	12	60	3 000	
	B 材料:1 千克	10	20	3 000	D 材料:10 千克	5	50	2 500	
直接人工	6 工时	1.5	9	1 350	12 工时	1.5	18	900	2 250
变动制造费用	6 工时	1.2	7.2	1 080		1.2	14.4	720	1 800
固定制造费用									1 500
合　计									18 550

首先,由于责任成本预算的编制过程实际上是企业总体利益与各部门局部利益

的协调过程,也是各不同部门之间的利益协调过程,因而要正确合理地制定责任成本目标,同其他预算一样,往往需要经过从上到下、再从下到上的多次反复过程。

其次,由于责任成本预算的编制工作面广量大,且企业面临的环境日益错综复杂,一次编制而成的预算往往不能满足整个经营期间成本控制的要求。因而成本预算必须保持一定的弹性,且在企业经营发生变化之后,要对预算进行及时调整和修订。特别应注意两种情况:一是当实际的业务量与预定业务量不一致时,责任成本预算应按实际业务量予以调整,以正确评价经营业绩;二是当企业和市场环境发生变化时,应不断修订产品生产消耗的标准成本,以不断适应环境的变化,并正确评价责任中心的经营业绩。

(二)确定成本考核指标

由于对责任成本中心来说,企业仅考核其为生产一定产品或提供一定劳务所发生的耗费,不存在收入和利润问题,所以用于考核这类实体工作业绩的主要责任指标应是其责任预算(即目标成本)的完成情况,包括绝对指标和相对指标两类。

1. 绝对指标。绝对指标是指以绝对数值的形式反映责任预算的完成情况,如目标成本节约额。其计算公式如下:

某责任中心目标成本节约额＝该责任中心目标成本－该责任中心实际发生的责任成本

某责任中心分项成本节约额＝该分项分配的目标成本－该分项成本实际发生额

二者之差,正数为节约额,负数为超支额。

例如,在表9-4中,若甲产品和乙产品当年直接材料费用分别为7 350万元和5 360万元,则甲、乙两个生产班组目标成本节约额可计算如下:

目标成本节约额(甲)＝7 500－7 350＝150(万元)

目标成本节约额(乙)＝5 500－5 360＝140(万元)

2. 相对指标。相对指标是指将责任实绩指标与责任预算指标相除得出的完成率。其计算公式如下:

$$责任指标完成率 = \frac{责任成本实际发生数}{责任成本预算数} \times 100\%$$

责任预算完成率指标如果等于或小于100%,表明该责任实体完成或超额完成了预算期的责任成本目标,表明成本(或费用)有了节约;如果大于100%,表明成本费用发生了超支。承上例:

$$责任成本预算完成率(甲) = \frac{7\ 350}{7\ 500} \times 100\% = 98\%$$

$$责任成本预算完成率(乙) = \frac{5\ 360}{5\ 500} \times 100\% = 97\%$$

在实际工作中,也往往使用另一种与此本质相同的指标,即目标成本节约率。它实际上等于1减去责任成本预算完成率。如果成本(费用)超支,则该项指标相应为负数。

为了排除产量和品种结构因素的影响,上面公式中责任成本预算数与实际数都应统一采用实际产量进行计算,也就是运用"弹性预算"的方法对原先的预算进行调整,使该责任指标的完成与否,完全取决于可控成本是否按预算数实现。则该公式变为:

$$\text{全部产品责任成本预算完成率} = \frac{\sum(\text{各种产品劳务实际产量} \times \text{单位可控成本实际发生额})}{\sum(\text{各种产品劳务实际产量} \times \text{预算核定的单位可控成本})}$$

或:

$$\text{某产品或劳务原材料责任成本预算完成率} = \frac{\sum(\text{该产品劳务实际产量} \times \text{单位原材料成本实际发生额})}{\sum(\text{该产品劳务实际产量} \times \text{预算核定的单位原材料成本})}$$

再以表8-3中的数据为例。若该年度甲班组生产甲产品170件,共耗用直接材料8 100万元;乙班组生产乙产品54件,共耗用直接材料5 600万元。则直接材料预算完成率分别为:

$$\text{直接材料责任预算完成率(甲)} = \frac{8\ 100}{170 \times \frac{7\ 500}{150}} \times 100\% = 95\%$$

$$\text{直接材料责任预算完成率(乙)} = \frac{5\ 600}{54 \times \frac{5\ 500}{50}} \times 100\% = 94\%$$

(三)业绩评价

计算出具体的成本考核指标之后,进行简单的业绩评价是比较容易的。目标成本节约额和责任成本预算完成率(或目标成本节约率)两组指标相辅相成,评价一个责任中心的经营业绩必须综合考核两个指标的结果。从上例指标的计算中可以看出,甲班组目标成本完成情况良好,节约额达150万元,绝对节约额超过乙班组(目标成本节约额140万元)。但进一步考察相对指标可知,其责任成本预算完成情况要稍逊于后者,因为后者完成率要比前者低1%;也就是说,乙班组的目标成本节约率要比甲班组高1%。

在实际工作中,还应考虑一些具体情况。例如,几种产品耗用的材料是否相同;标准成本前次修订时间的长短,因为如果标准成本很久没有修订的话,就很难适应环境的变化,这样以过时的标准来衡量现在的工作业绩,就会失之偏颇;以及有无特殊情况或不可预计或不可控情况的发生。只有综合考核了各个方面因素的影响,业绩评价才能做到公正、合理,才能收到良好的效果。

值得指出的是,成本指标在成本中心责任实体的经济效益指标中,无疑是最重要、最过硬的价值指标,因为只有降低成本,才能取得真正的经济效益,所以把预算完成率指标作为考核成本中心责任实体的首要指标是比较恰当的。但是,由于经济效益的多样性与复杂性,任何一个指标,作为考核责任实体经济效益的唯一指标都是不够的。必须运用一些配套指标予以配合,才能全面考核责任实体的经营活动。这些配套责任指标起着辅助作用,从各个角度来补充说明责任实体完成责任预算和提高经济效益的绩效,这些配套考核指标有产量预算完成率、产品品种预算完成率、产品等级完成率、废品率(质量指标)以及劳动生产率等,这样形成一个以责任成本指标为主的责任指标体系,才可以全面综合地考核成本(费用)中心责任实体的经营活动成绩。

第二节 转移定价

分散经营的组织单位之间相互提供产品或劳务时,需要制定一个内部转移价格。转移价格对于提供产品或劳务的生产部门来说表示收入,对于使用这些产品或劳务的购买部门来说则是成本。因此,转移价格会影响到这两个部门的获利水平,使得部门经理非常关心转移价格的制定。

一、转移定价的概念

转移定价是对企业内部交易或结转的产品及服务进行合理的定价。中间产品或服务的内部结转价格又可以称为内部转移价格。

制定内部转移价格的目的有两个:第一,防止成本转移带来的部门间责任转嫁,使每个利润中心都能作为单独的组织单位进行业绩评价;第二,作为一种价格引导下级部门采取明智的决策,生产部门据此确定提供产品的数量,购买部门据此确定所需要的产品数量。但是,这两个目的往往有矛盾。能够满足评价部门业绩的转移价格,可能引导部门经理采取并非对企业最理想的决策;而能够正确引导部门经理的转移价格,可能使某个部门获利水平很高而另一个部门亏损。我们很难找到理想的转移价格来兼顾业绩评价和制定决策,而只能根据企业的具体情况选择基本满意的解决办法。

二、转移定价确定的原则

下面将以南海石油公司为例,对内部转移价格的制定原则进行探讨。

南海石油公司有三个分公司,每个分公司都是利润中心。其中,生产分公司从事油田的原油生产,运输分公司负责原油管道的输送工作,精炼分公司专门将原油加工成汽油。

假设每个分公司的变动成本随着单一的成本动因变化。生产分公司和运输分公司的成本动因分别是其生产和运送的原油桶数,精炼分公司的成本动因是其加工的汽油桶数。每单位的固定成本则是根据预算年产量,即生产的原油产量、运送的原油产量及生产的汽油产量来计算的。

生产分公司可以以每桶104元的价格将原油卖给公司的外部客户。

运输分公司从生产分公司"买入"原油,然后将它们运到精炼分公司,并"卖给"精炼分公司。输油管道每天可以承受40 000桶原油。

精炼分公司已经达到其生产能力,每天加工15 000桶汽油(生产1桶汽油需耗用2桶原油),平均每天耗用从运输分公司运来的10 000桶原油和向当地其他产油商购买(每桶144元)的20 000桶原油。

精炼分公司以每桶416元的价格出售汽油。

图8-2概括了南海石油公司以下各分公司单位产品的固定成本和变动成本以及购买、销售原油和销售汽油的外部市价。

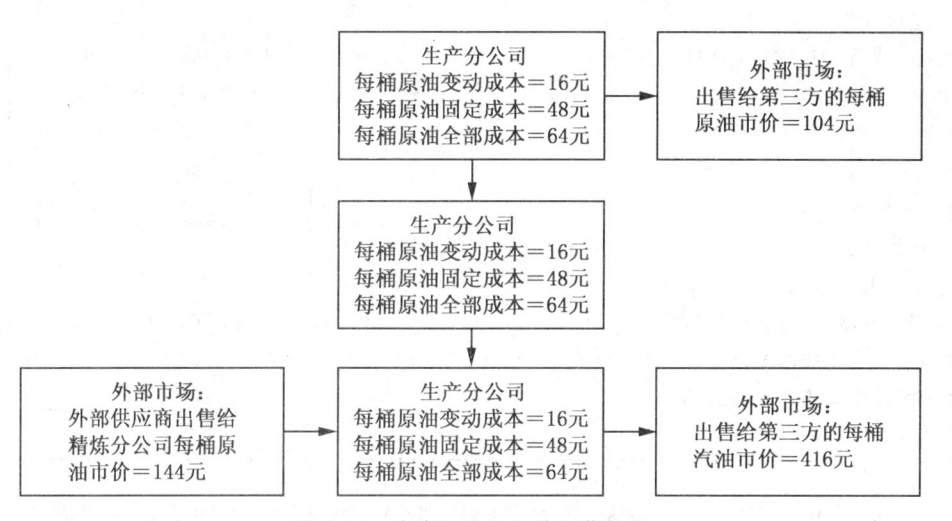

图8-2 南海石油公司的经营数据

分别采用以市场价格为基础,以完全成本的110%加成率和协商决定的方法,制定的内部转移价格如下:

第一,以市场价格为基础的内部转移价格:

从生产分公司到运输分公司=104(元)

从运输分公司到精炼分公司=144(元)

第二,以完全成本的110%加成率的内部转移价格:

从生产分公司到运输分公司=(16+48)×110%=70.40(元)

从运输分公司到精炼分公司=(70.40+8+24)×110%=112.64(元)

第三，协商决定的内部转移价格：

从生产分公司到运输分公司＝80(元)

从运输分公司到精炼分公司＝134(元)

假设南海石油公司的生产分公司每天生产10 000桶原油，精炼分公司不再向其他产油商购买原油。分别考虑三种不同的转移定价方法对待分公司业绩的影响，见表8-4。

表8-4　　　　　　　各分公司经营利润表　　　　　　　　单位：百元

	方法(1)	方法(2)	方法(3)
(1)生产分公司			
收入：104元，70.40元，80元×10 000	10 400	7 040	8 000
减：本分公司变动成本16元×10 000	1 600	1 600	1 600
本分公司固定成本48元×10 000	4 800	4 800	4 800
本公司经营利润	4 000	640	1 600
(2)运输分公司			
收入：144元，112.64元，134元×10 000	14 400	11 264	13 400
减：转入成本：104元，70.40元，80元×10 000	10 400	7 040	8 000
本分公司变动成本8元×10 000	800	800	800
本分公司固定成本24元×10 000	2 400	2 400	2 400
本公司经营利润	800	1 024	2 200
(3)精炼分公司			
收入：416×5 000	20 800	20 800	20 800
减：转入成本144元，112.64元，134元×5 000	14 400	11 264	13 400
本分公司变动成本64元×5 000	3 200	3 200	3 200
本分公司固定成本48元×5 000	2 400	2 400	2 400
本公司经营利润	800	3 936	1 800

可以看出，内部转移价格为"卖方"带来了收入，为"买方"增加了相应的成本，而所有分公司的经营成果合并时，收入和成本就全抵消了。采用不同的内部转移价格得出的各分公司的利润是不同的：在生产分公司，利润的差异为3 360百元(4 000－640)；在运输分公司，利润的差异为1 400百元(2 200－800)；而在精炼分公司，利润的差异为3 136百元(3 936－800)。如果各分公司都是以其利润最大化为唯一目标的话，毫无疑问，各分公司都会选择最有利于本分公司的定价方法：生产分公司会选择以市场价格为基础的定价方法；运输分公司会选择协商决定的定价方法；而精炼分公司会首选按完全成本加成率110％的定价方法。

虽然内部转移价格对公司整体来说并不会因此盈利，但如果它能影响到各个责任中心的行为时就可能影响公司的盈利水平。各个责任中心可能会选择使其利润达到最大的内部转移价格,但这可能对整个公司的利润造成不利影响,导致损害企业整体的利益。例如,运输分公司一桶原油的内部转移价格是 112.64 元,成本是 102.40元。如果精炼分公司可能从外部供应商处以每桶 108 元的价格购入原油,它就会拒绝从运输分公司购买。那么,每购买一桶原油就可以节约 4.64 元(112.64－108)。然而,假设运输分公司没有外部市场,原油只能在公司内部销售,那么总公司每桶原油就会损失 5.60 元(108－102.40)。可见,如何制定内部转移价格对公司的总体利润是至关重要的。因此,必须针对各责任中心业务活动的具体特点及科学合理的经济依据制定内部转移价格。合适的内部转移价格应该是可以使各个责任中心的管理者作出的决策对于整个企业而言都是最优的。例如,"卖方"应该有动力设法降低产品或服务的供应成本,而"买方"则应该致力于得到并使用高效率的产品。

制定内部转移价格一般应遵循以下三条原则:

1. 一致性原则。一致性原则是制定内部转移价格的最基本原则。在制定内部转移价格时,应强调企业利益高于分部利益。一致性原则要求内部转移价格不仅对"买卖"双方责任中心有利,还必须符合企业整体利益。

2. 激励性原则。内部转移价格应具有激励作用,有利于调动各责任中心的工作积极性。它要求使"买卖"双方均有利可图,能够客观公正地反映各责任中心的工作业绩。

3. 自主性原则。承认各责任中心相对独立的物质利益,就必须给各责任中心以自主权。因此,制定的内部转移价格必须以"买卖"双方自愿接受为前提,只要一方不同意,就不能成立。

总之,内部转移价格就是要找到一种机制,使它能同时满足这三个目标。通过考虑内部转移产品的机会成本,我们就能估计出内部转移价格满足定价机制中的三个目标的程序。机会成本法可以广泛地应用于内部转移价格的制定。

三、转移定价政策

为适应各个利润中心之间内部交易的需要,保证内部转移价格制定对各个利润中心的公平合理,企业内部各责任中心应从实际出发选择交易双方都可以接受的内部转移价格。内部转移价格具有以下的不同类型:

(一)基于成本的转移定价

1. 变动成本加固定费转移价格。这种方法以中间产品的单位变动成本为转移定价的基础;同时,还向购买部门收取固定费,作为长期以低价获得中间产品的一种补偿。

在该方式下,如果最终产品的市场不稳定或市场需求很少,市场风险将全部由购买部门承担。而实际上,供应和购买部门都会受到最终产品市场的影响,即应当共同承担市场变化引起的市场波动。因此,拟采用这种方法确定转移价格的前提应当是最终产品市场稳定。

2. 完全成本加成法。这种方法以全部成本或者以全部成本加上一定利润作为内部转移价格。

完全成本加成法的唯一优点是简单。它既不是业绩评价的良好尺度,也不能引导企业决策者作出有利于企业的明智决策。

首先,它以目前各部门的成本为基础,再加上一定百分比作为利润,在理论上缺乏说服力。以目前成本为基础,会鼓励部门经理维持较高的成本水平,并据此取得更多的利润。越是节约成本的单位,越会有可能在下一期被降低转移价格,使利润减少。同时,成本加成率的确定往往带有很大的主观随意性,它的偏高或偏低都会影响双方部门业绩的正确评价。

其次,在连续式生产企业中成本随产品在部门间流转,成本不断累积,使用相同的成本加成率会使后序部门利润明显大于前序部门。

所以,只有在无法采用其他形式转移价格时,才考虑使用全部成本加成办法制定转移价格。

3. 目标可变成本。所谓目标可变成本,就是以标准工时与标准成本的乘积,再加上供货部门的约束成本。这种约束成本的转移额应反映买方占卖方部门生产能力的份额。如果修理部门将有10%的生产能力转移到新车部门,那么新车部门就应记录修理部门10%的约束性生产能力的转移额,不管在此时期新车部门的实际工作量是多少。在这种方法下,服务部门的收入与实际成本和目标成本都不相同[1]。

(二)市场价格法

在中间产品存在完全竞争市场的情况下,市场价格减去对外的销售费用,是理想的转移价格。

采用市场价格作为内部转移价格的前提条件是存在完全竞争市场,这意味着企业外部存在中间产品的公平市场,生产部门被允许向外界顾客销售任意数量的产品,购买部门也可以从外界供应商那里获得任意数量的产品。

如果生产部门在采用这种转移价格的情况下不能长期获利,企业最好是停止此产品而到外部采购。同样,如果购买部门以此价格进货而不能长期获利,则应停止购买并进一步加工此产品,同时应尽量向外部市场销售这种产品。

(三)以市场为基础的协商价格

如果中间产品存在非完全竞争的外部市场,可以采用协商的办法确定转移价格,

---

[1] 安东尼·A. 阿特金森等. 管理会计(第4版). 北京:北京大学出版社,2006:589.

即双方部门经理就转移中间产品的数量、质量、时间和价格进行协商并设法取得一致意见。

成功的协商价格依赖于下列条件：

1. 要有一个某种形式的外部市场，两个部门经理可以自由地选择接受或是拒绝某一价格。如果根本没有可能从外部取得或销售中间产品，就会使一方或双方处于垄断状态，这样谈判结果不是协商价格而是垄断价格。

2. 在谈判者之间共同分享所有的信息资源。这个条件能使协商价格接近一方的机会成本，如双方都能接近机会成本则更为理想。

3. 最高管理阶层的必要干预。虽然尽可能让谈判双方自己来解决大多数问题，以发挥分散经营的优点，但是，对于双方谈判时可能导致的企业非最优决策，最高管理阶层是要进行干预的，对于双方不能自行解决的争论有必要进行调解。当然，这种干预必须是有限的、得体的，不能使整个谈判变成上级领导裁决一切问题[①]。

（四）双重定价法

所谓双重定价法，就是接受产品（服务）的部门以该产品的单位变动成本计价，而供应部门以协商的市场价格计价。这样区别对待，有利于产品接受部门正确地进行经营决策，避免因内部定价高于外部市场价格，接受部门从外部进货而不从内部购买的现象出现，使企业内部的产品供应部门的生产能力得到充分利用；同时，也有利于供应单位在生产经营过程中充分发挥其主动性和积极性。这种方法通常在中间产品有外部市场，生产部门生产能力不受限制，且产品变动成本在低于市场价格的情况下才会行之有效，才能提高企业的整体效益。

当公司编制财务报表时，需要对收入和成本进行一个内部调和（类似于销售发生在合并公司间合并报表上反映的除成本以外的数）。

第三节 非财务手段的业绩评价

传统的成本管理控制体系建立在职能部门和"责任会计"基础上，以责任可控为原则，对责任中心进行控制。但对各个责任中心的经营业绩进行评价，主要依据的是实际经营指标与预算的差额分析，主要是成本、销售收入、利润等指标。这些指标并不能完全反映该业务部门在企业战略制定与实施中所应当承担的责任。

为了掌握业绩的综合表现，一些企业开始使用一些新兴的绩效评价工具。

[①] 中国注册会计师协会. 财务成本管理. 北京：经济科学出版社，2007：456.

一、平衡计分卡

平衡计分卡是由美国罗伯特·S. 卡普兰和复兴全球战略集团（管理咨询公司）总裁大卫·P. 诺顿创建的。平衡计分卡是一种以信息为基础的管理工具，它分析哪些是完成企业使命的关键性成功因素以及评价这些关键性因素的项目，并不断检查、审核这一过程，以把握企业绩效评价真实、客观的方法。平衡计分卡是把对企业的评价划分为四个部分：财务，顾客，内部流程，学习与成长。其构成原理如图8－3 所示。

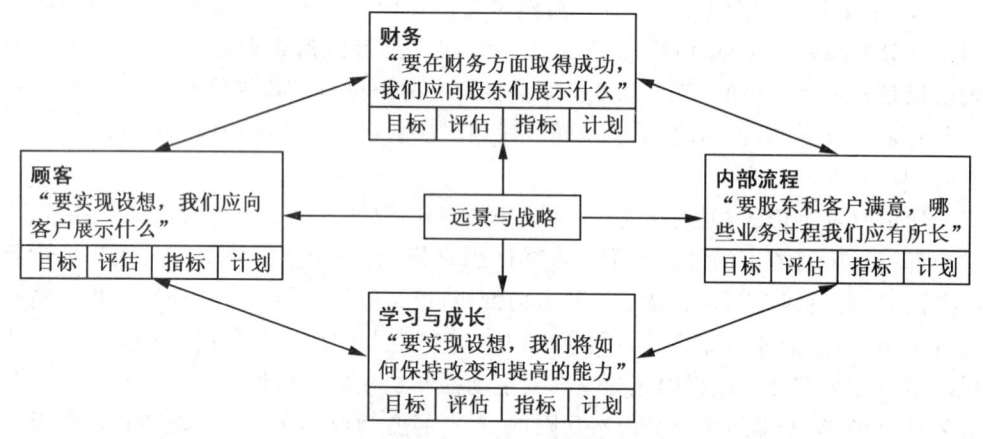

图8－3　将平衡计分卡作为战略执行工具[1]

（一）平衡计分卡的概念

平衡计分卡——建立"实施战略制导"的绩效管理系统。

所谓"实施战略制导"的绩效管理系统，实际上是运用平衡计分卡将公司的战略落实到互为关联、相互支持的绩效计划体系，并将平衡计分卡融入绩效指导反馈及考核激励中去，以此来推动公司的每一个员工自觉地去实现预定的绩效计划，从而确保公司"战略的制导"[2]。

平衡计分卡体系的建立需要系统性地把一个公司的战略与其价值定位、具体目标及具体目标的衡量指标连接起来，产生一个可以向管理者提供战略反馈的可检验战略。

（二）平衡计分卡的内容

卡普兰和诺顿发明的平衡计分卡是从财务、顾客、内部流程及学习与成长等四个

---

[1] Robert S. Kaplan and David P. Norton, Using the Balanced Scorecard as a Strategic Management System, Harvard Business Review, 1996 Jan-Feb.
[2] 秦杨勇. 平衡计分卡与绩效管理. 北京：中国经济出版社，2005：4.

互为关联的维度（根据公司的实际需要也可以是三个或五个等维度），来平衡定位和考核公司各个层次的绩效水平。

1. 财务维度。平衡计分卡在财务角度中包含了股东的价值。财务角度主要关注股东对企业的看法，以及企业的财务指标。用来评估这些目标是否已达到的方法主要是考察管理层过去的行为，以及这些行为导致的财务上的结果，通常包括利润、销售增长率、投资回报率以及现金流[1]。这类指标能全面、综合地衡量经营活动的最终成果，衡量公司创造股东价值的能力。

2. 顾客维度。为了满足股东、投资者，使他们获得令人鼓舞的回报，我们必须关注企业的利益相关者——顾客，关注企业的市场表现。因为，向顾客提供产品和服务，满足顾客需要，企业才能生存。顾客对企业所关心的要素主要包括时间、质量、性能和服务、成本等。顾客对企业评价的核心指标包括客户满意度、客户保留率、新客户开发率、盈利率以及在目标范围内的市场份额等[2]。从顾客的角度给自己设定目标，如评价指标，才能够保证企业的工作都会有成效。

3. 内部流程维度。把管理重心放在流程再造上将对促进组织改进起到一个十分重要的作用，运用平衡计分卡的一个重要原因就在于它对业务流程的关注。业务流程角度包括一些驱动目标，它们能够使企业更加专注于顾客的满意度，并通过开发新产品和改善客户服务来提高生产力、效率、产品周期与创新。至于重点要放在哪些方面或设定哪些目标，必须以企业战略和价值定位为依据。

高级管理层在设计企业的平衡计分卡的业务流程目标时，要考虑以下两个关键问题：第一，要在哪些流程上表现优异才能成功实施企业战略？第二，要在哪些流程上表现优异才能实现关键的财务和客户目标？

4. 学习与成长维度。平衡计分卡最大的优点就是能够把学习与成长列为四个角度中的一个。为了提升企业内部流程的效率、满足顾客、持续提升并创造股东价值，企业必须不断成长。由此，围绕组织学习与创新能力的提升，对"人"的管理设定的学习和发展类指标，其意义在于衡量相关职位在追求营运效益的同时，是否为长远发展营造了积极健康的工作环境和企业文化，是否培养和维持了组织中的人员竞争力。学习和发展类关键绩效指标，用来评估员工管理、员工激励与职业发展等保持公司长期稳定发展的能力。

我们不难看出，平衡计分卡的上述四个维度实际上是相互支持的：为了获得最终的财务绩效，我们必须要有良好的市场表现，关注我们的顾客；为了获取我们的市场，我们必须在内部运营上做一些改善；为了有效的内部运营，我们的员工必须能够不断

---

[1] 中国注册会计师协会．公司战略与风险管理．北京：经济科学出版社，2009：148．
[2] 张涛．管理成本会计．北京：经济科学出版社，2001：458．

地学习与发展[①]。

(三)平衡计分卡的特点

平衡计分卡之所以在当今的管理界如此盛行,与它具有以下的特点是密不可分的:

1. 平衡计分卡强调未来。平衡计分卡中除财务以外的其他三个方面都是未来成功的关键方面,对平衡计分卡的管理可以为公司未来的成功打下基础。

2. 平衡计分卡强调平衡。平衡计分卡平衡了财务指标与非财务指标、外部衡量和内部衡量、短期目标和长期目标、定量衡量和定性衡量、制定的战略与实施这些战略的行动以及所要求的成果和产生成果的动因。

3. 平衡计分卡为战略管理提供了有力的支持。平衡计分卡的内容与指标和战略目标紧密相连,战略的实施可以通过对平衡计分卡的管理来完成。

4. 平衡计分卡可以提高管理效率。平衡计分卡可以将公司竞争中看起来不相关的要素有机地结合在一起,节省管理者的时间,提高管理的效率。

5. 平衡计分卡的高度透明度。平衡计分卡成功的最重要标志是它的透明度,即通过一系列的指标,观察者可彻底了解某一经营单位的竞争战略。

6. 传统的业绩评价系统强调管理者的控制,而平衡计分卡强调的目标是激励。平衡计分卡体系鼓励下属创造性地完成目标,激励他们做出明智的选择。

二、标杆法

标杆管理起源于20世纪70年代末80年代初,其思想可以追溯到20世纪初泰勒所倡导的科学管理理论。同时,对于企业在成本管理活动中实施标杆法可以理解为公司根据自己在市场上的定位,不断寻找和研究同行业最畅销产品的成本信息,探索其成本结构并以此为基准与本企业产品进行比较、分析、判断,从而使自身不断降低成本,提高竞争力,进入一流公司的行列。其核心是向业内外最优秀的企业学习,达到模仿创新的目的。

(一)标杆法的概念

标杆法是建立在过程概念之下,通过对先进的组织或者企业进行对比分析,了解竞争对手的长处和具体的行事方式;在此基础上,对比自己的行事方式,然后制定出有效的赶超对策来改进自己的产品服务以及系统的一种有效的改进方式或改进活动。

(二)标杆法的作用

1. 标杆法能够克服单一定量或定性分析的缺陷,通过以先进企业的同类指标作

[①] 秦杨勇. 平衡计分卡与绩效管理. 北京:中国经济出版社,2005.

参考,较为直观、方便地找出其本身存在的缺陷与不足。

2. 标杆法能够从战略角度上确定企业未来的目标,克服了其他方法在衡量企业绩效时的短期行为。通过标杆法,企业可以明确自己在行业中所处的地位,从而制定适合本企业有效的中长期发展战略,并通过与竞争对手的对比分析来制定战略实施计划,并采取相应的策略与措施。

3. 标杆法在对各项活动的结果进行分析的同时,还注重对业务操作流程的分析。通过将本企业业务操作流程的各个环节与先进企业的流程环节进行比较,评价各个环节的业绩状况、效率水平,来促进企业各个业务流程的改进。

(三)标杆法的实施过程

以美国施乐公司物流绩效标杆为例,介绍标杆法的实施流程。

在北美,绩效标杆法这个术语是和施乐公司同义的。以往15年,有100多家企业去施乐学习它在这个领域的专门知识。施乐创立绩效标杆法开始于1979年,当时日本的竞争对手在复印行业中取胜,他们以高质量、低价格的产品,使施乐的市场占有率在几年时间里从49%减少到22%。为了迎接挑战,施乐高级经理们引进了若干质量和生产率计划的创意,其中绩效标杆法就是最有代表性的一项。

所谓"绩效标杆法"就是对照最强的竞争对手,或著名的顶级企业的有关指标而对自己的产品、服务和实施过程进行连续不断的衡量。这也是发现和执行最佳的行业实践。

施乐考虑到了顾客的满意度,绩效标杆法被执行得比原先最佳的实践还要好。达到这个目标的主要实践方法是取悦顾客,展示给顾客看与施乐公司做生意是多么容易和愉快,达到这个目标的主要途径是公司与顾客之间的接触点。例如,拿取和填写订货单、开发票的全过程都必须符合保证顾客满意的最佳实践标准。

在施乐公司,绩效标杆法是一个由如下4个阶段、10个步骤组成的程序:

第一阶段(3个步骤):识别什么可以成为标杆;识别可作为对照或对比的企业;数据的收集。

第二阶段(3个步骤):确定当今的绩效水平;制定未来绩效水平计划;标杆的确认。

第三阶段(2个步骤):建立改进目标;制定行动计划。

第四阶段(2个步骤):执行行动计划和监督进程;修正绩效标杆。

一个绩效标杆作业往往需要6~9个月的实践,才能达到目标。需要这么长时间,是因为绩效标杆既需要战略的,也包括战术或运作的因素。从战略上讲,绩效标杆涉及到企业的经营战略和核心竞争力问题;从战术上讲,一个企业必须对其内部运作有充分的了解和洞察,才能将之与外部诸因素相对比。

绩效标杆的实践运作主要包括以下三种类型:

第一种类型是工作任务标杆。比如搬运装车、成组发运、排货出车的时间表等单个物流活动。

第二种类型是广泛的功能标杆。就是要同时评估物流功能中的所有任务，例如改进仓储绩效的标杆（从储存、堆放、订货、挑选到运送等每一个作业）。

第三种类型是管理过程的标杆。把物流的各个功能综合起来，共同关注诸如物流的服务质量、配送中心的运作、库存管理系统、物流信息系统及物流操作人员的培训与薪酬制度等。这种类型的标杆更为复杂，因为它跨越了物流的各项功能。

运用绩效标杆法实际上可打破根深蒂固的不愿改进的传统思考模式，而将企业的经营目标与外部市场有机地联系起来，从而使企业的经营目标得到市场的确认而更趋合理化。例如，它建立了物流顾客服务标准，鼓励员工进行创造性和竞争性的思维，并时常提高员工物流运作成本和物流服务绩效的意识。

缺乏准备是绩效标杆法失败的最大原因。对别的企业做现场视察，首先要求物流经理能完全理解本企业内部的物流运行程序，这种理解有助于识别哪些是他们要去完成的，哪些是要从绩效标杆中寻求的信息。

施乐公司物流绩效标杆已取得了显著的成效。以前公司花费了80％的时间关注市场的竞争，现在施乐公司却花费80％的精力集中研究竞争对手的革新与创造性活动。施乐公司更多地致力于产品质量和服务质量的竞争，而不是价格的竞争。结果，公司降低了50％的成本，缩短了25％的交货周期，并使员工增加了20％的收入，供应商的无缺陷率从92％提高到95％，采购成本也下降了45％。最可喜的是，公司的市场占有率有了大幅度的增长[①]。

本章小结

公司为加强成本管理，必须采用一定的方法和程序，对责任中心控制成本的实绩做出恰当的评价和判断，并做到奖罚分明。这就是成本考核过程。成本考核的对象是各层次成本中心的可控成本，即责任中心能够在事前预计，并能够在事中进行调控和计量的成本。以责任中心为对象归集的可控成本与以产品为对象归集的产品成本具有很大不同。

成本考核的实质是对比成本预算，考察各责任中心的成本控制实绩。责任成本预算就是采用定性与定量相结合的方法而科学确定的目标成本，而成本控制实绩指标则可由成本中心各项可控成本的实际发生额加总得出，亦可由成本中心的总成本

① 浙江物流网：http://www.zj56.com.cn/zxzx/list02.asp? id＝33212。

剔除不可控成本后得出。将成本中心的实绩指标与预算指标（有时需调整）相比较，可得出责任中心目标成本节约额和责任成本预算完成率等指标，以相对指标为主，将绝对指标与相对指标相结合，即可对责任中心的成本控制实绩作出恰当的评价，并可以此作为考评和奖惩的依据。

转移价格是在分权的企业中，各分部之间买卖产品或服务采用的支付价格。转移价格分为基于成本的转移定价、市场价格法、基于市场的协商价格和双重定价法。最高管理层应该通过对转移价格的推进来增强目标的一致性，让各分部自主经营，激励经理致力于部门效力和效率。转移价格是衡量部门业绩的行之有效的方法。

尽管财务评价能够提供重要信息，但不应对它们分别使用，或者使用时不注意每一种指标的内在缺陷，财务评价和短期评价应该与非财务评价和长期评价相结合，从而有效地描述绩效状况。一些有用的非财务业绩评价指标是平衡计分卡。平衡计分卡的四个方面（财务、顾客、内部营运及学习与发展）反映了企业生存繁荣必须参与的不同活动。标杆法是企业在日常经营过程中，将自己的服务、管理方式、业务流程同行业内或行业外的其他先进企业进行系统地、持续地比较和衡量，并判断自己在行业中所处的相对位置，从而采取针对性措施来提高自己的服务质量和经营管理水平，提高企业绩效水平，取得更大收益的管理方法。

【主要概念】

责任成本	产品成本	责任中心	成本中心
收入中心	利润中心	投资中心	转移价格
平衡计分卡	标杆法		

【本章案例】[①]

Carolyn Williams 是一位管理会计师，最近受雇于 Deluxe 公司的服饰部门。公司的组织形式是垂直性结构。

服饰部门制造几个品种的皮包，其中有一种是真皮公文包。公文包的销售额一直保持稳定，市场销售部预计这种公文包将继续受到极大的欢迎。Carolyn 正找寻一种方案使得服饰部门能够控制成本从而能在未来的销售中提高利润额。她发现服饰部门从 Deluxe 公司的另一个部门——皮革部门购置高质量的皮革。每个公文包大概需要 3 平方英尺的褐色皮革，皮革部门以 9 美元每平方英尺的价格销往服饰部门。

Carolyn 不知道是否有可能让服饰部门以更低的价格从外部市场购得同样质量的皮革。Deluxe 的高层领导们对考虑服饰部门从外部购置皮革的想法并不首肯。

[①] 杰西·T·巴费尔德. 成本会计：传统与变革（第5版）. 北京：经济科学出版社，2006：790.

明年服饰部门将需要皮革制作 100 000 个公文包。服饰部门的经理从外部经销商要到的报价分别是：Koeing 公司每平方英尺 8 美元，Thompson 公司每平方英尺 7 美元。Carolyn 又了解到 Deluxe 公司的另一个辅助部门——Ridley 化工部门，向 Thompson 公司提供鞣制皮革所不可缺少的一种化学品。每 3 平方英尺皮革所需的这种化学品为 2 美元。Ridley 化工部门的利润率是 30%。

皮革部门想继续以原来的价格提供给服饰部门相同的皮革。Tom Reed 是皮革部门的经理，声明服饰部门应该继续从皮革部门购置所有的皮革，从而能够保证皮革部门始终保持 40% 的稳定利润率。

假设你是 Deluxe 公司的财务副总监，邀请了服饰部门和皮革部门的经理开会，在会上你将转达 Carolyn 的意图。Carolyn 迫切地希望服饰部门接受 Thompson 的 7 美元的供应价。她指出如果服饰部门从 Thompson 购买皮革，服饰部门的利润将有一个大幅的提高。

然而 Tom Reed 希望 Deluxe 公司能继续将购销活动维持在公司内部。他希望服饰部门从皮革部门购置所有需求品，并表示皮革部门的利润绝不能流向外部公司。

第三篇
成本报表与分析

第二編

敎育社會學

第九章

成本报表

【要点提示】
- 成本报表概述
- 产品生产成本表
- 主要产品单位成本表
- 各种费用明细表
- 其他成本报表

【内容引言】
编制成本报表是成本管理工作中的一项重要内容,对加强公司经营管理和增强竞争力等都有着十分重要的意义。本章主要阐述产品生产成本表、主要产品单位成本表和各种费用明细表等。

成本是综合反映企业生产技术和经营、管理工作水平的一项重要指标。通过编制和分析成本报表,可以考核成本、费用计划的执行情况,寻找降低成本、费用的途径。

第一节 成本报表概述

成本报表是根据产品成本和期间费用的核算资料以及其他有关资料编制的,用来反映企业一定时期产品成本和期间费用水平及其构成情况的报告文件。编制和分析成本报表,是成本会计工作的一项重要内容。

一、成本报表的概念

会计报表是根据日常会计核算资料归集、加工、汇总而成的一个完整的报告体系，用以反映企业的资产、负债和投资人权益的情况及一定期间的经营成果和财务状况变动的信息。

企业的日常会计核算工作本身就是一个对大量信息进行分类、概括、综合并使之系统化的过程。但是，日常会计核算所形成的资料仍然分散反映在账簿中。为了全面检查和总结企业的经济活动成效，必须按一定的格式和编制要求，根据企业经营管理的实际需要，将日常会计核算所形成的资料加工整理成会计报表。会计报表是日常核算的系统化，它比日常核算资料更集中、更深刻地反映企业生产经营活动的全貌。

企业会计工作要通过编制会计报表，提供会计信息，满足各有关方面对企业会计信息的需求。企业会计报表按服务对象的不同分为两大类：一类为向外报送的会计报表，如资产负债表、利润表、现金流量表、利润分配表和主营业务收支明细表，它们构成了提供企业财务状况和经营成果信息的对外报告体系，也称为财务报表；另一类为企业内部管理需要的报表，如成本报表等。成本报表与财务报表同属于会计报表体系。

上述第一类会计报表的编制是财务会计所阐述的内容，不是本书讨论的主题。本章着重阐述成本报表的编制。成本报表是根据企业日常的产品成本核算资料定期编制，用来反映、考核和分析企业在一定时期内产品成本水平以及产品成本计划执行结果的报告文件。我们知道，产品成本是反映企业生产经营活动情况的综合性指标，是企业工作质量的一个重要尺度。企业物质消耗、劳动效率、技术水平、生产管理等各方面经营管理的好坏，以及企业外的一些因素（诸如物价、国家经济政策等）的影响，都会直接或间接地在产品成本中表现出来。产品成本的变动趋势，综合反映了企业为提高经济效益所作的各种努力是否有效，以及有效程度如何。为了考核企业产品成本计划的执行结果，使成本核算所获得的各种资料得到充分有效的利用，企业就必须编制成本报表并进行考核、分析，这样才能把握成本变动趋势，不断寻找降低产品成本的途径。

二、编制成本报表的意义

成本报表是会计报表体系的重要组成部分。在市场经济条件下，尽管国家不再对企业的产品成本进行考核，成本信息作为企业的商业秘密，成本报表既不需要对外报送，也不宜对外公开，但这并不意味着企业不需要编制成本报表。成本管理应完成的任务和提供成本信息的工作是相辅相成的，企业的工作结果和工作质量最终都综合地反映在成本报表上,企业内部经营管理者需要借助成本报表所提供的信息来达到成本管理的目的。因此,编制成本报表是企业成本会计工作中的一项重要内容,对成本进行考核、分析、预测、控制,加强企业内部经营管理和增强企业竞争实力等都有着十分重要的意义。

(一)成本报表综合反映了报告期内的产品成本水平及费用支出情况

产品成本是企业生产经营活动的一项综合性指标,它反映了企业在供应、生产、销售和管理等各方面在生产经营活动中的成果,诸如企业产品产量的增减和产品质量的优劣、企业资源消耗的多少、劳动效率和技术水平的高低、资金周转的快慢以及管理效能的高低等最终都会直接或间接地反映到产品成本中来。利用成本报表的资料,能够及时发现和改进企业在生产、技术、质量、管理等方面存在的问题,寻求降低产品成本的途径,提高企业的经济效益。

(二)通过对成本报表的分析,可以考核和评价各成本中心的业绩,充分调动广大职工的积极性

利用成本报表提供的信息,可考核和明确企业生产、技术、质量、管理等有关部门和人员执行成本计划的成绩和责任,总结工作经验,激励先进,鞭策后进。企业职工通过成本报表资料,可以了解他们为完成成本计划,为企业增产节约作出了多大贡献,以利于他们总结经验,在保证和提高产品质量的前提下,努力增收节支,为降低产品成本作出新的成绩。全体员工通过报表还可以了解到企业成本计划的执行情况,使他们能够监督企业的经济活动,向管理层献计献策,充分发挥员工降低成本、参与管理的主动性和积极性。

(三)通过成本报表的资料进行成本差异分析,可以为例外管理提供线索

利用成本报表的资料进行分析,可以揭示实际成本与计划成本的差异,了解产品成本是节约或是超支,分析差异产生的原因和差异对产品成本升降的影响程度,特别是可重点分析那些属于不正常的、不符合常规的关键性差异对产品成本升降的影响,这就为查明成本升降的主要原因和责任、加强成本控制提供了线索。

(四)成本报表的资料为制定成本计划提供了重要的参考依据

企业制定下期成本计划是在报告年度产品成本实际水平的基础上,结合报告年度成本计划执行的情况,考虑计划年度中可能出现的有利因素和不利因素而制定的。同时,各管理部门还可以根据成本报表提供的资料,确定产品价格,对未来时期的成本进行预测,为企业制定正确的经营决策、加强成本控制和管理提供重要的参考数据。

三、成本报表的种类

成本费用报表作为对内报表，主要是为企业内部经营管理需要而编制的，所以现行企业会计制度没有要求企业对外报送或公开成本报表，也没有规定成本费用报表的种类格式。它的种类、项目、格式和编制方法应由企业根据生产经营的特点和内部管理的要求，自行确定。成本费用报表一般可作如下分类：

（一）按成本报表反映的内容分类

根据成本信息归集对象和在成本管理中的不同用途，可将成本费用报表分为反映成本水平的报表，反映费用支出情况的报表和成本管理专题报表等。

1. 反映产品成本水平的报表。这类报表主要是反映报告期内企业各种产品的实际成本水平。通过本期实际成本与前期平均成本、本期计划成本的对比，可以了解企业成本发展变化的趋势和成本计划的完成情况。企业通常可设置主要产品单位成本表和商品产品成本表等。

2. 反映费用支出情况的报表。这类报表主要反映企业在报告期内某些费用支出的情况及其构成情况。通过此类报表可以分析费用支出的合理程度及变化趋势，有利于企业制定费用预算，考核费用预算的实际完成情况。企业通常可设置制造费用明细表和各种期间费用报表等。

3. 成本管理专题报表。此类报表主要反映成本管理中某些特定的重要信息。通过对这些信息的反馈和分析，可以加强企业的成本管理工作。此类报表一般依据实际需要灵活设置，通常有生产成本及销售成本表、成本率变动情况表、废料销售情况表、成本及产量情况表、材料成本考核表、人工成本考核表、责任成本表、质量成本表等。这些报表的编制时间和范围亦要根据实际需要自行决定。

（二）按编制时间分类

成本费用报表按其编制的时间划分，可以分为定期成本报表和不定期成本报表。定期成本报表一般按月、季、年编制，根据企业内部管理的特殊要求，为了及时反馈某些成本信息，以便管理部门采取对策，也可按旬、周、日乃至工作班的形式来编制。一般来说，商品产品成本表、主要产品单位成本表、制造费用明细表、管理费用明细表等都是定期报表。不定期成本报表是针对成本管理中出现的问题或亟须解决的问题编制的，例如发生了金额较大的内部故障成本，需要及时将信息反馈给有关部门而编制的质量成本报表。

（三）按成本报表编制的范围分类

无论是厂部还是车间，或车间里的生产班组，甚至个人，都有可能根据需要提供有关成本、费用情况的报表，因此，编制的成本报表的空间范围往往是不同的。按成本报表编制的范围划分，可分为全厂成本报表、车间成本报表、班组成本报表和个人成本报表,这是对纵向成本核算的结果。一般来说,商品产品成本表、主要产品单位成本表、管理费用明细表、财务费用明细表等都是全厂成本报表,而制造费用明细表、责任成本表、质量成本表等,既可以是全厂成本报表,也可以是车间(或班组、个人)成本报表。

四、成本报表的编制要求

为了真实、准确、完整、清楚、及时地编制成本报表,必须做到以下几点:

(一)数字真实、可靠

成本报表中的各项指标数字必须是真实的、可靠的。成本报表上的各项指标大部分来源于当期的成本账簿记录。为了保证账簿记录资料真实可靠,首先要检查所有经济业务是否按时全部登记入账,不能为了赶编报表而提前结账;其次要检查账实、账款是否相符,在编报前要认真核对账面记录与实物是否相符,账面记录与债权、债务以及银行存款等是否相符,如有不相符的账项应及时进行调整。只有在账实、账证账账相符的情况下,才能编制成本报表。

(二)内容完整,指标齐全

成本报表中应填报的种类、内容、指标、说明以及其他要素,必须根据有关资料,进行必要的加工计算后填报所有应报的内容的指标。有必要说明的内容和指标,应按规定加以说明。做到编报的成本报表内容完整,指标齐全。

(三)编报及时,发挥效用

企业管理部门和人员需要成本指标,必须及时提供,才能发挥效用;否则时过境迁,即使指标非常准确,但从时间来看已经过时。要做到及时编报,首先要求企业搞好日常的成本核算;其次要使报送的成本报表指标,能在企业成本管理中发挥作用。除报送的指标真实可靠外,还要有配套的计划、预算、统计以及历史成本等资料。通过加工、计算、分析、综合,才能及时揭示深层次的矛盾和问题,以便采取措施及时处理,真正体现成本信息的效用。

第二节 产品生产成本表

产品生产成本表可以按照产品的完工与否,划分为商品产品生产成本表和在产品生产成本明细表两种。

一、商品产品成本报表

(一)作用和结构

商品产品生产成本表,是反映企业在一定时期内生产的全部商品产品的总成本以及各种主要商品产品的单位成本和总成本的报表。因此,一般也称之为商品产品成本表。

商品产品成本表分为基本部分和补充资料两部分。基本部分反映企业全部商品产品的成本。这个商品产品的范围包括验收入库可供销售的各种产成品、已经出售的各种自制半成品、已经完成的对外提供的工业性作业。该表的一般格式是分产品编制,即按照是否具有比较完整可供比较的成本资料,将商品产品划分为可比产品和不可比产品两大类,分别列示各种主要产品的总成本和单位成本。可比产品是指以前年度正式生产过、具有较完整的成本资料的产品。所谓不可比产品是指以前年度没有正式生产过,因而也没有完整的成本资料的产品。对于去年试制成功、今年正式投产的产品,也应作为不可比产品。对于可比产品成本表,应同时将总成本和单位成本分别按上年实际平均数、本年计划数、本年实际数、本月实际数和本年累计平均数分栏反映。对于不可比产品成本表,则应同时列出本年计划数、本年实际数和本年累计实际平均数。这样做,有利于考核不可比产品以及全部商品产品成本计划的执行情况。

补充资料部分,应区分按月填报和按年填报两种情况设置有关指标,分别反映企业商品产品产值、成本升降、职工人数和工资总额等情况。

1. 按产品品种反映的产品生产成本表。按产品种类汇总反映工业企业在一定时期内生产的全部产品的单位成本和总成本,可以考核各种类产品和全部产品成本计划的执行情况,分析各种可比产品成本降低计划的执行结果,促使企业采取有效措施,不断降低产品成本,为进行产品单位成本分析指明方向。

表 9—1 为某工业企业 20××年 12 月份按产品品种反映的产品生产成本表。

表 9—1 产品生产成本表(按产品品种反映)

(1)基本部分　　　　　　　　　　20××年 12 月　　　　　　　　　　单位:万元

产品名称	计量单位	实际产量 本月 ①	实际产量 本年累计 ②	单位成本 上年实际平均 ③	单位成本 本年计划 ④	单位成本 本月实际 ⑤=⑨/①	单位成本 本年累计实际平均 ⑥=⑫/②	本月总成本 按上年实际平均单位成本计算 ⑦=①×③	本月总成本 按本年计划单位成本计算 ⑧=①×④	本月总成本 本月实际 ⑨	本年累计总成本 按上年实际平均单位成本计算 ⑩=②×③	本年累计总成本 按本年计划单位成本计算 ⑪=②×④	本年累计总成本 本年实际 ⑫
可比产品合计								63 720	62 970	62 790	708 000	700 400	698 200
其中:甲产品	件	110	1 200	340	337	336	336.5	37 400	37 070	36 960	408 000	404 400	403 000
乙产品	件	70	800	376	370	369	368	26 320	25 900	25 830	300 800	296 000	294 400
不可比产品合计								14 000	14 112		150 000		151 800
其中:丙产品	件	56	600		250	252	253	14 000	14 112		150 000		151 800
全部商品产品合计								76 970	76 902		850 400		850 000

(2)补充资料。

补充资料一：按月填报		补充资料二：十二月份填报			
项目	本年累计实际数	项目	本年累计实际数	项目	本年累计实际数
(1)按不变价格计算的工业总产值	989 000	(7)职工工资总额（本年计划数：元）其中：计税工资标准超计税工资标准		(9)计提职工教育经费总额 其中：按计税工资标准计提 超标准计提	
(2)按现行价格计算的工业总产值	992 000				
(3)按不变价格计算的商品产值	923 000				
(4)按现行价格计算的商品产值	932 000	(8)职工福利费总额 其中：按计税工资标准计提 超标准计提		(10)计提工会经费总额 其中：按计税工资标准计提 超标准计提	
(5)可比产品成本实际降低额	2 200				
(6)可比产品成本实际降低率(本年计划数：%)	(1.4%)			(11)年末职工人数 (12)全年平均职工人数	

2. 按成本项目反映的产品生产成本表。按成本项目汇总反映企业在一定时期内发生的产品生产成本表，可以反映工业企业在一定时期内全部产品生产成本发生的情况，了解产品成本核算发生的全貌；可以考核全部产品成本计划的执行结果，了解产品成本升降的情况；可以揭示成本差异，分析成本差异的原因，挖掘降低产品成本的潜力。

该表的基本结构是按成本项目列示产品总成本，并按上年实际数、本年实际数、本月实际数和本年累计数分栏反映（同样可附列补充资料，下同）。

现列示某工业企业20××年12月按成本项目反映的产品生产成本表，如表9－2所示。

表9－2　　　　　　　　商品产品生产成本表（按成本项目反映）
20××年12月　　　　　　　　　　　　　　　　单位：万元

产品名称	计量单位	实际产量	直接材料			直接人工			制造费用			制造成本合计		
			上年实际	本年计划	本年实际	上年实际	本年计划	本年实际	上年实际	本年计划	本年实际	上年实际	本年计划	本年实际
可比产品合计			477 520	473 200	469 760	152 560	151 000	154 880	78 720	76 200	73 560	708 800	700 400	698 200
其中：甲产品	件	1 200	282 000	280 800	278 400	92 500	91 800	96 000	33 600	31 800	29 400	408 000	404 400	403 800
乙产品		800	195 520	192 400	191 360	60 160	59 200	58 880	45 120	44 400	44 160	300 800	296 000	294 400
不可比产品合计				90 000	91 080		37 500	37 950		22 500	22 770		150 000	151 800
其中：丙产品		600		90 000	91 080		37 500	37 950		22 500	22 770		150 000	151 800
全部商品产品合计				563 200	560 840		188 500	192 830		98 700	96 330		850 400	850 000

3. 按成本性态反映的产品生产成本表。为了对成本进行有效的控制，正确制定成本计划，充分发挥成本信息在管理中的作用，对那些管理人员水平较高、内部管理机制较好的企业，在编制产品成本表时，可以按成本性态将变动成本和固定成本分别反映，如表9－3所示。

表 9—3   产品生产成本表(按成本性态反映)

20××年12月   单位:万元

产品名称	计量单位	本年实际产量	单位变动成本			固定成本总额			总成本		
			上年实际平均	本年计划	本年实际平均	上年实际	本年计划	本年实际	按上年实际平均单位成本计算	按本年计划单位成本计算	按本年实际平均单位成本计算
可比产品合计						44 400	40 400		708 800	700 400	698 200
其中:甲产品	件	1 200	319	316	318	25 200	25 200	22 800	408 000	404 400	403 800
乙产品	件	800	352	346	346	19 200	19 200	17 600	300 800	296 000	294 400
不可比产品合计							28 800	31 200		150 000	151 800
其中:丙产品	件	600		202	201		28 800	31 200		150 000	151 800
制造成本合计							73 200	71 600		850 400	850 000

(二)编制方法

商品产品成本表中的各项目是根据有关产品的"产品成本明细表"、年度成本计划、上年本表有关项目等会计记录以及有关统计资料填列的。其基本部分(即表9—1)填列方法一般如下:

1. 实际产量栏,分别反映本月和从年初至本月末止各种主要商品的实际产量,可根据成本计算单或产成品明细账记录填列。

2. 单位成本栏,反映各种主要产品的上年实际平均、本年计划、本月实际、本年累计实际平均单位成本。其中:

(1)上年实际平均单位成本,反映可比产品去年平均单位成本,可根据上年12月份本表的本年累计实际平均单位成本填列。

(2)本年计划单位成本,反映各种主要商品产品的本年计划单位成本,应根据年度成本计划的有关数字填列。

(3)本月实际单位成本,根据该产品本月总成本和总产量求得,应根据各产品成本计算单或按下列公式由表上数字计算填列:

$$某产品本月实际单位成本 = \frac{某产品本月实际总成本(本表第9栏)}{某产品本月实际产量(本表第1栏)}$$

(4)本年累计实际平均单位成本,可按下列公式由表上数字计算填列:

$$某产品本年累计实际平均单位成本 = \frac{某产品本年累计实际总成本(本表第12栏)}{某产品本年累计实际总产量(本表第2栏)}$$

3. 本月总成本栏,反映各种主要产品本年累计产量的上年实际、本年计划和本年实际总成本。其中,本月实际总成本是根据各种产品成本计算单填列;其他两项都是根据各种产品成本月实际产量分别乘以上年实际平均单位成本和本年计划单位成本,由表上计算填列。

4. 本年累计总成本,反映各种主要产品按自年初起至年末止的累计产量计算的上年实际平均、本年计划和本年实际总成本。其中,本年实际累计总成本应根据上月本表本栏(即第12栏)与本月本表实际总成本栏(即第9栏)之和填列;其他两项都是根据各种产品本年累计产量分别乘以上年实际平均单位成本和本年计划单位成本,在表中计算填列。

由于不可比产品过去没有正式生产过,无成本资料可以比较,因而凡有关"上年实际平均单位成本的栏目(包括第3、7、10栏)不可比产品均不必填列。

5. 补充资料中,"按不变价格计算的工业总产值"和"按现行价格计算的工业总产值",应按统计资料中的有关数字填列。"按不变价格计算的商品产值"和"按现行价格计算的商品产值",应按照各种完工产品的本年累计实际产量、每种产品的不变价格和现行出厂价格分别计算填列。"可比产品成本降低额"和"可比产品成本降低率"的"本年累计实际数",按下列公式计算填列:

可比产品成本降低额＝本表基本部分"可比产品合计"项目第10栏～第12栏

可比产品成本降低率＝可比产品成本降低额÷"可比产品合计项目"第10栏×100%

以上五项应按月填报。其余项目年末填报,参照财务报表的相关资料即可。

按成本项目编制的商品产品成本表,一般分栏列示上年实际成本、本年计划成本和本年实际成本。其中,上年实际成本栏只填列可比产品,可根据上年本表的本年实际成本栏的数额填列;本年计划栏可根据各种产品本年实际产量乘以各该产品计划单位成本的成本项目分别计算,汇总后填列。实际成本栏可根据各种产品本年实际产量乘以各该产品实际单位成本中的成本项目分别计算,汇总后填列。

按成本性态编制的商品产品成本表,一般分上年实际、本年计划、本年实际反映各产品的单位变动成本和固定成本总额。上年实际栏根据上年本表本年实际栏填列;本年计划栏根据按成本性态编制的成本计划资料填列;本年实际栏根据按变动成本法计算的成本资料填列。

二、在产品生产成本明细表

在产品生产成本明细表是反映各车间尚未完工的在制品、半成品数量和成本的报表。本报表由各车间核算员报送生产部门、财会部门。生产部门将其作为对在产品下期生产进行控制的依据;财会部门则将它作为计算产品生产成本的依据,并与生产资金计划进行对照,考核资金使用情况。本报表提供在产品数量、在产品约当产量、在产品应负担的生产成本等项指标。格式如表9－4所示。

表 9－4　　　　　　　　　在产品生产成本明细表

车间：　　　　　　　　　　　　年　　月　　日

在产品名称	产量				直接材料		直接人工		制造费用		合计
	班组	数量	完工程度	约当产量	数量	金额	工时	金额	分配率	金额	

车间核算员：　　　　　　　　　　审核人：

本表根据生产成本明细账（或成本计算单）以及有关成本的计划资料等由车间核算员编制。

第三节　主要产品单位成本表

主要产品单位成本表，是反映企业一定时期内主要产品生产成本水平、变动情况、构成情况以及各项主要技术经济指标执行情况的成本报表。通过该表，可以反映出主要产品单位成本的变动，并可分析产品成本变动的原因。该表是产品成本表的补充说明。

一、作用和结构

编制本报表的主要目的是为了考核各种主要产品单位生产成本计划的执行结果，分析各项消耗定额的变化情况和产品生产单位成本的升降原因，并便于在生产相同种类产品的企业之间进行对比，并将各主要产品单位成本水平与上年实际和历史先进水平进行比较，以利于发现问题之所在，挖掘潜力，降低产品成本。

主要产品单位成本表可以具体说明"商品产品生产成本表"中的"单位成本"项目的具体构成。因此，它是完工产品生产成本表的又一补充。其格式和内容见表 9－5。

表 9－5　　　　　　　　　主要产品单位成本表

20××年12月　　　　　　　　　　　　　　　　　　　　计价单位：元

产品名称	甲	本月实际产量	15
规格		本年累计实际产量	195
计量单位	件	销售单价	750

成本项目	行次	历史先进水平(年)	上年实际平均	本年计划	本月实际	本年累计实际平均
		4	5	1	2	3
直接材料	1			318.00	328.50	336.00
直接人工	2			63.00	61.50	63.00
其他直接材料	3	（略）	（略）	115.50	111.00	112.50
制造费用	4			133.50	145.50	148.50
合　　计	5	（略）	（略）	630.00	646.50	660.00

主要经济技术指标	计量单位	用量	用量	用量	用量	用量
(1)A材料	公斤			57	57	60
(2)B材料	公斤			13.5	15	15
(3)工时	小时	（略）	（略）	210	219	225
(4)材料利用率	％			87％	90％	85％
(5)废品率	％			5％	3％	5％

本表共分三个部分。

第一部分反映产品本月实际合格产品的产量、本年累计实际合格产品产量、销售单价以及品名、规格、计量单位等反映全貌的指标。

第二部分反映产品的单位生产成本。按具体成本项目设计，按历史先进水平、上年实际平均、本年计划、本月实际和本年累计实际平均设专栏。

第三部分反映单位产品所耗用的各种主要原材料的数量、单位产品耗用生产工时、材料利用率及废品率等主要技术经济指标。为了便于考核产品成本的变动等情况，这些技术经济指标也按当年单位产品生产成本相同的专栏设置。

二、编制方法

表中第一部分据实填写。

表中第二部分的"历史先进水平"栏，指该企业历史上该种产品成本最低年份的实际平均单位成本，它应根据成本最低年份资料填列。"上年实际平均"栏，指上年实际平均单位成本，应该根据上年度本表资料填列。"本年计划栏"，指本年计划单位成本，应根据本年度成本计划填列。"本月实际"栏，指本月实际平均单位成本，应根据本月完工的该种产品成本计算单来填列。"本年累计实际平均"栏，指本年年初起至本月末止该种产品的实际单位成本,它应根据各月成本计算单,将各月的完工产品成本分成本项目汇总,然后除以本年累计实际产量计算填列。

第三部分中,产品主要技术经济指标的计划数可根据有关技术组织措施的规定或本年计划数填列,各有关年度实际数,按当年有关统计资料填列。

应当指出,生产耗用的自制半成品,应在产品单位成本计算表中根据不同情况进行反映。凡是自制半成品成本要进行还原的企业,应该将生产耗用的自制半成品成本按其构成的成本项目,分别并入产品有关项目的成本中去;对自制半成品成本不进行还原的企业,生产中耗用的自制半成品成本,应列入"直接材料"成本项目,也可以增列"自制半成品"项目予以反映。

第四节 各种费用明细表

一、制造费用明细表

制造费用是企业内部各个生产单位(工厂、车间)为组织和管理生产所发生的各种间接费用。它既有一般产品成本项目的某些共同特点,同时又与其他产品成本项目有着显著的区别。它的具体构成项目繁多,其发生与否以及发生多大支出等具有很大的不确定性;从成本性态上看,它既有变动成本性质的项目,又有固定成本性质的项目,而且有很多项目同时兼有固定成本和变动成本两种特征;它的发生是分散在企业内部各个生产单位的,难于集中统一控制。但是,制造费用的大小对产品成本的高低有着重要影响,正确和及时地报告制造费用的发生情况是成本管理工作的内在要求,也是成本管理工作的重要内容。

(一)作用和结构

制造费用明细表是具体反映工业企业在一定时期内发生的各项制造费用及其构成情况的成本报表。利用该表,可以按费用项目分析制造费用计划的执行情况,分析制造费用超支或节约的原因,从而寻求降低产品成本的方法;还可以分析制造费用的构成及其增减变动的情况,为编制制造费用计划和预测未来的费用水平提供依据。它可以按如下两种方式设置和编报。

1.反映全厂制造费用计划执行情况的制造费用明细表。

本表的特征是不区分制造费用发生的具体部门,按照制造费用的具体构成项目反映整个企业在一定期间内制造费用的发生状况。基本格式如表9-6所示。

本表按制造费用各具体构成项目设行,按"本期计划"、"上年同期累计"、"本月实际"和"本年累计实际"分别设专栏,反映各项费用的发生情况。

表 9—6　　　　　　　　　　　制造费用明细表

××工厂　　　　　　　　　　20××年10月　　　　　　　　　　单位：千元

费用项目	行次	本期计划数	本月实际数	本年累计实际数	上年同期累计
工资及福利费	1		1 900	28 040	
办公费	2		150	1 800	
折旧费	3		590	7 240	
水电费	4		80	1 230	
修理费	5	（略）	78	900	（略）
运费	6		40	480	
租赁费	7		50	960	
劳动保护费	8		90	1 200	
机物料消耗	9		50	650	
合计	10		3 028	42 500	

企业根据管理的需要，也可以将制造费用按成本性态划分为变动成本和固定成本，其格式如表 9—7 所示。

表 9—7　　　　　　　　　　　制造费用明细表

××工厂　　　　　　　　　　20××年12月　　　　　　　　　　单位：千元

费用项目	行次	本期计划数	本月实际数	本年累计实际数	上年同期累计
变动制造费用：					
水电费			80	1 230	
修理费			78	900	
运　费			40	480	
机物料消耗			50	650	
小　计		（略）	248	3 260	（略）
固定制造费用：					
工资及福利费			1 900	28 040	
办公费			150	1 800	
折旧费			590	7 240	
租赁费			50	960	
劳动保护费			90	1 200	
小　计			2 780	39 240	
合　计			3 028	42 500	

2. 按制造费用的发生地点编制的制造费用明细表。

由于制造费用的发生地点分散在企业内部的各个生产单位,制造费用的控制主要依赖这些部门的共同努力,所以为了考察和分析各个车间制造费用的发生状况,判断其合理性和受控情况,有必要编制本表(见表9—8)。

表 9—8　　　　　　　　　　　制造费用明细表

××工厂　　　　　　　　　　20××年10月　　　　　　　　金额单位:千元

费用项目	行次	第一车间 ①	②	③	④	第二车间 ①	②	③	④	……	全厂合计 ①	②	③	④
工资及福利费	1													
办公费	2													
折旧费	3													
水电费	4													
修理费	5													
运费	6													
租赁费	7													
劳动保护费	8													
机物料消耗	9													
合计	10													

注:"①"代表本期计划数;
　　"②"代表本月实际数;
　　"③"代表本年累计实际数;
　　"④"代表上年同期累计数。

(二)编制方法

1. 全厂制造费用明细表的编制方法。

"本期计划"栏各项数字,应根据制造费用预算中的有关项目数字填列。如果企业的制造费用预算已分解到月,则本栏应填列本月计划数。

"本月实际"栏应根据制造费用明细账中本月发生数填列。

"本年累计实际"栏反映自年初起至本月末止实际累计发生的制造费用,应根据制造费用明细账中各月发生的制造费用汇总计算填列。

"上年同期累计"根据本表上年的"本年累计实际"栏中的各项数字填列。编制年报时,本栏应反映上年全年发生的各项制造费用。

应注意的是,由于制造费用是经过分摊计入产品成本的,而车间加工制造的自制材料、自制设备及制造工具等也要分摊一部分制造费用,因此,本表合计数与前述有关按成本项目分别编制的产品生产成本表等中的"制造费用"项目金额,可能一致,也可能不一致。

按成本性态编制的全厂制造费用表,填列方法与此相同,但对会计核算工作的要求更高。它是建立在将制造费用合理划分为固定成本和变动成本的基础之上的。

2.费用发生地制造费用明细表的编制方法。由于制造费用的特殊性,为加强其管理,不仅应制定该项费用的全年计划数,而且应将它分解为各季计划数、各月计划数,并落实到各个生产单位中去,以便随时判断实际制造费用发生的受控状况。"本期计划"栏的各项数字,就是根据分解到各个时期、各个生产单位的目标金额填列的。

在分级核算情况下,"本月实际"应根据各个生产单位的制造费用明细账填列;在集中核算情况下,此栏应根据为各个生产单位设置的制造费用明细账的相关数字填列。

"本年累计实际"反映自年初起至本月末止所发生的制造费用总额,其依据同上。

"上年同期累计"根据本表上年同期的"本年累计实际"数填列。

合计栏是将各生产单位制造费用的相应专栏汇总计算的结果。

最后应指出的是,如果企业没有编制制造费用预算或计划时,"本期计划"栏可改设为"上年本期实际"。为了加强对制造费用的管理,两类制造费用明细表最好设为月报。

二、期间费用明细表

期间费用明细表是反映企业在报告期内发生的管理费用、财务费用和销售费用的表。利用该表,可以考核期间费用计划或预算的执行情况,分析各项费用的构成和增减变动情况,以便查找原因,采取措施,降低各项费用水平。

(一)管理费用明细表

管理费用明细表是反映企业在报告期内发生的管理费用及其构成情况的报表。该表一般按照费用项目分别反映各项费用的本年计划数、上年同期实际数、本月实际数和本年累计实际数。管理费用明细表的一般格式如表9—9所示。

表9—9　　　　　　　　　　管理费用明细表

××工厂　　　　　　　　　20××年12月　　　　　　　　　　金额单位:元

费用项目	本年计划数	上年同期实际数	本月实际数	本年累计实际数
工资	20 000	1 757	1 709	19 962
福利费	3 400	299	291	3 393
折旧费	16 300	1 365	1 340	16 055
工会经费	7 850	665	650	7 855
业务招待费	18 750	1 519	1 572.50	18 790
办公费	8 550	6 920.50	712.50	8 505
印花税	10 850	920	905	10 390

续表

费用项目	本年计划数	上年同期实际数	本月实际数	本年累计实际数
房产税	5 080	480	489	5 842
土地使用税	5 200	435	435	5 255
无形资产摊销	11 950	990	965	11 995.50
职工教育经费	14 950	1 253	1 238	14 910
劳动保险费	6 750	605	565	6 755
待业保险费	10 200	789	842.50	10 098
坏账损失	11 550	1 406	1 121.50	13 615
材料产品盘亏损失		860	911	10 939
其他	11 850	1 599.50	1659	13 911.50
合计	163 230	21 863	15 406	178 271

在管理费用明细表中，"本年计划数"应根据管理费用计划数填列；"上年同期实际数"应根据上年同期本表的本月实际数填列；"本月实际数"应根据管理费用明细账的本月合计数填列；"本年累计实际数"应根据管理费用明细账的本月末累计数填列。也可以根据管理费用的分月计划，在本表中加列"本月计划数"一栏。

（二）财务费用明细表

财务费用明细表是反映企业在报告期内发生的财务费用及构成情况的报表。该表一般按照费用项目分别反映各项费用的本年计划数、上年同期实际数、本月实际数和本年累计实际数。财务费用明细表的一般格式如表9－10所示。

表9－10　　　　　　　　　　　　财务费用明细表

××工厂　　　　　　　　　　20××年12月　　　　　　　　　　金额单位：元

费用项目	本年计划数	上年同期实际数	本月实际数	本年累计实际数
利息支出	51 600	2 146	3 356	51 700
汇兑损失	32 600	2 838	2 791	34 640
其他支出	25 700	3 163	2 947	25 764
合计	109 900	9 147	9 094	112 104

上述财务费用明细表中的"本年计划数"，应根据财务费用计划填列；"上年同期实际数"应根据上年同期本表的本月实际数填列；"本月实际数"应根据财务费用明细账的本月合计数填列；"本年累计实际数"应根据该明细账的本月末一栏累计数填列。还可以根据财务费用的分月计划，在本表中加列"本月计划数"一栏。

（三）销售费用明细表

销售费用明细表是反映企业在报告期内发生的销售费用及其构成情况的报表。

该表一般按照费用项目分别反映各项费用的计划数、上年同期实际数、本月实际数和本年累计实际数。销售费用明细表的一般格式如表9－11所示。

表9－11　　　　　　　　　　销售费用明细表
××工厂　　　　　　　　　　20××年12月　　　　　　　　金额单位:元

费用项目	本年计划数	上年同期实际数	本月实际数	本年累计实际数
包装费	38 000	3 200	3 100	37 600
运输费	51 000	4 010	4 160	50 700
装卸费	35 400	2 860	2 980	34 600
保险费	22 700	1 820	1 970	22 670
广告费	38 100	3 280	3 340	37 980
其　他	41 000	3 600	3 760	41 800
合　计	226 200	18 770	19 310	225 350

上列销售费用明细表中的"本年计划数",应根据销售费用计划来填列;"上年同期实际数"应根据上年同期本表的本月实际数填列;"本月实际数"应根据销售费用明细账的本月合计数填列;"本年累计实际数"应根据销售费用明细账的本月末累计数填列。如果管理上需要,也可以根据销售费用的分月计划,在本表中加列"本月计划数"一栏。

第五节　其他成本报表

企业除按时编制全部产品生产成本表、主要产品单位成本表和制造费用明细表等成本报表外,还需要按特定的生产工艺特点和成本管理要求,设置其他成本报表,如责任成本表、成本及产量情况表、主要材料成本考核表、人工成本考核表和损失报告表等。其他成本报表具有较大的灵活性、多样性和及时性,产品成本水平的细微变化,一般都可通过这些报表及时显现出来。合理设置和充分利用这些报表就为有效的成本控制打下了坚实的基础。

与企业编制的主要成本报表相比较,内部成本报表具有以下几个特点:

第一,形式上更具有灵活性。其他成本报表提供的信息灵活多样,既有报告期末实际数据的,又有期中成本预报的;既有列示实际与计划对比数据的,又有进行差异分析的;既有以货币单位为主报告的成本、费用信息,又有以工时、实物量报告的消耗资料;表中栏目、行次的设置更是因时、因地、因内容而异。此外,其他成本报表既注重于责任会计组织的配合,又强调对其他技术经济资料的使用。

第二,内容上更注重针对性。其他成本报表针对企业成本控制中各环节的具体情况和重心工作,提供具体的成本费用和用量信息。为此,其他成本报表注重比较,包括实际与预算或标准的比较、不同时期的比较等,尤其侧重对例外成本差异的比较与分析。例如,成本及产量情况表,专门报告某种产品某一特定时期的成本内容及产量资料;材料成本及用量考核表,可按产品类别就各产品对材料的耗用情况,报告实际用量、标准用量及差量;废料回收情况表、废料销售情况表,则针对废料的控制与管理提供有关实际数据。

第三,时间上更强调及时性。为了给企业的成本管理提供更为直接、更具参考价值的信息,以有助于企业各有关部门随时了解发生的各种消耗情况,掌握成本控制的主动权,其他成本报表的编制更强调时效性。除了定时编制有关月报以外,还要根据不同时期、不同部门、不同成本费用及消耗情况,及时编制半月报、旬报、周报以及日报、班报。

第四,编报主体具有多样性。商品产品成本等主要成本报表,由企业财会部门负责编报,其他成本报表的编制则不仅局限于企业财会部门。一方面,其他成本报表与责任会计组织相配合,反映的成本资料往往是与责任者直接有关的或责任者能控制的,以便于考核责任单位的业绩。另一方面,其他成本报表主要服务于内部成本控制,因而往往需要提供具体车间、班组甚至岗位的具体成本消耗等信息。因此,其他成本报表的编制者,可以是厂部财会部门,如厂部责任成本报告、厂部质量成本报告;也可以是车间、科室等归口分级管理单位,如车间责任成本报告、车间质量成本报告、按班组编报的工人工作效率月报等。

其他成本报表根据管理需要设置,形式多样,难以一一罗列,这里只能介绍一些常用的格式供参考。

一、责任成本表

责任成本表是实行责任成本预算和核算的企业,根据各成本责任中心的日常责任成本核算资料编制,用以反映报告期内实际发生的可控费用,以及责任成本预算差异情况的报表。它是成本责任中心业绩报告的主要构成部分。利用责任成本表所提供的信息,可以随时了解责任预算的执行情况,及时调节各责任中心的经济活动,达到控制成本的预期目标;利用责任成本表的资料,便于考核各责任中心的业绩,调动职工控制成本的积极性,使责任中心的责、权、利紧密结合;根据责任成本表,还可以分析责任成本预算执行结果,使各成本中心明确对成本实施控制的责任功过,避免产生企业内部经济责任不清的现象。

考核和评价各成本中心对责任成本控制实绩的是编制责任成本表的重要目的。

因此,责任成本表的核心是对差异的揭示。责任成本表一般应按成本或费用项目分别列示责任预算数、实际数和差异数。表中的指标可用金额、实物或时间量度表示。如果预算数小于实际数,称为"不利差异",表示可控成本的超支,通常在差异后用(U)表示;如果预算数大于实际数,称为"有利差异",表示可控成本的节约,通常在差异后用(F)表示。对于成本中心的不可控成本,为了突出重点,一般可不予列示。但如果为了便于将以责任为对象的成本信息和以产品为对象的成本信息相互印证,使有关管理人员了解该成本中心一定时期内成本费用的全貌,也可以作为参考资料列示。

责任成本表应自下而上逐级上报和逐级汇总编制。每一层次的责任成本表,除最基层责任中心只有本身的可控成本外,上一级责任中心都应包括下属责任中心转来的责任成本和本身的可控成本。例如,某公司设有一个制造部和一个销售部,制造部由生产经理负责,销售部由销售经理负责。制造部设有机加工、铸造和装配三个车间,各车间分别设有甲、乙、丙三个班组,均为成本中心。产品销售由公司的销售部负责。公司不仅对成本、收入和利润负责,还对投入的全部资产的使用效果负责。这样,各班组编制的责任成本表要报送车间。车间收到所属班组的责任成本报表后,加以汇总,再加上本车间的可控成本,如车间管理人员的工资、办公费、修理费等编制车间的责任成本表,并报送制造部门。制造部门汇总各车间的责任成本表,再加上制造部门的可控成本,编制制造部门的责任成本表,并报送总经理。总经理办公室接到所属制造部门、销售部门的责任成本表后,再加上公司总部的可控成本,可汇总编制全公司的责任成本表。通过责任成本表的逐级向上汇编,形成了整个企业的连锁责任。该公司20××年12月份四个层次的责任成本表见表9—12、表9—13、表9—14、表9—15(甲、乙、丙班组和铸造、装配车间、销售部责任成本表略)。

表 9—12 　　　　　　　　　　甲班组责任成本表

20××年12月　　　　　　　　　　　　　　　　　　　　　　　　单位:千元

成本项目	本月责任成本					累计责任成本		
	预算数	全部费用	不可控费用	实际数	差异数	预算数	实际数	差异数
	①	②	③	④=②-③	⑤=①-④	⑥	⑦	⑧=⑥-⑦
直接材料	40 000	44 300	1 400	42 900	2 900(u)			
直接人工	10 000	11 200		11 200	1 200(u)		(略)	
制造费用	15 000	13 500		13 500	1 500(F)			
合　　计	65 000	69 000	1 400	67 600	2 600(u)			

第九章　成本报表

249

表9-13   机加工车间责任成本表
                         20××年12月   单位:千元

成本项目	本月责任成本					累计责任成本		
	预算数	全部费用	不可控费用	实际数	差异数	预算数	实际数	差异数
	①	②	③	④=②-③	⑤=①-④	⑥	⑦	⑧=⑥-⑦
机加工车间管理费	560	700	120	580	20(u)			
甲班组责任成本	65 000	69 000	1 400	67 600	2 600(u)			
乙班组责任成本	53 000	55 000	5 000	50 000	3 000(F)		(略)	
丙班组责任成本	29 000	33 000	5 000	28 000	1 000(F)			
合　计	147 560	157 700	11 520	146 180	1 380(F)			

表9-14   制造部责任成本表
                         20××年12月   单位:千元

成本项目	本月责任成本					累计责任成本		
	预算数	全部费用	不可控费用	实际数	差异数	预算数	实际数	差异数
	①	②	③	④=②-③	⑤=①-④	⑥	⑦	⑧=⑥-⑦
制造部管理费	15 500	16 800	1 900	14 900	600(F)			
机加工车间责任成本	147 560	157 700	11 520	146 180	1 380(F)			
铸造车间责任成本	68 600	71 000	2 500	68 500	100(F)		(略)	
装配车间责任成本	38 000	46 000	6 500	39 500	1 500(u)			
合　计	269 660	291 500	22 420	269 080	580(F)			

表9-15   某公司责任成本表
                         20××年12月   单位:千元

成本项目	本月责任成本					累计责任成本		
	预算数	全部费用	不可控费用	实际数	差异数	预算数	实际数	差异数
	①	②	③	④=②-③	⑤=①-④	⑥	⑦	⑧=⑥-⑦
公司总部管理费	14000	14200	200	14400	400(u)			
制造部责任成本	269 660	291 500	22 420	269 080	580(F)		(略)	
销售部责任成本	80 000	96 000	7 000	89 000	9 000(u)			
合　计	363 660	401 700	29 620	372 480	8 820(u)			

各表中,"预算"栏(第1栏)数据来自各责任中心的责任预算,"实际"栏与"差异"栏应根据各成本中心的责任成本记录填列或分析填列。有关责任成本的计算已在第八章说明,在此不复赘言。

"全部费用"(第2栏)为当月生产各种产品(或提供各种劳务)实际发生的费用。

应根据各种产品成本计算单的各成本项目本月费用汇总计算填列。如果月初在产品在本月加工中发生不可修复废品,其废品损失应计入本月费用。

"不可控费用"(第3栏)应根据当月实际发生的不可控费用计算填列。

"累计责任成本"各栏均应根据上月责任成本表的累计责任成本加上本月责任成本表的本月责任成本计算填列。

责任成本表的具体格式由于各成本中心的责任成本内容以及成本核算方法不同而有所区别,其编制方法也不一样。责任成本表内容的详简程度,应从满足各级成本管理人员对成本信息的需求出发。为避免分散上级成本中心的注意力,应遵循重要性原则,突出重点。一般越低层次的责任成本表项目设置越详细,越高层次的责任成本项目设置越概括。

二、成本及产量情况表

本表为反映一定期间整个企业、一个部门、一个车间或一种产品的生产数量和成本的报表。该表可由财会部门编制,采用成本和产量对比方式,以加强对产品成本的控制。本表按照每种产品编制,可每隔五日、旬或半月编制一次,其格式如表9—16所示。

表9—16 成本及产量情况表

车　　间:
产品名称:　　　　　　　　　20××年12月　　　　　　　　　单位:千元

日期	摘要	直接材料	直接工资	制造费用	其他	合计	生产数量		
							日期	完工入库数	产品数

如果要按照整个企业或部门编制成本及产量情况表,则表9—16可按产品品种汇总,只要将表中的日期和摘要栏改为产品名称栏即可。表内的各项成本数可以根据领料单、生产工时统计和单位工资率编制,完工入库数可根据产成品入库单计算,在产品数可根据"期初数+投产数-完工数-废品数"推算,或根据产成品台账填列。

如前文所述,在实行经济责任制的情况下,成本可按照权责的划分进行分层控制和考核。例如,可以分别按各个班组、车间或部门、厂部来进行分级控制。这类成本控制可采用表9—17的格式加以反映。本表由车间或职能部门编制,用以进行成本控制。表内项目只包括由该部门主管负责并控制的成本部分,不属本部门主管负责的成本不在本表内反映。如果该表由厂部编制,则项目栏可按各个部门的成本合计数编制,以便对各部门实施控制。格式基本同上,仅项目栏应改为各责任部门名称,如供电、生产、机修、供应、销售、运输、财务、厂部等。

表 9－17 材料耗用量月报表

材料名称：甲　　　　　　　　　××××年×月　　　　　　　　　　　　单位：公斤

日期	本日数				本月累计数				本年累计数			
	实际用量	标准用量	差异数	差异率（％）	实际用量	标准用量	差异数	差异率（％）	实际用量	标准用量	差异数	差异率（％）
1	50	55	－5	－9.09	50	55	－5	－9.09	1 680	1 760	－80	－4.55
2												
3												

三、主要材料成本考核表

主要材料成本考核表是反映材料成本的内部报表，可分别由仓库部门和财会部门编制，前者格式如表 9－18，主要反映重要的材料消耗的数量，一般逐日编制。其实际用量根据领料单汇总，标准用量以实际产量乘以消耗定额求得，二者之间的差额记入差异数栏，节约用负号表示。财会部门编制的材料耗用成本表的格式如表 9－18 所示，用以汇总反映各部门材料耗用金额，并与标准成本作比较。这里的各部门可以是班组、车间或职能部门。

表 9－18 材料耗用成本表

20××年 1 月 1 日至 1 月 10 日　　　　　　　　　　　　　　单位：元

部门	实际成本 （实际用量×计划单价）	预算成本 （预算用量×计划单价）	差异数	差异率
甲部门	16 840	17 000	－160	－0.94％
乙部门	20 860	20 000	860	4.3％
丙部门	13 830	13 790	40	0.29％
合　计	51 530	50 790	740	1.46％

材料价格差异分析表（见表 9－19）是材料成本的一种，用于分析材料采购成本。通过本表可以了解各个采购渠道的经济效果，为进一步降低单位产品成本中的原材料成本提供可能。本表由财会部门或材料核算部门编制，每旬或每五日编制一次。

表 9－19 材料价格差异分析表

××××年×月×日至××××年×月×日

采购单编号	供货单位	材料名称	计量单位	采购数量	实际成本		计划成本		差异	
					单位成本	总成本	单位成本	总成本	单位成本	总成本	差异数

四、人工成本考核表

人工成本考核表主要用来考核人工成本水平，采用的报表形式可以由班组或车间逐级编报，可以报告工时完成情况，也可以报告计件工作量完成情况等。人工考核表格式如表9－20所示。

表9－20　　　　　　　　　　　人工成本考核表

20××年×月×日

职工姓名	实际人工成本			定额人工成本			差异		
	实际工时	实际小时工资	实际人工成本	定额工时	定额小时工资	定额人工成本	工时差异	工资率差异	人工成本差异

五、损失报告表

为了分析各项生产损失的金额及其产生原因，有时需要有关车间、部门编报"生产损失报告表"。该表可以根据"停工损失"、"废品损失"等账户记录或其他原始凭证编制，其格式如表9－21所示。

表9－21　　　　　　　　　　　生产损失报告表

20××年×月

项目	原因	数量	工时	修复费用				报废净损失						备注
				材料	人工	制造费用	小计	生产成本				回收残料	净损失	
								料费	工费	制造费用	小计			
废品损失	可修复													
	不可修复													
	合计													
停工损失		工资福利费		办公费		折旧费		水电费		其他		合计		

本章小结

成本报表是根据企业日常成本资料定期编制,用来反映、考核和分析企业在一定时期内产品成本水平以及产品成本计划执行结果的报告文件。编报及时、内容完整、数字真实的成本报表,不仅能全面反映报告期内的成本水平,而且有利于企业不懈寻求降低成本的途径,并为下期成本计划的编制提供主要参考依据。

工业企业最重要的成本报表有:商品产品成本表,主要产品单位成本表,制造费用明细表等。各企业可根据成本管理的需要自行设计其成本报表体系。

商品产品成本表是反映企业已验收入库可供销售的各种产成品、自制半成品或已提供的工业性劳务的总成本和单位成本的报表,一般应将商品产品划分为可比产品与不可比产品两类。此表可按产品品种、成本项目和成本性态分别反映,并应分栏列示各成本项目本期计划数、本期实际数、上年实际数和本年累计实际数等内容。本表各项目应根据会计记录分析计算填列及根据有关统计资料分别填列。

主要产品单位成本表不仅反映主要产品单位生产成本的构成,而且提供各项主要技术经济指标的执行情况,便于分析各项消耗定额的变化情况和单位成本的升降原因。本表应按成本计算单、有关技术组织的规定或计划填列。

制造费用明细表具体反映企业在一定时期内发生的各项制造费用及其构成情况,并应分栏列示本期计划数、本月实际数和本年累计数等。应分别根据制造费用预算、制造费用明细账及相关统计资料填列。期间费用报表包括管理费用明细表、营业费用明细表和管理费用明细表,是反映企业在报告期内发生的各种期间费用情况的报表。期间费用报表的结构和内容同制造费用明细表基本相同。

责任成本表、成本及产量情况表、主要材料成本考核表、人工成本考核表和损失报告表等各有其特定用途,企业可视情况选择编制。

【主要概念】

成本报表　　　　　商品产品成本报表　　在产品生产成本报表
制造费用明细表　　管理费用明细表　　　财务费用明细表
销售费用明细表　　责任成本表　　　　　成本及产量情况表
主要材料成本考核表

【本章案例】[①]

吉伯逊工艺玻璃室

弗吉尼亚州达登商学院工商管理硕士班二年级学生菲丽瑟·库特兹是在1994年5月第一次走访吉伯逊工艺玻璃室的,她当时看到的是一片混乱的账目和业主吉伯逊对企业未来命运的彷徨。生产记录和产品成本数据都没有,可查的财务记录只有一本支票簿、未调整的银行对账单和几份纳税申报单。业主艾德沃德·恩格哈特·吉伯逊是一位技术精湛的吹玻璃艺人,他是最近才把工作室从弗吉尼亚北部的科洛特迁到科洛特斯维尔的。过去,工作室的账簿和其他相关记录由他的妻子管理,但自从几年前两人离婚后,吉伯逊的账簿记录就被扔到了一边。在科洛特斯维尔的第一年,吉伯逊玻璃产品的销售状况非常好,但吉伯逊同时也发现他在迅速地耗尽所有的财产。他不奢求收入多么丰厚,但要维持这个工作室每年的工资和利润至少需要25 000美元。尽管没有完整、系统的财务信息佐证,吉伯逊还是意识到不进行某些变革就难逃破产的命运。绝望中他与达登商学院的学生管理咨询团取得了联系,结果菲丽瑟自愿申请帮助吉伯逊摆脱目前的困境。

1. 生产过程。

吉伯逊生产精细、手工制作的玻璃器皿,包括平底玻璃杯、镇纸、异型镜片和花瓶。吉伯逊粉刷一新的工场位于历史名城科洛特斯维尔市区莫哥菲艺术中心的后面。吉伯逊用嘴吹制玻璃产品的过程与在草秸轩末端吹出糖的过程极为相似,他用一根金属长吹管将聚集在一起的已熔玻璃吹成各种器皿。底部做成之后,将其附于顶底杆上,并使其与吹管分离。再次加热之后进行产品边缘的修整、装饰,在火中打磨、成型。当从顶底杆上取下时,能看到那些很有特色的"顶底杆戳痕"留在产品上面。这里生产的任何玻璃器皿首先要在炉中经过几个小时的退火(缓慢的冷却过程),目的是缓解玻璃内部的张力。此后,到装箱备运前还需石磨、沙磨和磨光等几道工序。

(1) 配料装炉。

生产过程开始于每周向熔炉中填入一炉重200磅的玻璃原料。每炉配料中新原材料和化学药剂约占80%强,其余为以前熔化时剩下的纯净、均匀的玻璃碎片,占80%弱。吉伯逊非常仔细地查看每一炉的配料,包括玻璃碎片在内的比例构成,他认为混合物中各种材料的比例以及每炉的重量一旦违背标准必定会影响玻璃的质量。因此,他经常在每周最后一天清理出相当数量的还很不错的未用过的玻璃。尽管如此,吉伯逊还是很不情愿地将一炉配料的重量控制在200磅以下。表9—22列出了一炉材料的配方。

[①] William Rotch, Cases in management accounting and control systems, Third Edition, Prentice Hall.

表9—22 每炉材料构成表

材料构成	成本/单位	成本/炉（美元）
100磅砂	35＄/吨	1.75
38磅苏打	110＄/700磅	5.95
9磅钾	105＄/200磅	4.72
3磅硼砂	0.50＄/磅	0.50
14磅石灰石	5.50＄/50磅	1.54
2磅萤石	0.47＄/磅	0.94
3磅氧化锌	1.40＄/磅	4.20
其他材料	169＄/磅	20.62
20克镝	5.20＄/磅	0.23
40克砷	6.50＄/磅	0.57
玻璃碎片	35＄/磅	0.80
合计		21.42

因为各种材料是渐次加入熔炉中的，熔化过程需要一整天的时间。第二天进行的是被称做精细化的工序，就是把已熔化的炉料中的气泡清除掉。吉伯逊一般是在星期日配料填炉，星期一进行精细工序，从星期二至星期六吹制玻璃产品。熔炉连续运转，且在每周吹玻璃过程中退火炉每日能耗可知，因此每月消耗的煤气（最大的成本项目之一）成本预计是1 000美元。

（2）吹型。

每天约用两个小时来加热点火孔，使之温度从室温升至华氏2 300度。同时吉伯逊升高熔炉温度以使已熔玻璃的温度达到华氏1 800度。吹玻璃前40分钟左右时，他打开退火炉以便在其他工作完成并需要退火时炉温能升至华氏850度。在熔炉和退火炉加热升温的时候，吉伯逊要做一些细致的准备工作，包括磨光前一日的产品；此外，还要处理办公室事务和继续某些日常维护工作。

吉伯逊首先吹的是镇纸，因为镇纸厚实坚硬，需要较长时间减轻内部张力。他大约用2个小时吹制镇纸和花瓶。午饭后，吉伯逊制作异型镜片。下午工作4个小时。一般情况下，他每天用于吹玻璃的时间是6个小时。完工产品的重量如表9—23所示。周末，未用的玻璃变成碎片或被丢弃。平均算起来，约有50磅的未用玻璃不能再当作玻璃碎片回收利用，这些碎片被称为"污片"。对污片的清理成本不大，但公众对社区绿地和其他环境问题的关注，估计在今后将使清理工作变得复杂，并将使清理成本升高。

表9—23 玻璃含量

产品	重量/件
异型镜片	0.5磅
镇纸	0.9磅
平底玻璃杯	0.5磅
花瓶	0.6磅

在每年的40个生产周中,吉伯逊几乎每天都在他的工作室里忙碌。当然,他还要挤出相当长的时间向参观者和来访的朋友介绍他的产品。吉伯逊通常在星期日和星期一花上些时间处理琐事;此外,为赶上进度还要加班完成上周落下的打磨和磨光工作。

(3)完工与装运。

变坚硬的玻璃器皿在装运前要进行石磨、沙磨和磨光。一件器皿完工阶段的首次石磨占40%的时间,第二次石磨占15%;首次沙磨占20%,第二次沙磨占10%,第三次沙磨占5%;最后的磨光占10%。平均每件产品完成全部打磨用时15分钟。空心器皿只须磨光,平均起来每片镜片需3分钟,每只花瓶5分钟。完工程序被称为"冷处理阶段",而在此之前的程序——吹玻璃被称为"热处理阶段"。

2. 质量控制。

生产过程将产生一级品、二级品、洁净碎片和污片。一级品是指那些质量符合工艺师标准的产品。二级品有些小的瑕疵,如质量稍逊(有过多小气泡)或者当从顶底杆上取下时留下明显瓣痕。部分洁净的碎玻璃被当作玻璃碎片收集起来作为原料回收利用,其余的和脏玻璃一并被清理掉。二级品与一级品一样也需要经过两个阶段的加工。在产成品中只有一级品包装外运,二级品留在工作室销售,其数量自然是由生产情况决定的。这些质量差的产品最后当作二级品出售的相当少。

3. 生产时间。

通过几周对吉伯逊工作室生产情况的详细考察,菲丽瑟估计出吉伯逊吹制一件产品所用的时间,如表9—24所示(表9—24还列示了每周各产品的生产率)。从表中可见,平底玻璃杯是数量最大的产品,平均用15分钟吹,3分钟打磨。吹和打磨全由吉伯逊亲自做。但他曾向菲丽瑟讲起他正考虑雇用其他钟点工做部分或全部的打磨和磨光工作。

表9—24　　　　　　　　　　生产时间和每周产量

产品	生产时间		周平均产量	
	热处理阶段	冷处理阶段	一级品	二级品
异型镜片	15分钟	3分钟	18	1
花瓶	25分钟	5分钟	7	1
平底玻璃杯	15分钟	3分钟	30	2

吉伯逊从9月至次年6月中旬按正常日程工作。在夏季,他用10个星期到各地的商业展示会展出他的产品,另外的2周他会用来在山中度假。

4. 销售。

吉伯逊将根据邮购订单和在展示会取得的订单从工作室直接对外销售一级品。表9—25列示了产品的单位价格。产品销售略呈季节性。吉伯逊经常出现至少一个月的交货延误。二级品也按一级品的价格在吉伯逊工作室卖给顾客。

表 9—25　　　　　　　　　　　产品价格表

产　品	价格(美元)
异型镜片	9.00
镇纸	15.00
平底玻璃杯	8.00
花瓶	25.00

注：表中金额一律不含运输费用，订单预付款中包括估计的运输费用。

5. 经营费用。

除原材料和煤气成本，吉伯逊工作室还有其他的经营成本(参见表 9—26)。除办公室用具、手工工具、生产设备和钟点工工资外，还有无论是否生产产品都要发生的成本，这些成本在一年中并不均匀分布，表中所列金额代表了每月平均数。

表 9—26　　　　　　　　每月经营成本平均金额

项　目	金额(美元)
办公室用具	25.00
手工工具、生产设备	150.00
钟点工(每小时 5.00 美元)	100.00
专家服务	50.00
广告推销	20.00
捐赠	15.00
管理费、会费	35.00
旅游、娱乐	75.00
保险费	90.00
税款、注册费	45.00
修理、维护费	25.00
租金	175.00
公用事业及电话费	60.00
其他杂项	50.00
合　计	915.00

6. 固定成本。

菲丽瑟粗略地编制了一张吉伯逊工艺玻璃室 1993 年 9 月 1 日的资产负债表(见表 9—27)。关键设施(如熔炉和退火炉)只有 2 年使用寿命。设备和气罐预计使用寿命为

8年,卡车为5年。吉伯逊这辆卡车应付款从1993年9月起每月支付205美元,共支36个月。他现在只有几千美元的个人存款,他对企业还能维系多久感到一片茫然。另外,他不清楚每种产品的成本是多少,哪些产品最赚钱,产品定价是否合理。现在可能是真的到制定生产、定价战略的时候了。

表9—27 资产负债表

1993年9月1日　　　　　　　　　　　　　　　　　　　　单位:美元

资产		负债和所有者权益	
现金	100	负债	
存货		应付账款	125
物资	75	卡车借款	6 000
原材料	50	负债合计	6 125
预付保险费	200		
预付租金	175		
熔炉和退火炉	5 000		
设备	3 000		
气罐	400		
卡车	8 500	所有者权益	11 375
合计	17 500	合计	17 500

第十章

成本分析

【要点提示】
- 成本分析概述
- 设计阶段的成本分析
- 制造阶段的成本分析
- 综合成本分析

【内容引言】
　　成本分析是公司为了寻求降低成本的途径而对成本进行的对比、解剖、评价等系统研究工作。进行成本分析有助于认识和掌握产品成本变动规律、加强成本控制，从而为正确决策提供依据。本章主要阐述设计阶段的成本分析、制造阶段的成本分析和综合成本分析。

　　成本分析是企业成本管理的重要组成部分。它可以根据成本管理的不同需要，在企业各项经济活动开始之前、进行之中或结束之后分别进行。

第一节　成本分析概述

　　成本分析是为了满足企业各管理层次了解成本状况及进行经营决策的需要，以成本报表为分析的主要对象，结合其他有关的核算、计划和统计资料，采用一定的方法解剖成本变动原因、经营管理缺陷及业绩的管理活动。

一、成本分析的意义

　　成本分析是以成本核算资料为基础，结合有关计划、定额、统计和技术资料，采用一定的专门方法剖析影响成本水平与构成变动的具体原因,以便挖掘增产节约潜力、降低产品成本的一项分析工作。换言之,成本分析,就是为了寻求降低成本的途径而对成本进行的对比、解剖、评价和系统研究工作。成本分析的作用主要表现在如下三个方面:

(一)有助于认识和掌握产品成本变动规律

为了挖掘一切潜力,寻求降低成本的途径和方法,必须经常地进行成本分析。通过系统、全面地分析,可以深入地研究产品成本的变动情况、变动原因及各因素的影响程度,从而可以总结成本管理的经验教训,逐步认识和掌握产品成本变动的规律性,从而为今后更好地完成计划任务提供保证,并为下期成本计划的编制提供重要依据。

(二)有助于加强成本控制

通过日常的、定期的或不定期的成本分析,可以随时查明各项定额、费用指标和成本计划的执行情况,迅速采取有效措施,使各项消耗和费用开支控制在预先制定的标准限度以内,达到降低成本的目的。

(三)为正确决策提供依据

开展成本分析,对各种备选方案进行经济效果的比较,对于企业正确进行生产、技术和经营决策,具有十分重要的意义。

二、成本分析的原则

进行成本分析工作,必须掌握下列原则:

(一)必须以政府有关财经政策、企业会计准则、企业财务通则为衡量依据

成本分析中,应该揭示那些不符合政策、违背纪律,不符合财务会计准则的事项。

(二)必须坚持实事求是的精神

分析影响产品成本升降的原因,要从客观实际出发,恰如其分地得出结论。不能凭主观臆想或以点滴、片面的情况作为分析的依据,不能把成本升高的主要原因推向客观。

(三)必须相互联系地看问题

成本是企业经济活动情况的综合反映,是多种因素影响的综合结果,必须从经济活动的各个方面相互联系地进行研究,才能真正揭示成本升降的原因。譬如质量提高,往往使成本增加,但同时会使生产和销售量扩大;而生产和销售量的扩大又会导致成本降低。因此,不能简单认为提高质量会使成本增加,而应将提高质量所增加的成本和扩大销售所降低的成本综合起来考虑,才能得出正确的结论。

(四)必须坚持辩证的方法

事物发展是不平衡的,整个企业产品总成本下降,并不等于所有产品成本都下

降,也不等于所有车间、部门的成本都下降,更不等于所有成本基础都下降。要善于用辩证的方法揭露矛盾,找出差距,在肯定成绩的同时,发现前进中的问题。

(五)必须抓住重点,找出关键

影响成本的因素很多,分析时不能面面俱到,必须抓住重点,找出关键性问题,搞深搞透。只有把主要问题分析清楚了,才能提出恰当的改进措施,促使成本的进一步降低。

三、影响产品成本变动的主要因素

进行成本分析,必须有广阔的视野,对影响成本变动的各项因素有清楚地认识。这些因素有直接的,也有间接的;有技术的,也有经济的;有内部的,也有外部的。归纳起来可以分为以下几种:

(一)建厂时的基础条件和固有因素

指企业建立时的先天条件给企业成本带来的影响。主要包括下列因素:

1. 企业设置的地点和资源条件。企业的地理位置,对产品成本水平有多方面的影响。如气候条件不同,会影响企业为创造必要劳动条件而进行的固定资产投入水平;企业距离原材料产地、能源供应地远近不同,则购运价格、协作条件、运输方式、在途损耗,以及综合利用的效果也有所不同;企业距离产品销售市场远近不同,其运输、包装费用也会存在差别。对于采掘工业和农产品加工工业来说,自然资源条件将会更为显著地影响其成本水平。

2. 企业的生产规模和技术装备水平。企业规模的大小、产品结构、企业组织结构是否合理,对于产品成本水平也有影响。一般来说,大规模生产有相对节约固定费用的效果,并且较大规模的企业更有条件采用先进的产品设计和工艺,从而为进一步降低成本、提高经济效益创造条件。同样规模的企业,由于技术装备水平和由此决定的机械化、自动化程度不同,成本水平也会有高有低。但这里需要指出的是,并不是企业规模越大、技术装配水平越高,产品成本就越低。一般来说,企业的生产规模必须处于合理的经济结构之中,企业的技术装备也要从成本和效益两方面考虑其给企业带来的实际经济效益。

3. 生产的专业化和协作水平。实行生产专业化和协作,有利于采用新的科学技术成果,推广和应用先进的专业设备和加工工艺,造就高度熟练的技术工人和管理人员,简化生产管理工作;有利于挖掘企业现有的生产潜力,可以大大提高劳动生产率,降低产品成本。

总之,这些先天条件的好坏,都会影响企业成本的高低。如果这些条件给企业成本带来不利影响,往往是无法改变的,或者至少在短期内是不能改变的。

（二）企业外部因素

主要是指国民经济因素，即政府对整个国民经济作出的安排使企业产品成本发生变动的那些因素。如政府宏观经济政策与产业政策的调整，成本管理制度的改革，原材料、燃料、动力价格的变动，物资供应体制的改变，职工工资制度变化等。这些因素都是企业的外部因素、客观因素，不是企业主观原因所造成。和固有因素一样，企业的外部因素是企业本身无法控制和改变的。

（三）生产技术因素

产品生产中的技术革新和技术革命，代用材料的采用，工艺技术、作业程序的改革，都是降低产品成本的有力手段。

（四）企业经营管理因素

企业经营管理因素，是指企业经营管理的效率和质量给企业成本带来的影响。如原材料、燃料、动力利用的节约或浪费，劳动生产率的高低，生产设备的利用程度，产品质量的好坏，资金运用得是否合理，以及企业管理工作的水平等。这些因素都是企业的内部因素、主观因素。如果这些因素给企业带来不利的影响，使成本增加，应该是企业的责任。

1. 劳动生产率水平。劳动生产率水平是决定产品成本高低的极其重要的因素。随着全球范围劳动力成本的不断上升，其重要性日趋凸显。提高劳动生产率不仅可以减少单位产品的工时消耗，促进产品产量的增长，而且使单位产品成本中的固定费用相对降低，这是不断降低产品成本的一项重要途径。

2. 材料、能源利用率。材料、能源耗费在大多数企业的产品成本中占有较大比重。降低单位产品的材料、能源消耗水平，就意味着创造了增产的可能性，使相同的耗费有更多的产出来分摊和补偿，能使单位成本有效降低。

3. 生产设备的利用效果。提高生产设备的利用率，充分发挥现有设备的能力，改善生产设备利用的情况，提高单位设备时间的生产效率，都会促进一定时间内原材料的加工量和产品产量的增长。由于产品产量的增长，单位产品成本中的相对固定费用（如固定资产的折旧费、维修费、计时工资和一般管理费等）就会降低。

4. 生产工作质量与生产损失的多少。提高产品合格率和产品平均等级，降低返修率，就能减少修复费用，减少生产过程中的废品损失和停工损失，就意味着有效产品的增加，就能使企业在耗费同样多的物质资源的情况下，为社会提供更多的有用产品，从而也就降低了成本。

5. 工资水平与制造费用的水平。严格控制制造费用总额，提高工时利用率，合理简化管理机构，提高工作效率，贯彻勤俭节约的方针，就能使单位产品分摊的工资及其他费用份额相应地降低。

6. 企业管理工作的水平。企业管理工作中成本管理的目的,就是充分动员和组织企业全体人员,在保证产品质量的前提下,对企业生产经营过程的各个环节进行科学合理的管理,力求以最少生产耗费取得最大的生产成果。因此,提高企业的成本管理水平,产品成本水平就会降低。

需要注意的是,这四类因素不能截然划分。从长期来讲,即使是某些先天条件也是有可能发生变化的;外来因素的影响,如物价及税收制度的变化等,往往可通过企业本身的努力使之减轻;许多内部因素,有时候与外部原因有千丝万缕的联系。尽管如此,做这样的划分还是有助于成本分析工作的开展的。一般来说,经营管理因素应该是分析工作的重点。

四、成本分析的主要方法

产品成本分析的方法是多种多样的,既有定性分析的方法,也有定量分析的方法;既有会计的方法,也有统计的方法和数学的方法。对具体企业来说,采用何种分析方法,要根据企业自身的特点、分析的要求和掌握资料的情况而定。在成本分析工作中,最基本的方法有指标对比分析法、比率分析法和因素分析法。

(一)指标对比分析法

指标对比分析法也称之为比较分析法,是整个财务分析中最常用的分析方法之一,当然在成本分析中也不例外。它主要是通过相互关联的经济指标的对比来确定数量差异,借以了解经济活动的成绩和问题的一种分析方法。在实际分析工作中,由于分析目的的不同,通常进行以下对比:

1. 将本期实际数与本期计划数或定额数对比。通过对比,可以检查成本计划或定额的完成情况,为进一步分析指明方向。但在分析时,必须检查计划或定额本身是否既先进又切实可行,计划或定额太保守或不切实际,都会失去可比的客观基础。

2. 将本期实际数与前期(或历史最高水平)实际数对比。通过对比,可以考察企业成本发展动态和变化趋势,有助于吸取历史经验,改进成本工作。

3. 将本期实际数与同行业标准进行对比。同行业标准可以是国内的,也可以是国外的;既可与平均水平作比较,也可与先进水平作对比。通过对比,可以发现企业成本管理的状况与水平及与先进水平之间的差距,有助于主动学习吸收先进经验,提高工作效率和经济效益。

但比较分析法只适用于同质指标的数量对比,而且要注意对比指标的可比性。即进行对比的各项指标,在经济内容、计算方法、计价标准、计算期、影响指标形成的客观条件和不同社会条件等方面应具有可比的共同基础。

（二）比率分析法

比率分析法是通过计算有关指标之间的相对数，即比率，进行分析评价的一种方法。在成本分析中，通常先选取反映成本状况和成本水平的相关因素，然后通过比率的计算，观察其相互之间的关系，借以评价企业的成本状况和经营情况。进行比率分析法一般有以下三种形式：

1. 相关比率分析法。由于项目经济活动的各个方面是互相联系、互相依存，又互相影响的，因而将两个性质不同而又相关的指标加以对比，求出比率，并以此来考察经营成果的好坏。例如，将利润总额与成本费用作对比，求出成本利润率，可以观察比较企业成本效益水平的高低。

产值成本率、销售收入成本率和成本利润率的计算公式如下：

产值成本率＝成本/产值×100%

销售收入成本率＝成本/销售收入×100%

成本利润率＝利润/成本×100%

从上述计算公式可以看出，产值成本率和销售收入成本率高的企业经济效益差，这两种比率低的企业经济效益好。而成本利润率则与之相反，成本利润率高的企业经济效益好，成本利润率低的企业经济效益差。

2. 构成比率分析法，又称比重分析法或结构对比分析法。通过构成比率，可以考察成本总量的构成情况以及各成本项目占成本总量的比重，同时也可看出量、本、利的比例关系（即预算成本、实际成本和降低成本的比例关系），从而为寻求降低成本的途径指明方向。

产品成本构成比率的计算公式列示如下：

直接材料成本比率＝直接材料成本/产品成本×100%

直接人工成本比率＝直接人工成本/产品成本×100%

制造费用比率＝制造费用/产品成本×100%

3. 趋势比率分析法。就是将若干个连续期间的财务报告资料中同类指标不同时期的数值进行对比，求出比率，以分析该项指标的发展方向和发展速度，借以分析和评价企业财务状况及生产经营管理中存在的问题的方法。动态比率的计算，通常采用基期指数（或稳定比指数）和环比指数两种方法。两种指数的计算公式如下：

$$基期指数＝\frac{比较期数额}{基期数额}$$

$$环比数额＝\frac{比较期数额}{上期数额}$$

趋势分析法既可用文字表述，也可用图解、表格或比较报表来表述。下面我们用比较报表来分析企业产品单位成本的变动趋势。

例如,某企业连续五年的产品单位成本和趋势比率计算如表10-1所示。

表10-1　　　　　　　　　　　趋势比率分析表

指　标	年　度				
	第一年	第二年	第三年	第四年	第五年
产品单位成本	120	130	150	180	230
基数指数	100	108	125	150	192
环比指数	—	108	115	120	127

通过趋势比率的分析,可以看出该企业单位产品成本逐年提高,并且提高的比率逐年上升。这说明该企业需要找出产品成本上升的主要原因,并且采取措施以改进这些影响成本增加的因素。

(三)因素分析法

因素分析法是把综合性指标分解为各个构成因素,借以确定各因素对分析对象产生的影响程度的一种方法。把这种方法运用于成本分析,能通过计算来了解成本完成情况的好坏、影响完成情况的各种具体原因及其影响程度,以便抓住主要矛盾,研究改进措施,降低产品成本。利用因素分析法对综合性指标的变动进行分析,首先要确定该项综合指标由哪几个因素构成,并建立各因素与该指标的函数关系,然后根据分析的目的,选择适当的方法进行分析。因素分析法按照计算程序的不同,可分为以下两种:

1. 连锁替代法,也称连锁置换法、连环替代法。这种方法是在影响综合指标的许多互相联系的因素中,按顺序把其中一个因素当作可变的,而暂时把其他因素当作不变的进行替换,来测定各个因素对综合指标影响程度的一种分析方法。其原理可用简单的数学公式表示如下:

设某一经济指标(例如成本 F)是由 x、y、z 三个因素组成。其计划指标 F_0 是由 x_0、y_0、z_0 三个因素相乘的结果;实际指标 F_1 是由 x_1、y_1、z_1 三个因素相乘的结果。

$$F_0 = x_0 \cdot y_0 \cdot z_0 \quad ①$$

$$F_1 = x_1 \cdot y_1 \cdot z_1 \quad ②$$

该指标实际脱离计划的差异($F_1 - F_0 = d$)同时受 x、y、z 三个因素变动的影响。现在要测定各个因素变动对指标 F 的影响,必须补充两个中间环节:

先假定变动 x 因素:

$$F_2 = x_1 \cdot y_0 \cdot z_0 \quad ③$$

在 x 因素变动的基础上再变动 y 因素:

$$F_3 = x_1 \cdot y_1 \cdot z_0 \quad ④$$

这样就可计算各个因素的影响程度,计算结果是:

式③－式①=F_2-F_0,是由于 x_0 到 x_1 的变动所发生的影响;

式④－式③=F_3-F_2,是由于 y_0 到 y_1 的变动所发生的影响;

式②－式④=F_1-F_3,是由于 z_0 到 z_1 的变动所发生的影响。

把各个因素加以综合,则有:

$(F_2-F_0)+(F_3-F_2)+(F_1-F_3)=F_1-F_0=d$

根据上述原理,连环替代法的运算程序可归纳如下:

(1)利用比较法将某项综合经济指标的实际数与基数(计划数或前期实际数)对比,找出其差额作为分析对象;

(2)确定该项综合经济指标由哪几个因素组成,以及各因素影响指标的排列顺序;

(3)以基数为计算基础,按照各因素的排列顺序,逐次以各因素的实际数替换其基数,每次替换后实际数就被保留下来,有几个因素就替换几次,直到所有因素都变为实际数为止,每次替换后都要求出新的计算结果;

(4)将每次替换后的所得结果,与其相邻的前一次计算结果相比较,两者的差额就是某一因素变动对综合经济指标的影响程度;

(5)计算各因素变动影响数额的代数和。这个代数和应等于被分析指标实际数与基数的总差异数。

例如,假定某产品的原材料费用由产品产量、单位产品耗用量和原材料单价三个因素相乘得出,再假定某企业报告期内有关原材料费用及其变动情况的资料如下:

计划数:80 件×20kg/件×10 元/kg=16 000(元)

实际数:75 件×18kg/件×12 元/kg=16 200(元)

上例实际数与计划数相比,实际数超过计划数的差额为 200 元,是由三个因素发生变动的结果。为确定各个因素发生变动的影响程度,采用连环替代法计算,如表10－2所示。

表 10－2　　　　　　　　　　连环替代法计算表

项　　目	连环替代	差异额(元)	差异原因
计划指标	80×20×10=16 000	}－1 000	由于产品产量变动的影响
第一次替代计算	75×20×10=15 000	}－1 500	由于原材料单耗变动的影响
第二次替代计算	75×18×10=13 500	}＋2 700	由于原材料单价变动的影响
第三次替代计算（即实际指标）	75×18×12=16 200		
合　　计		＋200	

利用连环替代法进行分析计算,具有下列几个特点:

(1)计算程序的连环性。在计算每一因素变动对指标的影响数值时,除第一次替换是在基数基础上进行外,每个因素的替换都是在前一因素替换的基础上进行,采用连环比较的方法确定各因素变化的影响结果。

(2)因素替换的顺序性。各因素替换顺序要根据其内在的客观联系加以确定。因为,如果改变各因素的替换顺序以计算同一因素变动影响时,所根据的其他因素的条件发生了变化,会得出不同的计算结果。在实际分析中,通常确定不同因素替换顺序的原则是:先替换数量因素,后替换质量因素;先替换实物量、劳动量因素,后替换价值量因素;先替换原始的、主要的因素,后替换派生的、次要的因素;在有除号的关系式中,先替换分子,后替换分母。

(3)计算结果的假定性。运用这一方法在测定某一因素变动影响时,是以假定其他条件不变为条件的。因此,其计算结果只能说明是在某种假定条件下的结果,但这种假定性是确定其他事物内部各种因素影响程度所不可缺少的。

2. 差额计算法。差额计算法是连环替代法的一种简化形式。它是利用各个因素的实际数与基数之间的差额,直接计算各个因素变动对综合经济指标影响程度的一种分析方法。它所应用的原理和连环替代法相同,但在计算程序上不同。其特点是根据已确定的影响某项综合经济指标的各个因素及其替换程序,逐个将各因素的实际数与基数之差,乘以函数关系式中排列在该因素前面各个因素的实际数和排在该因素后面各个因素的基数,所得乘积就是该因素变动对综合经济指标的影响程度。以前面连环替代法所举的例子说明如下:

产品产量变动的影响:$(75-80) \times 20 \times 10 = -1\,000$(元)
产品产量变动的影响:$75 \times (18-20) \times 10 = -1\,500$(元)
产品产量变动的影响:$75 \times 18 \times (12-10) = +2\,700$(元)
　　合　　计:　　　　　　　　　　　　$+200$(元)

差额计算法与连环替代法的计算结果相同,但却简化了计算的步骤。因此,在实际工作中应用比较广泛,特别是在影响因素只有两个时更为适宜。

第二节　设计阶段的成本分析

成本生命周期是企业内部的一系列有序的作业,它始于研究与开发,接着是设计、制造(或提供服务)、营销/分销、顾客服务等;它是产品或服务从成本发生角度而言的生命周期。成本生命周期如图10—1所示。

大量的战略成本管理问题出现在成本生命周期的每一作业之中,有助于分析成

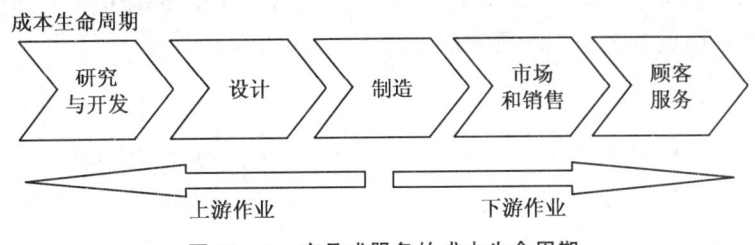

图 10-1 产品或服务的成本生命周期

本生命周期的方法即目标成本、约束理论。目标成本主要用于设计作业过程的成本管理,约束理论是一种用于管理制造成本的方法。目标成本和约束理论两种方法主要应用于制造业,因为它们主要涉及产品设计和制造。当然,每一种方法也都能应用于服务企业,以便提高在提供服务过程中各步骤的效益和速度。

在成本形成诸多环节中,导致产品成本高低的最主要的环节不是生产过程,而是产品的设计阶段。产品 70%的成本结构是在设计阶段完成的。因此,在产品设计阶段运用功能成本分析法进行产品成本优化设计,对企业产品成本的降低将起到事半功倍的作用。

一、目标成本法

目标成本法是对不同生产过程的产品制定利润计划和成本管理的方法。目标成本法的目的是在研究开发与设计周期确定出产品整个生命周期的成本,而不是在其后的生产过程中努力降低成本,如图 10-2 所示。

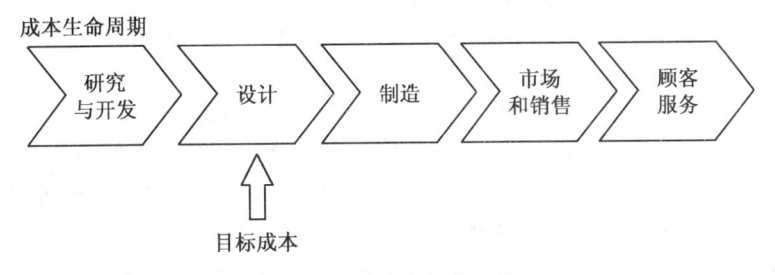

图 10-2 成本生命周期

在美国,传统成本控制法与目标成本法有着根本的区别。如图 10-3 所示,左边一栏为传统成本法的内容。从市场研究开始,研究消费者的需求,形成产品的详细特征;然后,公司着手进行产品设计开发,并通过供应商取得原材料成本资料。在这一阶段,产品成本还不是产品设计的主要因素。完成了产品设计后,设计人员将进行产品工艺设计,并估算产品成本(C)。如果认为所估成本过高,那就需要优化产品设计,然后以预期销售价格(S)减去估算成本,形成预期销售利润,亦即销售利润(P)为预期销售价格与产品成本之差。用等式表示如下:

$$P = S - C$$

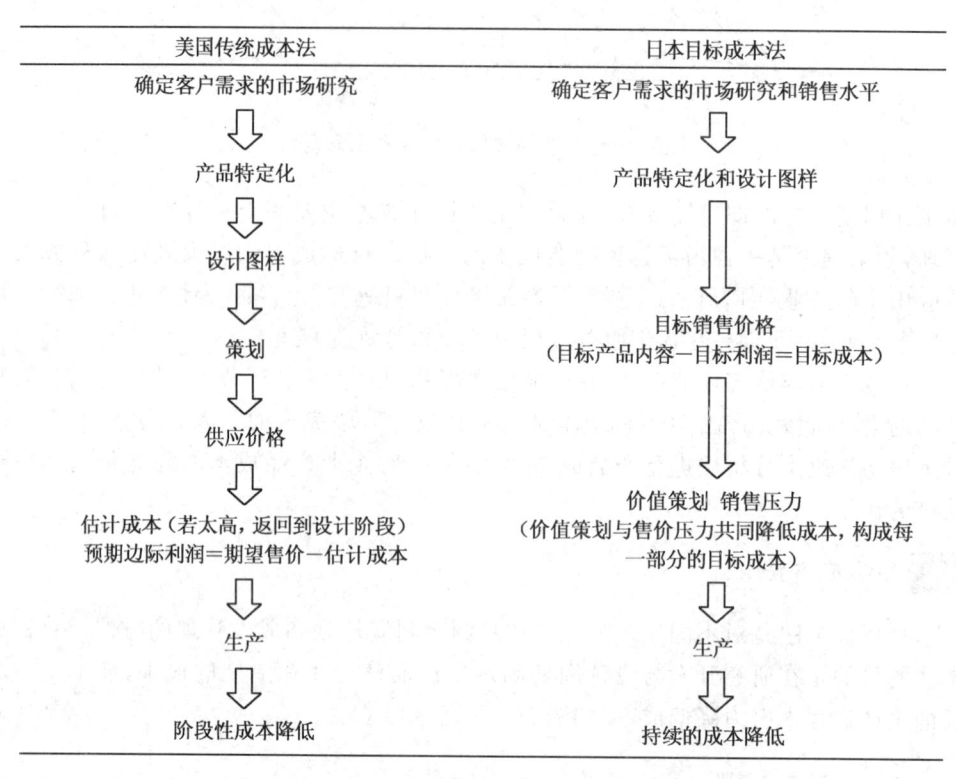

```
          美国传统成本法                          日本目标成本法
       确定客户需求的市场研究                 确定客户需求的市场研究和销售水平
              ⇩                                      ⇩
           产品特定化                         产品特定化和设计图样
              ⇩                                      ⇩
           设计图样                              目标销售价格
              ⇩                        (目标产品内容−目标利润=目标成本)
            策划                                     ⇩
              ⇩                             价值策划  销售压力
           供应价格                    (价值策划与售价压力共同降低成本,构成每
              ⇩                              一部分的目标成本)
   估计成本(若太高,返回到设计阶段)                  ⇩
   预期边际利润=期望售价−估计成本                   生产
              ⇩                                      ⇩
             生产                            持续的成本降低
              ⇩
          阶段性成本降低
```

图 10-3　美国传统成本法与日本目标成本法比较

在传统方法下,产品设计人员都没有确定一个特定的目标成本。

在目标成本法下,确定产品成本的步骤和思路都与传统成本法有显著不同,见图 10-3 右边一栏。虽然在这两种方法下的初始步骤,如从市场研究、研究消费者需求到形成产品的详细特征看起来相似,但二者仍有显著区别。首先,与传统成本法不同,在目标成本法下,市场研究不再是一项单一的活动,尽管有关消费者的信息是从市场研究中获得的,但在整个目标成本管理过程中还将不断获得。其次,在产品研究和设计阶段花费大量时间,从而在生产过程中尽量避免方案的变更。因为,在产品方案实施后,每一次变更的耗费都是巨大的。第三,目标成本法引入完全生命周期概念,以产品整个试用期的成本最小化为主要目标。因此,不仅要考虑产品的初始材料采购成本,而且还要考虑生产、维修和废品处理成本。

经过这些初始阶段,公司要按照对消费者合理的产品价值确定目标销售价格和销售量,销售利润则通常依据销售报酬率(净收益/销售收入)进行利润分析,最终形成。目标成本则是销售价格与目标利润之差。

目标成本＝目标销售价格－目标利润

目标成本一旦确定,公司就必须确定产品每一组成部分的目标成本。价值分析过程就包括对每一部分进行检验,以确定在维持所有功效的情况下,能否降低成本。在某些情况下,产品设计方案可能会有改变,生产者采用的原料需要替换或者生产过程本身要求重新设计。例如,某种产品设计的改变,可能意味着更多地使用共同的部件而减少特殊部件。在确定最终目标成本时,通常都会重复进行价值分析。表10－3简要说明了怎样计算目标成本。

表 10－3　　　　　　　　　　目标成本法示例

某公司经过市场调研后,决定生产一种轻型装置,配合户外照明线使用。据估算,该装置目标售价为20美元,年销售量可达100 000套,公司的预期销售报酬率为20%,目标成本计算如下:	
目标销售额 100000套×＄20	＄2 000 000
减:目标利润 20%×＄20×100 000套	400 000
100 000套的目标成本	＄1 600 000
单位目标成本(＄1 600 000/100 000套)	＄16.00

目标成本法还有两种不同的特征。第一,整个过程受一些职能交叉小组的指导,这些小组由整个价值链中的相关成员组成,包括公司内部和外部成员。例如,这些小组既可以由公司内部人员组成,如设计分析、生产制造、管理会计和市场营销人员等;也可以由公司外部代表组成,如供应商、消费者(客户)、分销商及废品处理者等,这是一种正常现象。

第二,供应商在制定目标成本时起着重要作用。如果必须降低某些特定部件的成本,公司就要求供应商采取各种方法降低其成本。公司可以制定一些激励政策以鼓励供应商最大限度地降低成本。而且,有的公司已经采用供应链管理手段。供应链的管理加强了供需双方合作、互利的长期关系,益处多多。例如,由于供需双方互相信任,双方可以在不同的业务范围内做到信息共享,就如何解决降低成本的问题达成共识。在一些公司之间,需求方甚至可以为供应商的雇员进行某些商务方面的免费培训,而供应商也可以安排雇员到需求方工作,以了解新的产品。这种相互影响关系与传统意义上的供求双方短期的敌对关系是截然不同的。[①]

多数公司发现,单靠成本领先或差异化去获取竞争优势是较为困难的,他们必须依靠价格和功能两方面去竞争。在增加功能和提高成本两者之间进行权衡,目标成

---

① 安东尼·A.阿特金森等.管理会计(第4版).北京:北京大学出版社,2006:321.

本法不失为一种非常有用的方法。

施行目标成本法的五个步骤是:(1)目标销售额;(2)确定目标利润;(3)用目标销售额减目标利润计算目标成本;(4)运用价值工程鉴别降低产品成本的途径;(5)运用改善成本制和经营控制进一步降低成本。前三步前面已经做过介绍,接下来的部分解释第四和第五两个步骤,即价值工程的作用、经营控制和改善成本。

二、价值工程

价值工程应用于目标成本,是通过分析以下两方面的替换关系来降低生产成本的,即产品功能的不同种类和水平、总生产成本。

(一)选择对象

选择对象是指对什么产品需要搞价值分析,对一种产品的什么部件搞价值分析。一般来说,应选择那些对降低成本影响较大的产品或零部件。对于研制的新产品来说,一般应选择预期产量较大的、用户急需的、设计研究费较多的、利润较高的、竞争激烈的产品。对于现有产品来说,一般应选择产量较大的、用户要求的功能不足的、成本和价格较高的、制作水平低的、利润少的、有发展前途的产品。强制确定法是最常用的方法。

1. 确定成本分析的对象。具体做法是先求出零部件的功能系数和成本系数,然后求出二者的比值,即价值系数,表示该零部件的价值。其计算公式为:

价值系数 V=功能系数 F/成本系数 C

最后根据价值系数或成本降低额确定价值分析的对象。

如果单位价值系数 V=1,说明其功能与成本比例失当。如果 V>1,说明该零件价值高,这两种情况一般都不必做价值分析的对象,但也可能因功能不足引起成本较低,这就需提高功能,满足用户需要,适当增加成本。如果 V<1,说明其功能与成本比例不合适,价值低,应成为价值改进的对象,价值系数越小,越应改进。如果现实成本较高,则价值分析的对象要以成本降低额为准。

根据各零件得分数和得分总数,即可求出功能系数。功能系数的计算公式是用各零件得分数除以全部零件得分总数,即:

功能系数 F=零件得分/得分总数

例如,某企业生产一种产品,主要零件有 6 个,现实成本 400 元,企业准备将产品成本降到 320 元,有关资料见表 10—4。

表 10—4　　　　　　　某企业生产一种产品的计算

零件名称	A	B	C	D	E	F	合 计
现实成本	100	80	80	70	40	30	400

(1)根据上述资料,用打分的方法求零部件的功能系数(F),这就要按零部件功能的重要性进行一对一的比较。若甲比乙重要,得一分;若甲不如乙重要,则得零分;自身比较不得分(用×表示)。如表10—5所示。

表10—5　　　　　　　　　　　　功能系数计算表

零件名称	一对一比较结果						得 分	功能系数
	A	B	C	D	E	F		
A	×	0	1	1	1	1	4	0.267
B	1	×	0	0	1	0	2	0.133
C	0	1	×	0	0	1	4	0.267
D	0	1	0	×	0	0	1	0.067
E	0	0	0	1	×	1	2	0.133
F	0	1	0	1	0	×	2	0.133
合　计							15	1.000

计算结果见表10—6。

表10—6　　　　　　　　　　　　价值分析表

名　称	功能系数	现实成本	成本系数	价值系数	按功能系数分配目标成本	成本降低额
	①	②	③	④=①/③	⑤=①×320	⑥=①—⑤
A	0.267	100	0.250	1.07	85.44	14.58
B	0.133	80	0.200	0.67	41.56	37.44
C	0.267	80	0.200	1.34	85.44	—5.44
D	0.067	70	0.175	0.38	21.44	48.56
E	0.133	40	0.100	1.33	41.56	—2.56
F	0.133	30	0.075	1.77	41.56	—12.56
合　计	1.000	400	1.000		320	80

2. 求零部件的成本系数(C)。成本系数是用各零件现实成本除以产品现实总成本的值,即:

成本系数 C＝各零件现实成本/产品现实总成本

根据已知资料,可知各零件成本系数分别为 0.250,0.200,0.200,0.175,0.100,0.075。

3. 求各零部件价值系数。根据资料可计算各零件价值系数分别为:1.07,0.67,1.34,0.38,1.33,1.77。

4. 分析价值系数,确定改进对象。由于 B、D 价值系数小于 1,故应列为改进的对象。

5. 确定各零件目标成本,即用各零件功能系数乘以目标总成本。根据以上所述,可作价值分析表,如表 10－6 所示。

6. 计算成本降低额,即现实成本减去目标成本的差。降低额越大,说明进行价值分析的意义越大。成本降低额为正数,即为改进对象。本例除 B、D 外,还有 A 为改进对象。

（二）功能分析

功能分析是价值分析的核心工作。确定了对象以后,就要对产品或零件的功能进行分析。功能分析要经过功能定义、功能整理和功能评价三个阶段。功能分析的目的是改善必要功能,去掉多余功能。具体要研究下述问题:功能的名称是什么?功能是通过什么手段实现的?传统的成本多少?效用多少?实现此功能有无其他方案?其他方案的成本多少?有无对功能效用影响不大而能较多降低成本的方案?

（三）制定方案

功能评价之后,就要制定改进方案,具体包括提出方案、评价方案、选择方案的一系列过程。通过制定方案,确定目标成本。

（四）实施方案

通过前述步骤,制定了方案之后,就要将方案付诸实施,检查实际效果。

总之,功能成本分析法的应用为产品成本控制尤其是对于产品材料成本的控制,起到重要的制约作用。在产品生产过程中对于材料成本的控制只能从降低材料消耗方面做文章,其所起到的控制材料成本的作用远远不如在产品设计阶段对材料成本的控制作用。

三、目标成本和改善成本

目标成本管理的第五个步骤是使用改善成本管理和经营控制来更进一步降低成本。改善成本发生在制造阶段,价值工程和改进设计的影响已经存在,因此,在这个环节,降低成本就要引进新的制造方法(例如柔性制造系统)和使用新的管理技术来更多地降低成本,例如经营控制、全面质量管理和约束理论(见本章第三节)。改善意味着"不断的提高",即不断研究新方式以降低既定设计、功能的产品制造过程中的成本。

第三节 制造阶段的成本分析

与重视成本生命周期的早期阶段的目标成本管理相反,约束理论将注意力集中于制造活动本身。

一、约束理论

约束理论由 Goldratt 和 Cox 提出,以帮助经理人员提高公司的整体利润。该理论将经理人员的注意力集中于减少生产过程的约束或瓶颈。其主要思想是一个企业通过最大限度地增加整体产出率来获得成功,这一整体产出率被称为企业的完工效益。完工效益被定义为销售额减去直接材料成本,包括外购部件和自制材料成本。

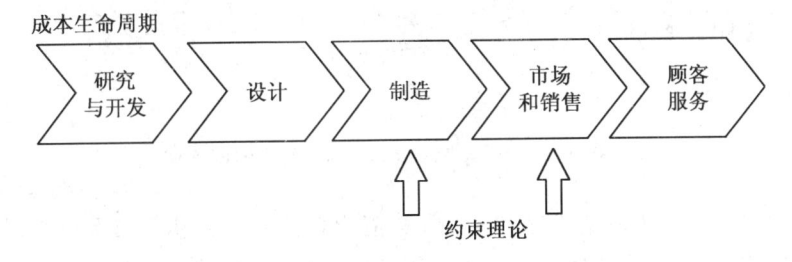

图 10-4 成本生命周期中的约束理论

约束理论指导经理人员集中注意力于速度,即产品的原材料和外购部件转化为最终的产品和被送到消费者手中的速度(见图 10-6),约束理论重视通过消除或减少生产过程中降低产出率的瓶颈来提高完工效益。那些不影响企业完工效益的生产和分销过程是非约束性的,它们不像瓶颈和约束条件那样受到重视。

二、约束理论的分析步骤

约束理论的分析有 5 个步骤:辨别强制性约束;决定充分利用强制性约束;通过强制性约束来控制生产流程;提高约束条件下的效率;重新设计制造过程以实现柔性化和牢固的完工效益。

第一步:辨认一系列强制性约束。

在第一步中,管理会计师、制造经理和工程师协同工作,通过开发一种生产流程的网络图来分辨强制性因素。网络图是一种所做工作的流程表,它可显示工序的顺序和每个工序所用的时间。网络图的目的是帮助管理会计人员寻找瓶颈的迹象,瓶颈常常通过某一生产过程中有大量累积存货,或者很长的到货时间而表现出来。任务分析也可用来辨认约束,它详细描述了每个程序的作业状况。图 10－5 中的网络图描述了 Skincare Products, Inc. 公司的制造流程,它包含了以下 6 个制造工序:

工序 1:接受并检查原材料;
工序 2:原材料混合;
工序 3:第二次检查;
工序 4:填充和包装;
工序 5:第三次审查;
工序 6:贴标签。

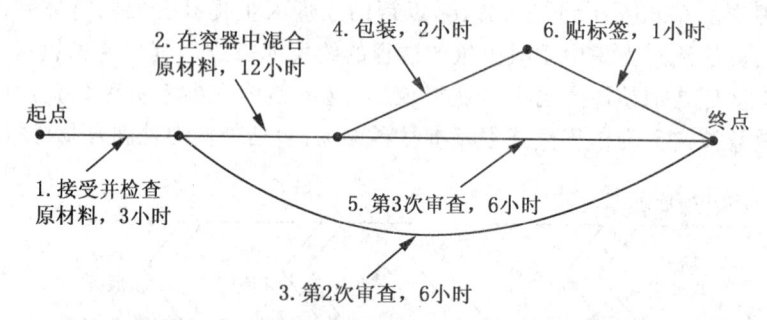

图 10－5 Skincare Products, Inc. 公司的网络图

请注意图 10－5 中制造工序和 6 个工序各自需用时间。由于食品和药品管理局的要求,SPI 公司从以下三个点检查其产品:(1)SPI 所收到的原材料;(2)搅拌过程中原材料混剂;(3)贴标签后的最终产品。第一和第二个点检验了材料的正确化学成分和效力,而第三个点检查其是否足量。通过对网络图的形象分析,我们看到关键工序,即约束性条件是:

工序 1:收到和检查原材料,所需时间 3 小时。
工序 2:在大桶中搅拌混合原材料,12 小时。
工序 5:对包装好的产品的第三次检查,6 小时。

整个制造过程的总时数不能少于这三个工序所需时间之和(3＋12＋6＝21 小时),因为这些工序必须按顺序进行,不能交迭。剩余的工序 3 和工序 4、工序 6 并非约束性的,它们可被延误而不会耽搁整个制造过程。耽搁的时间数量可如下确定:工序 3 需 6 个小时,它在工序 2 和工序 5 完成的时候必须完成,但是因为工序 2 和工序 5 需 12＋6＝18 小时,而工序 3 只需 6 小时,所以就有 12 个小时(18－6)的宽松时间来完成工序 3。

第二步:决定充分利用强制性约束。

在这个步骤中,管理会计人员确定如何最高效地利用公司的资源。这个方法某种程度上依产品是一种还是两种或更多而不同。如果只有一种产品,管理会计人员就通过约束条件寻求使生产流程最大化的方法,表10-7解释了怎样做到这一点。然而对于两个或更多的产品,确定生产哪种产品或产品组合便很重要。不同的产品在约束性条件上可能需要不同的时间,这样的话,管理人员必须确定最盈利的产品组合。最盈利的产品组合需要对每个产品的盈利性进行详细地分析,同时还需要分析在约束条件下每种产品所需的时间量。

表10-7　　　　　　　　　强制性约束下的最大流量

强制性约束下的最大化流程
(1)简化瓶颈部件的经营
● 简化产品设计
● 简化生产过程
(2)找寻原材料中的质量缺陷,因为那可能导致流程下降
(3)缩减准备时间
(4)降低由于无计划和非增值作业而导致的延误,如检查或机器故障
(5)将约束中所有不降低经营功能的作业去掉,以简化强制性约束

第三步:通过强制性约束来制定生产流程。

在第三步中,目的在于制定约束性条件内外的生产流程,以便平衡整个企业的生产流程。有序的生产计划可以防止材料或不同工序中在产品的堆积。制定生产工艺流程的一项重要工具是鼓—缓冲区—绳系统,它通过强制性约束来平衡生产流程。

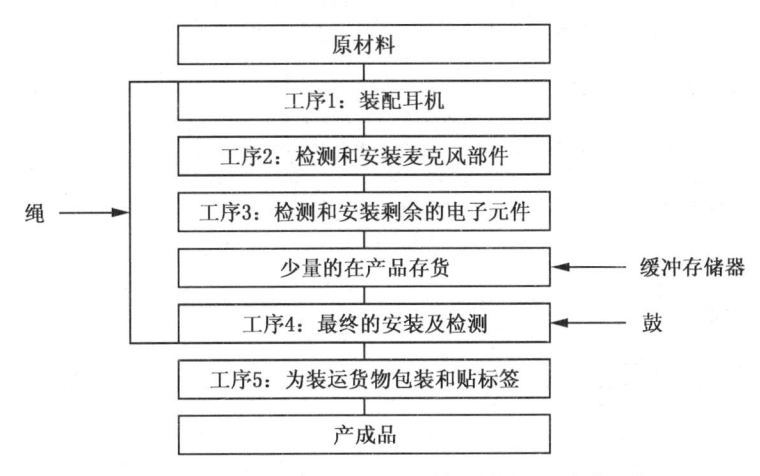

图10-6　生产流程管理中的"鼓—缓冲区—绳"系统

图10-6以保健品国际有限公司（HPI）为例描述了这种系统，HPI在制造助听器当中使用了DBR系统，它的五个制造工序是：

工序1：装配耳机使其适合顾客的耳形；

工序2：检测和安装麦克风部件；

工序3：检测和安装剩余的电子元件；

工序4：最终安装和最终检测；

工序5：为装运货物包装和贴标签。

强制性约束是程序4，因为它要求高水平的专业技能。

以下就是DBR系统在HPI的运行情况；在DBR系统中，所有的生产流程都与"鼓"或强制性约束（即工序4）同步，"绳"就是包括约束限制在内的所有前序工序，目的在于使工序1~3的运行经过详细的时间选择和排序，从而通过"绳"来平衡制造流程。"缓冲区"是为工序4投入最少量的在产品，旨在保证工序4处于紧张运行状态。

第四步：提高约束条件下的效率。

作为旨在解决瓶颈问题并提高完工效益的一个长期措施，管理层应考虑通过增加新的或改良机器设备并增加额外人工约束条件的能力。

第五步：重新设计制造过程以实现柔性化和牢固的完工效益。

对于瓶颈部位的最彻底战略反应是重新设计制造程序，包括引进新的制造技术，取消一些很难制造的产品，以及重新设计一些更易制造的产品。仅仅去掉既定产品的一个或更多细小功能，可能会显著加速生产流程。前面描述过的价值工程的应用可能在这点上有所帮助，TOC分析的五个步骤在表10-8中有所总结①。

表10-8　　　　　　　　TOC分析的五个步骤总结

第一步：辨认一系列强制性约束
用网络图。强制性约束是制约生产并使其小于市场需求的因素。
第二步：决定充分利用强制性约束
产品组合决策：基于强制性约束的允许空间，寻找最盈利的产品组合。
约束下的最大化流程
● 降低生产准备时间 ● 减少存货批量 ● 关注完工效益而非效率

---

① 布洛切等．成本管理——战略与概论．北京：华夏出版社，2002：153．

续表

第三步:通过强制性约束来指定生产流程
运用"鼓—缓冲区—绳"系统,在缓冲区中维持少量在产品。只有在强制性约束即给定的提前到货期间需要时,才添加原材料。
所有资源必须协同一致,以保持约束工序满负荷,且不引起在产品积压。
第四步:提高约束条件下的效率
如果增加的完工效益大于投入的成本,应追加额外生产能力的投资。
不要在工序 2 和工序 3 都已完成时再追加生产能力的投资;相反,应通过约束因素在现有生产能力的情况下使生产流程的生产率最大化。
第五步:重新设计制造过程以实现柔性化和牢固的完工效益
重视产品或生产过程的再设计,以便赢得牢固的完工效益。

第四节 综合成本分析

工业企业全部商品产品,包括可比产品和不可比产品两大类别。可比产品是指本企业以前年度正式生产过的、有历史成本资料的产品。不可比产品是指本企业以前年度从未正式生产过的、本年新投产的、无历史成本资料的产品。

因此,产品综合成本分析,包括全部商品的产品成本分析和可比商品的产品成本分析两个内容。

一、全部商品的产品成本分析

由于企业全部商品成本包括可比产品和不可比产品,而且不可比产品没有历史成本资料,所以,全部产品成本分析不能将本年实际总成本与上年实际总成本比较,只能将实际总成本同计划总成本对比。

但实际总成本是根据实际产量乘以实际单位成本计算的,而计划总成本是根据计划产量乘以计划单位成本计算的,总成本的升降不仅受到单位成本变动的影响,而且还受到产量变动的影响。为了使成本对比指标具有可比性,在分析全部商品产品成本计划完成情况时,应剔除产量变动对成本计划完成情况的影响,实际总成本、计划总成本一律按实际产量来计算。

全部商品产品成本计划完成情况的分析,是一种总括性的分析,在实际工作中,根据管理的需要,可按产品类别、成本项目别和成本性态三方面进行分析,分别确定成本的降低额和降低率,其计算公式如下:

成本降低额＝计划总成本－实际总成本
　　　　＝∑（实际产量×计划单位成本）－∑（实际产量×实际单位成本）

$$成本降低率 = \frac{成本降低额}{\sum（实际产量×计划单位成本）} \times 100\%$$

（一）按产品类别分析

这种分析是按产品类别汇总全部产品成本,分别确定可比产品、不可比产品和全部产品成本的降低额和降低率。某企业20××年12月份全部产品成本分析表,如表10－9所示。

表10－9　　　　　　　　　　　全部产品成本分析表

20××年12月　　　　　　　　　　　　　　　金额单位:千元

产品名称	计量单位	产量 计划	产量 实际	单位成本 上年实际	单位成本 计划	单位成本 实际	总成本 按实际产量上年单位成本	总成本 按实际产量计划单位成本	总成本 实际	实际比计划 降低额	实际比计划 降低率（%）
可比产品:							10 020	9 550	9 980	－430	－4.5
甲产品	件	1 000	1 100	4.2	4.1	4.0	4 620	4 510	4 400	110	2.44
乙产品	件	2 000	1 800	3.0	2.8	3.1	5 400	5 040	5 580	－540	－10.71
不可比产品:							—	4 200	3 780	420	10
丙产品	台	2 000	2 100	—	2.0	1.8		4 200	3 780	420	10
合　计	—	—	—					13 750	13 760	－10	－0.07

从表10－9中可以看出,企业全部产品实际总成本超出计划总成本10千元,成本增加0.07%。也就是说,从总体来看,企业全部产品总成本没有完成计划,实际成本比计划有所提高。但是,可比产品成本与不可比产品成本计划完成情况有所不同。可比产品成本实际比计划超支430千元,超支率4.50%,其中甲产品总成本计划完成情况较好,实际成本比计划成本下降了110千元,降低率达2.44%。但乙产品却比计划超支了540千元,超支率达10.71%。不可比产品降低幅度较大,降低额为420千元,降低率达10%,由此可见,进一步分析时,要以乙产品为分析重点,而对于属不可比产品的丙产品,则应考虑其计划的合理性。特别要检查有无人为因素,把应属于不可比产品负担的成本,挤进了属于可比产品的乙产品成本,以确保产品成本的真实性。

（二）按成本性态分析

这种分析是按成本性态将全部产品成本划分为变动成本和固定成本,并确定变动成本和固定成本的降低额和降低率。某企业20××年12月份全部产品成本分析表,如表10－10所示。

表 10-10 全部产品成本分析表

20××年12月 金额单位:千元

成本项目	全部产品成本 计划	全部产品成本 实际	降低指标 降低额	降低指标 降低率(%)
变动成本:	13 040	12 440	+600	+4.60
直接材料	10 380	9 696	+684	+6.59
直接人工	2 076	2 120	-44	-2.12
变动制造费用	584	624	-40	-6.85
固定成本:	1 260	1 320	-60	-4.76
固定制造费用	1 260	1 320	-60	-4.76
制造成本	14 300	13 760	+540	+3.78

从表 10-10 中可以看出,企业完成了全部产品成本计划降低任务,主要是由变动成本总额降低所造成的。但从变动成本各项目分析,直接工资和变动制造费用分别超支 44 千元和 40 千元,变动成本总额的降低实际是由直接材料项目降低造成的。而固定成本总额却超支了 60 千元。应结合企业生产实际,进一步分析各成本项目超支和降低的具体原因。尤其应注意,企业采购的材料是否符合规格、质量和技术规定,以免由于所购材料的额外加工影响费用计算的真实性。

(三)按成本项目别分析

这种分析是按成本项目汇总全部商品产品的总成本,将实际总成本与计划总成本对比,确定各成本项目的降低额和降低率。某企业 20××年 12 月份全部产品成本计划完成情况分析表,如表 10-11 所示。

表 10-11 全部产品成本计划完成情况分析表

20××年12月 金额单位:千元

成本构成	全部产品成本 计划	全部产品成本 实际	降低指标 降低额	降低指标 降低率(%)	各项目降低额对计划成本的影响(%)
直接材料	10 380	9 696	+684	+6.59	+4.78
直接人工	2 076	2 120	-44	-2.12	-0.30
制造费用	1 844	1 944	-100	-5.42	-0.70
合 计	14 300	13 760	+540	+3.78	+3.78

全部产品成本计划完成情况:

总成本降低额 = 14 300 - 13 760 = +540(千元)

总成本降低率 = $\frac{+540}{14\ 300} \times 100\% = +3.78\%$

从表 10-11 中可以看出,总成本降低 540 千元,降低率为 3.78%,主要依靠占成本比重较高的直接材料项目的降低,而直接人工和间接制造费用项目都是超支的。

说明企业在肯定成绩的同时，还应进一步对各成本项目加以分析，以查明具体原因。

二、可比商品的产品成本分析

在全部产品成本中，可比产品成本一般占有很大比重，可比产品成本的分析是成本分析的重点内容。在企业成本计划中，对可比产品不仅规定了计划成本，而且还规定了成本降低任务的指标。可比产品成本降低任务就是成本计划中规定的本年可比产品计划总成本与按计划产量和上年实际单位成本计算的上年实际总成本相比较，所确定的计划成本降低额和降低率。可比产品成本降低任务完成情况的分析，就是将可比产品的实际成本与按实际产量和上年实际单位成本计算的上年实际总成本相比较，确定可比产品实际成本的降低额和降低率，并同计划规定的成本降低额和降低率相比，评价企业完成可比产品成本降低任务的情况，确定各项因素的影响程度，以便为今后采取措施、降低成本指明方向。

在实际工作中，根据管理的需要，一般按传统方法和按成本性态方法对可比产品成本降低任务完成情况进行分析。

（一）按传统方法分析

按传统方法分析就是根据可比产品成本资料，分析可比产品成本降低任务完成情况及各因素变动的影响程度。

1. 可比产品成本降低任务完成情况的评定。

首先，计算计划成本和实际成本降低指标。

计划成本降低额 = $\sum$(计划产量×上年实际单位成本) - $\sum$(计划产量×本年计划单位成本)

计划成本降低率 = $\dfrac{\text{计划成本降低额}}{\sum(\text{计划产量}\times\text{上年实际单位成本})} \times 100\%$

实际成本降低额 = $\sum$(实际产量×上年实际单位成本) - $\sum$(实际产量×本年实际单位成本)

实际成本降低率 = $\dfrac{\text{实际成本降低额}}{\sum(\text{实际产量}\times\text{上年实际单位成本})} \times 100\%$

其次，将成本实际降低指标与成本计划降低指标进行对比。

降低额实际脱离计划的差异 = 成本实际降低额 - 成本计划降低额

降低率实际脱离计划的差异 = 成本实际降低率 - 成本计划降低率

成本计划降低额完成程度 = $\left(\dfrac{\text{成本实际降低额} - \text{成本计划降低额}}{\text{成本计划降低额}} + 1\right) \times 100\%$

成本计划降低率完成程度 = $\left(\dfrac{\text{成本实际降低率} - \text{成本计划降低率}}{\text{成本计划降低率}} + 1\right) \times 100\%$

根据表10—9、表10—10和表10—11中的有关资料，可计算分析可比产品成本

降低任务完成情况。依据有关资料计算如下(实际脱离计划的差异略):

计划成本降低额=(1 000×4.2+2 000×3.0)-(1 000×4.1+2 000×2.8)
=500(千元)

计划成本降低率=$\dfrac{500}{1\ 000\times 4.2+2\ 000\times 3.0}\times 100\%=4.90\%$

实际成本降低额=(1 100×4.2+1 800×3.0)-(1 100×4.0+1 800×3.1)
=40(千元)

实际成本降低率=$\dfrac{40}{1\ 100\times 4.2+1\ 800\times 3.0}\times 100\%=0.4\%$

成本计划降低额完成程度=$\left(\dfrac{40-500}{500}+1\right)\times 100\%=8\%$

成本计划降低率完成程度=$\left(\dfrac{0.4\%-4.90\%}{4.90\%}+1\right)\times 100\%=8.16\%$

计算结果如表10-12所示。

表10-12　　　　　　　　　成本计划降低指标完成情况分析表

20××年12月　　　　　　　　　　　　　　　　　金额单位:千元

可比产品名称	成本降低额 计划	成本降低额 实际	成本降低率 计划	成本降低率 实际	实际脱离计划的差异 降低额	实际脱离计划的差异 降低率	计划完成程度 降低额	计划完成程度 降低率
甲	100	220	2.38%	4.76%	120	2.38%	220%	200%
乙	400	-180	6.67%	-3.33%	-580	-10%	-45%	-49.93%
合计	-500	40	4.90%	0.40%	-460	-4.50%	8%	8.16%

从表10-12中可以看出,可比产品成本实际降低情况与计划降低指标相比较,成本降低额实际比计划成本少了460千元,仅完成计划降低额的8%;成本降低率实际比计划下降了4.5个百分点,仅完成计划降低率的8.16%。这说明,企业可比产品成本降低计划任务远远没有完成。再进一步分析可以发现,甲产品超额完成了120千元,完成计划降低额的220%,实际成本降低率比计划数高出2.38个百分点,完成计划降低率的200%。而乙产品不但未能完成成本降低计划,而且成本实际降低额和实际降低率均出现了负值,表明乙产品的实际成本出现了明显超支,对此企业应深入调查分析。

2. 影响可比产品成本降低任务完成情况的因素分析。

(1)影响可比产品成本降低指标的因素。

根据成本降低额和成本降低率的通用公式:

成本降低率=$\dfrac{\text{成本降低额}}{\text{按上年实际平均单位成本计算的总成本}}$ ①

成本降低额=产品产量×单位成本降低额 ②

或者：

成本降低额＝按上年实际平均单位成本计算的总成本×综合成本降低率   ③

从公式①中可以看出,成本降低率的分子、分母同受产量因素的影响,结果相互抵消,因此成本降低率不受产量因素的影响;但是,当企业的产品品种结构发生变动时,结构因素会对它产生影响作用。另一方面,产品单位成本的变动显然能影响成本降低率。从公式②中可以明显看出,成本降低额受产品产量和产品单位成本两个因素的影响。公式③则表明,产品品种结构的变动不仅影响了成本降低率,同时也影响了成本降低额。综上所述,影响成本降低额的因素有三,即产量、品种结构和单位成本;影响成本降低率的因素有二,即产品品种结构和产品单位成本。

(2)确定各因素的影响程度。

可比产品成本降低计划任务完成情况分析的程序是:首先,确定成本降低额实际脱离计划的差异,如表10—12所示;其次,确定上述因素实际脱离计划的差异造成的影响,所用方法为连环替代法之简化形式——差额计算法。影响可比产品成本降低额的三个因素的替换顺序为:产量、品种结构和单位成本。影响成本降低率的两个因素的替换顺序是:品种结构和单位成本。

①产量变动的影响。为了确定产品因素对成本降低额的影响,必须排除品种结构和单位成本的影响,根据三因素的替换顺序,应以综合的计划降低率排除品种结构的影响,以上年实际平均单位成本来统一计算的基础。

$$产量变动对成本降低额的影响＝\Sigma(实际产量×上年实际平均单位成本)×计划成本降低率－计划降低额$$

本例中,$(1\ 100×4.2＋1\ 800×3.0)×4.90\%－500＝－9.02$(千元)

计算结果表明,由于产量没有达到计划要求,使成本降低额减少了9.02千元。

②产品品种结构变动的影响。

$$\begin{aligned}产品品种结构变动对成本降低额的影响 &＝\Sigma[实际产量×(上年实际单位成本－计划单位成本)]\\ &\quad －\Sigma(实际产量×上年实际单位成本)×计划成本降低率\end{aligned}$$

本例中,$[1\ 100×(4.2－4.1)＋1\ 800×(3.0－2.8)]$
$-(1\ 100×4.2＋1\ 800×3.0)×4.90\%＝-21$(千元)

$$产品品种结构变动对成本降低率的影响＝\frac{品种结构变动对成本降低额的影响数}{\Sigma(实际产量×上年实际单位成本)}×100\%$$

本例中,$\dfrac{-21}{1\ 100×4.2＋1\ 800×3.0}×100\%＝－0.21\%$

可见,由于改变了品种结构,成本降低额和成本降低率实际数较之计划发生了偏离。两指标的数值具体计量了其偏离程度。

③产品单位成本变动的影响。

$$\begin{matrix}\text{产品单位成本变动对}\\ \text{成本降低额的影响}\end{matrix} = \Sigma[\text{实际产量}\times(\text{计划单位成本}-\text{实际单位成本})]$$

本例中，$1\,100\times(4.1-4.0)+1\,800\times(2.8-3.1)=-430$（千元）

$$\begin{matrix}\text{产品单位成本变动对}\\ \text{成本降低率的影响}\end{matrix} = \frac{\text{单位成本变动对成本降低额的影响数}}{\Sigma(\text{实际产量}\times\text{上年实际单位成本})}\times 100\%$$

本例中，$\dfrac{-430}{1\,100\times 4.2+1\,800\times 3.0}\times 100\%=-4.29\%$

计算结果表明，产品单位成本的大幅度提高是造成成本计划降低任务不能全面完成的最主要的原因（当然继续分析下去可知甲、乙产品的情况不同）。

（二）按成本性态分析

这种分析方法就是将可比产品的单位成本按成本性态划分为单位变动成本和单位固定成本，分析各因素变动对可比产品成本降低任务完成情况的影响程度。可比产品成本降低指标的计算公式如下：

计划成本降低额 = Σ[（上年单位变动成本－计划单位变动成本）×计划产量＋（上年固定成本总额－计划固定成本总额）]

$$\begin{matrix}\text{计划成本}\\ \text{降低率}\end{matrix}=\frac{\text{计划成本降低额}}{\Sigma(\text{上年单位变动成本}\times\text{计划产量}+\text{上年固定成本总额})}\times 100\%$$

实际成本降低额 = Σ[（上年单位变动成本－实际单位变动成本）×实际产量＋（上年固定成本总额－实际固定成本总额）]

$$\begin{matrix}\text{实际成本}\\ \text{降低率}\end{matrix}=\frac{\text{实际成本降低额}}{\Sigma(\text{上年单位变动成本}\times\text{实际产量}+\text{上年固定成本总额})}\times 100\%$$

根据表10－10、表10－11和表10－12及有关资料编制成本分析资料，如表10－13所示，并计算有关指标。

表10－13　　　　　　　成本分析资料表　　　　　　　金额单位：千元

可比产品	计量单位	产量		单位变动成本			固定成本总额		
		计划	实际	上年	计划	实际	上年	计划	实际
甲产品	件	1 000	1 100	3.90	3.80	3.70	300	300	290
乙产品	件	2 000	1 800	2.70	2.50	2.80	600	600	610
合计							900	900	900

计划成本降低额 = $(3.9-3.8)\times 1\,000+(2.7-2.5)\times 2\,000=500$（千元）

计划成本降低率 = $\dfrac{500}{3.9\times 1\,000+2.7\times 2\,000+900}\times 100\%=4.90\%$

实际成本降低额 = $(3.9-3.7)\times 1\,100+(2.7-2.8)\times 1\,800=40$（千元）

$$\text{实际成本降低率} = \frac{40}{3.9 \times 1\,100 + 2.7 \times 1\,800 + 900} \times 100\% = 0.4\%$$

按成本性态分析,影响可比产品成本降低任务完成情况的因素主要有产量、品种结构、单位变动成本和固定成本总额。现分析如下:

1. 产品产量因素分析。

$$\begin{matrix}\text{产量变动对成本}\\ \text{降低额的影响}\end{matrix} = \begin{matrix}\text{按实际产量计划品种结构计划单位变动}\\ \text{成本、计划固定成本总额计算的降低额}\end{matrix} - \begin{matrix}\text{计划成本}\\ \text{降低额}\end{matrix}$$

$$\begin{matrix}\text{按实际产量计划品种结构、}\\ \text{计划单位变动成本、计划固}\\ \text{定成本总额计算的降低额}\end{matrix} = \begin{matrix}\text{产量计划}\\ \text{完成率}\end{matrix} \times \Sigma[(\text{上年单位变动成本} - \text{计划单位变动成本}) \times \text{计划产量} + (\text{上年固定成本总额} - \text{计划固定成本总额})]$$

$$\begin{matrix}\text{产量计划}\\ \text{完成率}\end{matrix} = \frac{\Sigma[(\text{实际产量} \times \text{计划单位变动成本}) + \text{计划固定成本总额}]}{\Sigma[(\text{计划产量} \times \text{计划单位变动成本}) + \text{计划固定成本总额}]} \times 100\%$$

根据表10-13中有关资料,计算如下:

$$\text{产量计划完成率} = \frac{1\,100 \times 3.8 + 1\,800 \times 2.5 + 900}{1\,000 \times 3.8 + 2\,000 \times 2.5 + 900} = 98.76\%$$

$$\begin{matrix}\text{按实际产量计划品种结构、}\\ \text{计划单位变动成本、计划固}\\ \text{定成本总额计算的降低额}\end{matrix} = 98.76\% \times [(3.9 - 3.8) \times 1\,000 + (2.7 - 2.5) \times 2\,000]$$
$$= 493.80(\text{千元})$$

产量变动对成本降低额的影响 = 493.80 - 500 = -6.20(千元)

$$\begin{matrix}\text{产品产量}\\ \text{变动对成本}\\ \text{降低率的影响}\end{matrix} = \frac{\begin{matrix}\text{按实际产量计划品种结构、计划单位变动}\\ \text{成本、计划固定成本总额计算的成本降低额}\end{matrix}}{\Sigma\left[\begin{pmatrix}\text{上年单位}\\ \text{变动成本}\end{pmatrix} \times \begin{matrix}\text{计划}\\ \text{产量}\end{matrix}\right) \times \begin{matrix}\text{产量计划}\\ \text{完成率}\end{matrix} + \begin{matrix}\text{上年固定}\\ \text{成本总额}\end{matrix}\right]} \times 100\% - \begin{matrix}\text{计划成本}\\ \text{降低率}\end{matrix}$$

$$= \frac{493.80}{(3.9 \times 1\,000 + 2.7 \times 2\,000) \times 98.76\% + 900} \times 100\% - 4.90\% = 0$$

2. 品种结构因素。

$$\begin{matrix}\text{品种结构变动对}\\ \text{成本降低额的影响}\end{matrix} = \begin{matrix}\text{按实际产量实际品种结构、计划单位变动}\\ \text{成本、计划固定成本总额计算的成本降低额}\end{matrix}$$
$$- \begin{matrix}\text{按实际产量计划品种结构、计划单位变动}\\ \text{成本、计划固定成本总额计算的成本降低额}\end{matrix}$$

$$\begin{matrix}\text{按实际产量实际品种}\\ \text{结构、计划单位变动}\\ \text{成本、计划固定成本}\\ \text{总额计算的成本降低额}\end{matrix} = \Sigma\left[\begin{pmatrix}\text{上年单位}\\ \text{变动成本}\end{pmatrix} - \begin{matrix}\text{计划单位}\\ \text{变动成本}\end{matrix}\right) \times \begin{matrix}\text{实际}\\ \text{产量}\end{matrix} - \begin{pmatrix}\text{上年固定}\\ \text{成本总额}\end{pmatrix} - \begin{matrix}\text{计划固定}\\ \text{成本总额}\end{matrix}\right]$$

再依上例资料计算:

品种结构变动对成本降低额的影响 $=[(3.9-3.8)\times 1\,100+(2.7-2.5)\times 1\,800]-493.80$

$$=470-493.80=-23.80(千元)$$

品种结构变动对成本降低率的影响 $=\dfrac{按实际产量实际品种结构计划单位变动成本、计划固定成本总额计算的成本降低额}{\sum\left(\begin{matrix}上年单位\\变动成本\end{matrix}\times\begin{matrix}实际\\产量\end{matrix}+\begin{matrix}上年固定\\成本总额\end{matrix}\right)}\times 100\%-产量变动对成本降低率的影响$

$$=\dfrac{-23.80}{3.9\times 1\,100+2.7\times 1\,800+900}\times 100\%-0=0.23\%$$

3. 单位变动成本因素。

单位产品变动、成本变动对成本降低额的影响 $=\sum\left[\left(\begin{matrix}计划单位\\变动成本\end{matrix}-\begin{matrix}实际单位\\变动成本\end{matrix}\right)\times\begin{matrix}实际\\产量\end{matrix}\right]$

$$=(3.8-3.7)\times 1\,100+(2.5-2.8)\times 1\,800$$

$$=-430(千元)$$

单位产品变动、成本变动对成本降低率的影响 $=\dfrac{单位产品变动、成本变动对成本降低额的影响}{\sum\left[\left(\begin{matrix}上年单位\\变动成本\end{matrix}\times\begin{matrix}实际\\产量\end{matrix}\right)+\begin{matrix}上年固定\\成本总额\end{matrix}\right]}\times 100\%$

$$=\dfrac{-430}{3.9\times 1\,100+2.7\times 1\,800+900}=-4.28\%$$

4. 固定成本因素。

固定成本总额变动对成本降低额的影响 $=\sum\left(\begin{matrix}计划固定\\成本总额\end{matrix}-\begin{matrix}实际固定\\成本总额\end{matrix}\right)$

固定成本变动对成本降低率的影响 $=\dfrac{固定成本总额变动对成本降低额的影响}{\sum\left[\left(\begin{matrix}上年单位\\变动成本\end{matrix}\times\begin{matrix}实际\\产量\end{matrix}\right)+\begin{matrix}上年固定\\成本总额\end{matrix}\right]}\times 100\%$

在本例中,实际固定成本总额恰好等于计划数,所以此项因素的影响为0。

按传统方法分析和按成本性态方法分析,对成本降低指标的影响因素及影响程度是不相同的。现将这两种分析方法计算出来的数据列表反映,如表10－14所示。

表10－14　　　　　　　　　成本分析资料表　　　　　　　　金额单位:千元

影响因素	对降低额的影响		对降低率的影响	
	传统方法	成本性态方法	传统方法	成本性态方法
单纯产量变动	－9.02	－6.20	－	0
产品品种结构变动	－21	－23.80	－0.21%	－0.23%
单位成本变动	－430		－4.29%	
其中:单位变动成本变动		－430		－4.28%
固定成本变动		0		0
合　计	－460	－460	－4.50%	－4.50%

由表 10－14 中看出，由于两种分析方法对成本降低指标的计算方法不同，分析的结果也有所不同。总体来说，传统分析方法把因产量变动引起单位固定成本变动对成本降低任务的影响，都归结为单位成本变动的影响，掩盖了成本中两种不同性态构成的区别，而成本性态分析方法可以避免这一缺陷，因而对影响总成本变动的各个因素的分析更加真实全面。

本章小结

成本分析可以在经济活动的事先、事中或事后进行。本章讨论的是成本的事后分析，即通过实际成本分析、评价成本计划的执行结果，以考核业绩、发现问题、指导未来。在进行分析时应考虑全面、抓住实质，正确区分影响产品成本升降的市场因素和内部管理因素。

成本分析一般运用对比分析法、比率分析法和因素分析法。对比分析法是经济分析中最基本的方法之一，通过可比指标在不同时期的对比，可以揭露矛盾、发现问题。如本期与上期对比、实际与计划对比、本企业与同业对比等。比率分析法选取反映成本状况和成本水平的相关因素，然后通过比率的计算，观察其相互之间的关系，借以评价企业的成本状况和经营情况。而因素分析法的优点是能够将综合性结果分解到各个因素，将各个因素的影响予以量化，因此在成本分析中应用非常广泛。

成本分析的第一步是对产品成本计划完成情况进行分析，其目的是找出影响成本计划完成情况的各种因素，为进一步查明成本升降指明原因和方向。其重点是可比产品成本分析。一方面是因为在正常情况下，可比产品占全部商品的比重较高；另一方面则是因为只有可比才能够评价企业降低成本工作的成绩和缺点。考核产品成本计划完成情况的主要方法是将实际成本降低额（率）与计划成本降低额（率）对比，并求出差异额（率）来进行分析评判。

【主要概念】

成本分析　　　　　　　对比分析法　　　　　　比率分析法
因素分析法　　　　　　计划成本降低额　　　　实际成本降低率
成本计划降低额完成程度
降低率实际脱离计划的差异

【本章案例】

日本艾丽丝公司对成本信息管理系统的运用①

1. 艾丽丝公司的生产特点与经营战略。艾丽丝公司是一家生产塑料日用杂货的公司，生产这类产品的材料费用低，且加工过程基本实现了全自动化，所以人工费占的比重也不高。但在产品开发阶段，由于产品的设计和模具制造等投入较大，需要较高的固定费用。这类产品的销售价格低，而且从最近的发展趋势来看，为满足消费者的多种嗜好而进行的多品种生产，使产品中固定费用的回收越来越困难。

面对这种情况，艾丽丝公司的经营战略是扩大经营网络以保证每一种产品的销售量。但是，由于经营网络扩大，运输成本提高，仍不足以弥补固定费用的回收。因此，艾丽丝公司确定了如下战略：面向全国的大型零售店直接批发产品，提高运输效率，确保能够回收产品开发费所需的销售量和销售利润。现在艾丽丝公司在全国有143个营业所，并以4个工厂向外发货。艾丽丝公司将此战略称为"Maker & Vender(制造与批发功能兼备)"。此战略开始于1986年，此后销售量和经营利润逐年上升，说明了该战略的成功。

2. 销售管理信息系统的展开。为了提高新开辟的批发业的竞争能力，艾丽丝公司将目标指向建立一个畅通而有效的销售和运输系统。但刚开始，有工厂向零售店直接送货时，出现了流通成本超过销售额10%的问题。原因是客户少，产品种类只有现在的一半，工厂也只有一处，造成送货效率很低而引起的。为了解决运输问题，该公司于1985年着手开发并日趋完善了与客户联机，形成订货、生产、送货相结合的信息系统。

现在，艾丽丝公司与140家公司联机接受订货，这些公司拥有2 700个店铺，占艾丽丝公司交易量的80%。各公司将各店铺的订货汇总后，直接向艾丽丝公司的主机发送。实行联机后，即使一个商品的订货也可办理。而且，由于订货管理实现了批量化，即使一天之内分几次订货，也可以保证在次日一次送到。这样使运输成本降低到销售额的7%，运输效率也得以提高。

艾丽丝公司管理的另一个特点是根据往年按产品和客户分类的销售情况进行需求预测。为了与次日送货相适应，有必要做一定的库存准备，然而，如果轻易对2 600种商品进行库存，将产生巨大的库存滞留。如此产生的仓库使用费、库存管理费和因库存滞留而产生的资本成本是不容忽视的。为对此类费用进行控制，艾丽丝公司进行了严密的需求预测和以JIT为基础的生产管理。

虽然一般均以往年的销售数据为基础进行需求预测，但为了提高预测精度，数据库的数据可按商品类别、地区类别、订货点类别、营业负责人类别进行分类。此外，艾丽丝公司需求预测的另一个特征是以每周的汇总为基础进行预测。由于日用杂货的零售周期是以周为单位，且销售量集中于星期日，因此一般每周一接受零售商店的订货，预测周六的销

---

① 李安定. 成本管理研究. 北京：经济科学出版社，2001：447.

售量,接近周末接受补充订货,销售量以周为单位变化。如将每周的需求预测套入周内每日的销售模式,即可得到比较准确的每日的需求预测。以此需求预测为基础,由艾丽丝公司提供产品分类的需求预测数据,按季节分出哪些商品畅销,哪些商品滞销,以对商店管理者进行指导。虽然其他公司也进行同样的服务,但艾丽丝公司是对自家产品进行预测,其效率更高。如果零售店的管理者也按艾丽丝公司的需求预测进行订货,剩余商品减少,周转率提高,营业成绩自然也就上升了。

3. 生产管理系统。艾丽丝公司经销的商品90%是本公司的产品,其生产管理系统与销售管理系统使用不同的主机。如上所述,工厂按每周预测销售量安排生产计划并准备材料和模具。由于预测与实际销售之间有误差,实际生产指令与库存管理联动,只生产能销售的产品。销售管理系统与生产管理系统以库存管理辅助系统为媒介相互连接,接受客户订货的销售管理系统,从各工厂的库存数据中减去应送的数量;生产管理系统以库存和一周销售预测为基础向工厂发出实际生产指令。

产品的多品种化和交货期的缩短,一般会使库存增加,其结果将导致成本的增加。而艾丽丝公司通过周密的需求预测和全面的JIT管理,不但缩短了交货期限,而且实现了多品种、小批量生产。

第四篇
成本管理的新发展

第十一章

成本管理的新发展(上)

【要点提示】
- 战略成本管理
- 人力资源成本管理
- 资本成本管理

【内容引言】

在现代市场经济中,公司随着市场环境、制造环境和管理环境等的变化,必须对原有的成本管理体系进行破旧立新,使之与不断变化的环境相适应。本章主要阐述战略成本管理、人力资源成本管理和资本成本管理。

随着各个学科的兴起、理论的发展,成本管理理论得到了长足的发展,这主要体现在学科的交叉上。这使得成本管理不再是一个孤立的理论,而是更具有理论意义和实际意义的理论。

第一节 战略成本管理

战略成本管理在成本管理新发展的理论中具有举足轻重的地位,它将战略思想引入到成本管理中,使得成本管理的传统思想发生了天翻地覆的变化。

一、战略成本管理概述

对于什么是战略成本管理,不同的学者对此有不同的看法。美国学者桑克等人认为,简单而言,战略成本管理就是在战略管理的一个或多个阶段对成本信息的战略性运用[1]。美国会计学界的两位著名教授库伯和斯拉莫得认为,战略成本管理是企业运用一系列的成本管理方法来同时达到降低成本和加强战略位置的目的的一种管理行为。具体而言,战略成本管理是指管理人员运用专门方法提供企业本身及其竞争对手的分析资料,帮助管理者形成和评价企业战略,从而创造竞争优势,以达到企业有效适应外部持续变化的环境的目的[2]。

我国学者对战略成本管理的内涵的理解几乎遵循了这样的观点,唐婉虹等[3]、江苏省电力公司等[4]、余景选[5]等在其著作中引述了库伯和斯拉莫得的观点。还有一些学者对战略成本管理有着更新和更详细的定义。总体来说,有下面几种观点:乐艳芬[6]认为,企业如何利用成本信息进行战略选择,以及在不同战略选择下如何组织成本管理。企业战略成本管理就是将成本管理置身于战略管理的广泛空间,从战略高度对企业及其关联企业的成本行为和成本结构进行分析,来为战略管理服务。该定义要求成本信息、成本管理与战略管理达到一种互为促进的状态。万寿义[7]认为,不仅要降低成本,更要注重与企业的竞争战略相配合,以保持企业的竞争优势。具体来说,战略成本管理就是适应战略管理的需要,从战略的高度根据企业内外部环境的变化对更广泛的成本进行战略管理。在操作上,管理人员将一系列与作业活动有关的、准确的以及与决策相关的成本信息,进行分析与考核,帮助管理者形成和评价企业战略,以使企业建立和保持长久的竞争优势。他将"战略"的思想贯穿始终。王雄元认为也是如此[8],在战略思想指导下,战略成本管理关注成本管理的战略环境、战略规划、战略实施和战略业绩,其首要任务是关注不同战略选择下如何组织成本管理,即将成本信息贯穿于战略管理整个循环过程之中,通过从战略高度对企业成本结构和成本行为的全面了解、控制与改善,寻求长久的竞争优势。

通过分析以上几位学者对战略成本管理所下的定义,我们可以总结和提炼出几个要点:

第一,战略成本管理将成本信息战略化,改进了原先降低成本、控制成本的唯一目的,而演变成与企业的战略发展、长远发展紧密相连的工具和手段;

第二,战略成本管理并不是让企业闭门造车,而是需要与同行业的公司相比较,从而改进和完善生产方式、管理方式、战略决策;

---

[1] 吴少平. 现代成本管理. 北京:经济管理出版社,2007:250.
[2] 王雄元. 战略成本管理. 北京:原子能出版社,2007:2.
[3] 唐婉虹,李怀栋,曹春华. 战略管理会计. 上海:立信会计出版社,2005:343.
[4] 江苏省电力公司,南京大学会计学系. 基于价值创造的成本管理. 北京:中国财政经济出版社,2005:34.
[5] 余景选. 成本管理. 杭州:浙江人民出版社,2008:404.
[6] 乐艳芬. 战略成本管理与企业竞争优势. 上海:复旦大学出版社,2006:2.
[7] 万寿义. 成本管理研究. 大连:东北财经大学出版社,2007:80.
[8] 王雄元. 战略成本管理. 北京:原子能出版社,2007:2.

第三，战略成本管理是对传统成本管理的发展，而非否定，是企业进行战略管理系统的重要子系统之一。

二、战略成本管理的特点

战略成本管理指管理人员运用专门方法提供企业本身及其竞争对手的分析资料，帮助管理者形成和评价企业战略，从而创造竞争优势，以达到企业有效地适应外部持续变化的环境的目的。战略成本管理的首要任务是关注成本战略空间、过程、业绩，可表述为"不同战略选择下如何组织成本管理"。即将成本信息贯穿于战略管理整个循环过程之中，通过对公司成本结构、成本行为的全面了解、控制与改善，寻求长久的竞争优势，就是波特所讲的取得"成本优势"。简言之，战略成本管理是企业为了获得和保持企业长期的竞争优势而进行的成本分析与管理，其目的是为了适应企业越来越复杂多变的生存和竞争的环境，使企业立于不败之地。成本优势是战略成本管理的核心，而传统的成本管理是要实现"降低成本"，不难看出，"降低成本"与"成本优势"是两个有着不同内涵的概念，有着本质的区别。通过分析比较传统成本管理和战略成本管理，我们可以总结出战略成本管理的特点：

（一）长期性

战略成本管理是为了取得长期持久的竞争优势，以便企业长期生存和发展，立足于长远的战略目标。战略成本管理超越了一个会计期间的界限，分析较长时期竞争地位的变化，争取在较长时期的竞争中保持一定的优势。例如，初期的成本领先优势不能单从一个会计期来考虑，要从较长时期来研究，从多方面努力不断改进技术，采用学习曲线、经验曲线、价值工程分析，使企业在成本领先方面一贯保持优势，所以不仅要分析现在情况，还要分析潜在力量以及今后的发展趋势。

（二）全局性

战略成本管理的对象包括整个价值链，不仅包括整个行业的价值链，也包括企业内部的价值链，不仅要对生产成本进行分析，还应对产品的开发、研究、试制、设计以及售后服务进行控制。不仅考虑企业自身的价值链，也要考虑竞争对手的价值链，从而达到知己知彼、百战不殆。战略成本管理应全面考虑各种潜在机会，分析各种机会成本，以增加企业的价值，提高企业的盈利。战略成本管理应强调目标的合理确定，并从企业管理的各个环节和各个方面确保目标的实现，凸显其在各个阶段比竞争对手具有优势的地方。

（三）外延性

战略成本管理的着眼点是外部环境，将成本管理外延向前延伸到采购环节，乃至研究开发与设计环节，向后还必须考虑售后服务环节。既要重视与上游供应商的联系，也应重视与下游客户和经销商的联结。总之，应把企业成本管理纳入整个市场环境中予以全面考察。只有对企业所处环境的正确分析和判断，才能预测和控制风险，根据企业自身的特点，确定和实施正确适当的管理战略，把握机遇，主动积极地适应和驾驭外界环境，在竞争中取得主动，最终实现预定的企业战略目标。而传统成本管理的对象是企业内部的生产过程，而对企业的供应与销售环节则考虑不多，对于企业外部的价值链更是视而不见。战略成本管理不仅注重对企业内部信息的分析，以便企业及时调整策略以适应外部环境的变化，而且对企业外部信息更加重视。

(四)灵活性

企业战略成本管理的目标——成本优势，是关于企业在激烈的竞争中如何与竞争对手抗衡的基本竞争战略之一，同时也是企业针对来自各方面的许多冲击、压力、威胁和困难，迎接这些挑战的行动方案。它与传统的较少考虑竞争、挑战而单纯为了改善企业现状、增加经济效益的成本管理方法不同。只有当这些成本与强化企业竞争力量和迎接挑战直接相关并具有战略意义时，才能构成战略成本管理的内容。因此，战略成本管理方法应具有灵活性，它与现代企业的弹性制造系统、及时制、零存货等相联系，灵活应用多种管理方式，具有柔性管理的基本特点。

(五)创新性

战略成本管理不仅仅是一种新的技术方法的出现，更重要的是一种贯穿于成本管理运作系统的观念更新。战略成本管理之所以日益受到企业的重视，其根本原因是由于市场条件的变化。20世纪六七十年代以来，由于社会富裕程度逐渐提高，市场需求由大众需求向个性需求转变，传统的大批量、标准化市场向小批量、个性化产品过渡。这种市场需求和市场竞争的变化，一方面要求企业更加重视市场并能够根据市场需求的变动及时地调整企业的生产经营活动，管理的视角由单纯的重市场经营过程和重股东财富，扩展到与顾客需求及利益直接相关的、包括产品设计和产品使用环节的产品生命周期管理，更加关注产品的顾客可察觉价值；另一方面要求企业更加注重内部组织管理，尽可能地消除各种增加顾客价值的内耗，以获取市场竞争优势。由此可见，战略成本管理观念的主题是创新，其对物耗成本的核算和控制需求，更多的是出于价值分配方面制度创新的考虑。

(六)多样性

战略成本管理提供了超越成本管理会计主体范围的更广泛、更有用的信息。战略成本管理的重要目标之一是营造企业的竞争优势，而企业的竞争优势又是建立在相对成本对比的基础之上，即在相同条件下，拥有成本优势，无疑就拥有了竞争优势。企业应突破成本管理主体的限制，获得有关竞争对手的信息，了解相对成本，通过一系列措施，知己知彼，使企业在竞争中立于不败之地。同时，战略成本管理提供了更多的非财务方面的信息。战略成本管理克服了传统成本管理在这方面的缺陷，大量提供了诸如质量、需求量、市场占有率等极为重要的非货币信息。以反映企业战略地位的主要指标之一的市场占有率为例，它是联系成本与利润的重要指标，在一定程度上代表了未来的现金流入量，它的变化代表了企业竞争地位的变化。相对市场占有率还可用于揭示主要竞争对手的实力。战略成本管理有助于企业获得全面的发展竞争战略的信息。

因此，我们总结了传统成本管理与战略成本管理的区别，如表11－1所示。

表11－1　　　　　　　传统成本管理与战略成本管理的区别

属　性	传统成本管理	战略成本管理
目标	某一特定目标	竞争优势
范围	狭窄	宽泛
时间跨度	短期	长期
频度	定期进行	经常、持续
形式	事后反映	事前行动
管理对象	人工为主	整个价值链

综上所述，与传统成本管理相比，战略成本管理具有更加开阔的视野和超前的意识，更加注重普遍联系的观点，并能从根本上抓住企业经营活动中的主要矛盾，因而在很大程度上弥补了传统成本管理的不足，更加适应了竞争经济的要求。

三、战略成本管理的方法

战略成本管理的核心是"成本优势"。美国学者迈克尔·波特在《竞争战略》和《竞争优势》两书中列专章探讨"成本优势"。成本优势是企业可能拥有的两种竞争优势之一。成本对于企业制定竞争战略极为重要，因为别具一格的企业必须保持与其竞争者近似的成本。除非由此而得的溢价超过别具一格的成本，否则别具一格者就不能取得出色的业绩。企业管理者认识到了成本在竞争中的重要地位，许多战略计划都把建立"成本领先"作为目标。在波特研究的基础上，美国学者桑克等于1993年出版了《战略成本管理》的专著，使战略成本管理具体化。后来，日本学者又进一步将战略成本管理推广到企业界。战略成本管理的基本内容是关注成本驱动因素，运用价值链分析工具，明确成本管理在企业战略中的功能定位。因此，战略定位分析、价值链分析、成本动因分析构成了战略成本管理的基本框架，也是进行战略成本管理的三种分析方法。

(一)战略定位分析

一个企业能够选择恰当的竞争战略是企业成功的必要前提,而竞争战略的核心在于定位。战略定位分析是在了解宏观环境、中观环境等外部因素的基础上,结合企业自身微观环境的特殊性,企业可以选择和制定其适当的竞争战略。

企业战略通常是相互作用的企业总体战略和具体市场竞争战略的二维结合。

1. 总体战略。

(1)从产品全生命周期的原理出发,通过企业产品生命周期与市场地位(以市场份额为评判指标)相结合的分析方法,西方学者提出企业单元一般可采用三种总体战略:①发展战略。它以提高市场份额作为战略目标,甚至不惜牺牲短期收益和现金流量,产品处于导入期或高成长期。市场份额较低的企业一般追求这种战略。②维持战略(固守战略)。它以巩固企业产品的现行市场份额和维持现行竞争地位为战略目标。高成长产业、高市场份额企业追求这种战略。③收获战略。它以短期收益和现金流量最大化为战略目标,甚至不惜牺牲市场份额。低成长产业、高市场份额企业追求这种目标。

随着企业环境的变迁、产品生命周期的演进,企业总体战略从发展战略到收获战略不断转换,而形成战略循环波浪。根据战略权变性的特质,战略成本管理控制系统设计应考虑环境不确定性、资源配置与盈利在长短期之间的权衡,以帮助管理者有效地应付不确定性,并在长短期之间合理均衡,增进战略目标的达成。

(2)不同总体战略形成不同的战略成本管理机制。战略成本管理控制系统由战略规划、预算和战略性业绩评判组成。

①战略规划。由于环境不确定性和中长期均衡的影响,管理者需要较长期的战略规划而非年度预算。企业总体战略应考虑所有业务,以便现金流量有效地维持平衡,故战略规划对不同战略单元均不可或缺。从收获战略单元、维持战略单元到发展战略单元,战略规划的重要程度不断提升,在战略成本管理框架下,战略规划的核心是资本配置。对收获战略单元而言,其环境较为确定,资本需求相对较少,资本预算方案的审批条件限制相对较少,对资本支出决策主要采用较短回收期的现金流量贴现方法,其评判标准采用一系列明确的财务指标和高于其他战略单元的资本报酬率;而对发展战略单元,产品、市场的不确定性较高,资本需求大,投资分析、资本支出决策与评价标准更强调非数量化、非财务性、非公式化的信息和指标。而对维持战略单元,战略规划的影响则居于发展战略单元和收获战略单元之间。从上述分析可知,不同战略下战略规划的机理大不相同。

②预算与业绩评判。与战略规划比较而言,预算是用财务或非财务术语来表达对未来较短期限(一般为1年)企业营运结果的预期,预算目标成为业绩评判的基础。预算是管理控制广泛应用的手段,预算必须同战略和职能相适应,同各个管理层及其

特征相配合。

在预算体系(制度)设计时,应考虑:第一,预算的精确度。不同业务单元战略不同,不确定性程度不一致,不确定程度越大,制定准确预算越困难。第二,不确定性。管理绩效的评价有赖于对投入产出间的因素关系的洞察,在不确定性情形下,因果关系不易确定,绩效评判太难;财务指标强调结果而非过程,财务信息不能恰当地反映管理业绩。第三,预算与战略的结合。预算对发展战略单元和收获战略单元而言,其功能展开对前者是重在计划,对后者更多的重在控制;就发展战略单元而言,预算更多的是非财务性指标,其可靠性较低,预算的修订相对容易和频繁,主管对预算制定的参与、影响程度较高,实际业绩满足预算的重要程度较低,标准成本在业绩评估中的作用不大,成本控制中诸如弹性预算等方法不太具有适用性。上述情形对收获战略单元正好相反,维持战略居于二者之间。

2. 竞争战略。

(1)在明确了总体战略的前提下,企业在市场竞争中一般通过两种方式开发持久的竞争优势:①成本领先战略:取得相对于对手的低成本,成本领先可通过规模生产、学习曲线效应、严格的成本控制等途径来达到。②差异化战略:为顾客提供独特的产品,开发有创意的品牌、优异的顾客服务、独到的分销网络、别具一格的产品设计、产品性能、产品技术等。

(2)差异化或成本领先的不确定性比较,在于:①差异化战略重在创新,它的目标在于独特性、排他性,而成本领先强调成本削减。②低成本业务单元产品单一,成本领先来源于较少的存货相关成本和规模经济;差异化倾向于产品多元化,产品宽度过广诱致较高的环境复杂性。③差异化成功与否取决于顾客的认同,而消费理念难以预测。

可见成本领先和差异化战略单元与收获和发展战略单元具有对应相似的不确定性,因而对应成本控制系统设计相类似。对成本领先战略单元来说,如弹性预算等方法在成本控制中的功能,制造成本控制及其在业绩评价中的作用,竞争对手的成本分析都非常重要,产品成本与定价决策高度相关,较少关注营销成本及其控制。而差异化战略单元的成本管理观正好相反。

3. 总体战略与竞争战略的结合。前面将总体战略与竞争战略视为两个独立的战略。然而,实际上企业单元的总体战略与竞争战略总是融合在一起来引导企业管理和企业行为,战略成本控制系统无疑要考虑二者结合带来的影响。总体战略与竞争战略组合形成如图11-1所示的四种组合。

从图11-1中可以看出,第2、3象限含有类似的不确定性,成本管理控制系统结构相近;第1、4象限组合互相冲突,同时满足总体战略和竞争战略的成本控制系统难以确立。其对策有二:第一,改变整体战略或竞争战略,以使它们与控制系统不相矛

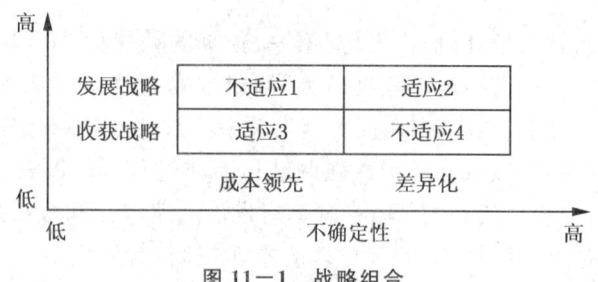

图 11-1 战略组合

盾(如移动业务单元到第 2、3 象限);第二,辨别整体战略或竞争战略对实施战略谁更为关键,并由此决定适当的控制体系。如果二者同等重要,系统设计尤为困难,企业应力求避免陷入两难困境。

4. 目标集聚战略。如果企业能同时取得成本领先和差异领先的竞争优势,收益将是累加的——差异领先会带来价格溢价,与此同时成本领先意味着成本的降低,但实现这样的战略不现实。目标集聚战略主攻某个特定的顾客群、某种产品系列的一个细分段或某一个细分市场,以取得在某个目标市场上的竞争优势。这种战略的前提是:企业能够集中有限的资源以更高的效率、更好的效果为某一狭窄的战略对象服务,从而超过在更广阔范围的竞争对手。目标集聚战略有两种形式:成本领先目标集聚战略寻求在目标市场上的成本优势;差异领先目标集聚战略则追求目标市场上的差异优势。目标集聚战略通常选择对替代品最具抵抗力或竞争对手最弱之处作为企业的战略目标。采用目标集聚战略的企业同样具有取得超过产业平均收益的能力,如果企业能够在某个目标市场上获得成本领先或差异领先的地位,并且这一目标市场的产业结构很有吸引力,那么实施该战略的企业将会获得超过其产业平均水平的收益。

5. 整合战略。整合可以扩张企业的价值链活动。横向整合扩大企业业务规模,纵向整合是沿行业价值链方向向前或向后延伸整合。运用整合战略,调整(增加或解除)整合程度,可以重构企业价值链,提高企业整体盈利水平。

一项价值活动的成本常受制于规模经济或规模的不经济。规模与经济并不是正比例直线相关,随着规模的扩大,协调的复杂性和非直接成本的跳跃式增加可能导致某项价值活动的规模不经济。正确运用横向整合战略,控制规模适度,可取得成本优势及最佳成本效益比。

一项价值活动的纵向整合的程度也会影响其成本,如有关"自制还是购买"的战略决策就涉及到前后整合的选择问题。纵向整合可以避免利用市场成本回避强有力的竞争供方或买方,也可以带来联合作业的经济性等,从多方面降低成本。当由于资源条件的限制,或更加有利可图、更加容易实现时,也可采用有限整合或准整合战略。

有限整合对供应商与顾客设立了严格的限制,可以避免为抵消砍价实力而进行完全整合的必要性。准整合是指在纵向相关的业务间建立一种关系(介于长期合同和完全拥有所有权之间),可以在不发生全面成本的情况下取得纵向整合的一些或许多利益。

(二)价值链分析

价值链分析是战略成本管理基本方法中的一种非常重要的方法,它关注的是每一个具有价值的环节。

1. 价值链与竞争优势。波特在《竞争优势》一书中指出:企业每项生产经营活动都是创造价值的经济活动。企业的一切互不相同但又相互关联的生产经营活动,形成了创造价值的动态过程,这项过程称为价值链。这个价值链反映出企业经营活动的历史、重点、战略、实施战略的方法,以及未来发展趋势。企业反映在价值链上所创造的价值,如果超过成本便有盈利,超过对手便有竞争优势。波特认为,要实施战略成本管理必须借助于"价值链分析"这一成本分析手法,也即分析竞争优势的源泉。

所谓价值链,就是指企业为了给顾客提供有价值的产品或劳务而发生的一系列创造价值的活动。价值链列示了总价值,并且包括价值活动和利润。它包括以下三个含义:第一,企业各项活动之间有密切的联系,如原材料的供应与企业的生产制造有密切的联系;第二,每次活动都有可能为企业降低成本,如严格的质量检验可以降低售后服务成本;第三,价值链不仅包括企业内部各项活动,而且还包括企业外部活动,也就是要注意行业价值链,如企业与顾客、供应商之间的活动。

价值链分析的目的有两个:第一,要通过从战略上对行业价值链进行分析,以了解企业在行业价值链所处的位置,对企业内部活动进行分析以了解企业自身的价值链;第二,通过从战略上对竞争对手的价值链进行分析,以了解竞争对手的价值链,从而达到知己知彼、洞察全局的目的,并由此制定相应的措施。波特将一个企业的价值链分成九种相关活动,这些活动大体分为主要活动(购货、制造、发送、营销、服务等)与辅助活动(人事、技术、采购和一般管理等)两大类。价值链上的每项活动都有其自身的资产和经营成本,其所分配的资产数量及使用效率,直接影响到各项活动的经营成本。这里所说的活动是基本的价值链,每一个基本的价值链可进一步细分为各种子活动,亦即真正意义上的作业。

企业生产经营中的作业可分为两大类:一类是可增加价值的作业,如产品的设计、加工制造、包装以及营销方面的作业;另一类是不增加价值的作业,如与各种形式的存货有关的作业(存货的储存、维护、分类、整理等)和原材料、在产品、半成品、产成品等因质量不符合要求进行加工、改造而形成的追加作业等。因此,并不是所有作业的实施都能最终使"顾客价值"增加。可见,要优化价值链,首先要尽可能消除所有不增加价值的作业;同时,对可增加价值的作业,也要尽可能提高其运作效率,使企业能通过最经济、有效的方式满足顾客需要,从而最大限度地优化价值链。通过优化价值链尽可能提高"顾客价值",是提高企业竞争优势的关键。

价值活动是由竞争优势的各种相互分离的活动组成。每一种价值活动与经济效果结合是如何进行的,将决定一个企业在成本方面相对竞争能力的高低。

2. 价值链分析的主要内容。战略导向下的战略成本管理,不仅仅是取决于对企业自身所参与和控制的企业价值链的理解,而且取决于对企业的供应商和买方、甚至供应商的供应商、买方的价值链的理解与协调。价值链分析应包括以下几个方面:

(1)产业价值链分析。任何一个产业从最初原材料的开发到产品的最终消费,形成一系列不同价值作业的结合——产业价值链。产业中任何一个企业居于产业价值链中的一个或多个链节,产业价值链中的企业互为现行的或潜在的竞争对手。以造纸业来说明,如图11-2所示。

森林种植 ⟶ 原木 ⟶ 纸浆 ⟶ 造纸 ⟶ 分销 ⟶ 终极消费者

图11-2 造纸业价值链

从图11-2中可以看出,不同的价值作业——如森林种植、原木开发、纸浆制造、造纸、分销等一系列作业构成产业价值链。在价值链上,每一个企业既是供方又是买方,区分每一环节的成本、收入和相应资产配置以计算每一价值作业的经济效益(资产报酬率),有助于了解每一环节对应的供方与买方的力量,有助于企业明确开发与供方、买方关系的途径,以减少成本、增加差异化或二者兼顾,从而为产业中不同层次的部分企业赋予了潜在的战略意义。

(2)企业价值链分析。企业价值链显示了总价值是由价值作业和毛利构成。价值作业可分为两大类型:主要作业和支持性作业。主要作业包括:采购;制造;产品发送;市场营销;售后服务。支持性作业包括:技术开发;人力资源管理;基础管理,包括具体管理、计划、财务、会计、质量管理等。价值链是由价值作业的内部关系、作业之间的关系联结而成的一个系统。这些联系使得各价值作业进行的方式与成本相互影响(如高技术原料可减少售后服务)。价值链中的每一项活动都承担着一定的成本,企业价值链分析就是通过价值作业内部、作业之间关系的开发,推进各个价值作业的优化与相互协调,并为实现企业战略目标而进行价值作业之间的权衡取舍。

(3)竞争对手价值链分析。任何一个企业都不可能超越其所在的产业价值链。在整个产业价值链中,它要么是一个完全整合型企业,要么是部分整合型企业,或者是单一化企业。

对于完全整合型企业,通过将内部转移价格调整为市价,评价产业价值每一环节的资产报酬率,以做出自制或购买的战略选择。对于部分整合型企业,可以确定前向整合或后向整合的可能性。每个企业面对一系列不同的竞争者(完全整合、部分整合、单一化企业），只有了解整个价值链和调节价值作业的成本动因，才能进行有效竞争。

综上所述，价值链分析强调了利润增加或降低成本的四个方面：同供方关系；同买方关系；企业内业务单元价值链之间的联系；业务单元价值链内的过程联系。

3. 价值链与成本分析。有意义的成本分析是考察作业中的成本，而不是企业作为一个整体的总成本，每种价值作业都有各自的成本结构，如果企业单个价值作业的成本低于竞争对手，成本优势由此产生。

(1) 确定成本分析的价值链。价值链将企业分解成不同的战略作业，每种作业对企业的相对成本地位有所贡献，并且奠定了差异化的基础，是企业为顾客创造价值的"基本元素"。因此，成本分析的焦点是识别与分解企业的价值链，将成本与资产分配给创造价值的作业。

将价值链分解为独立的价值作业时应遵循以下原则：作业占据了营业成本或资产的重大比重；作业具有不同的成本行为或成本动因；竞争对手具有不同的操作方式；作业对创造差异化有较高的潜能；作业的成本比例较小但增长较快，且最终能改变企业成本结构。

这时可采用作业成本管理法。价值链中每一种作业耗费资源，产生成本和收益。企业在分解价值链之后，必须把营业成本和资产分摊归属到对应的价值作业中，从而反映出资源在作业中的配置规模和利用效率。

(2) 分析各种价值作业的成本动因。企业的成本地位源于其价值作业的成本行为，成本行为取决于影响成本的驱动因素。在传统成本管理中，产量是唯一的成本驱动因素。在价值链框架下，产量根本无法说明不同作业成本行为的丰富性。通常多种成本动因（结构性成本动因和执行性成本动因）在发生作用，而且不同价值作业之间成本动因不同。这时亦可用作业成本管理法来识别成本动因，从中找到降低成本的方法。成本动因分析的目的在于尽可能把成本动因与特定价值作业之间的关系量化，并识别成本动因之间的相互作用，从而对成本动因进行战略上的权衡与控制。

(3) 开发持久竞争优势。一旦企业识别价值链、区分成本动因之后，可通过以下6个方面开发竞争优势，比竞争对手更好地控制成本：①在保持价值（收入）一定下削减成本；②在保持成本一定下提升价值（收入）；③在成本、价值一定下缩小资产规模；④以不同的方式进行这项作业，甚至取消该作业；⑤把一组有联系的价值作业重新排序或重新组合；⑥开发与其他企业的关系。

(三) 战略成本动因分析

战略成本动因是与战略管理有关的成本动因，它是成本动因的一种。成本动因是引发成本的一种推动力或成本的驱动因素，也就是引起成本发生和变动的原因。按照成本动因涉及的层面和领域，可分为微观层面的生产经营成本动因和宏观层面的经营战略成本动因。生产经营成本动因普遍存在于企业生产经营过程的有关作业之中,例如采购订单构成采购作业的成本动因,生产工单构成生产作业的成本动因,订货单构成销售作业的成本动因等。

成本动因与生产经营成本动因不同,它是从企业整体的、长远的宏观战略高度出发所考虑的成本动因,从战略的角度看,影响企业的成本态势主要来自企业经济结构和企业执行作业程序,从而构成结构性成本动因和执行性成本动因。两类成本动因的划分,从不同的战略角度影响企业的成本态势,从而为企业的战略选择和决策提供支持。

1. 结构性成本动因分析。结构性成本动因是指决定企业基础经济结构的成本动因,其形成需要较长时间,而且一经确定往往很难变动;同时,这些因素往往发生在生产开始之前,必须慎重行事,在支出前进行充分评估与分析。另外,这些因素既决定了企业的产品成本,也会对企业的产品质量、人力资源、财务、生产经营等方面产生极其重要的影响。因此,对结构性成本动因的选择可以决定企业的成本态势。结构性成本动因通常包括:

(1) 规模经济。价值链上某项具体的活动往往会受到规模经济的约束。规模经济是指在价值链活动规模较大时,活动的效率提高或活动成本因可分摊于较大规模的业务量而使单位成本降低,即增加使用企业的共享资源的规模和频率,就可以降低产品成本。企业在已经开发、制造、营销等主要价值活动方面都存在规模经济的情况。如在全球市场上,如果为每一个不同国家的市场生产不同的产品,而不是在全球范围内销售标准产品,往往会提高产品的单位成本。规模经济与横向一体化相关联。横向一体化联合,又称水平一体化联合,它是指同行业企业之间的联合,可以使企业的技术、市场、专利、商标、资金等优势充分发挥,易于开拓新市场,减少竞争对手,迅速提高市场占有率,但有可能存在经营规模过大的风险。

(2) 整合程度。整合程度指的是垂直一体化程度,就是在同一个行业中扩大公司的竞争范围。整合是指企业为了让自己所负责的业务领域更广泛、更直接,将公司的活动范围后向扩展到供应源或前向扩展到最终产品的消费者。如对机械制造企业来讲,既可以只投资建一个总装厂,也可以再建一系列的零部件生产厂;实际上,该机械制造企业依然没有超出原来行业的界限,唯一的变化是在行业的价值链体系之中企业的业务单元跨越了两个阶段。垂直一体化可以是全线一体化(参与行业价值链的所有阶段),也可以是部分一体化(进入整个行业的某些阶段),这完全取决于企业和市场对垂直整合程度的要求。如果合并或协调行业价值链中紧密相关的活动能够带来重大的成本节约,前向或后向一体化就有很大的潜力。加强整合能够带来竞争优势,整合可以以若干种方式降低成本。然而,整合也可能因为丧失灵活性、将供应商可以更低成本进行的活动带入企业内部来做、与供应单位的关系成为一种束缚,从而侵蚀追求效率的动力;或提高了退出壁垒,从而提高了成本。垂直一体化的最大劣势是:它将一家企业深深地陷入某一个行业之中,如果跨越行业价值链体系的几个阶段的经营运作不能建立竞争优势的话,那么,垂直一体化就是一个有问题的战略行动。因此,企业必须详细评估整合的优点和缺点,视实际情况决定各价值活动的整合程度。企业既可以选择整合的策略,也可以选择解除整合的竞争策略,而解除整合的策略往往被企业领导者所忽视。

(3)学习与溢出。企业价值链活动可以经过学习的过程提高作业效率,从而使成本下降。成本节约的来源不仅仅是企业员工学会了如何更有效地完成任务及使用和调试新的技术,学习还会给企业带来一些有价值的源泉:找到了改善工厂布局和工作流程的方式,找到了修改产品设计以提高制造效率的途径,找到了改进零配件以简化装配的途径。学习的作用因时而异,因而企业的学习策略也不同。首先,处于不同的生命周期的企业,其学习效应会有很大区别。学习的效应在企业刚建立时表现突出,而在企业发展非常成熟的阶段可能不太明显。其次,对于价格比较敏感的行业,学习的作用会更加显著。此外,学习还存在一个溢出的问题,即学习的成果可以通过咨询顾问、新闻媒体、前雇员和供应商等渠道从一个企业流到另一个企业。如获取一个竞争对手的样品,然后让设计师研究其产品制造的方式;以其他公司类似活动的业绩为参照对公司的活动进行标杆学习;采访供应商、咨询人员和竞争对手的退休职员,以利用他们的智慧。开展学习的溢出对保持成本优势至关重要。

(4)地理位置。企业的地理位置可以若干种方式影响成本。由于地区与地区之间通常存在工资水平、税率、能源成本、入厂和出厂装运及运输成本等方面的区别,地理位置几乎对所有价值活动的成本均有影响。所以,企业应在进行厂址的选择、工业布局活动中慎重行事。企业还可以通过重新布置生产工厂、基层办公室、仓储或总部的运作地点,找到降低成本的机会。

(5)技术。这里的技术是指企业在每一该价值链活动中所运用的技术处理方式,如机械零件的加工过程是采用现代工艺提高使用寿命,减少使用成本,还是采用简单的工艺方法降低产品成本,从而降低售价。任何企业都涉及到大量的技术,只要那些能保持其成本领先地位或技术变革能转变为率先行动者优势的技术,就能为企业带来持久的成本优势。事实上,技术变革并非总能降低成本。首先,技术的开发或运用本身需支付较高的成本。其次,技术变革可能带来较大的风险。例如,在技术革新迅速、产品日新月异的行业,技术的先行采用者可能因过早行动而面临所引用的技术迅速被淘汰而又无力更新的窘境。

总之,从结构性成本动因来看,单纯扩大规模、范围或采用高新技术、追求产品的多样化,对一个企业而言,在一定的环境下,并非都是好事。例如,目前一些大中型企业只注重技改的投入而忽视产品结构的优化和企业管理,致使拳头产品缺乏,经济效益不佳。可见,结构性成本动因分析就是分析以上各项成本驱动因素对价值链活动成本的直接影响,以及它们之间的相互作用对价值链活动成本的影响,最终可归纳为一个"选择"问题,即企业采用何等规模和范围,如何设定目标和总结学习经验,如何选择地理位置和技术等。这种选择能够决定企业的"成本地位",其结构性成本动因分析无疑是企业在经济结构层面的战略选择。

2. 执行性成本动因分析。执行性成本动因是指与企业执行作业程序相关的成本驱动因素,它是在结构性成本动因决定以后才成立的,而且这些成本动因多属非量化的成本动因,其对成本的影响因企业而异。这些动因若能执行成功,则能降低成本;反之,则会使成本提高。执行性成本动因通常包括:

(1)生产能力运用模式。生产能力运用模式是价值链的一个很重要的成本驱动因素,因为它本身附带了巨大的固定成本。因此,生产能力运用模式主要通过固定成本影响企业的成本水平。在既定的工厂规模选择的前提下,提高生产效率和采取强化措施,如进行技术改造以及采用先进的生产管理方法等。当企业的生产能力利用率提高、产量上升时,单位产品的固定成本相对较少,从而引起单位成本的降低。业务资本密集度越高或固定成本占总成本的比重越高,成本驱动因素的重要性就越明显,因为生产能力利用不足就会大大提高产品的单位成本。在这种情况下,寻找生产运作接近年度满负荷运转的途径是获取成本优势的一个重要源泉。

(2)联系。联系是指各种价值活动之间彼此的相互关联。这种关联可分为企业内部联系和垂直联系两类。企业内部各种价值活动之间的联系遍布整个价值链。垂直联系反映的是企业与供应商和销售渠道之间的相互依存关系。如果一项活动的成本受到另一项活动的影响,那么,在确保相关的活动以一种协调合作的方式开展的情况下,就可以降低成本。例如,当一个企业的质量控制成本或材料库存成本同供应商的活动相关时,就可以通过零配件的设计、质量保证程序、及时送货,以及一体化材料供应等方面与关键供应商合作来降低成本。因此,有效地协调相联系的活动具有降低成本的潜力。

(3)全面质量管理。全面质量管理主要强调质量管理的范围应是全过程的质量控制,企业的每一名员工都要承担质量责任。其宗旨是以最少的质量成本获得最优的产品质量,并且最低的质量成本可以在缺点为零时达到,因为对错误的纠正成本是递减的,所以总成本会保持下降的趋势,直至最后的差错被消除。所以,全面质量管理的改进总是能降低成本的。对于质量成本较高的企业来说,它是一个重要的成本动因,能给企业带来降低成本的重大机会。

(4)员工对企业的向心力。企业的行动是众多具体个人行动的总和。因而,员工对企业的向心力因两个原因而非常重要:第一,它有助于员工满意,在一个团结的团队中，成员相互之间交流和友好相处；第二，员工的向心力对绩效有重要影响。企业各部门的每一名员工都与成本直接相关，只有依靠全体员工的相互配合，共同努力，企业才能将成本置于真正的控制中，实现成本管理的目标。传统的成本管理以可计量的、按照成本核算制度计算的成本为核心内容，以物治人；战略成本管理则要求重视人的因素，强调以人为本，以人治物，充分调动员工的积极性和创造力，提高员工对企业投入的向心力，从而达到充分降低成本，取得竞争优势的目的。对执行性成本动因来讲，加强全员参与全过程进行的全面质量管理和全面成本管理都对持续降低成本有利；提高生产能力利用效率、协调整个价值链等，都会增加产出，提高效率。所有这些对企业来讲，当然投入力度越大越好。可见，这是针对业绩目标对成本态势的战略性强化。

3. 两类战略成本动因的关系。上述两种战略成本动因的最主要区别是，对于结构性成本动因而言，并不是程度越高越好，而是存在一个适度的问题。例如，企业的规模应适应其发展的需要而非越大越好，整合程度也非越高越好。但对于执行性成本动因而言，一般认为程度越高越好。例如，应尽量加强和鼓励员工的全面参与，健全全面质量管理体系。从以上分析还可以看出，执行性成本动因与结构性成本动因有着不同的性质。结构性成本动因分析所要求的战略性选择针对的是怎样才是"最优"的问题，而执行性成本动因分析所要求的战略强化则针对"最佳"的效果目标。前者解决资源优化问题，是前提；而后者解决绩效的提高问题，是其持续。

从企业微观层次看，结构性成本动因分析主要是解决决策层的问题；而执行性成本动因分析主要是解决管理层（执行层）的问题，应对目标的实现起到基础保证作用。两类成本动因分别从基础经济结构和作业程序两方面影响企业的总成本态势，为企业改变其成本地位提供选择。在企业基础经济结构既定的条件下，通过执行性成本动因分析，可以提高各种生产执行性因素的能动性及优化它们之间的组合，从而使价值链活动达到最优化而降低价值链总成本。

总之，战略成本动因分析为企业改变成本地位、增强竞争力提供了契机。由于企业的成本总是由一组独特的成本动因来控制，而每一个成本动因都可能成为企业独特的竞争优势来源，因此，选择于己有利的成本动因作为成本竞争的突破口无疑是企业竞争的一项重要策略，应引起企业领导者的高度重视。

第二节 人力资源成本管理

人才，尤其是专门技术人员和科研人员，作为企业中的重要组成部分，是企业获得收益、增加价值、提高形象的筹码。因此，企业越来越重视对人力的投资、人才的管理,对人才的渴求也与日俱增,人力资源成本管理的引入也是大势所趋。

一、人力资源成本管理的理论基础

人力资源是指在一定范围内的人口总体所具有的劳动能力的总和,即能够推动社会和经济发展的具有劳动能力的人的总称,是企业资源的一个重要组成部分。

(一)人力资源的特殊的特点

人力资源除了具有资源的一般特点外,还具有其特殊的特点[①],包括:

1. 人力资源具有能动性。人力资源是劳动者与管理者通过发挥人的主观能动性开展各式各样的活动,是具有最积极、最主动的企业的资源。

2. 人力资源具有时效性。人力资源在形成、开发、使用中都受到时间的严格限制,该资源的作用通常在某个阶段中发挥最佳效用。

3. 人力资源具有再生性。人力资源的可再生性在于人口的再生产和劳动力的再生产。

4. 人力资源具有智力性。人力资源的概念不单单是原先提到的劳动能力的总和,更体现在它的智力部分,比如管理才能、技术才能、专利成果等。

5. 人力资源具有可控性和不可控性。可控性是指人力资源不仅能够控制企业其他资源,而且还能够控制自身。而不可控性是指经济规律是客观的,不以人的意志为转移。经济的发展要受人力资源素质本身及客观外界诸多因素的制约,有一个渐进的、不断完善和发展的过程。

(二)人力资源的资产属性

人力资源是指人的劳动力资源而非人本身的资源。人力资源之所以具有资产的属性,其原因就在于它符合资产确认的三个标准。

首先,人力资源和其他资产一样,是可以为企业提供未来服务潜力或经济效益的一种经济资源,其资产性在于它具有取得未来经济效益的服务潜力。这种潜力是通过在其载体——人身上的投资而使人力资源的价值和生产能力的提高体现出来。这种潜力的价值可认为是一项资产,符合能够带来未来收益的经济资源的资产确认标准。

其次,人力资源能够为企业单位所拥有和控制。人力资源属于人本身所有,人身具有自由的权力,有权自由选择职业,有权接受或辞去企业单位的聘雇。但是,当某一劳动者一旦被企业所聘用,由于劳动用工合同或契约的法律保障,该劳动者便被作为企业的人力资源为企业所拥有和控制。企业通过向劳动者支付工资等费用,获得拥有和控制其人力资源的使用权力,并以一定的方式影响其为企业取得经济效益。

[①] 乐艳芬.成本会计.上海:上海财经大学出版社,2002:430.

这种人力资源符合"为企业拥有和控制"的资产确认标准。

再次，人力资源是可以用货币进行计量的。人力资源的取得和开发需要投资，形成相应的成本支出，如招聘费、培训费、保险费、工资及福利费等；而资源的使用形成人力资源耗费，这些支出和耗费都是以货币形式进行计量和反映的。因此，人力资源符合"能够以货币进行计量"的资产确认标准。

人力资源符合资产定义的三条标准，可确认为是一项资产。而且，人力资源作为一项资产具有无形资产的某些特征。人力资源是以人为载体的劳动力资源，这种资源是存在于人体内的、能为社会提供服务的人的脑力和体力的天然资源。它与物质资源不同，不直接表现为具有未来服务潜力的实物形态。企业所拥有和控制的，只是对这一无形资源的使用权而非其他。这种劳动力资源的使用权和专利权、商标权、土地使用权一样，具有无形资产的基本特征。还由于人力资源的开发、使用和产生效益的时间较长，一般为拥有者（企业）长期使用；否则，不能形成或不利于产生最佳的资源效应。此外，影响人力资源的价值及其变化的因素十分复杂，存在极大的不确定性，具有可确定性无形资产的特征。

二、人力资源成本管理的概念及构成

企业人力资源成本管理的根本目标是充分利用人力资源，获得最大经济效益。其主要内容是在正确核算人力资源成本的基础上对其进行预测、决策、预算和控制，并对人力资源价值进行计量，评价人力资源成本支出所产生的效益。

企业人力资源成本管理的对象是人力资源成本。人力资源成本是企业为了取得、维护、开发和遣散人力资源所付出的代价，包括人力资源的取得、维护、开发和遣散所发生的各种支出，即人力资源的取得成本、维持成本、开发成本和遣散成本。

（一）人力资源的取得成本

人力资源的取得成本主要是指取得人力资源而发生的成本或付出的代价。包括招募、选拔、雇用、定岗而发生的各种支出。

1. 招募成本。主要是指为了取得所需人力资源而进行招募宣传、确定招募人员而发生的各项支出，包括招工广告费用、招聘工作人员工资及福利费、委托招聘的手续费、代理费、因招工而发生的差旅费、接待费、办公费和资料费等。

2. 选拔成本。主要是指挑选人力资源过程中所发生的各种支出，如接待、考试（面试、笔试）、检查、体验以及其他选拔费用。选拔成本取决于招募方式和雇用人员的类型。职务越高的员工，选拔过程越长，选拔成本越高。采用其他委托招募的方式，选拔、审查成本较高，招募成本较低；反之，亦然。因而，需要在招募成本和选拔成本之间进行权衡。

3. 雇用、定岗位成本。主要是指正式雇用并安排工作岗位而发生的各种支出，如因正式雇用而发生的差旅费、接待费、搬迁费和代理费等,以及安排工作岗位的成本。职务越高的员工,其雇用和定岗位的成本越高;反之,则低。

（二）人力资源的维持成本

保持人力资源的正常使用,需要发生一些必要的经常性支出,如用于支付工资、福利、劳保、保险等维持费用。

（三）人力资源开发成本

为了开发和增强人力资源的潜在服务能力,提高人力资源素质,必须对员工进行各种形式的培训。因进行培训而发生的各种支出构成人力资源开发成本,主要包括上岗培训、在职培训和脱产培训所发生的各种费用支出。

1. 上岗培训成本。主要是指因员工上岗而发生的各种支出,如熟悉企业的生产过程、产品、设备、人事管理等。这些活动的见习培训支出及其他有关成本,亦称"定向成本"。

2. 脱产培训成本。主要是指脱离工作岗位进行专门培训而发生的各种成本,亦称"正式发展成本"。如培训的教材、教学设备、工资以及企业支付的学杂费等。

3. 在职培训成本。主要是指对在职员工不离开工作岗位进行培训而支出的成本,亦称"非正式发展成本"。

（四）人力资源遣散成本

人力资源遣散成本指企业人力资源离岗、离职所发生的成本,包括人力资源的遣散费用和安置费用等。

1. 遣散费用。主要是指企业在岗任职人员,因被遣散离开（脱离）企业,按规定或合同要求支付各种补偿性费用,如支付给遣散人员的解雇金、解聘金和其他遣散事务处理费用支出等。

2. 安置费用。主要是指按规定支付给离退休人员的工资、福利和安置费用等。

三、人力资源成本管理的方法

人力资源成本管理主要体现在采用会计的思想和方法,进行核算、分析和控制。

（一）人力资源成本管理的会计模式

人力资源成本会计是人力资源成本管理的一个重要组成部分。它是应用会计的理论和方法,对人力资源成本进行确认、计量和报告,从而达到管理的目的。

将人力资源纳入会计系统主要建立在以下几个假设的基础上:人力资源会计的信息是不可缺少数据假设、人力资源是会计资产的假设、持续经营假设、劳动力资源对象假设、人力资源的价值是管理方式的函数假设。

人力资源成本主要是用于人力资源投资上所花费的成本。用于人力资源上的各种成本支出,按其支出的性质划分,可分为资本性支出与收益性支出。人力资源成中的取得成本和开发成本,由于受益期长,在人力资源受雇期内长期发挥效益,与若干会计年度相关,这种支出属于资本性支出,应将其资本化,作为资产入账,按照资产核算的程序和方法进行确认、计量和报告。人力资源成本中的维持成本和遣散成本,由于受益期短,多数属于经常性支出,其数额相对稳定,这种支出直接影响当期损益,其性质属于收益性支出,作为当期费用,计入当期损益。对于那些发生数额较大的一次性费用,如较为集中的一次性遣散费用支出,可作为待摊费用或递延资产,分期计入各期损益之中。可见,人力资源成本会计应包括人力资源的资产会计和人力资源的费用会计。

传统财务会计不区分资本性支出与收益性支出,将人力资源成本全部视为收益性支出,计入当期损益,导致当期费用与损益失真,这是传统人力资源费用核算的一大缺陷。按照人力资源成本支出的性质划分,将人力资源成本会计划分为人力资源资产会计和人力资源费用会计,从而将传统财务会计分散于"期间费用"各项目中的人力资源的资本性支出,作为人力资产会计的核算内容,这样既弥补了传统财务会计在实务处理上的这一缺陷,又符合人力资源资产属性的理论原则。

人力资源成本会计是建立在人力资本理论基础之上的。按照人力资本理论,经济资源分为人力资源和物力(物质)资源,这两种资源都能为企业组织提供未来的经济效益。资本作为未来收益的来源,可分为人力资本和物力资本(即会计学传统意义上的资本)。物力资本体现物力资源的质和量,人力资本则体现人力资源的质和量。人力资本和物力资本一样,都可以通过投资而形成。这样,企业的投资分为人力资源投资和物力资源投资,人力资源投资的收益率往往高于物力资源投资的收益率。因此,注重和研究人力资本便成为经济学的一项重要内容。

自从亚当·斯密在《国富论》中提出"人力资本"概念以来,不少经济学家陆续对人力资本进行研究,并取得不少的理论研究成果。马歇尔在其《经济学原理》中认为,所有资本中最有价值的是对人本身的投资。科尔曼在分析社会资本的同时,严格区分了人力资本与物质资本。他认为,"物质资本是有形的,可见的物质是其存在形式;人力资本是看不见的,它存在于个人掌握的技能和知识中"。西奥多·W. 舒尔茨对人力资本展开系列研究,发表了不少论文,把人力资本包括在资本范畴之中,并十分重视对人力资源的投资。他指出,受过教育和培训的专业人员给组织带来成套知识、技能和经验,它们构成资本的一种形式——人力资本,应对之进行估价并在会计报告中披露。这就为人力资源成本会计的形成与应用奠定了理论基础。

在账户的设置上,设立两个过渡账户——"人力资源取得成本"和"人力资源开发成本",用于汇集人力资产上的资本性支出的投资。借方反映投资支出的实际金额,贷方反映转入"人力资产"科目的金额,期末余额在借方,反映了对尚处于取得和培训阶段的职工的投资。

借:人力资源取得成本
　　人力资源开发成本
　　贷:库存现金
　　　　原材料
　　　　应付工资等

其次,设立"人力资产"账户,该账户反映人力资产的增减变动情况,借方反映人力资产的增加,贷方反映人力资产的减少,余额在借方。

借:人力资产
　　贷:人力资源取得成本
　　　　人力资源开发成本

再次,设立"人力资源费用",这是属于期间费用的账户,是用来归集劳动力受雇后其成本费用化的核算。

借:人力资源费用
　　贷:库存现金
　　　　原材料
　　　　应付工资等

最后,设立"人力资产累计摊销"账户,这是一个备抵账户,贷方反映的是按一定摊销方法计算的人力资产的摊销额,借方反映因退休、离职等原因退出企业的职工累计摊销额的转出数。

借:人力资源费用
　　贷:人力资产累计摊销

员工离开企业时:
借:人力资产累计摊销
　　人力资源费用
　　贷:人力资产

期末,结转人力费用:
借:本年利润
　　贷:人力资源费用

(二)人力资源成本的计量模型

人力资源成本的计量模型亦即人力资产的成本计量模型。人力资源作为一项资产,与其他资产一样具有相同的计量理论和计量模型。

1. 历史成本计量模型。人力资产的历史成本是指为了取得和开发人力资源而发生的全部资本性实际支出,包括人力资源取得和开发的实际成本支出。前述关于人力资源投资性支出的取得成本和开发成本的实际构成内容,属于人力资源历史成本的计量范围,其计量的程序和方法与其他资产的计量程序和方法相似,不再重述。

该模型是最基本、最常用的计量方法,凡能获得历史成本资料,应尽量采用历史成本计量,这是因为按历史成本计量具有较强的客观性,其计量数据较为真实、可靠,具有可验证的客观依据;采用历史成本计量保持了与传统物资资源计量的一致性,使二者具有相同的计量基础,以增加计量的可比性和对比性。但是,这种方法也存在不足之处,因为随着时间的推移、内外部环境的更替,历史成本的信息将可能与现实情况严重背离,那么,人力资源的实际价值与账面价值便会产生巨大的差异,不能说明真实的情况。

2. 重置成本计量模型。当无法获取历史成本资料或因某种特殊需要而采用重置成本计量时,可采用重置成本对人力资产进行计量,并作为计入人力资产账户的计价依据。

人力资源重置成本是指在现有条件下,重新取得和开发同等人力资源而发生的成本,包括"个人重置成本"和"职务重置成本"。前者指在现有条件下,重新配备一名与原有员工各种能力基本相同或相当而发生的全部费用;后者指在现有条件下,重新配备能够胜任同种职务的人员所发生的全部费用。就企业而言,通常更关注职务(职位)空缺的补充或替代,即关心一旦有员工离职,需要重新补充能够胜任该空缺职务的人力资源所发生的成本,所以"与其从重置原来某个人的角度来考虑,倒不如从取得能够在特定职位上提供相同服务的替代人的角度来考虑"。人力资源职务重置成本包括取得成本、开发成本和遣散成本。取得成本、开发成本和遣散成本的构成内容与前述历史成本基本相同,不再重述。在采用重置成本计量时,为了使核算口径与历史成本保持一致,通常不考虑遣散成本,而在人力资源决策时才予以考虑。

该模型的优点在于所提供的信息具有很强的相关性、可比性,信息使用者可以直接采用这样的数据进行有关人力资源方面的决策。但缺点在于工作量会比较大,需要付出大量的人力成本,而且所提供的信息中含有一定人为确定的因素,在一定程度上缺乏可信赖程度。

3. 机会成本计量模型。人力资源机会成本计量模型是以员工离职使企业遭受经济损失作为计价依据的,具体是指企业职工脱产学习期间不能为企业进行生产经营活动所带来的经济损失和遣散人员在离职前因工作业绩下降以及离职后该职位空缺而给企业带来的经济损失。

该模型的优点在于比较接近人力资源成本的实际经济价值,有利于管理者根据机会成本的数值,决定是否遣散人员。但它的缺点和重置成本比较相似,便是计算的工作量比较大,而且可靠性不是很高。

(三)人力资源成本管理在企业战略管理中的应用

在企业战略管理中,人力资源成本管理具有一定的作用,主要表现在:

1. 人力资源成本管理可以为企业劳动管理提供完整的信息，为企业进行人力资源计划管理提供决策依据，使人力资源管理部门做到心中有数，合理安排企业员工的招募、培训和更替工作，更大地发挥员工的工作效率。

2. 人力资源成本管理可以通过人力资源标准成本的制定和差异分析，对人力资源管理部门在人力资源管理和开发过程中的各项成本，进行有效控制并通过差异分析，找出差异原因，采取措施，节约开支，有效地降低人力资源成本。

3. 人力资源成本的核算和管理可以逐步地把企业人力资源管理部门组成企业的责任中心，即投资中心、利润中心和成本中心。在传统管理下，人力资源管理部门排除在责任成本之外，不考虑人力资源管理部门的绩效。建立人力资源成本制度，就要考核人力资源管理部门的费用支出是否节约，人力资源的开发成本是否有效，人力资源管理部门能创造多少人力资源价值，从而真正把人的价值同企业单位的生产经营活动联系起来。

4. 可以建立科学的人力资源考核指标体系，反映企业对人力资源的利用效率。具体指标有：

(1) 人力资本报酬率 $= \dfrac{\text{净利润}}{\text{人力资产总额}} \times 100\%$

(2) 人力资源成本利润率 $= \dfrac{\text{利润总额}}{\text{人力资源成本总额}} \times 100\%$

前一个指标反映每百元人力资产能提供多少净利润，后一个指标反映企业耗费每百元人力资源成本能产出多少利润，即所得与所费之比。这两项指标都体现了企业利润是人力资源创造的，其他财物资产只是有助于价值的形成和利润的取得。这说明在生产力三要素中，劳动者同劳动对象和劳动手段一样，都是必不可少的，甚至居于主导地位。

(四) 人力资源成本信息的报告

传统财务报告既不反映人力资产的价值，也不反映人力资本，将人力资源成本作为期间费用处理，而未将它们按照资产的性质资本化为相应的人力资产，从而低估了企业资产总额，忽视了劳动者对企业的经济贡献。传统会计报告把为取得、开发人力资源而发生的费用全部计入当期损益的做法，极大地背离了收入与费用配比的会计原则，严重歪曲了企业的财务状况和经营成果，所以有必要对传统的财务报告进行适当的调整，把人力资源这项十分重要的资产及其有关的权益和费用，在财务报告中予以充分揭示和披露。

人力资源成本的报告可以分为对外报告和对内报告两部分。

1. 对外报告。为了披露人力资源的会计信息，应对传统的会计报表指标项目进行适当的调整。

在资产负债表中，一方面，应在无形资产项下单独列示人力资产的有关情况，包括人力资产原值、摊销值、净值等数据；另一方面，应在附注中，从动态和静态两个方面详细揭示人力资源的状况。从动态方面，应揭示报告期内追加的人力资源投资总额、投资方向、占本期总投资的比重等数据；从静态方面，应报告人力资源占企业总资产的比率，企业员工的学历构成、职称等情况，以展现企业人力资源的全貌。

在利润表上，可增设"人力资源费用"项目，用以反映企业为使用人力资源而发生的不应资本化的费用和人力资产的摊销，同时对原"管理费用"等账户反映的内容作必要的调整。

在现金流量表上，对为取得、开发、培训人力资源而发生的现金流出和企业人力资源带来的现金流入，在投资活动产生的现金流量（包括现金流出和流入）下单独列项反映。

与物质资源相比，人力资源有其自身的特殊性，对它进行确认、计量和报告，要比物质资源复杂得多。因此，仅仅靠财务报表来揭示人力资源信息，难以满足信息使用者的需要。人力资源会计的报告，除了将有关信息在财务报表中列示以外，还应当包括一些附加报告，如人力资源投资报告、人力资源流动报告、人力资源效益报告等，以提供一些不能或不便于用货币精确度量的信息。

(1) 应出具的人力资源会计报表包括以下几类：

①人力资源投资报告。该报告反映企业在本期为招收、聘用职工而花费的人力资产取得成本和企业对职工进行培训而花费的人力资产开发成本。该项投资通常是与企业利润的增长成正比的。

②人力资源变动报告。该报告通过比较人力资源在期初与期末人员数量的变化情况，以及人力资源价值的评估变化情况，反映人力资源对企业盈利能力的影响。

(2) 分析人力资源的指标主要有以下几种：①市场价值/员工数；②合同数/员工数；③研究与开发资源/总资源；④培训时间指标；⑤员工保持率。

这些指标能够反映企业对人力资源拥有与控制的能力、人力资源为企业带来经济效益的能力，以及劳动的工作效率。同时，财务信息使用者可以根据决策的目的自创指标，并将其与行业其他企业比较，以获得相关信息。

2. 对内报告。对内报告的内容应分为两个部分：一部分是非货币信息，主要反映目前企业人力资源的组成、分配、利用情况，对于一些高成本引进的人才应当在报告中予以单独列示，重点突出。例如，列示企业员工的人数、年龄状况、学历状况、健康状况、业务能力情况、工作业绩等，从而反映企业职工的盈利能力。另一部分是货币信息，包括企业各个责任中心人力资源的现值、历史成本、投入产出的比值等，对于高成本引进的人才更应单独反映其成本与其创造的效益，以确定其投资收益率，用以说明人力资源的收益情况，从而为企业内部人员的安排等管理决策提供一定的依据。

第三节　资本成本管理

资本成本管理是将资本成本与成本管理结合应用形成的一个新的特殊领域，也是成本管理发展中新形成的一个特殊理论。把资本成本的概念引入成本管理中，丰富和发展了成本管理的研究领域，而且是未来会计发展的趋势。

一、资本成本管理概述

资本成本是财务管理中的一个重要概念，并得到了广泛运用，但当它与成本管理的理论相结合的时候，便赋予了其新的意义。

（一）资本成本管理的含义

资本成本是指企业为筹集和使用资金而付出的代价，广义上讲，企业筹集和使用任何资金，不论短期的还是长期的，都要付出代价。狭义的资本成本仅指筹集和使用长期资金（包括自有资本和借入长期资金）的成本。由于长期资金也被称为资本，所以长期资金成本也称为资本成本。资本成本的内容主要包括资金筹集费和资金占用费两部分。资金筹集费指在资金筹集过程中支付的各项费用，如发行股票、债券支付的印刷费、发行手续费、律师费、资信评估费、公证费、担保费、广告费等；资金占有费指占用资金支付的费用，如股票的股息、银行借款、发行债券的利息等。

资本成本是选择资金来源、确定筹资方案的重要依据，企业要选择资本成本最低的筹资方式。从理论上讲，当投资项目的投资收益率高于资本成本时，这样的筹资方式才是可取的。资金的来源主要有负债筹资、股权筹资、内部留存收益筹资等方式。我们可以看到，从在外部资本市场筹资到在内部资本市场筹资，拓宽了企业资金的来源，增强了灵活性和流动性，也使得资本成本的管理更加复杂和多样化。

那么，资本成本管理便是对资本成本的管理，是对资本成本进行系统研究的手段和载体，用以建立资本成本管理的会计体系，全面确认、计量和报告企业的资本成本信息，进而进行筹资方案的选择。因此，资本成本管理更偏向于财务管理，是进行理财决策的一种方式。

（二）资本成本管理的分类

1. 资本成本管理可按资本成本的对象进行分类，包括负债资本成本管理和权益资本成本管理。

（1）负债资本成本管理，是企业对以负债形式筹集资金所引起的资本成本的管理。负债筹集方式主要包括各种金融机构提供给企业的贷款、在交易过程中形成的应付账款、员工在为企业提供劳务过程中形成的应付工资和企业在纳税过程中形成的应交税金等。无论是长期还是短期的负债方式,都能引起资本成本。

(2)权益资本成本管理,是企业对以权益形式筹集资金所引起的资本成本的管理。权益筹集方式主要包括股东的股本或股票以及留存收益两部分组成。留存收益即便是作为企业的内部资本,也会产生资本成本,因此,如何利用留存收益,使其使用价值最大化,便是资本成本管理的其中一方面内容。

2. 资本成本管理可按资本成本的计量形式进行分类,包括个别资本成本管理、加权资本成本管理、边际资本成本管理。

(1)个别资本成本管理是对使用各种长期资金的成本管理,通常是对单一筹资方案的资本成本管理。又可分为长期借款成本管理、债券成本管理、普通股成本管理和留存收益成本管理。在比较各种筹资方式中,通常使用个别资本成本。它主要包括以下几种形式:

①债券资本成本。债券资本成本实质是债券发行后定期的付息和最终还本进行折现所使用的折现率。主要的影响因素为债券的利率、发行的费用等。公式为:

$$公司债券资本成本率 = \frac{债券利率(1-所得税税率)}{1-发行成本率}$$

②银行借款资本成本。银行借款没有发行成本,因此每年支付的利息就是它的资本成本。它的利息是在税前扣除的,因此可以抵税。

$$银行借款资本成本率 = 借款利率 \times (1-所得税税率)$$

③优先股资本成本。优先股虽然是以股票的形式存在的,不需要还本,但它也存在和债券类似的性质,便是定期支付股息。因此,它的资本成本率的公式为:

$$优先股资本成本率 = \frac{优先股年股利额}{优先股筹资额(1-筹资费用率)}$$

④普通股资本成本。普通股的特点在于不用还本、股息是从税后利润中支付、股息不确定。因此,普通股的计算公式为:

$$普通股资本成本率 = \frac{预期年股利额}{普通股筹资金额 \times (1-筹资费用率)} + 股利年增长率$$

⑤留用利润资本成本。留用利润资本成本的计算公式与普通股资本成本公式基本相同:

$$留用利润资本成本 = \frac{预期年股利额}{普通股筹资金额} + 股利年增长率$$

(2)加权平均资本成本管理是对多种方式筹集所需资金的成本管理。由于受到多种因素的制约,例如法规对筹资数量的限制等,企业不可能只使用某一种筹资方式,而会采用多种筹资方式,那么就需要确定企业全部长期资金的总成本,这便是加权平均资本成本。在核算上便是以各种筹资方式所能筹集的资金的比重为权重,对单一资本成本进行加权平均,得到加权平均资本成本。在进行资本结构决策时,往往使用加权平均资本成本。因此,这种资本成本管理方式便是对多种筹资方式的管理。

(3)边际资本成本是指资金每增加一个单位而增加的成本。边际资本成本管理便是对新增的筹资额对增加后资本总额的资金成本的影响的管理。企业无法以某一固定的资本成本来筹措无限的资金,当其筹集的资金超过一定限度时,原来的资本成本就会变化。那么,在进行追加筹资决策时,则使用边际资本成本。

(三)资本成本管理的特点

资本成本管理具有以下几个方面的特点:

1. 资本成本管理具有财务会计与管理会计的双重性质。主要表现在权益资本成本的引入,使其在原有债务资本成本会计的基础上,增加了权益资本成本会计的内容。

2. 资本成本管理具有完善责任会计投资中心业绩评价的新特征。权益资本的引入使其在原有投资报酬率的基础上,增加了对剩余收益的评价,这是因为计算剩余收益需要完全的资本成本信息。

3. 资本成本管理注重的是对时间的管理,特别需要考虑时间的因素。由于资本成本是企业在一定时期内使用资金支付的报酬,例如长期借款筹资的资金成本,便要考虑该笔借款的期限、还本付息的方式,这会影响到企业在每一报告期内需要偿还的数额。又如对现金折扣的资本成本的管理,放弃还是享受现金折扣的机会成本将是天壤之别,选择的依据主要是对方企业的信用政策的条款设计与企业采用其他筹资方式的资本成本的比较。

4. 资本成本管理要注意对使用一定资本实际负担的成本的管理,而不是名义成本的管理。企业使用一项资本的成本是要用企业支付的报酬与可用资本之比进行反映的,这是比较真实的资本成本,而不仅仅是在筹资条款中的利率以及其他说法。这时,企业不仅要考虑条款中的利息率,还要考虑筹资费用以及其他影响成本的因素,比如借款的补偿余额(将借款中的一部分,通常是10%～20%保留在贷款单位)会减少企业的可用资金,从而增加了使用的资本成本。又比如与银行签订的限制型条款,虽然不能货币化计量,也不能在资本成本的计算中体现出来,但条款对资本使用的局限性,减少了资金的使用渠道或是其他方面,从而减少了资金的收益性。

二、资本成本管理的内容

对资本成本进行管理,有利于企业做出正确合适的决策。那么,资本成本管理的内容主要包括以下几项:

(一)资本成本管理要考虑的因素

资本成本管理要考虑的因素主要包括外部因素和内部因素。

1. 外部因素。在市场经济环境中,多方面因素的综合作用决定着企业资本成本的高低,其中主要有总体经济环境、证券市场条件。

总体经济环境决定了整个经济中资本的供给和需求,以及预期通货膨胀的水平。总体经济环境变化的影响,反映在无风险报酬率上,体现在系统风险上。显然,如果整个社会经济中的资金需求和供给发生变动,或者通货膨胀水平发生变化,投资者也会利用资本资产定价模式或其他方法,相应改变其所要求的收益率。具体来说,如果货币需求增加,而供给没有相应增加,货币的供不应求导致货币内在价值升值,投资人便会提高其投资收益率,企业的资本成本就会上升;反之,则会降低其要求的投资收益率,使资本成本下降。如果预期通货膨胀水平上升,货币购买力下降,投资者也会提出更高的收益率来补偿预期的投资损失,导致企业资本成本上升。

证券市场条件影响证券投资的风险。证券市场条件包括证券的市场流动难易程度和价格波动程度。如果某种证券的市场流动性不好,投资者想买进或卖出证券相对困难,变现风险加大,要求的收益率就会提高;或者虽然存在对某证券的需求,但其价格波动较大,投资的风险大,相应地,要求得到弥补的收益率便会提高。

2. 内部因素。企业内部影响资本成本管理的主要因素是内部的经营和融资状况,以及融资规模。

企业内部的经营和融资状况指经营风险和财务风险的大小。经营风险是企业投资决策的结果,表现在资产收益率的变动上;财务风险是企业筹资决策的结果,表现在普通股收益率的变动上。如果企业的经营风险和财务风险大,投资者便会有较高的收益率要求。

融资规模是影响企业资本成本的另一个因素。企业的融资规模大,资本成本较高。比如,企业发行的证券金额很大,资金筹集费和资金占用费都会上升,而且证券发行规模的增大还会降低其发行价格,由此也会增加企业的资本成本。

(二)资本成本管理要强调成本观念

成本收益问题是管理者进行任何经营决策的时候,势必要考虑的一个角度。但是,人们往往重视财务会计的成本观,就是企业在生产经营过程中发生的各项可见的、易计量的耗费,即人工费用、材料费用、制造费用、期间费用等,却没有真正深刻地认识到资金的占用同样要付出代价,而且在某种程度上其所付出的代价远远超过资金耗费的代价,虽然它们有时需要靠职业判断。因此,只有正确树立现代企业理财的成本观,尤其要在树立资本成本观念的基础上,充分重视占用资金所付出的代价,才能做出正确的长短期投资决策,避免企业获得的资金在内部被长期无效占用或冻结,这样可以加速企业的资金流动性,提高资金的利用效率,从而进一步盘活资产和优化企业资产结构,真正使其为企业带来效益。

(三)将资本成本管理与绩效考核联系起来

资本成本管理不能只局限在筹资方案和投资方案的设计和决策上,若要使企业的资金得到合理而有效地使用,必须从企业业绩考核入手,从制度上提高资本成本意识,并保证资金的有效运用,使得资本成本的观念在全员中得到宣传和推广。具体地说,就是企业业绩考核指标中必须考虑的资本成本因素,避免造成企业资金"免费使用"的假象,认识到即便是企业内部的自由资金也是有其成本的,便可以促使人们重视资金的有效使用,真正实现保值增值目标。"经济增加值"(EVA)就是一个充分体现保值增值目标的财务考核指标。经济增加值也称经济利润,将公司利润与资本成本相配比,来衡量公司为股东所创造的价值,是以价值为评价指标的。它等于税后经营利润减去债务和股本的资本成本,是所有成本(广义的成本概念)被扣除后的剩余收入。

EVA＝销售额－经营成本－资金成本

如果企业的 EVA 为负值,那么即使在财务报表体现出来的是盈利的,但从本质上讲,该企业是亏损的。EVA 度量的是资本利润,而不是企业利润,反映了一个公司在经济意义而非会计意义上是否盈利,它通过对资产负债表和损益表的调整和分析,反映出公司营运的真实状况及股东价值的创造和毁损。EVA 度量的是资本的社会利润,而不是资本的个别利润,要说明的是资本的创利能力。EVA 度量的是超额收益,而不是一般收益,是正常利润水平之上的超出部分。这个指标要求管理层在达到企业价值最大化时,更应该关注经济增加值;在运用资本时,会更为关注其投资的长期回报,重视资金的有效运用。

本章小结

战略成本管理的产生,一方面是为了适应企业管理环境的变化,适应企业战略管理的需要,另一方面是企业传统成本管理体系自身缺陷、自身变革和发展的需要。它的产生和应用在成本管理中具有举足轻重的地位。战略成本管理的实质是寻求成本优势(或成本领先)。研究和推行战略成本管理,在我国成本管理实践中具有很强的现实意义。

战略成本管理包括以下三大要素:环境审视;竞争者分析;用战略眼光看待内部信息。企业战略成本管理的目标是企业实施战略成本管理活动所预期达到的目的,是战略成本管理系统的核心,它由战略成本管理的环境所决定,对战略成本管理系统的要素具有指导和制约作用,并且与企业的总体目标相匹配。它的特点:长期性,全局性,外延性,灵活性,创新性,多样性。

战略定位分析、价值链分析、成本动因分析,构成了战略成本管理的三种分析方法。在战略定位分析中,需要将企业的总体战略和具体市场净值战略相结合。在价值链分析中,一是要通过从战略上对行业价值链进行分析,以了解企业在行业价值链中所处的位置,对企业内部活动进行分析以了解企业自身的价值链;二是通过从战略上对竞争对手的价值链进行分析,以了解竞争对手的价值链,从而达到知己知彼、洞察全局的目的,并由此制定相应的措施。在成本动因分析中,从结构性成本动因和执行性成本动因两个战略角度进行成本态势的分析,从而为企业的战略选择和决策提供支持。

人力资源成本管理是经济管理的重要组成部分,是人力资源成本会计与管理会计结合应用而形成的一个特殊领域,它是围绕人力资源展开的一个会计分支。它经历了产生阶段、计量模型的研究阶段、发展阶段、广泛应用发展阶段。

人力资源是以人为载体的劳动力资源,这种资源是存在于人体内的、能为社会提供服务的人的脑力和体力的天然资源。企业人力资源成本管理的对象是人力资源成本。人力资源成本是企业为了取得、维护、开发和遣散人力资源所付出的代价,包括人力资源的取得成本、维持成本、开发成本和遣散成本。

人力资源成本会计是人力资源成本管理的一个重要组成部分。它是应用会计的理论和方法,对人力资源成本进行确认、计量和报告,从而达到管理的目的。成本管理中采用的模型包括:历史成本计量模型,重置成本计量模型,计划成本计量模型。

资本成本管理是将资本成本与成本管理结合应用形成的一个新的特殊领域,也是成本管理发展中新形成的一个特殊理论。把资本成本的概念引入到成本管理中,丰富和发展了成本管理的研究领域。资本成本是指企业为筹集和使用资金而付出的代价,广义上讲,企业筹集和使用任何资金,不论短期的还是长期的,都要付出代价。资本成本管理是对资本成本的管理,是对资本成本进行系统研究的手段和载体,用以建立资本成本管理的会计体系,全面确认、计量和报告企业的资本成本信息,进而进行筹资方案的选择。

【主要概念】

战略成本管理	价值链	顾客价值	成本动因
成本驱动	结构性动因	执行性动因	人力资源成本管理
人力资源成本会计	招募成本	选拔成本	雇用、定岗位成本
维持成本	开发成本	上岗培训成本	脱产培训成本
在职培训成本	遣散费用	安置费用	资本成本管理
个别资本成本	加权资本成本	边际资本成本	经济增加值

【本章案例】

菱花集团的低成本扩张战略①

1. 公司发展概况。坐落于山东省济宁市的菱花集团公司创建于1980年。近20年来,菱花集团发扬"奉献拼搏,艰苦奋斗"的精神,始终以市场为导向,以效益为中心,以科技为动力,以管理为基础,借助集团优势,在激烈的市场竞争中逐步成长壮大。从1980～1997年,公司总资产由8万元增加到23亿元,销售收入由42万元增加到10亿元,利税由5万元增加到1.32亿元,产品由过去单一的薯类淀粉发展到今天的淀粉、谷氨酸、味精、食品、彩印包装、机械等十几个品种。主要产品"菱花"牌味精1992年获智利国际博览会金奖,1993年起被指定为"人民大会堂宴会专用"味精,成为中国名牌产品。企业由当年的小作坊发展成为今天的跨行业、跨地区、跨所有制和跨国经营的大型企业集团,现有国内外50多个分公司和子公司,综合实力位居全国味精行业第2位,营业规模在1996年食品制造业中排名第8位,1994年被国家经贸委批准为国家级大型企业集团,成为山东省重点企业集团和山东省计划单列企业。菱花集团在短期内异军突起的原因是多方面的,低成本扩张战略无疑是其中非常关键的因素。

2. 从规模经营中获取成本竞争优势。味精是产品差别化程度较小的适于大批量生产的产品,能否做到规模经营,对单位产品的成本影响极大。菱花集团公司深明这一道理,一开始就非常重视规模经济效益的提高,具体体现在以下三个方面:

(1)基本装置都在合理规模以上。味精生产是连续流程的装置生产,装置的基本规模对效率影响很大。初上味精项目时,企业的资金非常困难,但所上的浸泡罐、发酵罐和结晶罐等装置都在基本规模要求之上,使得规模经营有基本的技术保证。

(2)通过建设多套装置,获得公用装置资源和管理上的规模经济效益。菱花集团公司刚生产味精时,生产能力只有2 000吨,以后连续上了几套系统,目前已形成5万吨的生产能力。这就大大降低了单位生产能力分摊的公共系统费用以及管理费用,同时也有助于减少单套装置操作失误可能带来的损失。

(3)通过大规模销售获得经营规模经济效益。目前菱花集团销售公司在全国有64个分公司、8个分装厂、650个二级经销商和8 000多个销售点。通过大规模销售,不仅实现了单个装置的规模效益,而且获得了多套装置的复合的规模效益,同时也为今后进一步的规模扩张奠定了坚实基础。

3. 从资本经营中获取综合成本优势。菱花集团从1991年就开始走上了资本经营的道路。通过租赁、兼并、联合、购买等方式,先后兼并全国15家企业,其中有中型企业10家。通过兼并,盘活资产3.4亿元,安排下岗职工3 700人重新就业,引起国家有关部门、研究机构以及各类新闻媒体的广泛关注。除了社会效益外,资本经营给菱花集团自身

---

① 选编自《企业成本管理案例》。北京:经济管理,1998(10).

带来的成本优势也是非常明显的,主要表现在:

(1)节约了投资。菱花集团公司有5万吨生产能力,各联营企业约4万吨生产能力,如果公司只依靠对内投资来扩张4万吨生产能力,大约需要投资1.2亿元,而菱花集团公司依靠资本经营,仅投资了2 600万元左右就实现了同样的目标,资本经营的效率可略见一斑。

(2)降低了产品制造成本。菱花集团在选择兼并对象时,一个重要的考虑就是利用各地的资源优势,以此来降低产品的制造成本。例如,选择兼并呼和浩特味精厂,就是利用当地的玉米、水、电、煤的价格便宜这些因素。结果,扣除运费,每吨味精的成本要比总厂低10%以上。

(3)降低了销售费用。由于菱花集团对各个联营企业生产的味精实行统一销售,大大降低了单位产品所分摊的销售费用,仅1996年一年,菱花味精每吨分摊的销售费用就降低了30%。

(4)无形资产得以变现。目前,菱花集团的无形资产价值已达18.8亿元,这个巨额数字若不能变现,评估值再大也只有宣传作用,不会带来直接利益。而菱花集团以无形资产作价投资入股各个联营企业,充分发挥了无形资产的作用。

4.从日常经营管理中获取降低成本优势。菱花集团管理层认为,企业能从一个8万元的小淀粉厂发展成总资产达23亿元的大型企业集团,靠的就是奉献拼搏、艰苦奋斗的精神,也正是这种精神造就了公司的成本优势战略态势。集团的非生产性开支一压再压,虽然已是大企业,职工宿舍和集体福利设施也建立起来了,但集团公司的管理层现在仍然在一座普普通通的旧楼里办公,谁也没有专用小车,公司固定资产投资中只有7%用于非生产性设施,而目前绝大多数企业的这个比例为30%左右。此外,集团公司将节约思想贯彻到项目投资、工艺设计、现场操作及管理制度的各个环节。例如,为降低投资成本,公司设计出"大棚式"发酵车间,技术要求未降低,但投资仅为一般车间的1/10,建了5个发酵车间,节约投资600万元。结果是菱花集团生产性固定资产投资中,设备占到95%,而一般情况下最多为80%。再如,公司根据降低成本的要求,用"倒逼成本法"将降低成本的指标层层分解,环环落实。在公司的进料仓,每天数百吨玉米装卸,却看不到一粒散落的玉米;在化验室,一张仅值2分钱的试纸,却被剪成5段,分5次用;在锅炉房,职工把每一炉灰渣都翻检一遍,捡出未燃尽的煤块。正是这无数个点点滴滴的节约,才使公司的成本最低优势得以变成现实。

第十二章

成本管理的新发展(下)

【要点提示】
- 质量成本管理
- 全产品生命周期成本管理
- 社会责任成本管理

【内容引言】
　　随着管理理论和实践的发展,成本管理得到了长足的发展,形成了许多新领域。本章主要阐述质量成本管理、全产品生命周期成本管理和社会责任成本管理。

　　随着理论和实践的发展,成本管理形成了许多新兴领域,这些领域的理论和方法正在专家和学者的探讨和实践中慢慢成熟。例如,质量成本管理、全产品生命周期成本管理、社会责任成本管理、资本成本管理。今后,在成本管理领域还将出现更加新兴的学说。

第一节　质量成本管理

　　质量成本管理是质量成本与成本管理相结合的产物,丰富了成本管理传统的研究和实践方法。

一、质量成本概述

　　科学的质量成本概念是对质量成本的本质、特征、目的和构成内容的高度概括或表述。

（一）质量成本的含义

　　质量成本概念是在经济发展的特定历史环境中,人们对其认识程度的一种表达。

它随着社会经济的发展和人们的认识发展而发展,这就是说质量成本概念是发展的,不存在一成不变的质量成本概念。但是,处于特定的社会经济发展的历史环境(阶段),质量成本概念又是相对稳定的,否则便无法在实务中加以应用。

1. 由于人们对质量成本认识程度的不一致,形成了各种不同的表达,至今尚未达成共识。为了比较研究,择其主要表述列示如下:

(1)质量成本理论的创立者费根堡姆认为,质量成本是"为达到和保持特定的质量水平而支付的一切费用,以及因未达到既定质量标准而发生的一切损失之和……工厂和公司的质量成本,包括两个主要方面:控制成本和控制失效成本。这些就是生产者的经营质量成本。控制成本包括预防成本、鉴定成本;而控制失效成本包括内部损失成本、外部损失成本"。

(2)美国质量管理专家朱兰博士认为,把"提高产品质量的一切费用"列入质量成本的构成内容,其目的是为了保证和提高产品质量,实质是一种费用和损失。从根本上来说,质量成本归因于劣等质量的成本,这些成本表明了存在着很大的潜在收益领域,因而也是研究的最好对象。

(3)美国质量管理协会主席哈林顿认为,为使人们避免质量成本就是高质量产品需要高成本的误解,建议将质量成本更名为"不良质量成本"。他对质量成本的定义是:使全体员工每一次都把工作做好的成本,鉴定产品是否可接受的成本以及产品不合公司或用户期望所引起的成本之和。不良质量成本可分为直接不良质量成本和间接不良质量成本两部分。直接不良质量成本是指质量预防和鉴定成本,以及企业内部和外部质量损失成本。间接不良质量成本是指用户损失成本、用户不满成本和企业信誉损失。而美国质量管理协会的统一定义为:质量成本是指对达到或达不到与产品或服务质量要求有关的费用的具体度量。这些质量要求可以由公司或由公司与顾客签订的合同,或由社会具体规定。协会认为,质量成本可以分为预防成本、鉴定费用和质量损失成本。

(4)英国标准协会对质量成本的定义为:质量成本是指为了保证质量所花的费用与质量不合格造成的损失之和。它对质量成本的分类与费根堡姆一致。

(5)国际标准化组织技术委员会第176号公告把质量成本分为工作质量成本和外部质量保证成本两类。工作质量成本是指企业为达到和保证规定的质量水平所发生的耗费,其中包括预防成本、鉴定成本和损失成本。外部质量保证成本是指按照用户要求而做出担保所支付的费用,包括特别和附加的质量保证措施、质量试验和评价费用等。

(6)我国颁布的国家标准GB6583·1-86,把质量成本定义为:将产品质量保持在规定的质量水平所需的费用,包括预防成本、鉴定成本、内部损失成本和外部损失成本。

2. 尽管对质量成本的概念还可以列举出一些中外学者的不同观点,但大多数只是表述形式上的差别,其经济内涵与外延是基本一致的。归纳起来,有以下认识:

(1)按照国际通行标准,质量是产品(或劳务)满足规定或潜在要求的功能特征和品质特性的总称。我们认为,质量应有功能性质量与符合性质量之分。二者作用主体不同,评价标准各异。功能性质量是指产品使用功能满足用户要求的程度,包括产品的消费适用性和使用可靠性。一件高质量的产品,就是能很好地满足用户在某一方面的消费需求,并能在产品寿命周期内连续有效地发挥这种功能的产品,因而功能性质量的受益者和评价者是用户,而非产品生产者。例如,在当今市场上推出的某些具有多种复杂功能的家电产品,用户往往只能经常性地使用其中某几种功能,其他功能大多闲置。这种对于生产者来说也许是"高档次质量"的产品,但对用户来说却可能是一种功能浪费和经济损失,这就是功能性质量设计与市场需求背离而导致的生产与消费误区。对于生产者而言,功能性质量通常用于产品设计改造和工艺技术标准制定,即质量成本的事前控制。在新产品开发设计和老产品改造中,尽力使产品功能质量满足消费者需求,是决定产品适销与否的关键。符合性质量是指产品完成一定阶段的工艺加工过程之后,符合既定的工艺技术标准的程度,即产品合格率。因而,符合性质量的受益者和评价者是生产者,而非产品用户。显然,符合性质量水平越高,产生的损失费用越少,相应合格品增加,生产成本下降,企业经济效益提高。但产品功能性质量并不因符合性质量提高而提高,产品价格也不会因此而上升。在质量成本管理中,一般都是指符合性质量水平的决策与控制,而功能性质量控制则纳入价值工程的范畴。

(2)质量成本的内涵是产品在生产过程中为使产品达到经济合理的符合性质量水平而发生的一切资金耗费。质量成本包括两个基本组成部分,即"为达到和保持规定的质量水平而发生的费用"和"因未达到规定的质量水平而引起的损失"。通常称前者为质量保证成本,它包括为预防质量缺陷产生而投入的预防成本和进行质量鉴定活动而产生的鉴定成本。称后者为质量损失成本,它包括内部质量损失成本和外部质量损失成本。从系统论的角度考察,在生产过程中,如果将随产品形成过程而发生的产品质量符合规定质量水平的状态视为一个系统,那么,质量保证成本是该系统的投入,是系统主体可直接控制的决策变量;质量损失成本是该系统的负产出,是质量控制失效的反映,只能进行间接调控。一般而言,随质量保证成本投入的增加,符合性质量水平会随之提高,质量损失成本则随之下降。质量保证成本、质量损失成本及符合性质量水平三者之间的关系及其变化规律,是质量成本管理理论研究的基本问题。

(3)质量成本的外延是产品完成生产过程之后,消费者在使用产品过程中因质量低劣而导致的消费者的损失,以及消费者对质量不满而对企业产生的间接损失。导致消费者对产品质量不满的原因较为复杂,有的是产品设计功能质量不足,生产者以低成本、低价位来满足一般消费水平,有的是推销商以虚假广告欺骗消费者所致。但从符合性质量分析,调查显示我国企业生产中的不良产品损失约占工业总产值的10%~15%,长期以来我国工业产品的抽样合格率平均在70%~75%,与发达国家工业产品平均合格率98%左右相差甚远。因产品质量达不到规定标准而造成的质量事故乃至人身伤害多有发生,由此所产生的消费者损失、社会不良影响及对产品品牌、企业信誉的损失,是十分严重的。近年来,许多生产名牌产品的企业,除了加强产品生产质量的监控和市场宣传之外,都在产品售后服务上投入了大量的财力,注重质量品牌的市场效应,从而获得较好的经济效益。

(二)质量成本的分类

为了满足质量成本管理的要求,许多中外质量管理学者从不同的角度对质量成本进行了分类。概括起来有下述三种分类方法:

1. 从质量成本发生性质上分类。这种分类方法是最常见的分类方法,主要运用在传统的质量成本管理上。质量成本发生于产品开发研制、投产制造、发出销售和售后服务的全过程。从各过程中与质量管理活动有关的资金耗费性质上划分,可以将质量成本分为预防成本、鉴定成本、内部损失成本和外部损失成本四类。每类成本又再细分为若干成本项目。

(1)预防成本。指为防止废品、次品及质量事故的发生,保证和提高符合性质量水平而投入的质量控制措施费用,防止产生废次品的各种预防性费用。其成本项目包括:①质量事故预防措施费;②质量管理培训费;③新产品质量评审鉴定费;④质量改进措施费;⑤质量水平提高奖励费。

(2)鉴定成本,又称检验成本。主要指在一次交验合格的情况下,对原材料、半成品、产成品进行质量检测和鉴定而发生的费用。其成本项目包括:①检测设备及工具的使用维护费;②原材料、零部件、半成本和产成品的检测试验费;③检测鉴定管理费。

(3)内部损失成本,又称厂内损失、内部故障损失。主要指半成品或产成品在未发出销售之前,经检测未达到规定的质量水平而发生的损失费用,以及因质量原因造成的其他损失。其成本项目包括:①废品净损失费;②不合格产品返修费;③返修复检费;④停工、减产损失费;⑤质量降级损失费;⑥质量事故损失费;⑦质量事故处理费。

(4)外部损失成本。指产品发出销售之后,因产品质量未达到规定的标准而发生的损失费用,以及因未能满足规定的质量要求所发生的费用和损失。其成本项目包括:①质量保修费;②质量索赔费;③质量诉讼费;④产品退换费;⑤降价损失费;⑥质量"三包"管理费。

必须处理好内部质量损失和外部质量损失之间的关系。内部损失成本是在产品出厂之前因质量问题所产生的,而外部损失成本是在产品出厂之后形成的。当两者同时下降时,表明企业内部质量的保证水平比较强,使外部损失能大大降低;当企业内部质量的保证水平比较低,产品的质量不能有效得到保证时,外部损失也有可能比较高。因此,要将产品的生产质量、检验质量放在首位。

上述分类有利于对生产经营过程中所发生的与产品质量有关的一切费用,按项目组织质量成本核算,明确各职能部门在质量管理上的经济责任。同时,也有利于分析质量成本的构成,为研究降低质量成本途径,寻求提高质量水平与降低成本的最佳结合点,选择最优质量管理方案提供依据。最优质量管理方案便是计算质量成本最小化。根据上述的分类方法,可以定性和定量地解决这个问题(见图12-1)。

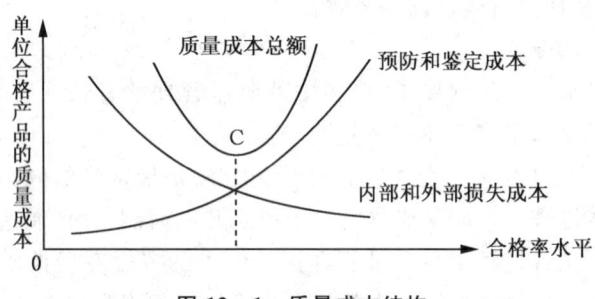

图12-1 质量成本结构

从图12-1中可以看到,预防和鉴定成本与内部和外部损失成本此消彼长,两者之间有着密切的关系,而非孤立的。当企业放松检查后,鉴定成本可能很少,但将造成大量不合格品出厂,一旦在使用中被用户发现,产生显著的外部损失成本,就导致质量总成本的上升。反之,如果在企业内部严格质量管理,加强质量检查,从而使鉴定成本和内部损失成本增加,外部损失成本减少,使得质量总成本降低。因此,增加预防成本,加强工序控制,则会使内部损失成本和外部损失成本,甚至连鉴定成本一起,都可能大大降低,从而使质量成本大幅度下降。

2. 从质量成本可控性上分类。质量成本管理的核心,在于强化质量成本控制,满足提高质量水平和降低成本两方面要求。从质量成本的可控性上分类,可将质量成本分为可控质量成本和不可控质量成本两类。

(1)可控质量成本。指质量管理职能部门在其权限范围之内,可以直接调控的那一部分质量成本。从可控的时间阶段上看,企业投入的预防成本和鉴定成本均为可控质量成本,它们对于质量管理的后果,有着直接的影响作用。从可控的空间范围上看,不同的质量管理职能部门有不同内容的可控质量成本。如预防成本、鉴定成本分别是设计部门和技术部门的可控质量成本,内部损失成本、外部损失成本的部分内容分别是生产部门和销售部门的可控质量成本。

(2)不可控质量成本。指在发生质量事故和产生质量损失之前,企业质量管理部门不能调控的损失费用,如内部损失成本和外部损失成本的部分内容。不可控质量成本作为质量事故发生后的损失费用,是质量管理的后果,故也称"质量后果成本"。

上述分类有利于研究质量成本构成的规律,通过加强调节可控质量成本能力,降低质量后果成本,实现以预防为主的管理要求,达到不断提高产品质量,减少质量损失的目的。在质量成本管理理论中,从质量成本的内涵与外延出发,有的学者将可控质量成本与不可控质量成本归为"直接质量成本",因其直接耗费于企业,而将另一类所耗费于消费者的成本归为"间接质量成本",包括用户质量损失成本和用户质量不满成本。这类间接质量成本虽不发生于企业,但也对企业的生产经营活动、企业信誉和市场占有份额产生不可忽视的影响,故从控制的角度考虑,也应纳入质量成本管理的范畴。

3. 从质量成本价值补偿性上分类。质量成本作为一种资金耗费或经济损失,有的发生了实际的支付行为,转化为企业的生产费用和成本,必须从经营收入中获得相应的价值补偿;有的表现为一种经济损失,并未发生直接的支付行为,其损失费用隐含于其他形式的成本或支出之中。为此,可将质量成本分为显见性质量成本和隐含性质量成本两类。

(1)显见性质量成本。指在质量管理中,实际发生支付行为,其费用可以从经营收入中获得价值补偿的资金耗费。包括"预防成本"、"鉴定成本"、"内部损失成本"中的部分内容(如废品损失费、不合格品返修费、返修复检费、质量事故处理费等)以及"外部损失成本"中除"降价损失费"之外的全部内容。

(2)隐含性质量成本。指在生产经营过程中因质量事故而遭受经济损失,但并未发生直接支付行为,其费用不能从经营收入中获得价值补偿的资金耗费。包括"内部损失成本"中的"降级损失费"和"质量事故损失费"(如责任质量事故中需索赔的损失、意外灾害造成的质量损失等),"外部损失成本"中的"降价损失费"项目。

这两种质量成本的概念犹如海中的冰山。显见性质量成本是露在海平面以上的冰山部分,占的比例不大,而且容易测量,可以在会计核算中反映出来。而大部分隐患和损失都潜在海平面以下,属于隐含性质量成本,这部分成本不容易测量,不通过会计核算反映出来,而是采用评估的方式进行测算。它可能是现实中产生的,也可以属于机会成本的范畴。它包括在产品的整个生命周期中,由于质量不满足规定要求,对生产者、使用者和社会所造成的全部损失之和。它存在于产品的设计、制造、销售、使用直至报废的全过程中,设计生产者、使用者和整个社会的利益。

上述分类有利于将需获得价值补偿的显见性质量成本在质量成本核算中单列出来,分析其在企业成本中的比重,以揭示质量管理工作中的薄弱环节,促进质量管理活动开展。同时,重视隐含性质量成本的作用,加强质量监督,减少经济损失。也要注意两者之间的互动关系,因为当显形质量损失控制不当时,很有可能导致隐形质量损失的增加。

4. 从质量成本与产品质量的密切程度进行分类。与产品质量有密切关系的成本便是企业需要重点关注的,有利于企业减少成本,提高产品的竞争能力;但是,没有密切关系的成本并不是说其不重要,它的潜在影响力可能会转化为对产品质量有密切关系的成本,企业也不能忽视。在这种分类方法下,质量成本可以分为直接质量成本和间接质量成本。

(1)直接质量成本。直接质量成本与产品的质量直接相关,通常是因产品质量的直接原因而引起的各种费用和损失,如质量预防费用、鉴定费用、检验费用、内部损失和外部损失费用。根据 H. J. 哈林顿的基本观点,劣质成本分为两大类:直接劣质成本(包括可控劣质成本、结果性劣质成本)和间接劣质成本。那么,这里的直接质量成本就属于直接劣质成本项目。

(2)间接质量成本。间接质量成本是与产品的质量不存在直接关系的成本,如产品信誉损失成本、用户不满损失成本和其他用户损失成本等。

上述分类之间的关系,如表 12-1 所示。

表 12-1　　　　　　　　　　质量成本分类表

质量成本	直接质量成本	可控质量成本	预防成本	①质量事故预防措施费	显见性成本
				②质量管理培训费	
				③质量评审鉴定费	
				④质量改进措施费	
				⑤质量提高奖励费	
			鉴定成本	①检测设备及工具使用维护费	
				②检测试验费	
				③检测管理费	
		不可控质量成本	内部损失成本	①废品损失费	隐含性成本
				②不合格品返修费	
				③返修复检费	
				④质量事故处理费	
				⑤质量事故损失费	
				⑥降级损失费	
			外部损失成本	①降价损失费	显见性成本
				②质量保修费	
				③质量索赔费	
				④产品退换费	
				⑤质量"三包"管理费	
				⑥质量诉讼费	
	间接质量成本			①用户质量不满成本	
				②用户质量损失成本	
				③企业信誉损失成本	

资料来源:李定安.成本管理研究.北京:经济科学出版社,2002:265.

二、质量成本核算与报告

质量成本作为一种价值形态的经济指标,需要在一定原则的指导下,采用适当的会计方法组织核算,以保证质量成本资料的完整性和准确性。

（一）质量成本核算的原则

质量成本核算的原则如下：

1. 正确划分质量成本与非质量成本的经济界限。在生产经营的过程中会发生各种各样的成本和费用,但并非所有的成本都必须计入质量成本。有些与质量管理活动无关的、没有直接联系的成本,不应计入质量成本;只有有关的、有直接联系的成本,才能计入质量成本。为了正确组织质量成本核算,必须制定质量成本的开支范围,结合企业自身的生产经营特点,明确生产经营活动中质量保证成本和质量损失成本的各个明细项目,从而保证质量成本的完整与准确。

2. 正确划分质量成本中应计入产品成本和不应计入产品成本的经济界限。在质量成本构成的经济内容中,按其经济性质,并非所有的项目都要计入产品生产成本。大多数质量预防成本和部分质量鉴定成本并不一定在产品成本开始范围之内。例如,为提高产品质量对生产设备进行技术改造而发生的费用,若符合资本化的原则,则应当作为资本性支出,计入固定资产的账目;又如对生产员工进行培训教育等费用,则应计入管理费用。而对于内部损失成本的废品损失费、不合格品返修费、返修复检费、质量事故损失费、降级损失费等,在正常范围内应列入产品成本。

3. 正确划分各产品和各期间质量成本的经济界限。为了便于控制和考核各种产品的质量成本水平,对于应计入产品成本的质量费用,应确认各项费用的归集对象,直接性的质量费用应根据原始记录直接归集到某项产品的明细科目中去,而对于间接性的质量成本费用应根据合理的标准进行分配,计入不同产品的质量成本。当月发生的属于收益性支出的鉴定成本以及内部损失成本,应全部计入当月的完工产品成本;预防成本因其费用发生在使用之前,所以应当在其收益期间按一定的方法进行分摊。而计入本期产品成本的预防成本,应按照产品的完工情况,在完工产品和在产品之间进行分配。计入管理费用的部分预防成本、鉴定成本和外部损失成本,作为期间费用,全部抵减当月的销售收入。

（二）质量成本核算的方法

质量成本核算是将计入"生产成本"、"管理费用"、"销售费用"、"制造费用"、"辅助生产"等账户的有关质量成本方面的费用,按照经济内容进行归集和分配的过程,便于反映企业在质量成本管理方面所发生的全部耗费以及每种产品所分配到的质量成本的情况。按是否纳入会计核算账户体系划分,有下列两种核算模式：

1. 非独立核算形式。这种核算方法是将质量成本核算纳入现有的会计核算账户体系。这时,企业需要设置"质量成本"总账账户,同时取消"废品损失"总账账户,而在"生产成本"账户下设置"废品损失"明细账户。"质量成本"账户属于成本费用类,在借方反映本期发生的全部质量费用,贷方反映结转计入其他成本费用项目,计入"生产成本——废品损失"项目表示废品净损失费用及其他内部损失成本,计入"原材料"项目说明废品残值收入,计入"管理费用"、"销售费用"、"制造费用"、"其他应收款"、"营业外支出"项目,说明了质量预防成本、质量鉴定成本、内部损失成本和外部损失成本等。

这种核算方式的优点在于:(1)有利于将质量成本管理纳入会计核算和监控的范畴,使质量成本管理成为日常会计核算的一个重要业务;(2)通过质量成本核算账户体系的设立和运用,有利于与责任成本系统相结合,以考核质量成本的发生情况。

但这种核算方式也有其缺陷:(1)企业需要增加"质量成本"账户,无形中增加了会计人员的工作业务量,而且各个企业在质量成本构成内容上有一定的差别,因此在制度上很难形成统一,也不便于企业间的比较;(2)某些性质的质量成本很难在各个质量成本分类项目中对号入座;(3)不能独立反映由于提高质量水平、降低质量成本而产生的经济效益的情况。

2. 独立核算形式。这种核算方法是不将质量成本核算纳入现有的会计核算账户体系,而是单独组织质量成本的核算,同时也核算质量收入和质量净收益,形成独立的核算体系。在这种方式下,企业可以采用统计台账的形式,各责任单位设置"质量成本"账户,按照质量成本的各项构成内容、发生地点、责任主体、发生数额、发生原因等情况逐项进行登记。同时设置"质量净收入"账户,集中反映一定时期质量收入抵减质量成本后的余额,以体现质量成本管理的效益。

这种核算方式的优点在于:(1)不影响现有的会计核算体系,能较好地适应各类企业质量管理的特点和要求,将核算的责任分配到各个责任中心,能完整地反映质量成本的情况和收益;(2)能在一定程度上反映因加强质量成本管理而产生的经济效益,改进了非独立核算形式的缺陷。

但这种方式也有其缺陷:(1)由于独立于会计核算体系之外,因而某些核算资料不易取得,同时脱离了会计体系的核算和监督,使原始凭证的真实性、可靠性受到了影响;(2)质量收入与质量成本有时并不一定匹配;(3)需设置专职的质量成本核算部门和人员,增加了管理工作量和管理的宽度。

(三)质量成本报告

质量成本报告是对一定时期企业质量成本管理状况的总结和回顾,从而反映实际质量成本与目标质量成本的差异和变动趋势,为质量成本分析提供资料,是质量成本管理的一项重要工作。

质量成本报告可以采用多种形式,重要的是符合企业生产经营特点和企业的管理需要。例如,可以在报告中反映质量成本的各个项目在本期的实际发生情况,各个质量成本项目在总质量成本中所占的比重以及和销售收入的对比结果;也可以增设本年度质量成本的计划指标和上年度质量成本的实际指标,与本期的实际情况进行比较,反映质量成本的发展趋势。

三、六西格玛质量成本管理

在质量管理百年历程中,先后经历了传统质量检验、统计质量控制、全面质量管理几大阶段,目前以六西格玛管理为核心的精益质量管理正成为质量管理新的发展趋势。

(一)六西格玛质量成本管理概述

六西格玛质量成本管理有别于传统的质量成本管理理论,表现出其特有的内涵。

1. 六西格玛质量成本管理的含义。传统质量成本理论产生于20世纪50年代的质量管理三西格玛时代。在20世纪90年代,以摩托罗拉、GE为代表的世界级优秀企业,开始了质量管理新阶段的探索,其重大贡献就是六西格玛思想和方法的提出和运用。随着ISO9000质量管理体系在我国很多行业推行,这样的管理理念已经逐步渗透到我国的许多行业中,特别是在当今经济全球化的年代,中国制造的产品更加注重质量和信誉。

六西格玛管理是一种顾客驱动的追求卓越绩效和持续改进的管理哲学。它以产品、流程持续改进和涉及为基本策略,强调给顾客创造经济价值和顾客完全满意,并通过大量减少不良品、降低成本,提高企业的综合竞争能力和盈利水平。它已经成为一种理念、文化和方法体系的集成[①]。它强调的是将度量和改进应用于包括质量管理在内的企业经营全过程,继承了全面质量管理(TQM)的思想,并对TQM有了新发展,即在追求卓越的目标下,通过度量及指标持续改进,为TQM找到了落实方法。

2. 六西格玛质量成本管理的特征:

(1)严格以数据和事实为根据。六西格玛注重管理的可靠量化和证据,并形成流水线管理,从而确定影响顾客需求的关键质量特征,并找出质量问题存在的原因和解决措施,最终迅速解决该质量问题。这样的管理思想与西方管理思想中的可操作性是一致的,提高了管理的效率和效果。

(2)保证和提高产品质量,优化流水线管理。首先,六西格玛质量成本管理认为,保证产品质量是降低成本的关键,这与传统的质量成本理念有所不同。其次,可以在保证产品质量的同时降低产品成本,一举两得。这是因为六西格玛管理采用统计过程控制、实验设计和质量功能展开等多种质量工具,通过产品流程的系统化设计和严

---

① 何桢,车建国. 精益六西格玛:新竞争优势的来源. 天津;天津大学学报(社会科学版),2005.

格的监控,提高生产过程中的设计能力和产出能力,从而提高产品和服务的质量。

(3)将顾客需求作为驱动因素。这一点是六西格玛管理中的核心价值观之一,贯穿于管理的始终。从生产链的源头开始,深入考察顾客的需求和期望,以销定产,以顾客的需求定产品的品种和性能,将顾客的利益和企业的利益结合起来考虑,既满足了顾客的需要,使其享受到了优质的产品和服务,也维护了企业的效益,增加了企业的绩效,达到双赢的效果。这便是传统的质量成本管理中没有的理念。

(4)跨部门的合作。其实这样的理念在管理的各个分支中都体现出来了。企业中的职能部门都不是孤立的,其行为和结果受到别的部门的影响,同时也影响别的部门的行为和结果。因此,在六西格玛管理中,采用项目小组的工作方式,通过企业内部的研发、采购、财务、生产和销售等部门合作和及时沟通,全员参与,实现六西格玛管理通畅的效果。

(二)六西格玛质量成本管理的分析方法

在六西格玛管理中,通常使用西格玛水平 Z 作为满足顾客要求程度的质量水平度量。西格玛水平是综合了标准差与公差限的计算值,公式为 $Z=(USL-LSL)/2\sigma$,即顾客要求的公差限除以两倍标准差。由于顾客的要求是不断提高的,即公式中分子所代表的公差将不断减少,要求标准差应不断降低,以适应顾客要求,提高企业质量竞争力。

达到六西格玛水平是指 Z 等于 6。用正态分布来解释,就是在正态分布单侧从均值到公差上限或下限范围内可容纳 6 个标准差;传统控制图理论则是单侧 3 个标准差,不合格率控制在 0.27% 水平。六西格玛管理对控制图 3 倍控制限进行了彻底突破,将西格玛水平指标由 3 提高到 6。我们应认识到,以三西格玛水平为标准的控制图及统计过程控制 SPC 理论和方法,在实际中仍是有效的。随着西格玛水平的提高,3 倍标准差的控制限区间得到不断压缩,通过控制图仍能有效发现质量异常。

Z 还有另一种表达形式,即用百万分之一的缺陷率(ppm)来表示。一个服从正态分布的过程,其超出规范限的缺陷百分比与西格玛水平是一一对应的。根据这个规律,我们可以通过测量缺陷的比率,估算过程的西格玛水平 Z,并以此考察过程满足顾客要求的能力。

当分布中心无漂移时,即样本均值与分布中心重合时,三西格玛水平对应的不合格率为 0.27%,即 2 700ppm;六西格玛水平对应的不合格率为十亿分之二,即 0.002 4ppm。分布中心无漂移为理想状态。当分布中心上下漂移 1.5σ 时,三西格玛水平对应的不合格率为 66 807ppm;四西格玛水平为 6 210ppm;五西格玛水平为 233ppm;六西格玛水平为 3.4ppm。GE 采取了上下漂移 1.5σ 来设定西格玛标准,六西格玛水平为 3.4ppm。这成为六西格玛管理的默认标准。

在企业追求由三西格玛向六西格玛的过程中,每提高 1 个西格玛水平,质量水平均呈数十倍的改善。据研究,对一个三西格玛水平的企业来说,提高一个西格玛水平可获得下述收益:利润率增长20%,产出能力提高12%~18%,减少劳动力12%,资本投入减少10%~30%。

以上是六西格玛管理的统计方法的一种,此外还有显著性检验、统计过程控制图、回归分析等。而六西格玛管理的工组,包括电子商务和服务、ERP、精益生产、CRM、知识管理、作业管理等。这些方法和工具都能帮助企业在运用六西格玛管理的道理上更加科学化和系统化。

第二节　全产品生命周期成本管理

全产品生命周期成本管理理论作为成本管理新发展中的一种理论,将产品生命周期与成本管理相结合,为成本管理理论提供了全新的视角。这足以说明企业在进行成本管理时,不再局限于孤立的管理理念,而是从更广阔的视野进行管理。

一、全产品生命周期成本管理概述

全产品生命周期成本管理产生和应用的历史还不长,但已经得到了广泛的认可,具有重要的研究和应用意义。

（一）全产品生命周期成本管理的概念

全产品生命周期成本管理最早应用于20世纪60年代美国国防部对军用物资的成本核算。当时,美国国防部为了控制国防经费,努力使物资的采购成本及在购买后整个使用期间的使用成本和废弃处置成本尽可能的低,从而产生了全产品生命周期成本的概念。从70年代起,全产品生命周期成本作为一种管理会计实践,开始由军事工业转向民用工业,使其更富有实践意义。在实践中,企业为了取得竞争优势,力求使用户的使用、废弃处置成本尽可能低,因而越来越重视全产品生命周期成本。具体而言,这个方法可以在环境评价、产品维护、后勤支持、装备设计配置(包装计划、日常诊断工作等)、设备采购、可持续生产、运输、报废回收和管理等方面进行应用,可谓涉猎了很多实际的管理领域。到80年代后期至90年代初期,全球范围内的这种发展趋势更为明显。将企业的成本管理视为一项系统工程,强调整体与全局的全产品生命周期成本的观点深入人心。

全产品生命周期成本从产品生产者来说,包括从研究生产到停止生产这一周期的成本,也可叫做产品市场生命周期成本或生产者成本;从市场上存续期间来说,包括产品进入市场到退出市场这一周期的成本,也可叫做产品市场生命周期成本;从顾客的角度来说,包括产品购入到使用磨损报废为止的成本,也可叫做消费者产品生命周期成本。通常认为,全产品生命周期成本指在企业内部及其相关联方发生的全部成本,具体指产品策划、开发、设计、制造、营销与物流等过程中的产品生产方发生的成本,消费者购入产品后发生的使用成本、维护成本,以及产品的废弃处置成本。而对这类成本的管理行为构成了全产品生命周期成本管理。它是将产品生命周期这一融合生物学与市场营销学的概念与成本管理理论相结合,用产品生命周期这一独特视角来观察成本管理的全过程,对产品整个生命周期成本进行识别与管理。

这一概念体现了企业作为社会中的经济细胞所承担的社会责任,符合可持续发展的观念。全产品生命周期成本管理理论的产生,促使企业从产品开发和设计的源头上控制产品的成本,逐步形成了成本设计的方法体系。

(二)分类

根据 Measuring Corporate Environmental Performance 一书中的介绍,生命周期成本分为三类:

1. 常规成本。包括:资本、设备、人工成本;能源、检测、维护成本;法规遵从成本;保险、税收费用;排气(水)控制成本;原材料/供应成本;废物处理成本;放射性、危险性废弃物管理成本等。

2. 负债性成本。包括:法律咨询费用;罚款;人身伤害支出;复原作业成本;经济损失;财产损害成本;未来市场变化成本;公众形象成本等。

3. 环境性成本。包括:全球复暖;臭氧层破坏;光化学烟雾;酸性沉淀物;资源破坏;水污染;慢性健康影响;急性健康影响;居住地变更;社会福利影响等。

其中,环境性成本可能引致负债性成本(比如水污染导致的人身伤害),但环境性成本与负债性成本之间的界限有一定的模糊性。

另外一种分类方法,将全产品生命周期成本分为研究开发成本、产品设计成本、产品制造成本、营销成本等。鉴于整个全产品生命周期成本主要包括与生产制造者相关的和与消费者使用相关的两个阶段,因此全产品生命周期成本如图12-2所示。

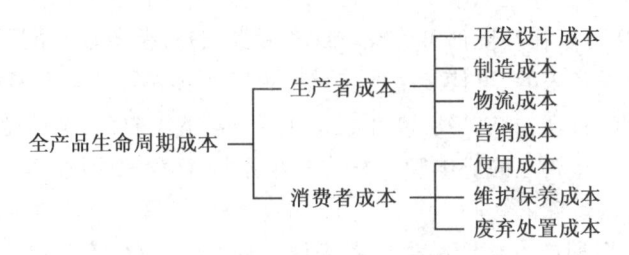

```
                              ┌─ 开发设计成本
                              ├─ 制造成本
                   ┌─ 生产者成本 ─┤
                   │          ├─ 物流成本
                   │          └─ 营销成本
全产品生命周期成本 ─┤
                   │          ┌─ 使用成本
                   └─ 消费者成本 ─┤ 维护保养成本
                              └─ 废弃处置成本
```

图12-2 全产品生命周期成本的分类

资料来源:陈良华. 成本管理. 北京:中信出版社,2006:406.

若用公式表示,全产品生命周期成本的表示如下:

$$C_{WL} = C_M + C_U$$

其中，C_{WL}表示每单位产品的全产品生命周期成本，C_M表示每单位产品的生产者成本，C_U表示单位产品的消费者成本。从这个公式可以看到，随着产品可靠性的提高，生产者必须投入的成本费用随之提高，而消费者成本就会降低（如返修）；反过来，若产品偷工减料，投入的成本费用可以随之下降，而消费者的成本便要提高，两者是此消彼涨的关系。产品生命周期成本总额的最低点就是产品可靠性的经济最优点，如图12-3所示。

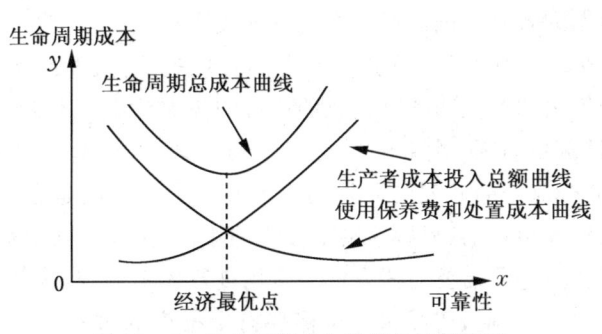

图12-3 生命周期成本的优化控制模型

资料来源：陈良华．成本管理．北京：中信出版社，2006：407．

二、全产品生命周期成本管理的方法

全产品生命周期成本在进行管理和控制时，需要时时结合企业的生产经营特点和环境特点，采用合适的方式对该成本进行管理。

（一）全产品生命周期成本控制的步骤

首先，需要确定管理目标，列出备选方案。管理者需要将目标进行量化，然后根据目标，尽可能地设计若干个不同的方案，以供选择。

其次，确定评价的指标，这是进行管理的依据。评价的指标需从效率和成本两个方面设计。效率指的是某一项目投入生命周期成本之后取得的效果。而成本就是指全产品生命周期成本。

再次，对实际发生的情况，利用以上的评价指标对结果进行评价。在评价方案时，常采用成本效率公式，即：成本效率 = $\dfrac{项目效率}{生命周期成本}$。当产品涉及的生命周期较长时，应当考虑货币时间价值的问题，不能将各个阶段的成本简单加总，而是要采用折现的思想，充分考虑该成本的风险和报酬。在对备选方案进行择优时，就可以考虑对成本现值的比较。若两个方案的生命周期相同，就可以比较其效率，效率高的项目，则是企业能采用的项目。

最后,管理者最终形成书面报告。总结前几个步骤,指出分析的目的、分析的条件、评价的指标、分析的过程和最后的结论,形成《生命周期报告》,用于反映产品在整个生命周期内的收入水平和成本水平。

(二)基于不同生命周期阶段的成本管理方法

产品生命周期是指产品从投入期、成长期、成熟期到衰退期的过程,即从产品的研发、试验,到产品上市销售,最后退市的全过程。那么,全产品生命周期成本管理便是基于产品生命周期的市场观,指企业的某一产品在市场中所处的从投入期、成长期、成熟期到衰退期的各个不同阶段的全过程的成本管理。

1. 投入期的成本管理。企业在这一时期的表现是:为研发产品支出了大笔费用和成本,并处于新推出的产品未得到市场的认可的焦虑状态。那么,这些大额的费用得不到有限的销售额的弥补,企业往往处于亏损。这时,企业需要做两个方面的努力:一方面,不能放松对产品研究与开发的投入和精力。产品是企业的核心,是企业利用差异化战略、打开市场、赢得顾客的最根本的手段,踏踏实实做好产品,提高产品的性能和质量。因此,企业需要对研发设计费用进行成本管理,这部分费用会直接影响到产品的定价。另一方面,产品再好也需要有个推广的过程,这时,销售部门是主力,他们需要采用各种营销手段,对新产品进行大量的宣传,向消费者介绍新产品的性能和特点,给予消费者第一印象,为产品的推广迈出第一步。因此,企业需要付出大量的营销费用,必然要对这部分成本费用进行管理。

2. 成长期的成本管理。在这一时期,产品已经逐渐进入消费者的选择范围,销售量、销售额和市场占有率快速提高,盈利额、利润率等比投入期有了显著的增加,逐步达到产品的顶峰时期。但是,企业还要面临一些因素对本企业产品的冲击。其中,最主要的是竞争对手陆续进入市场,试图以相似的产品或者具有替代性的产品打击原有产品在市场中的地位。于是,市场的竞争开始加剧。这时,企业应仍然采取差异化的战略方式,提高本企业产品在众多产品中脱颖而出的优势,继续赢得目标客户,打开产品销售渠道,进一步占有市场。那么,企业在成本方面的重心,一方面要放在研发上,特别是对产品的更新、升级,增加产品的性能和质量,赋予产品更多的功能,满足消费者各方面的需求,提高产品的差异化程度。另一方面还是需要做大量的宣传和营销,让消费者形成识别产品和品牌的能力。那么,便要对营销费用进行成本管理。

3. 成熟期的成本管理。这一时期,企业的竞争对手减少,没有能力进行竞争的企业已经陆续退出了市场,但是竞争程度并没有减少。这是由于产品的同质化程度越来越高,产品在市场上开始呈现饱和状态,对于企业来说,产品的销售量、销售额、利润水平逐渐表现出趋向社会平均水平,而且维持在一定的水平上,没有较大的波动。这时,为了锁定目标客户,并且赢得更多的客户,企业一般会采用低成本战略,而且由于在研发上已经没有什么可发展的空间了,只能将管理重心放在售后服务的水平上,以及产品自身的制造成本上。努力降低产品的成本,并且提高售后服务的水平,留住顾客。

4. 衰退期的成本管理。在这一时期,新型的产品以其独特性推向市场,开始它的投入期和成长期,而原有产品在各个方面都不如新产品有优势,销售量、销售额、利润水平急剧下降,退出市场是大势所趋。此时,企业也不能完全放弃产品在市场中的最后一点机会。因此,还是采用低成本战略,至少要使产品的库存在这一阶段得到消化。那么,企业在衰退期成本管理的重点仍然是生产阶段的成本管理和客户服务的成本管理。控制成本其实是在任何阶段都不能放松的一个工作,低成本、高价格,企业才能得到超额的收益,在衰退期也是一样,足够低的价格若能有足够低的成本作为支撑,那么,在退出市场的最后时刻还能保持竞争力。而且重视客户服务,仍可以获得最后一点的余利。

三、全产品生命周期成本的核算

为了达到单独集中核算的目的,企业需要设置"某种产品生命周期成本"的一级账户,然后分别按产品生命周期的四个阶段(投入期、成长期、成熟期和衰退期)设置二级账户,最后在二级账户下设置"研发成本"、"制造成本"、"营销成本"、"废弃处置成本"四个三级账户,这四个成本项目是全产品生命周期成本中的最重要的四个成本项目,而且在各个阶段都有可能发生,便于核算时的归集和分配。进而也可以将这四个成本项目下的具体成本内容设置四级账户,在某种成本项目下归集。

在具体进行核算全产品生命周期成本时,可采用单轨制、双轨制和单轨制、双轨制相结合的办法。单轨制是指把全产品生命周期成本和产品成本的核算融为一体,以一套账提供两套资料。双轨制是指在现有产品成本核算系统之外,另建立一套全产品生命周期成本核算体系。这两种成本核算体系可以起到相互补充、相互利用的作用。而单轨制、双轨制相结合的办法便是对企业的一些特别重要的指标,在单轨制下不便于处理或难以提供两方面指标的情况下,分设两套账来予以反映,而对一般性指标则仍采用单轨制的办法核算,使两种核算方法在企业中同时存在。因此,选择哪种核算方法重要的是看企业对成本分析和控制的需要。

账务处理完成后,编制全产品生命周期成本报告。该报告主要的目标使用者是企业内部的管理层,具体来说包括各管理职能部门、企业领导和其他有关部门,乃至企业的职工,没有必要向社会公众披露。因此,在编制报告的时候,完全可以按照企业自身对成本资料的需要进行设计和编制,有助于加强成本管理,挖掘降低成本的潜力,提高企业的竞争实力。

第三节　社会责任成本管理

企业在生产、经营、管理的同时，积极承担社会责任并促进社会的和谐发展，这已经成为全球性的话题。因此，社会责任成本管理便成为成本管理中的一个新兴理论。

一、社会责任

社会责任成本管理的源头是社会责任概念的提出和推广，虽然这个理论还未达成共识，但社会责任的概念已经深入人心。

（一）社会责任的发展历史

企业社会责任（简称CSR）的概念最早是由美国学者谢尔顿在1924年提出，但没有得到社会的关注。直到1953年，霍华德·R.鲍恩出版了《企业家的社会责任》一书，使得公司的社会责任正式引起人们的注意。20世纪70年代以后，西方社会各种公司不道德经营行为猖獗，使得整个商业界丧失了约80%的公众信任，大大影响了整个行业的信誉和形象。据统计，在1968年，有70%的公众认为美国企业努力在利润和公共利益之间做出合理的权衡；而到1976年，这一比例下降至15%。公司的各种经营活动频繁，而这些活动给社会造成的诸多问题引发了公众的不满，也使企业社会责任的讨论在西方学术界逐渐成为热点。

在20世纪70年代初期，美国的政府机构如联邦贸易委员会、环境保护局、职业安全和事故防护局等，均要求企业提供某一方面的社会责任履行情况。美国注册会计师协会（AICPA）在1973年提出的财务报表目标中，规定企业财务报表尽可能地确认、计量和描述影响社会的微观经济活动和企业经济行为，揭示企业的社会责任信息。1977年社会计量委员会发表了"企业社会业绩计量"研究报告，该报告说明了企业应该为一些重大的社会业绩提供报告，并说明每一领域应提供何种信息以及信息的作用、来源渠道和报告形式。法规规定企业的社会资产负债表揭示的信息，包括职工福利费、劳动保护费、技术培训费、改善劳动条件支出、劳动力的报酬和补贴、健康和安全状况等项目。英国的会计委员会（ASC）不仅要求披露信息，更要说明企业经营活动使社会发生的成本与受益之间的关系[①]。

（二）社会责任的含义

对企业社会责任的定义，学术界还未形成共识，一般认为企业的社会责任就是在创造利润、对股东负责的同时，还应强调对利益相关者负责。这个概念是基于商业运

[①] 张涛. 管理成本会计. 北京：经济科学出版社，2001：542.

作必须符合可持续发展的想法,企业除了考虑自身的财政和经营状况外,也要加入其对社会和自然环境所造成的影响的考量,要融入整个社会的需求中去,而不是孤立的一个公司。其中的利益关系人是指所有可以影响或会被企业的决策和行动所影响的个体或群体,包括员工、顾客、供应商、社区团体、母公司或附属公司、合作伙伴、投资者和股东。这样一个社会责任涉及的对象,几乎涵盖了企业在生产经营过程中需要接触的成员和组织。近年来,西方国家和经济学家将社会责任与福利经济学结合起来,强调在教育、医疗、住房、就业和退休金等方面增加大量的政府开支,同时要求企业履行更多的社会责任。

对于企业是否应该承担社会责任有两种观点。一种观点认为,当企业越重视其社会绩效时,成本的增加将导致企业财务绩效下降。主要的代表是美国经济学家米尔顿·弗里德曼。他认为,公司经营的最终目标是追求利润的最大化,那么公司承担社会责任的时候,增加了经营成本,偏离了它的总目标,不利于股东利益最大化和竞争地位的获取和保持。企业的利润目标和社会利益目标的冲突便是企业社会责任理论提出和发展的根源。而另一种观点认为,企业承担社会责任会提升企业的财务绩效,二者呈正相关的关系。这样的观点得到现代社会和企业的广泛认可。这个观点认为,企业的经营目标不仅仅是利润、股东价值最大化等,而应将目标触及到社会的各个方面,因为企业只是社会中的一个细胞,若脱离了社会,将一事无成,而且在行使企业的社会责任的同时,并不一定降低了利润和股东权益。

欧盟在2001年提出了公司社会责任框架,将社会责任定义为在公司利益相关者自愿的基础上,把社会和环境因素纳入公司运营中并令其发挥作用。在此定义基础上确定了CSR的范围如下[1]:(1)使命和共同的价值。有四个关键维度:一是人力资源,包括学习型组织、工作条件、健康和安全、政策改变、平等机会;二是地方团体,包括地方经济发展、人权、博爱;三是供应链,包括供应商选择的道德标准、产品质量及安全、道德贸易、供应链的可探索性;四是环境问题,包括生产过程负面营销的最小化、资源优化利用、绿色产品生命周期分析、再循环利用。(2)管理手段和工具。有三个关键维度:一是CSR治理,包括公司治理手段、道德规范、内部审计系统、环境质量安全等管理系统;二是外部沟通与报告,包括相关市场、环境和社会证明、环境和社会报告;三是道德培训,包括组织手段(课程、研讨会)、技术手段(互联网、伦理救助热线)等。

美国经济发展委员会(1971)[2]突出社会责任应包括10个领域的内容:经济增长与效率、教育、雇员和培训、人权与平等机会、城市建设与开发、限制污染、资源保护、

---

[1] Ilaria Bissacco and Paolo Maccarrone. *Are We Really Measuring Corporate Social Responsibility*, Performance Measurement Control, volume16.

[2] The Research and Policy of the Committee for Economic Development. 1971. *Social Responsibility Of Business Corporations: a Statement on National Policy*. No6.

文化与艺术、医疗健康、对政府的支持等。

二、社会责任成本

由社会责任引发了对社会责任成本的讨论,这样的讨论具有深远的现实意义和理论意义;并且,对社会责任成本内容的界定有助于社会责任成本的管理。

(一)社会责任成本的意义

研究社会责任成本的意义在于:

1. 研究社会责任成本有助于提高企业的社会形象,提升企业价值。承担社会责任是符合人们对企业的期望的,若企业是向着这个方向做,在这方面有一定的支出和努力的话,便容易赢得公众的认可,这作为无形资产,能为企业带来额外的收益,那么企业的产品和服务更容易获得公众的肯定,增加企业的利润。

2. 企业利用了社会的资源,理应为这个利用支付一定的费用。公司占用了社会的土地、自然资源,以及良好的经济环境,作为回报,也必须承担相应的社会责任,支付相应的成本和费用。

3. 企业承担社会责任成本是一种道德义务。企业作为社会的一个细胞,是一个经济"人",具备一定的人格特点,除了以经营为目的承担经济责任之外,也要承担社会责任,履行道德义务,支付一定的成本。

4. 企业承担社会责任成本是符合可持续发展的目标的。企业承担对利害关系人的责任,承担对社会、环境的责任,以税费、工资、捐赠等形式支付,从而保障人类生活品质的改善,实现社会、经济、生态三方面可持续协调发展。

(二)社会责任成本的内容

前文界定了社会责任的范围包括三个维度,即经济责任、法律责任、伦理责任。那么,从这三个维度可以界定社会责任成本的几大内容:

1. 社会人力资源成本。这是指企业为发展人力资源所发生的耗费与支出,包括对员工的招聘录用费用、工资薪水、集体福利、商业保险福利、教育培训支出、职工社会统筹保障金支出、带薪休假等。

2. 自然资源耗用成本。这是指在我国境内的企业,因其开采和使用资源而需要向资源所有者支付的资源使用费、向国家交付的资源税等。由于资源是不可再生的,特别是一些稀缺资源,利用资源的企业就要为这样的使用支付足够的费用进行弥补。

3. 土地使用成本。这是指企业因使用土地而应支付的成本,特别应包括企业因过度使用土地而使土地退化、质量下降计量的成本。其实,这一点也可以属于"自然资源耗用成本",因为土地也是不可再生的。

4. 环境支出成本。这是指企业本着对环境负责的原则,为防止环境污染而发生的各种费用,以及为了改善环境、恢复环境而发生的各种支出。这一点尤其是针对化工类企业、大型污染型的制造业企业,除了出于国家的强制性规定,还有自身的社会伦理意识,这些企业会支付大额的资金为环保出一份力。

5. 社区公益成本。这是指企业为了社区以及公共事务、公益事业和社会福利事业所发生的各项耗费和支出。这点主要体现在企业的社会性捐赠支出上,尤其在国家和地区发生了较大的灾害、具有一定影响力的活动时,企业若发生了公益成本的支出,将会使得企业提升形象。

6. 外部不经济成本。这是指一个公司或企业从事谋利经营活动而消耗的并未计入自身成本费用中的社会资源或给社会带来的损失。企业应充分计量这种消极的外部效应,并加以内部成本化。

7. 其他责任成本。这包括企业对政府、股东、供应商、债权人以及顾客等承担的责任成本。

(三) 社会责任成本的分类

若从社会责任成本的利害关系人的角度,对社会责任成本进行分类的话,结果如下[①]:

1. 对员工的责任成本。包括:确保员工的薪酬待遇不受侵犯,根据企业发展逐步提高工资水平;改善劳动条件,确保安全、卫生,积极预防职业病;建立员工职业生涯管理和学习培训制度,促进员工素质和能力的提升;构建和谐文化,鼓励创新和个性发展。

2. 对消费者的责任成本。包括:积极进行产品创新,促进产品和产业升级;确保产品质量,遵守产品伦理准则;扩大产品范围,承担拾遗补缺责任,有效满足消费需求;加强本土品牌建设,完善售后服务体系。

3. 对供应商的责任成本。包括:公正、公平地对供应商进行评价和选择;不强制供应商接受不合理的供货条件;对于供应商提供的、其指定为机密的信息,要进行严格管理,保守机密;遵守法律法规,按社会道德开展采购业务。

4. 对债权人的责任成本。包括:积极主动偿还债务,不逃避偿债责任;推进我国信用体系的构建与完善;及时、准确地披露企业信息;遵守诚信准则,不滥用企业人格。

5. 对环境和资源保护与合理利用的责任成本。包括:节约成本,合理利用资源;自觉处理"三废",履行环境保护责任;热心资助环保事业。

6. 对所在社区的责任成本。包括:积极参与并资助社区公益事业和公共工程项目建设,协调好企业与社区内各方面的关系;同等条件下优先从所在社区招聘员工,努力扩大社区就业机会;积极参与社区精神文明建设,促进社区文化生活的繁荣发展。

7. 慈善责任成本。包括:主动向医院、养老院及需要社会扶助者等进行力所能及

---

① 沈志渔,刘兴国,周小虎. 基于社会责任的国有企业改革研究. 中国工业经济,2008.

的慈善性捐赠；积极向残疾者、缺乏劳动技能者或其他就业困难者提供就业机会；积极促进社会主义教育事业的发展，向教育发展机构提供奖学金和其他款项；积极参与预防犯罪或为预防犯罪提供资金。

8. 对政府的责任成本。包括：履行增加就业和发展经济的责任；加强企业内部治理；保障相关利益者利益，促进社会和谐发展；维护市场秩序，确保经济安全；加强自主创新，推动技术发展和产业升级，推进民族产业的发展。

三、社会责任成本管理的信息披露

加强对社会责任成本的会计计量和信息披露是进行社会责任成本管理的关键环节。

（一）社会责任成本管理的会计计量

由于社会责任成本会导致现金流出企业，需要用货币的形式加以计量，那么必须在账务上进行反映，从而有利于管理、分析和控制。我们可以看到，大部分企业将这部分内容的支出计入到"管理费用"相对应的二级账户、"营业外支出"、"应付工资"、"应付股利"等相关科目中。有些货币计量比较容易，实际支出的金额可以直接计入"管理费用"等，如实际发放给职工的工资和福利、实际支出的资源税、土地使用费、实际的捐赠支出等。但还有一些内容便不那么容易了，这是由于企业的社会责任成本具有潜在的和间接的特点，使得计量时的定量化处理会比较有难度。首先，社会责任成本的发生具有不可避免性。市场经济的外部性，直接导致了社会成本的产生，任何企业在经营的时候都无法综观全局，从整个社会的角度来安排生产和经营，难免对社会造成一定程度上的损害，便会产生社会责任成本，而且也有可能在未来带来不可预见的、进一步的社会责任成本，这是企业所不能预计的。其次，社会责任成本也可能在计量方法上具有一定的主观性。现期发生的社会责任成本可能还会导致未来期间的、相关的社会责任成本，如果企业需要计提这笔费用的话，那必然要以主观的职业判断来进行，而且有些社会责任成本不是经常性项目，这样的判断不具备足够的借鉴资料，人为因素便会很高。

但还有一部分社会责任成本的内容是无法用货币计量的，需要借助非货币计量方法，例如外部不经济成本、对消费者的责任成本等。因此，考核确认企业社会责任成本的方法并非单一，因此要结合各种方法进行计量。

社会责任成本的具体计量方式主要有五种[①]：

1. 调查分析法。这种方法采用对享受了企业效益或者承担了社会成本的个人和组织的调查的方式，来分析确定社会效益和社会成本数量的方法。它所提供的信息

---

① 张涛. 管理成本会计. 北京：经济科学出版社，2001：549.

不一定非常准确,但具有很重要的借鉴意义,并且成本比较低。

2. 复原、避免和替代成本法。这种方法是用某些可根据恢复原状、预防损害发生所需的成本或估计替代品的价值,来确定社会责任成本。这种方式的应用比较广泛,但需要多角度考虑。

3. 支付成本法。这种方法是指按取得某项资产时实际支付的现金数额或其等值来计算该项资产的价值,并以此来计量资产的价值转移以及确认社会收益或社会成本的数额。这是采用了会计假设中的历史成本计量方法,比较容易确认金额。

4. 影子价格法。影子价格是每增加一个单位资源所增加的经济效益,是稀缺资源的边际利润。由于影子价格常指稀缺资源在最优利用情况下,每单位所能获得的超额利润,或者是稀缺资源在购入成本之外的一种使用成本,因此,用影子价格加原价出售,可以获得与原最优利用方案相同的盈利。

5. 成本效益法。这种方法是从整个社会即宏观经济角度,计量和反映企业社会目标履行的情况。从理论上来说是一种最理想的方法,它是通过确认社会经济业务来计量社会效益和社会成本,最终可以得出进行社会责任成本管理的净收益。但这种方法在计量上有一定的难度。

(二)社会责任成本管理的披露

对社会责任成本管理的情况进行披露非常有必要。对企业来说,披露企业社会责任成本的信息大势所趋,充分、及时、可靠的披露有利于企业价值的提高,增加企业的形象和利润;对政府来说,加强企业社会责任成本信息的披露的立法和执法力度,有利于国家和社会的法制化、规范化,有利于长远的和可持续的发展;对社会和公众来说,企业社会责任成本信息的披露的充分程度和及时程度,有利于保障公众的社会利益,减少信息不对称的状况。

社会责任成本的披露尽管那么重要,但是我国的披露状况还不尽如人意。有些企业承担了社会责任成本,但未做详尽、可靠的披露,成本信息内部化,向公众披露的程度较低。而且,我国的上市公司信息披露的规则中对社会责任成本的披露还不够规范,若能形成一张专门针对社会责任成本管理的报表的话,将会一目了然。因此,我国还需要加强对信息披露的宣称力度,增强信息披露的法制化进程;同时,也要建立健全对企业披露信息的保护。

本章小结

质量成本是市场经济发展到一定历史阶段的产物,它随着市场经济的发展而产生,并伴随着市场经济中质量管理和成本管理的发展而发展。综观质量管理的演变过程，大体分为事后质量检验、过程中质量控制和全面质量管理三个发展阶段。

质量成本是质量经济性与成本特殊性相结合的一个新的成本范畴。一方面质量经济性要求质量与经济相结合，质量与成本相结合，以避免"质量不经济"的行为，另一方面成本广义化趋势及其向质量领域的延伸，构成成本应用的特殊领域。科学的质量成本概念是对质量成本的本质、特征、目的和构成内容的高度概括或表述。

质量成本的内涵为：质量是产品（或劳务）满足规定或潜在要求的功能特征和品质特性的总称；是产品在生产过程中为使产品达到经济合理的符合性质量水平而发生的一切资金耗费；其外延是产品完成生产过程之后，消费者在使用产品过程中因质量低劣而导致的消费者的损失以及消费者对质量不满而对企业产生的间接损失。

从发生性质上分类，质量成本可分为预防成本、鉴定成本、内部损失成本和外部损失成本；从可控性上分类，质量成本可分为可控质量成本和不可控质量成本；从价值补偿性上分类，质量成本可分为显见性质量成本和隐含性质量成本；从与产品质量的密切程度进行分类，质量成本可分为直接质量成本和间接质量成本。

在质量管理的百年历程中，先后经历了传统质量检验、统计质量控制、全面质量管理几大阶段，目前以六西格玛管理为核心的精益质量管理正成为质量管理新的发展趋势。

全产品生命周期成本指在企业内部及其相关联方发生的全部成本，具体指产品策划、开发、设计、制造、营销与物流等过程中的产品生产方发生的成本，消费者购入产品后发生的使用成本、维护成本，以及产品的废弃处置成本。而对这类成本的管理行为便构成了全产品生命周期成本管理。它是将产品生命周期这一融合生物学与市场营销学的概念与成本管理理论相结合，用产品生命周期这一独特视角来观察成本管理的全过程，对产品整个生命周期成本进行识别与管理。

企业社会责任，一般认为企业的社会责任就是在创造利润、对股东负责的同时，还应强调对利益相关者负责。由社会责任引发了对社会责任成本的讨论，这样的讨论具有深远的现实意义和理论意义；并且，对社会责任成本内容的界定有助于社会责任成本的管理。

【主要概念】

质量成本	全面质量管理	六西格玛质量管理
预防成本	鉴定成本	内部损失成本
外部损失成本	可控质量成本	不可控质量成本
显见性质量成本	隐含性质量成本	直接质量成本
间接质量成本	直接劣质成本	间接劣质成本
六西格玛质量成本管理	统计过程控制	实验设计

质量功能展开　　　　　全产品生命周期成本　　　　常规成本
负债性成本　　　　　　环境性成本　　　　　　　　社会责任
社会责任成本

【本章案例】

国际电话电报公司 ITT 欧洲分公司的质量成本管理[①]

(一)基本管理思想:同时达成"零缺陷"与质量成本降低

曾任美国国际电话电报公司(简称 ITT)副总裁的克劳塞贝,负责 ITT 质量管理活动达 25 年之久,后来他退出实务界之后,著书立说,成了著名的质量成本管理专家。克劳塞贝所倡导的质量管理的基本思想是:根据质量改善项目来实施质量管理。他将质量定义为"对要求条件的符合性",并在此定义的基础上,提出并实施了质量改善项目的 14 个步骤。

克劳塞贝在 ITT 实施"质量改善项目"的一个基本立足点是:以"零缺陷"(简称 ZD)作为质量改善的最终达到目标,以"失败成本"作为衡量质量的尺度。他将"失败成本"定义为:由于不正确的操作处置方式所产生费用的合计。实际上这种失败成本基本上只是内部失败成本的涵义。克劳塞贝认为,传统上对生产线的缺陷(失败)加以检测的手段尽管可以采用,但这绝对不是经营管理的方法手段。管理人员所要做的,应该是将失败(缺陷)成本与防止失败(缺陷)的成本区别开来,分别加以定期汇总。将汇总数作为质量改善的评判基准,并从其具体内容来判断应该从何处着手改善。

传统管理的见解是在质量与质量成本间加以权衡,而克劳塞贝的主张是"零缺陷"与质量成本降低应同时予以达成。这一主张可以说是一种根本性的转变。克劳塞贝自 1975 年起在 ITT 欧洲分公司所进行的质量成本管理摸索,其基本要旨即在于此。通过在实践中不断完善,克劳塞贝又逐渐将其理论化了。下文仅就质量改善项目的实施及质量成本报告等相关问题,加以简略的叙述。

(二)IIT 欧洲分公司质量改善项目的实施

实施质量改善项目是 ITT 欧洲分公司质量成本管理的重要举措,包括如下 14 个步骤:

1. 管理人员达成共识。充分重视防止缺陷和提高质量工作,将质量与各个操作员工直接挂钩,使每一员工都明确其对质量的职责。同时坚决强调,质量是对内部各工序环节和外部用户需求的符合性,提高质量给公司最终带来的是利润的增长。

2. 设立质量改善工作小组。从各部门选派代表组成质量改善工作小组,为提高质量献计献策。这一工作小组负责指导企业内部所有层面的质量改善项目,并从外部给负责质量的督导员以强力的支持。

3. 计量质量关联要素。必须把握计量质量关联要素的现状,具体来说,必须测算缺陷率、每一操作员的操作失误次数、平均每天质量关联技术变更次数等,作为质量基准加

[①] 本案例根据多篇文献(Groocock, J. M., 1976, 1977, 1980;Crosby, Philip B., 1979)综合改写。

以记录。在把握现状的基础上就可以设定改善目标。为便于所有员工理解实施办法,应采用工作示意图的方式,特别是问题集中的环节、部门应予以重点标注,绝不应忽视。

4. 评价质量成本。通过控制方式,计算再加工、边角料利用、质量保证、额外服务、测试、检验、校准等方面的成本。这些成本中也含有必须改变的间接费用。评价质量成本不能说是完整的业绩评价,但质量纠偏处置(指由质量问题引起的修复等)却确实涉及公司的盈利性。因而,会计部门进行质量成本计算以调整部门间的工作成绩差异,也是全公司业绩评价的组成部分之一。

5. 唤醒质量意识。通过张贴质量问题海报的形式,使员工认识质量控制的重要性;通过对质量问题的踊跃讨论,构建一种深刻认识质量问题的氛围。从而有助于组织基层汲取质量改善的优秀成果,并通过分析论证尝试其应用的可能,进一步促成一种全员式的质量改善活动。

6. 质量纠偏处置。将质量纠偏处置工作制度化,捕捉质量工作的各种问题,从生产现场督导员、质量技术控制员到公司最高主管及其辅佐人员都应参与这一工作。遇到某一层面难以解决的问题,及时上报并进行深入分析。

7. 设立"零缺陷"计划特别委员会。大部分的质量改善活动,通过上述六个步骤可以解决。但是,为了达到长期的高质量产品,必须实施全员式的 ZD 管理。应针对具体的产品研究 ZD 的涵义,并使员工理解和领会。应该注意到,ZD 不仅仅是激励因素,而且是一种交流、沟通的基准。

8. 培训现场质量督导员。质量督导员对全体员工负有指导责任,应使每个督导员都真正理解质量的定义,明确每一工序的质量要求。必须认识到,ZD 是否取得成功,与人的主观能动性、经验等是密切相关的。

9. 设立"零缺陷日"。为进一步明确公司将 ZD 作为质量改善的最终达到目标,应专门设立"零缺陷日"作为警示。全员同时实施 ZD,将有助于长期充分地达成 ZD。

10. 建立目标。每一员工都应为自己建立一个质量改善目标,同时将此目标向执行质量预防活动的小组人员作出说明。在确立了计量质量改善目标的方法之后,才能认为建立目标的工作已经完成。

11. 消除产生缺陷的因素。每一员工应该将捕捉到的质量工作中的各种问题如实加以记录,并写成有关报告呈交上级。同时将问题及相应的解决对策经常性地加以整理,作为质量改善项目的一种制度化工作。

12. 评价。必须实施对目标达成程度的评价。员工对工作的认真态度、工作效率和所加工产品的质量,是管理人员最为关注的。谁达成了目标?谁的业绩又上升了?对此加以评价和奖励,是质量改善活动的激励要求。

13. 设立质量评议会。由质量管理专家和质量改善工作小组组长组成质量评议会,定期研讨有关问题,将质量水平不断予以提升。

14. 反复实施。实施质量改善项目通常需要 1 年至 1 年半时间,在此期间内员工转岗或离职的情况可能会发生,质量方面的培训成果也就因此遭到削弱,所以,反复实施是必不可少的。通过反复实施,质量改善活动的精髓将长期凝聚在公司中。

(三)ITT欧洲分公司的质量成本报告与管理

1. 质量成本报告。ITT欧洲分公司以上述质量改善项目为前提,进而实施质量成本管理。欧洲分公司的质量分管经理是格鲁库克,他将质量改善项目中评价和计量得到的质量成本,称之为"由于生产不尽理想的产品所导致的费用",并按PAF分类法对企业的质量成本加以分类,即分为预防成本、鉴定成本和失败成本;同时,他定义了所谓"无缺陷成本"。无缺陷成本是指在产品生产过程中无任何失败作业、产品无丝毫缺陷的制造成本(或工厂销售成本)。

那么,生产出来可供销售产品的实际成本应该是:

实际成本＝无缺陷成本＋预防成本＋鉴定成本＋失败成本

由质量成本的定义,上式可转化为:

质量成本＝预防成本＋鉴定成本＋失败成本

＝实际成本－无缺陷成本

格鲁库克进一步就上式的实质进行了定义性说明,即"质量成本是指企业产品的实际制造成本(或工厂销售成本)与产品生产(销售)过程中无丝毫缺陷的理想制造(销售)成本间的差额。"格鲁库克又表明,这一质量成本的定义不仅适用于制造业,对服务业同样适用。他还详细规范了ITT欧洲分公司质量成本的具体内容,从而根据PAF分类法编制"质量成本报告"。

格鲁库克认为,计量和报告质量成本,虽然不是财务会计核算上的要求,但却是明确经营管理上的问题所必需的。像ITT欧洲分公司那样拥有众多分支机构的企业,要求各分支机构都编制有效的质量成本报告的目的在于以下五个方面:

(1)为了分支机构管理层实施有效的质量成本管理,必须使他们知道质量成本的高低,而这一质量成本数据应该是基于合理的资源分配要求计算得出的。

(2)为了分支机构管理层集中精力解决问题,必须使他们充分了解出现缺陷的症结所在(检测环节还是质量保证环节)。

(3)为了分支机构管理层实施既定的目标质量成本降低计划。

(4)为了在执行中逐渐逼近既定目标。

(5)为了母公司对分支机构管理层进行激励和支持。

2. 质量成本管理。ITT欧洲分公司各分支机构,要求通过质量成本改善项目至少达到降低10%质量成本的目标。同时,项目的基本要求是降低质量成本而不使产品质量受损。更为重要的是,对直接费与间接费必须加以区分。尽管降低直接材料、直接人工是重要的,但降低间接费用也不应忽视。质量成本预算总额与每一个别项目的质量成本,应分别予以计量、报告和分析,进而计算质量成本总额与每一个别项目的质量成本差异。格鲁库克指出,自1975年起采用这个方法之后,ITT欧洲分公司五年中大约降低了150万美元的质量成本。经分析,150万美元中有一半以上是人工费用,这意味着质量成本报告起到了人员劳动管理指标的功效。

参考资料

[1][美]A.V.费根堡姆.全面质量管理.北京:机械工业出版社,1991.

[2][美]亨德里克森.会计理论.北京:立信会计出版社,1987.

[3][美]亨利·艾伯斯.现代管理原理.北京:商务印书馆,1986.

[4][美]迈克尔·E.波特.竞争优势.北京:华夏出版社,2005.

[5][日]番场嘉一郎主编.新版会计学大辞典.武汉:湖北省会计学会,1981.

[6][美]杰西·T.巴费尔德,塞西莉·A.贝博思,迈克尔·R.金尼.成本会计:传统与变革.北京:经济科学出版社,2006

[7][美]金尔斯·T.亨格瑞,斯坎持·M.达塔,乔治·福斯特.成本会计:以管理为重心.北京:中国人民大学出版社,2007.

[8]爱德华·J.布洛切等著,王斌等译.成本管理——战略与概论.北京:华夏出版社,2002.

[9]安东尼·A.阿持金森,罗伯持·S.卡普兰.管理会计.北京:北京大学出版社,2006.

[10]财政部企业司.企业成本管理.北京:经济科学出版社,2004.

[11]曹惠民.管理会计.上海:立信会计出版社,2007.

[12]曹杰.行为科学.北京:科学技术文献出版社,1987.

[13]曹中.管理会计学.上海:立信会计出版社,2007.

[14]陈良华.成本管理.北京:中信出版社,2006.

[15]陈平,章文芳.管理会计.南京:江苏大学出版社,2008.

[16]陈群胜.企业成本管理战略.上海:立信会计出版社,2000.

[17]陈荣平.战略管理的鼻祖——伊戈尔·安索夫.河北:河北大学出版社,2005.

[18]樊晓琪.新编成本会计学.上海:立信会计出版社,2003.

[19]冯浩.成本会计理论与实务.北京:清华大学出版社,2007

[20]冯巧根.成本会计创新与资源消耗会计.会计研究,2006.

[21]葛家澍.管理会计学.厦门:厦门大学出版社,2004.

[22]郭道扬.会计发展史纲.北京:中央广播电视大学出版社,1984.

[23]胡其辉.企业定价决策.大连:东北财经大学出版社,2001.

[24]胡秀群,曾春华等.新编成本会计学.北京:对外贸易出版社,2006.

[25]黄桂杰,龙海江.管理会计学.上海:立信会计出版社,2008.

[26]霍恩格伦.高级成本管理会计学.北京:中国财经出版社,1986.

[27]江苏省电力公司、南京大学会计学系.基于价值创造的成本管理.北京:中国财政经济出版社,2005.

[28]柯琼.成本会计.武汉:华中科技大学出版社,2009.

[29]乐艳芳.成本管理会计.上海:上海财经大学出版社,2007.

[30]乐艳芬.战略成本管理与企业竞争优势.上海:复旦大学出版社,2006.

[31]李春友.管理会计.北京:中国财政经济出版社,2007.

[32]李洪斌.成本会计学.广州:广东人民出版社,1998.

[33]李惠.成本会计教程.上海:立信会计出版社,2004.

[34]李相波等.成本会计教程.上海:立信会计出版社,2005.

[35]李艳霞,杨淑云等.成本会计.北京:经济科学出版社,2002.

[36]李玉周.成本管理会计.成都:西南财经大学出版社,2006.

[37]列宁.列宁选集(第3卷).北京:人民出版社,1972.

[38]林万祥.成本论.北京:中国财政经济出版社,2001.

[39]林万祥.现代成本管理会计研究(研究生系列教材).成都:西南财经大学出版社,2005.

[40]林万祥.现代成本管理论.北京:中国财政经济出版社,2005.

[41]林万祥.中国成本管理发展论.北京:中国财政经济出版社,2004.

[42]刘长翠,孔晓婷.社会责任会计信息披露的实证研究.会计研究,2006.

[43]刘红霞.中国企业社会责任成本支出研究.中央财经大学学报,2008(6).

[44]刘英.成本会计学.四川:西南交通大学出版社,2003.

[45]刘志远.管理会计学.上海:立信会计出版社,2004.

[46]马克思.资本论(第三卷).北京:人民出版社,1974.

[47]马树林.领导方法概论.北京:中国铁道出版社,1994.

[48]马占成等.成本会计.武汉:武汉理工大学出版社,2009.

[49]孟凡生.新编成本会计学.哈尔滨:哈尔滨工程大学出版社,2002.

[50]牛冲槐,程明娥等.成本会计学.徐州:中国矿业大学出版社,2003.

[51]欧佩玉,王平心.作业分析法及其在我国先进制造企业的应用.会计研究,2000.

[52]潘序伦.劳氏成本会计(改译本).上海:立信会计出版社,1950.

[53]庞碧霞.企业成本会计.成都:西南财经大学出版社,2006.

[54]冉秋红.战略成本管理的观念、方法与应用.中国软科学,2001(5).

[55]沈志渔,刘兴国,周小虎.基于社会责任的国有企业改革研究.中国工业经济,2008.

[56]石新武.论现代成本管理模式.北京:经济科学出版社,2001.

[57]孙静.接近零不合格过程的有效控制/实现六西格玛质量的途径.北京:清华大学出版社,2005.

[58]唐婉虹,李怀栋,曹春华.成本管理会计.上海:立信会计出版社,2005.

[59]田霞等.成本会计.北京:中国对外贸易出版社,2005.

[60]万寿义.成本管理研究.大连:东北财经大学出版社,2007.

[61]汪祥耀.现代成本会计学.杭州:浙江人民出版社,2008.

[62]王竞达,于增彪,瞿卫菁.成本管理系统解析:实务发展、制度变迁和学术研究.南开管理评论,2007.10(2).

[63]王立彦.改变传统理念的生命周期成本.首席财务官,2008(6).

[64]王盛祥等.成本会计学.大连:东北财经大学出版社,1997.

[65]王伟,王琳.产品生命周期成本管理研究.生产力研究,2008(14).

[66]王雄元.战略成本管理.北京:原子能出版社,2007.

[67]威尔逊.实用成本控制指南.北京:北京大学出版社,1988.

[68]魏明海.财务战略——着重周期性因素影响的分析.北京:中国财政经济出版社,2001.

[69]吴大军.管理会计.大连:东北财经大学出版社,2007.

[70]吴泷.对人力资源会计理论的创新.会计研究,2008.

[71]吴少平.现代成本管理.北京:经济管理出版社,2007.

[72]闫丽霞.市场营销学.上海:立信会计出版社,2008.

[73]颜敏.成本会计学.北京:首都经济贸易大学出版社,1998.

[74]杨全德.成本会计实务.北京:中国财政经济出版社,2008.

[75]杨文培.现代质量成本管理.北京:中国计量出版社,2006.

[76]杨亚萍,张黄.产品生命周期成本核算模式的选择与构建.财会月刊(理论),2008.

[77]杨艳丽.资本成本管理会计理论探索.财会月刊(理论),2008.

[78]杨玉红.管理会计.上海:立信会计出版社,2007.

[79]叶陈刚,王辉.知识型企业激励、代理成本与人力资源绩效.会计研究,2006.

[80]应文琴.产品生命周期成本预算管理与控制研究.财会通讯·综合版,2007(2).

[81]尤建新,郭重庆等.质量成本管理.北京:石油工业出版社,2003.

[82]于随然,陶璟,王佳伟.基于层次分析法多标准决策分析的产品全生命周期方案选择.上海交通大学学报,2007,41(4).

[83]余景选.成本管理.杭州:浙江人民出版社,2008.

[84]张力上.成本会计.成都:西南财经大学出版社,2004.

[85]张梦.成本会计.成都:电子科技大学出版社,2008.

[86]张培莉.现代成本会计学.上海:立信会计出版社,2002.

[87]张涛.管理成本会计.北京:经济科学出版社,2001.

[88]张振国.管理会计.北京:中国财政经济出版社,2007.

[89]赵军,陈德棉.战略成本管理研究学者思想的比较分析.工业工程与管理,2007(1).

[90]赵曙明.人力资源管理理论研究现状分析.外国经济与管理,2005,27(1).

[91]中国注册会计师协会.2008年注册会计师全国统一考试教材《财务成本管理》.北京:经济科学出版社,2008.

[92]中华人民共和国财政部.企业财务通则.2007.

[93]中华人民共和国财政部.企业会计准则.2007.

[94]朱兰.质量管理(第四版).北京:企业管理出版社,1986.

[95]A Mehar, The Financial Repercussion of Cost, Revenue and Profit: an Extension in the BEP and CVP Analysis, *Applied Financial Economics*, 2005.

[96]Abagail McWilliams, Donald Siegel, Patrick M. Wright, Corporate Social Responsibility: Strategic Implications, *Journal of Management Studies*, Vol. 43, No. 1, January 2006.

[97]Antonio-Rafael Ramos-Rodríguez, José Ruíz-Navarro, Changes in the Intellectual

Structure of Strategic Management Research: a Bibliometric Study of the Strategic Management Journal, 1980~2000, *Strategic Management Journal Strategic Management Journal*, Volume 25 Issue 10, 2004.

[98]Brian E. Becker, Strategic Human Resources Management: Where Do We Go From Here? *Journal of Management*, Vol. 32, No. 6, 2006.

[99]CIO,http://www.cioage.com/.

[100]Deepak K. Datta, James P. Guthrie, Patrick M. Wright, Human Resource Management and Labor Productivity: Does Industry Matter? *Academy of Management Journal*, Vol. 48, No. 1, 2005.

[101]Eric G. Flamholtz, *Human Resource Accounting*, Boston, Kluwer Acadmic Publishers, 3rd, 1999.

[102]Fong-Ching Yuan, The Use of a Fuzzy Logic-Based System in Cost-Volume-Profit Analysis under Uncertainty, *Expert Systems with Applications*, Volume 36, Issue 2, Part 1, March 2009.

[103]H. A. Simon: *Administrative Behavior*, 2nded, Macmmillan Co., 1957.

[104]James A. Yunker, Dale Schofield, Pricing Training and Development Programs Using Stochastic CVP Analysis, *Managerial and Decision Economics*, Volume 26 Issue 3, 2005.

[105]Janez Artenjak, Polona Tominc, Cost－volume-profit Analysis by Using the Enterprise Input-output Modeling, *Bulletin of the Czech Econometric Society*, Vol 10, No 18, 2003.

[106]Jean-François Henri, Management Control Systems and Strategy: A Resource-based Perspective, Accounting. *Organizations and Society*, Volume 31, Issue 6, August 2006.

[107]Jeroen De Mast, Quality Improvement from the Viewpoint of Statistical Method, *Quality and Reliability Engineering International*, 2003, 19(4).

[108]Jim Gurowka, Raef A. Lawson, Selecting the Right Costing Tool for Your Business Needs, *Journal of Corporate Accounting & Finance*, Volume 18 Issue 3,2007.

[109]John L. Campbell, Why Would Corporations Behave in Socially Responsible Ways? An Institutional Theory of Corporate Social Responsibility, *The Academy of Management Review*, Vol. 32, No. 3, 2007.

[110]Jongwook Kima, Joseph T. Mahoney, Property Rights Theory, Transaction Costs Theory, and Agency Theory: An Organizational Economics Approach to Strategic Management, *Managerial and Decision Economics*, 26, 2005.

[111]Junjie Wua, Agyenim Boatenga and Colin Druryb, An Analysis of the Adoption, Perceived Benefits, and Expected Vuture Emphasis of Western Management Accounting Practices in Chinese SOEs and JVs, *The International Journal of Accounting*, Volume 42, Issue 2, 2007.

[112]Mohammed Al-Omiri and Colin Drury, A Survey of Factors Influencing the Choice of Product Costing Systems in UK Organizations, *Management Accounting Research*, Volume 18, Issue 4, December 2007.

[113]Raef Lawson,中国的成本计算方法和成本管理实践研究.国际商务财会,2008.

[114]Rajiv D. Banker, Indranil R. Bardhan, and Tai-Yuan Chen,The Role of Manufacturing Practices in Mediating the Impact of Activity-based Costing on Plant Performance, Accounting, *Organizations and Society*, 33(1), January 2008.

[115]Robert K. Jaedicke and Alexander A. Robichek, Cost-Volume-Profit Analysis under Conditions of Uncertainty, *The Accounting Review*, Vol. 39, No. 4, Oct., 1964.

[116]Robert Kee, The Sufficiency of Product and Variable Costs for Production-Related Decisions When Economies of Scope are Present, *International Journal of Production Economics*, 114(2), August 2008.

[117]Robert S. Kaplan, *Advanced Management Accounting*, Third Edition, Prentice Hall, 1998.

[118]RW Hilton, M Mahe, FH Selto, *Cost Management: Strategies for Business Decisions*, McGraw-Hill, 2003.

[119]S. Waite Rawls, Charles W. Smithson, Strategic Risk Management, Journal of Applied Corporate Finance, *Journal of Applied Corporate Finance*, 2(4), 2005.

[120]W. A. Sheuhart, *Economic Control of Quality of Manufactured Production*, D. van Nostrand & Co., Inc., 1931.

[121]Z. Degraeve, Eva Labro, Filip Roodhooft, *Constructing a Total Cost of Ownership Supplier Selection Methodology Based on Activity Based Costing and Mathematical Programming*, Vlerick Leuven Gent Working Paper Series Aug. 2004.

高等院校财务管理专业规划精品教材

公司成本管理
习题与答案

杨 蓉 主编

上海财经大学出版社

前 言

为了更好地帮助读者理解和掌握《公司成本管理》的内容,我们编写了这本小册子。这本小册子的编写与《公司成本管理》保持高度一致,力图在使读者了解公司成本管理知识的同时,掌握最新的公司成本管理的内容、方法和手段。这本小册子的形式,包括单选题、多选题、简答题、计算题、案例分析题和参考答案。

这本小册子有如下特点:

1. 体系配套,内容全面。本书的编排顺序、章节层次与配套书的体系完全一致,是以公司大量管理实践活动为基础,同时参考了国外相关权威论著,也吸收了国内兄弟院校优秀教材的相关内容,结合近几年成本管理的教学改革成果,在总结多年来成本管理教学经验的基础上编写而成的。

2. 题目精选,适用面广。为了适应高校企业管理专业、工商管理专业和相近专业的需要,在本书的编写上力求循序渐进,由易到难,贯彻理论联系实际的思想,体现因材施教。本书是结合多年教学经验精心挑选的,不仅具有典型性和代表性,而且体现多样性,以适应不同专业方向的需要。

3. 题型多样,突出实务。各章中的每一节均编写一定数量的单选题、多选题、简答题和计算题,融成本管理理论、原理与实务于一体。通过练习,可以缩短教与学、学与用之间的距离,使学生得到较强的实务操作训练,有利于提高学生的学习兴趣和思维判断能力。

4. 案例新颖、实用性强。为了促进案例教学,培育学生认识问题、分析问题、解决问题和创造性思维的能力,这本小册子每章后均附有案例分析题,以帮助学生更好地用真实的情况阐明成本管理将怎样更好地服务于公司。力求学以致用,讲求实效。

参加本书编写的有杨蓉、林佶颖、张静、金铭、陈俊等。其中,杨蓉任主编,负责本书的体系设计、习题形式和总纂定稿。

对书中的不妥和错误之处,恳请读者批评指正。

华东师范大学商学院

杨蓉

2009 年 11 月 25 日

目 录

前言 …………………………………………………………………………… 1

习 题

第一章　成本管理总论 ……………………………………………………… 1
 一、单项选择题 …………………………………………………………… 1
 二、多项选择题 …………………………………………………………… 2
 三、简答题 ………………………………………………………………… 3
 四、本章案例分析题 ……………………………………………………… 3

第二章　成本管理的基本方法 ……………………………………………… 3
 一、单项选择题 …………………………………………………………… 3
 二、多项选择题 …………………………………………………………… 4
 三、简答题 ………………………………………………………………… 6
 四、计算题 ………………………………………………………………… 6
 五、本章案例分析题 ……………………………………………………… 7

第三章　成本预测 …………………………………………………………… 8
 一、单项选择题 …………………………………………………………… 8
 二、多项选择题 …………………………………………………………… 8
 三、简答题 ………………………………………………………………… 9
 四、计算题 ………………………………………………………………… 10

五、本章案例分析题 ·· 10

第四章　成本决策 ·· 11
　　一、单项选择题 ·· 11
　　二、多项选择题 ·· 11
　　三、简答题 ·· 13
　　四、计算题 ·· 13
　　五、本章案例分析题 ·· 15

第五章　成本预算 ·· 15
　　一、单项选择题 ·· 15
　　二、多项选择题 ·· 16
　　三、简答题 ·· 17
　　四、计算题 ·· 17
　　五、本章案例分析题 ·· 21

第六章　成本控制 ·· 21
　　一、单项选择题 ·· 21
　　二、多项选择题 ·· 22
　　三、简答题 ·· 23
　　四、计算题 ·· 23
　　五、本章案例分析题 ·· 24

第七章　成本核算 ·· 24
　　一、单项选择题 ·· 24
　　二、多项选择题 ·· 25
　　三、简答题 ·· 26
　　四、计算题 ·· 26
　　五、本章案例分析题 ·· 28

第八章　成本考核 ········· 29
一、单项选择题 ········· 29
二、多项选择题 ········· 30
三、简答题 ········· 31
四、计算题 ········· 31
五、本章案例分析题 ········· 33

第九章　成本报表 ········· 33
一、单项选择题 ········· 33
二、多项选择题 ········· 34
三、简答题 ········· 35
四、计算题 ········· 35
五、本章案例分析题 ········· 37

第十章　成本分析 ········· 37
一、单项选择题 ········· 37
二、多项选择题 ········· 38
三、简答题 ········· 39
四、计算题 ········· 40
五、本章案例分析题 ········· 43

第十一章　成本管理的新发展(上) ········· 43
一、单项选择题 ········· 43
二、多项选择题 ········· 44
三、简答题 ········· 45
四、本章案例分析题 ········· 45

第十二章　成本管理的新发展(下) ········· 45
一、单项选择题 ········· 45
二、多项选择题 ········· 46
三、简答题 ········· 47
四、本章案例分析题 ········· 47

答　案

第一章　成本管理总论 …………………………………………… 48

第二章　成本管理的基本方法 …………………………………… 49

第三章　成本预测 ………………………………………………… 51

第四章　成本决策 ………………………………………………… 53

第五章　成本预算 ………………………………………………… 57

第六章　成本控制 ………………………………………………… 61

第七章　成本核算 ………………………………………………… 63

第八章　成本考核 ………………………………………………… 66

第九章　成本报表 ………………………………………………… 69

第十章　成本分析 ………………………………………………… 72

第十一章　成本管理的新发展(上) ……………………………… 75

第十二章　成本管理的新发展(下) ……………………………… 76

习 题

第一章 成本管理总论

一、单项选择题

1. 在成本的科学管理阶段中,对标准成本计算的作用说法不正确的是_____
   A. 标准成本可用于控制营业并作为测定效率的尺度
   B. 可使会计事务处理简单
   C. 可用作与其他企业的比较
   D. 可用作定价的基础

2. 在新技术革命中涌现的成本管理方式是_____
   A. 标准成本管理   B. 传统成本管理
   C. 责任中心成本管理 D. 作业成本管理

3. 对定额说法不正确的是_____
   A. 定额是编制计划的依据
   B. 定额工作应当随着企业生产技术条件的变化而随时做出适当的调整
   C. 定额是事后控制的比较标准
   D. 企业应建立一套完善的定额体系,以便作为参考

4. 在成本会计中的各项职能中,_____起到基础作用。
   A. 成本预测   B. 成本控制   C. 成本核算   D. 成本考核

5. 成本管理会计的中心任务是_____
   A. 进行成本预测和决策
   B. 制定目标成本,编制成本计划
   C. 根据有关法规、控制成本费用
   D. 利用核算资料促使企业降低成本、费用,改进生产经营管理,提高经济效益

6. 成本决策应以_____的结果为基础。
   A. 成本预测   B. 成本核算   C. 成本计划   D. 成本分析

7. 下列不属于事前控制职能的是_____
   A. 成本分析　　B. 成本计划　　C. 成本预测　　D. 成本决策
8. 不属于成本管理基础工作中的规章制度的是_____
   A. 工作制度　　B. 责任制度　　C. 法律制度　　D. 基本制度
9. 与传统成本会计相比，现代成本会计的重点已转移到_____
   A. 事中控制　　B. 事后计算　　C. 事后分析　　D. 事前规划
10. 成本管理的载体是_____
    A. 基础工作　　B. 工作内容　　C. 工作组织　　D. 工作目标

二、多项选择题

1. 西方的企业管理大体上经历了_____阶段。
   A. 经验管理　　B. 科学管理　　C. 现代管理　　D. 财务管理
   E. 战略管理
2. 成本管理的基础工作的要求包括_____
   A. 可比化　　B. 规范化　　C. 标准化　　D. 统一化
   E. 程序化
3. 成本管理的基础工作主要有_____
   A. 标准化工作　　B. 定额工作　　C. 计量工作　　D. 信息工作
   E. 规章制度
4. 技术标准的内容包括_____
   A. 产品标准　　　　　　　　B. 工艺规程
   C. 设备维护和修理规程　　　D. 操作规程
   E. 安全技术规程、安全卫生规程
5. 定额的内容包括_____
   A. 劳动定额　　　　B. 设备定额
   C. 流动资金定额　　D. 管理费用定额
   E. 财务费用定额
6. 加强成本管理基础工作应注意的问题为_____
   A. 要对基础工作有一个新的认识
   B. 要对基础工作进行同步协调
   C. 要对基础工作不断整顿改进
   D. 要对基础工作加强组织领导
   E. 加强企业管理基础工作必须同企业、职工的经济利益联系起来，使之具有内在的经济动力
7. 现代成本会计的主要职能包括_____
   A. 成本预测　　B. 成本决策　　C. 成本计划　　D. 成本控制
   E. 成本核算

8. _____是成本事前规划的具体手段。
   A. 成本预测   B. 成本决策   C. 成本计划   D. 成本分析
   E. 成本控制
9. 成本管理会计的任务包括_____
   A. 制定目标成本,编制成本计划
   B. 正确及时地进行成本核算
   C. 根据成本计划、相关定额和有关法规制度,控制各项成本费用
   D. 分析和考核各项消费定额和成本计划的执行情况和结果
   E. 进行成本预测和决策
10. 一般说来,企业应根据_____来组织成本管理会计工作。
    A. 本单位生产经营特点   B. 对外报告的需要
    C. 本单位生产规模的大小   D. 本单位成本管理的要求
    E. 会计师的经验

三、简答题

1. 简述成本管理的形成和发展阶段。
2. 成本管理基础工作的作用是什么?
3. 成本管理的职能有哪些?它们之间的关系如何?
4. 成本管理的特点有哪些?
5. 成本管理基础工作的内容由哪几个方面构成?

四、本章案例分析题

根据本章案例有关资料,请总结花样年公司为其成本管理做了哪些努力?

第二章　成本管理的基本方法

一、单项选择题

1. 下列对成本的说法不正确的是_____
   A. 成本是企业为生产商品和提供劳务等所耗费物化劳动和活劳动中的必要劳动价值的货币表现
   B. 成本是资本家自身耗费的东西,所以对于资本家来说,商品的价格一定要高于成本
   C. 成本就是牺牲,是各种牺牲的一般形式
   D. 成本是为了达到某一特定目的所失去或放弃的资源
2. 对成本的涵义理解不正确的是_____
   A. 成本是商品经济中的一个范畴
   B. 成本具有耗费的性质

C. 成本具有补偿性质
D. 成本的补偿性质是成本最基本的经济内容

3. 属于资本性支出的是_____
    A. 购买一条生产线的支出　　　　B. 购买一套低值易耗品的支出
    C. 给车间主任支付的工资　　　　D. 自制的一套小型简易的工具

4. 对变动成本和固定成本说法错误的是_____
    A. 变动成本在相关业务量范围内,总额随业务量的变动而成正比例变动
    B. 在相关业务量范围内,单位变动成本不随业务量的变动而变动
    C. 固定成本在相关业务量范围内,总额不随业务量的变动而变动
    D. 在相关业务量范围内,单位固定成本不随业务量的变动而变动

5. 对可避免成本和不可避免成本说法错误的是_____
    A. 可避免成本是常常与决策相关的成本,在决策方案改变后,该成本不会出现
    B. 可避免成本就是相关成本,一般是属于成本开支范围的
    C. 不可避免成本是常常与决策无关的成本,决策方案是否改变,该成本都存在
    D. 不可避免成本就是沉没成本

6. 下面不列入我国工业企业成本开支范围的是_____
    A. 增值税　　　　　　　　　　　B. 商标注册费
    C. 印花税　　　　　　　　　　　D. 固定资产折旧费

7. 下列属于制造费用的是_____
    A. 行政人员的工资　　　　　　　B. 生产车间管理人员的工资
    C. 商标的摊销费用　　　　　　　D. 广告费

8. 属于机会成本的表现形式的成本是_____
    A. 重置成本　　B. 原始成本　　C. 沉没成本　　D. 假计成本

9. 以下对边际贡献的计算公式正确的是_____
    A. 边际贡献＝销售收入－固定成本
    B. 边际贡献＝销售收入－变动成本
    C. 边际贡献＝销售收入－变动成本－固定成本
    D. 边际贡献＝销售收入－变动成本－期间费用

10. A 产品的单位变动成本 6 元,固定成本 300 元,单价 10 元,目标利润为 500 元,则实现目标利润的销售量为_____件。
    A. 200　　　　B. 80　　　　C. 600　　　　D. 100

二、多项选择题

1. 规定成本开支范围时,所要确定的界限包括_____
    A. 划清生产经营支出与非生产经营支出的界限
    B. 划清资本性支出与收益性支出的界限
    C. 划清产品制造成本与期间费用的界限

D. 划清经营责任与非经营责任的界限

E. 划清有关成本与无关成本的界限

2. 任何企业都不得列入成本的项目包括_____

 A. 自制的固定资产   B. 购买的无形资产

 C. 长期股权投资   D. 企业中的停工损失

 E. 支付的滞纳金

3. 对差别成本和边际成本说法正确的是_____

 A. 差别成本用于几个方案进行比较，比较各个方案的成本的大小

 B. 增量成本是差别成本的一种表现形式

 C. 边际成本是增加的最后一个单位的成本大小

 D. 边际成本是每增加一个单位所需增加的成本

 E. 边际成本也就是单位产品的变动成本

4. 本量利分析法主要探讨的是哪几个因素之间的关系_____

 A. 变动成本   B. 固定成本   C. 价格   D. 业务量

 E. 利润

5. 变动成本法和完全成本法的主要区别有_____

 A. 成本费用分类的依据不同   B. 产品成本构成内容不同

 C. 期末存货成本构成内容不同   D. 分期利润计算程序不同

 E. 前提假设不同

6. 变动成本法下期间成本包括_____

 A. 销售费用   B. 变动制造费用

 C. 固定制造费用   D. 管理费用

 E. 直接人工费用

7. 在完全成本法下，期间费用包括_____

 A. 变动制造费用   B. 固定制造费用

 C. 推销成本   D. 管理费用

 E. 销售费用

8. 某企业只生产一种产品，单价为100元，单位变动成本为60元，固定成本50 000元，销量1 000件。欲实现目标利润20 000元，不可采取的措施有_____

 A. 单价提高到120元，其他条件不变

 B. 单位变动成本降低至30元，其他条件不变

 C. 固定成本降低至40 000元，其他条件不变

 D. 销量增加至1 500件，其他条件不变

 E. 销量增加至1 200件，固定成本降至24 000元，其他条件不变

9. 某企业生产一种产品，单价20元，单位变动成本12元，固定成本40 000元/月，每月正常销售量为20 000件。则下列说法正确的是_____

 A. 保本点销售量为5 000件   B. 销量敏感系数为1.1

C. 正常销售量下的利润为 120 000 元　　D. 安全边际率为 60％

E. 安全边际为 15 000 件

10. 判定企业处于盈亏临界点状态的标准有_____

A. 边际贡献等于固定成本　　　　　B. 安全边际等于零

C. 安全边际率等于零　　　　　　　D. 安全边际率等于 100％

E. 边际贡献等于零

三、简答题

1. 我国工业企业成本开支范围包括哪些？
2. 生产成本具体包括哪些项目？各自的含义是什么？
3. 简述可控成本和不可控成本的差别。
4. 本量利分析法的前提假设有哪些？
5. 简述边际贡献的含义。

四、计算题

1. A 公司 1 月份销售甲产品 5 000 件，该产品的单价为 20 元，单位变动成本为 10 元，当月的固定成本为 5 000 元。

请问：(1) 甲产品的保本点的销售量和销售额为多少？

(2) 为了使得甲产品的目标利润达到 20 000，则销售量和销售额为多少？

2. B 企业经营甲产品，有关资料为：单价 50 元，单位直接材料费 15 元，单位人工费 5 元，单位变动制造费用 8 元，全年固定性制造费用 10 万元，单位变动性销售及管理费用 4 元，全年固定性销售及管理费用 17 万元，安全边际率为 70％。

请问：(1) 计算 2005 年盈亏临界点销售量、实际销售量。

(2) 该企业预计 2006 年度广告费将增加 8 万元，单位售价提高 2 元，计算为实现利润 71 万元所需要的销售量。

3. C 公司 1 月份生产甲产品，当月销售 100 件，单价为 50 元，单位变动成本为 30 元，固定成本为 6 000 元。

请问：(1) 计算 1 月的利润。

(2) C 公司若要扭亏为盈，那么单价应该定在多少？

(3) 计算单价的敏感系数。

4. D 公司 2 月份生产甲产品 4 000 件，销售 3 500 件，其成本资料详见表附 2—1。

表附 2—1　　　　　　　　甲产品成本资料　　　　　　　　单位：元

项　目	单位成本	总成本
直接材料	5	20 000
直接人工	6	24 000

续表

项　目	单位成本	总成本
变动制造费用	2	8 000
固定制造费用		24 000
变动销售和管理费用	1	4 000
固定销售和管理费用		3 000

假设期初没有存货,产品的单价为30元。请计算在变动成本法和完全成本法下:(1)产品的单位成本;(2)期末存货的成本;(3)2月的利润。

五、本章案例分析题

根据本章案例有关资料,请讨论如下问题:

1. 讨论麦文希望采用盈亏均衡分析法以外的风险评估方法的原因,并谈谈财务杠杆和经营杠杆的重要性。

2. 盈亏均衡的数量(产量)从哪个方面能够衡量风险?

3. 对构造旧的生产设施和新的生产设施的盈亏均衡数量图,你有何发现?

4. 固定成本增加和盈亏均衡数量之间有什么样的关系?

5. 计算公司销售和税后利润的年平均环比增长率。销售和利润与盈亏均衡数量之间可能存在什么样的关系?

6. 如果公司1994~1995年间销售增长15%,并且销售利润率上升3个百分点,那么公司1995年的销售额和税后利润是多少?这种设想的税后利润的改变是否是公司兴建新的生产设施的原因?这种设想的改变又会使公司的增长率和行业的比较发生什么样的变化(忽略新设施刚建立时销售和利润增长的间断)?

7. 计算并解释目前生产模式和计划生产模式的经营杠杆度(DOL)。假定销售量为8 000件,并使用麦文在表2－11和表2－12(原书中第67页)中提供的其他辅助性的数据。

8. 特殊化学品有限公司所处行业的经营杠杆度为6.1,相比这个数字评论你对第6题的答案。考虑到行业的经营杠杆度,公司改变经营政策,计划兴建不同经营模式的新设施是否合理?这对公司1995年的税后利润会产生何种可能的影响?

9. 经营杠杆度和盈亏均衡数量之间有什么样的关系?

10. 特殊化学品有限公司打算在新设施处使用较少的工人,这是否会面临伦理上的问题(考虑现有的雇员可能愿意去新的设施处工作)?

11. 运用表2－12(原书中第67页)所提供的新生产模式的有关信息,计算财务杠杆度和总杠杆度。再次做假设利息水平为200 000美元,销售量同样为8 000件。解释你的答案。讨论公司如何对其经营杠杆施加控制和影响。

12. 讨论公司在销售继续增长条件下公司的新的经营特点。如果麦文发现有些成本既非"固定"也非"浮动",她应如何面对?

第三章 成本预测

一、单项选择题

1. 在历史资料分析法的具体应用方法中,计算结果最为精确的方法是_____
   A. 高低点法　　　　B. 散布图法　　　　C. 回归直线法　　　　D. 直接分析法

2. 按目标利润预测的目标成本应当等于_____
   A. 预计总产值－目标利润　　　　B. 预计销售收入－目标利润
   C. 预计销售收入－预计总成本　　D. 变动成本总额＋固定成本总额

3. 在采用平滑指数法进行近期销售预测时,应选择_____
   A. 固定的平滑指数　　　　B. 较小的平滑指数
   C. 较大的平滑指数　　　　D. 任意数值的平滑指数

4. 在应用高低点法进行成本性态分析时,选择高点坐标的依据是_____
   A. 最高的业务量　　　　　　　　B. 最高的成本
   C. 最高的业务量和最高的成本　　D. 最高的业务量或最高的成本

5. 预测分析的最后一个步骤是_____
   A. 检查验证　　　　B. 修正预测值　　　　C. 报告预测结论　　　　D. 分析判断

6. 下列各种成本预测方法中,属于没有考虑远近期成本量对未来成本状况产生不同影响的方法是_____
   A. 移动平均法　　　　B. 算术平均法　　　　C. 加权平均法　　　　D. 平滑指数法

7. 下列不能作为定量预测法的是_____
   A. 指数平滑法　　　　B. 回归分析法　　　　C. 本量利分析法　　　　D. 主观概率法

8. 若平滑系数大,则说明_____
   A. 近期的实际值对预测期的预测值影响大
   B. 近期的实际值对预测期的预测值影响小
   C. 前期的预测值对预测期的预测值影响大
   D. 前期的预测值对预测期的预测值影响小

9. 在成本预测中,运用加权平均模型法的条件是企业应具备详细的_____
   A. 固定成本总额和单位变动成本的历史资料
   B. 产品成本的历史资料
   C. 固定成本总额的历史资料
   D. 单位变动成本的历史资料

10. 下列不属于成本预测原则的是_____
    A. 系统性原则　　　　B. 适用性原则　　　　C. 主观性原则　　　　D. 时间性原则

二、多项选择题

1. 定性预测方法包括_____

A. 专家小组法　　　B. 主观判断法　　　C. 德尔菲法　　　D. 趋势预测法

　　E. 因果预测法

2. 成本预测应注意的问题_____

　　A. 重视成本与效益的比较　　　　B. 成本预测要遵循系统性原则

　　C. 正确认识成本预测的结果　　　D. 预测误差无需修正

　　E. 成本预测不能主观臆断

3. 下列成本预测方法属于趋势分析法的是_____

　　A. 简单平均法　　B. 移动平均法　　C. 加权移动平均法　　D. 指数平滑法

　　E. 季节预测法

4. 下列各项中,属于生产经营决策相关成本的有_____

　　A. 增量成本　　　B. 机会成本　　　C. 专属成本　　　D. 沉没成本

　　E. 不可避免成本

5. 下列各项中,可用于成本预测的定量分析方法有_____

　　A. 判断分析法　　B. 趋势外推分析法　　C. 本量利分析法　　D. 因果预测分析法

　　E. 产品寿命周期推断法

6. 下列各项中,可用于成本预测的方法包括_____

　　A. 指数平滑法　　B. 加权平均法　　C. 回归直线分析法　　D. 高低点法

　　E. 趋势平均法

7. 成本预测中,定性预测可以用_____

　　A. 移动加权平均法　　B. 回归分析法　　C. 专家判断法　　D. 推销员判断法

　　E. 综合判断法

8. 成本定量预测的主要方法包括_____

　　A. 趋势外推法　　　　　　　　B. 因果预测分析法

　　C. 判断分析法　　　　　　　　D. 产品寿命周期推断法

　　E. 专家小组法

9. 趋势外推分析法主要包括_____

　　A. 平均法　　　　　　　　　　B. 修正的时间序列回归法

　　C. 因果预测分析法　　　　　　D. 综合判断法

　　E. 全面调查法

10. 下列属于因果预测法的是_____

　　A. 本量利分析法　　　　　　　B. 投入产出分析法

　　C. 指数平滑法　　　　　　　　D. 平均法

　　E. 回归分析法

三、简答题

1. 简述成本预测的主要内容。
2. 简述成本预测要遵循的原则。
3. 简述成本预测主要的定量预测方法,并说明其各自的缺点和适用性。

9

4. 简述成本预测的定性分析法。

5. 如何将成本预测的定性方法和定量方法相结合？

四、计算题

1. 某企业生产量和成本变化情况如表附3—1所示，2008年预计产量为150万件，试在成本额与产品产量之间存在线性关系的条件下计算：(1)单位可变成本额。(2)2008年的成本总量。

表附3—1　　　　　　　　　产销量与资金变化情况表

年 度	年产量(x)(万件)	成本(y)(万元)
2002	120	100
2003	110	95
2004	100	90
2005	120	100
2006	130	105
2007	140	110

2. 某公司2005年第一、二季度各月的某产品实际成本资料如表附3—2所示。

表附3—2　　　　　　2005年第一、二季度各月的某产品实际成本资料　　　　　　单位：件

月 份	1	2	3	4	5	6
实际成本	1 000	1 200	1 180	1 150	1 170	1 140

要求：用简单平均法预测7月份的成本。

3. 某企业计划年度继续生产甲产品，上年预计平均单位成本为4 000元，上年预计产量200件，产品成本中各项目比重见下表附3—3：

表附3—3　　　　　　　　　　　产品成本项目比重　　　　　　　　　　　　　　单位：元

成本项目	直接材料	直接人工	制造费用	合 计
预计单位成本	2 000	1 200	800	4 000
比 重	50%	30%	20%	100%

计划年度要求成本降低至少8.35%，根据计划年度降低成本的措施影响产品成本的有关因素有如下变动：

生产增长20%，材料消耗定额降低6%，材料平均价格提高2%，平均工资增长5%，劳动生产率提高18%，增添设备，设备价值增长2%。根据以上资料，测算因素变动影响的成本降低率和降低额，并汇总说明是否可以达到计划年度要求的成本降低率。

五、本章案例分析题

根据本章案例有关资料，如果周一至周五，每辆车每天往返4次，周六、周日每天往返两次，那么每辆车每次要搭乘多少乘客才能达到损益平衡？

第四章 成本决策

一、单项选择题

1. 下列不属于决策分析特点的是_____
   A. 决策分析是决策者对客观世界的主观反映
   B. 决策分析既要对过去决策,也要对现在决策,更要对未来决策
   C. 决策分析是提出问题、分析问题、解决问题的系统分析过程
   D. 决策分析是对两种或两种以上的行动方案进行选择
2. 在决策时,不需要考虑的成本是_____
   A. 差别成本   B. 机会成本   C. 沉没成本   D. 重置成本
3. 目前,从市场上的购买同一项原有资产所需支付的成本称为_____
   A. 相关成本   B. 重置成本   C. 专属成本   D. 机会成本
4. 在经济决策过程中,因选取某一方案而放弃另一方案所付出的代价或丧失的潜在利益,就是所谓的_____
   A. 差量成本   B. 机会成本   C. 专属成本   D. 重置成本
5. 未来需要动用现金支付的成本称为_____
   A. 专属成本   B. 机会成本   C. 付现成本   D. 相关成本
6. 下列决策方法中,能够直接揭示选中的方案比放弃的方案多获得利润或少发生损失的方法是_____
   A. 总额分析法   B. 差量损益分析法
   C. 相关成本分析法   D. 成本无差别点法
7. 决策中不需要区分相关成本和无关成本,以利润作为最终评价指标的决策方法是_____
   A. 总额分析法   B. 差量损益分析法
   C. 线性规划法   D. 边际分析法
8. 当两个投资方案为独立选择时,应优先选择_____
   A. 现值大的方案   B. 项目周期短的方案
   C. 投资额小的方案   D. 现值指数大的方案
9. 若一项目的 NPV 大于 0,其内含报酬率将_____应得报酬率。
   A. 大于   B. 小于   C. 等于   D. 不能确定

二、多项选择题

1. 下列各项中属于相关成本的有_____
   A. 半成品成本中的变动成本   B. 半成品成本中的固定成本
   C. 机会成本   D. 专属成本
   E. 共同成本
2. 下列各项中,属于无关成本的是_____

A. 沉没成本　　　　B. 机会成本　　　　C. 专属成本　　　　D. 重置成本
E. 共同成本

3. 成本决策最常用的方法包括_____
   A. 比较分析法　　　B. 差量分析法　　　C. 本量利分析法　　D. 线性规划法
   E. 非线性方程式法

4. 在对亏损产品应否停产的决策中,下列做法正确的是_____
   A. 实亏损产品应当马上停产　　　　B. 实亏损产品不应当马上停产
   C. 虚亏损产品不应当停产　　　　　D. 虚亏损产品应当减少产量
   E. 实亏损产品停产后闲置的生产能力让给别的产品,只要获得正的边际贡献,就可以增加盈利

5. 零部件自制或外购决策需要考虑的因素包括_____
   A. 企业的生产能力　　　　　　　　B. 市场供应
   C. 零部件自制或外购的成本　　　　D. 产品质量
   E. 工艺水平

6. 下列有关成本无差别点法的说法中正确的是_____
   A. 当业务量小于成本无差别点业务量时,应选择固定成本较小的方案
   B. 当业务量小于成本无差别点业务量时,应选择固定成本较大的方案
   C. 当业务量大于成本无差别点业务量时,应选择固定成本较大的方案
   D. 当业务量大于成本无差别点业务量时,应选择固定成本较小的方案
   E. 当业务量等于成本无差别点业务量时,决策中任选其中之一即可

7. 在进行半成品是否进一步加工的决策分析中,下列观点正确的是_____
   A. 如果进一步加工后增加的收入超过进一步加工过程中追加的成本,则应选择直接出售半成品的方案
   B. 如果进一步加工后增加的收入小于进一步加工过程中追加的成本,则应选择继续加工方案
   C. 如果进一步加工后增加的收入等于进一步加工过程中追加的成本,则直接出售半成品与继续加工方案,两者任选其一即可
   D. 决策中必须考虑半成品与产成品数量上的投入产出关系
   E. 决策中必须考虑企业现有的进一步加工能力

8. 对产品生产组合决策的说法正确的是_____
   A. 影响产品生产组合决策的不仅受企业内部因素的影响,也受企业外部因素的制约
   B. 在单一生产因素限制条件下的产品组合决策分析中,应先安排生产边际贡献大的产品
   C. 在单一生产因素限制条件下的产品组合决策分析中,应先安排生产边际贡献小的产品
   D. 在多种生产因素限制的产品组合决策分析中,应当以产品共同提供的边际贡献总额最大为原则
   E. 在多种生产因素限制的产品组合决策分析中,应当以各个产品提供的边际贡献总额均最大为原则

9. 下列各种决策分析中,可按成本无差别点法做出决策结论的是_____

A. 亏损产品的决策　　　　　　　　B. 是否增产的决策
C. 追加订货的决策　　　　　　　　D. 自制或外购的决策
E. 生产工艺技术方案的决策

10. 如果以内含报酬率作为评价指标,那么要求内含报酬率_____
A. 大于 1　　B. 大于获利指数　　C. 大于资金成本　　D. 大于基准的贴现率

三、简答题

1. 简述成本决策的意义。
2. 简述成本决策的步骤。
3. 什么是"实亏损"？什么是"虚亏损"？亏损产品是否应继续生产？
4. 简述生产工艺技术方案的决策方法。
5. 进行互斥方案决策分析时,通常采用哪些方法？每种方法有什么特点？

四、计算题

1. 某企业原来只生产甲产品,现准备开发新产品乙或丙,有关资料如表附 4－1 所示。

表附 4－1　　　　　　　　　各种产品资料

产品 项目	甲	乙	丙
产销量(件)	250	200	500
单价(元)	60	80	46
单位变动成本(元)	50	70	38
固定成本(元)		14 000	

预计乙、丙产品销路不成问题,但由于生产能力有限,只允许投产一种产品,要求:
(1) 做出生产哪种新产品的决策？
(2) 如果生产产品乙或丙必须追加成本支出,购置专用工具,价值分别为 1 080 元和 1 850 元,做出生产哪种新产品的决策？并填写表附 4－2。

表附 4－2　　　　　　　　　差量损益分析表　　　　　　　　　　　　　单位:元

方案 项目	开发乙产品	开发丙产品	差异额
相关收入			
相关成本			
其中:变动成本			
专属成本			
差量损益			

13

2. 某企业生产 A、B、C 三种产品,有关资料如表附 4－3 所示。

表附 4－3　　　　　　　　　　　　产品资料表　　　　　　　　　　　　　单位:元

产品项目	A	B	C	合 计
销售收入	500 000	300 000	200 000	1 000 000
变动成本	300 000	210 000	190 000	700 000
固定成本	50 000	30 000	20 000	100 000
利　润	150 000	60 000	－10 000	200 000

要求:(1)若亏损产品停产后,闲置的能力不能用于其他方面,C 产品应否停产?

(2)若亏损产品停产后,闲置的能力可以用于承揽零星加工业务,预计获边际贡献15 000 元,C 产品应否停产?

3. 某企业用同一种原料生产甲、乙两种产品,材料有限,每月只能供应 1 200 千克,甲产品的单耗为 6 千克,乙产品的单耗为 3 千克;另外,加工产品总工时最多不能超过 1 500 小时,加工一件甲产品需 3 小时,加工一件乙产品需 4 小时;每月要求甲、乙产品的利润合计不能低于 6 000 元;并已知甲产品的单位边际贡献为 16 元,乙产品的单位边际贡献为 10 元。甲、乙产品的销路均不成问题。问:企业应如何安排生产?

4. 某企业生产甲产品,过去外购每只成本 1.1 元,现拟自己生产,可以用半自动机器或全自动机器,有关成本如表附 4－4 所示:

表附 4－4　　　　　　　　不同机器的成本费用

	半自动机器	全自动机器
每年固定制造费用	7 000	10 000
变动成本	0.4	0.3

要求:(1)每种机器要生产甲产品多少只,能使自制与外购成本相等?

(2)如两种机器生产成本相等时,应销售多少只?

5. 某企业可生产半成品 5 000 件,如果直接出售,单价为 20 元,其单位成本资料如下:单位材料为 8 元,单位人工费用为 4 元,单位变动性制造费用为 3 元,单位固定性制造费用为 2 元,合计为 17元。现该企业还可以利用剩余生产能力对半成品继续加工后再出售,这样单价可提高到 27 元,但每件需追加工资 3 元、变动性制造费用1元、固定性制造费用 1 元。要求就以下各种情况进行决策。

(1)若该企业的剩余能力足以将半成品全部加工为产成品,是否继续加工?

(2)若该企业只具有 80%的加工能力,是否继续加工?

(3)若该企业要将半成品全部加工为产成品,需租入一台设备,年租金为 25 000 元,是否继续加工?

(4)若半成品与产成品的投入产出比为 2∶1,是否继续加工?

6. 某公司进行一项固定资产投资,该项目的现金流量如表附 4－5 所示。

表附 4-5　　　　　　　　　项目现金流量表

	建设期		经营期					合　计
	0	1	2	3	4	5	6	
净现金流量	-500	-500	300	300	300	200	300	300
累计净现金流量	-500	-1 000	-700	-400	-100	100	400	—
折现净现金流量	-500	-454.5	247.93	225.39	204.90	124.18	169.34	17.24

已知折现率为 10%，请计算下列指标，并评价该项目的可行性：
(1)折现净现金流量。
(2)投资回收期。
(3)净现值。
(4)原始投资现值。
(5)净现值率。
(6)获利指数。

五、本章案例分析题

根据本章案例有关资料，假定 1 美元的汇率为人民币 8.5 元，沪港公司的李经理对自制或外购，还是部分自制、部分外购，是否需要安排全部员工加班或部分员工加班感到困惑，你能帮助李经理做出正确的决策吗？

第五章　成本预算

一、单项选择题

1. 企业在编制全面预算时，一般是先编制_____
   A. 销售预算　　　　　　　　B. 生产预算
   C. 直接人工预算　　　　　　D. 制造费用总预算
2. 企业生产经营的全面预算必须以_____为主导。
   A. 生产预算　　B. 成本预算　　C. 销售预算　　D. 现金预算
3. 按照企业预算期内可预见的多种经营活动水平分别确定相应的数据，使编制的预算随着生产经营管理活动的变化而变动，这种预算称为_____
   A. 弹性预算　　B. 滚动预算　　C. 零基预算　　D. 概率预算
4. _____的编制过程，实际上也是对企业经营活动规律性的认识逐步深化的过程。
   A. 弹性预算　　B. 滚动预算　　C. 零基预算　　D. 概率预算
5. 从根本上研究、分析每项预算是否有支出的必要及支出数额大小的预算是_____
   A. 弹性预算　　B. 滚动预算　　C. 零基预算　　D. 概率预算
6. 产品预算的编制方法有_____

A. 因素测算法　　　B. 加权平均法　　　C. 直接计算法　　　D. 移动平均法

7. 预算在执行过程中自动延伸,使预算期永远保持在一年的预算称为_____
   A. 零基预算　　　B. 滚动预算　　　C. 弹性预算　　　D. 概率预算

8. 为了克服固定预算的缺陷,可采用的方法是_____
   A. 零基预算　　　B. 滚动预算　　　C. 弹性预算　　　D. 增量预算

9. 以下说法中,不正确的是_____
   A. 成本预算的编制应以提高职工成本意识,调动职工降低成本积极性为原则
   B. 成本预算的编制既要先进合理又要确实可行
   C. 成本预算的口径应与国家成本开支范围一致
   D. 成本预算不需要与其他预算相互协调和平衡

10. 成本预算的内容不包括_____
    A. 主要产品单位成本预算　　　B. 期间费用预算
    C. 生产费用预算　　　D. 制造费用预算

二、多项选择题

1. 预算的作用主要有_____
   A. 明确目标　　　B. 协调工作　　　C. 全面控制　　　D. 评价业绩
   E. 事前控制

2. 编制生产预算时,应考虑_____的预计水平。
   A. 销售量　　　B. 期末存货　　　C. 期初存货　　　D. 采购量
   E. 订单量

3. 成本预算的内容一般包括的内容有_____
   A. 产品单位成本预算　　　B. 商品产品成本预算
   C. 制造费用预算　　　D. 期间费用预算
   E. 降低成本主要措施方案

4. 编制全面预算的主要内容包括_____
   A. 业务预算　　　B. 财务预算
   C. 专门决策预算　　　D. 销售预算
   E. 生产预算

5. 成本预算的编制步骤包括_____
   A. 收集和整理资料
   B. 预计和分析上期成本预算的执行情况
   C. 进行成本降低指标的测算
   D. 正式编制企业成本预算
   E. 将成本预算对外报送

6. 业务预算具体包括_____
   A. 销售预算　　　B. 生产预算
   C. 直接材料预算　　　D. 现金预算

E. 直接人工预算
7. 财务预算具体包括_____等。
   A. 现金预算   B. 预计利润表预算
   C. 预计资产负债表预算   D. 预计现金流量表预算
   E. 制造费用预算
8. 专门决策预算具体包括_____等。
   A. 预计利润表预算   B. 预计资产负债表
   C. 制造费用预算   D. 资本支出预算
   E. 现金预算   F. 一次性专门业务预算
9. 全面预算的编制方法包括_____等主要方法。
   A. 固定预算   B. 零基预算   C. 弹性预算   D. 滚动预算
   E. 概率预算
10. 预算的作用有_____
    A. 计划   B. 控制   C. 评价   D. 激励
    E. 决策

三、简答题

1. 什么是全面预算？
2. 企业编制成本预算有什么作用？
3. 企业编制成本预算应遵循那些原则？
4. 什么是固定预算法和弹性预算法，它们之间有何区别？
5. 什么是弹性预算？为什么要编制弹性预算？
6. 什么是零底预算？零底预算有什么优缺点？
7. 什么是滚动预算？滚动预算有何优点？

四、计算题

1. 某企业有一个修理辅助生产车间，该辅助生产车间本年度制造费用计划数分别为工资6 000元，办公费2 000元，折旧费800元，其他2 500元，合计11 300元；直接材料消耗定额为100千克，计划单价为每千克100元；直接工时消耗定额为8 000小时，计划单价为每小时2元；提供的劳务工时总量为8 000小时，其中一车间5 000小时，二车间3 000小时。

要求：根据有关资料，编制辅助生产车间的成本预算。所需表格如表附5－1所示。

表附5－1   辅助生产车间成本预算表

成本项目	辅助生产车间的成本预算			辅助生产车间成本的分配计划			
	消耗定额	单价	金额	基本生产车间	修理工时	分配率	金额
直接材料				一车间			
直接工资				二车间			
制造费用							

续表

成本项目	辅助生产车间的成本预算			辅助生产车间成本的分配计划			
	消耗定额	单价	金额	基本生产车间	修理工时	分配率	金额
其中:工资							
办公费							
折旧费							
其他							
小计							
合计	—	—		合计			

2. 某企业基本生产车间加工 A、B、C、D、E 五种产品,期初、期末均无在产品。A 产品的成本计划资料见表附 5-2;其他产品的直接费用成本计划编制方法与 A 产品相同,B、C、D、E 产品的直接费用计划编制略,资料直接见表附 5-4。基本生产车间制造费用各项目预算及各种产品的工时资料见表附 5-3。

要求:(1)编制 A 产品基本生产车间直接费用预算。

(2)编制基本生产车间制造费用预算。

(3)编制基本生产车间成本预算。

表附 5-2　　　　　　基本生产车间直接费用预算表(A 产品)

成本项目	产量	单位消耗量	计划单价	总成本	单位成本
直接材料	100	200	50		
燃料及动力		80 000	1		
直接工资		3 000	2		
合计					

表附 5-3　　　　　　基本生产车间制造费用预算及分配表

明细项目	计划数	预算制造费用分配			
		产品名称	分配标准	分配率	分配金额
工资	5 000	A	100 000		
办公费	22 000	B	80 000		
折旧费	35 000	C	100 000		
消耗材料	17 000	D	110 000		
低值易耗品		E	90 000		
修理费	23 312.50				
检验费	480.50				
劳保费	5 432				
其他	10 975				
合计	120 000	合计	480 000		

表附 5—4　　　　　　　　　　　基本生产车间产品成本预算表

项目	A产品（计划产量:100件）		B产品（计划产量:40件）		C产品（计划产量:100件）		D产品（计划产量:250件）		E产品（计划产量:60件）		合计
	单位成本	总成本	单位成本	总成本	单位成本	总成本	单位成本	总成本	单位成本	总成本	
直接材料			700	28 000	585	58 500	190	47 500	440	26 400	
燃料及动力			400	16 000	320	32 000	150	37500	400	24 000	
直接工资			300	12 000	210	21 000	100	25 000	320	19 200	
制造费用											
合计											

3. 恒星公司计划生产和销售 B 产品,预计每件 B 产品的材料消耗定额为 10 千克,计划单价 5 元。为了保证生产的顺利进行,要求材料每季季初的存货量至少要储备当季需要量的 30%。该公司 2××9 年 1 月的材料库存恰好与此要求相符,预计 2××9 年各季 B 产品的销售量分别为 10 000 件、8 000 件、13 000 件和 12 000 件。恒星公司无在产品存货,其产成品存货各季期末存量应为下季销售量的 20%,其年初产成品存货为 2 800 件,年末预计的产成品存货的数量为 1 500 件,年末预计库存材料的数量为 2 000 千克。

要求:(1)编制恒星公司 2××9 年 B 产品的生产预算。

(2)编制恒星公司 2××9 年直接材料预算。

4. 某企业按照 8 000 直接人工小时编制的预算资料,如表附 5—5 所示。

表附 5—5　　　　　　　　　　　　预算成本表

变动成本	金额	固定成本	金额
直接材料	6 000	间接人工	11 700
直接人工	8 400	折旧	2 900
电力及照明	4 800	保险费	1 450
		电力及照明	1 075
合计	19 200	其他	875
		合计	18 000

要求:按公式法编制 9 000、10 000、11 000 直接人工小时的弹性预算(该企业的正产生产能量为 10 000 直接人工小时,假定直接人工小时超过正常生产能量时,固定成本将增加 6%)。

5. 设某公司采用零基预算法编制下年度的销售及管理费用预算。该企业预算期间需要开支的销售及管理费用项目及数额,如表附 5—6 所示。

表附 5—6　　　　　　　　　　　销售及管理费用预算

项目	金额
产品包装费	12 000
广告宣传费	8 000
管理推销人员培训费	7 000
差旅费	2 000
办公费	3 000
合计	32 000

经公司预算委员会审核后,认为上述五项费用中产品包装费、差旅费和办公费属于必不可少的开支项目,保证全额开支。其余两项开支根据公司有关历史资料进行"成本——效益分析"其结果为:

广告宣传费的成本与效益之比为1∶15

管理推销人员培训费的成本与效益之比为1∶25

假定该公司在预算期上述销售及管理费用的总预算为29 000元,要求编制销售以及管理费用的零基预算。

6. 某公司正常生产能力在1 600~2 400工作小时之间。有关制造费用资料如表附5—7所示。

表附5—7　　　　　　　　　　　制造费用资料　　　　　　　　　　　　单位:元

项　目	生产能力	
	1 600工作小时	2 400工作小时
间接人工成本	18 000	22 000
工厂物料费用	1 600	2 400
机器维修费用	1 300	1 700
热能与照明费用	1 000	1 000
机器折旧费用	6 500	6 500
小工具费用	1 600	2 400
动力费用	8 000	12 000
房屋租用费	2 000	2 000
合　计	40 000	50 000

要求:编制生产能力分别为1 800工作小时和2 000工作小时的制造费用预算。

7. 东海公司生产和销售甲产品,采用变动成本计算法计算产品成本。预计甲产品四个季度耗用的直接人工小时分别为5 600、12 800、14 400、7 600,公司制造费用中的变动部分,按计划年度所需的直接人工小时总数进行规划,预计每小时变动制造费用分配率为4元;固定部分预计每季均为15 000元,预计折旧每季均为3 000元。

要求:编制公司的制造费用预算。

8. 东海公司生产和销售甲产品,公司预计四个季度的销售量分别为2 000、6 000、8 000、4 000,预计单位产品的变动销售费用与管理费用为6元,公司预计的固定销售与管理费用如表附5—8所示。

要求:编制公司的销售与管理费用预算。

表附 5-8　　　　　　　　销售与管理费用预算

项　目	第一季度	第二季度	第三季度	第四季度
预计固定销售与管理费用				
广告费	8 000	8 000	8 000	8 000
保险费	8 500			15 000
管理人员工资	9 200	9 200	9 200	9 200
财产税			4 500	
租　金	2 600			

五、本章案例分析题

根据本章案例有关资料，简述明基在成本计划中的优势。

第六章　成本控制

一、单项选择题

1. 按成本控制的对象进行分类，可分为_____
   A. 事前成本控制和事中成本控制　　B. 产品成本控制和质量成本控制
   C. 前馈性成本控制和反馈性成本控制　　D. 日常生产阶段产品成本控制
2. _____不属于固定制造费用成本差异。
   A. 耗费差异　　B. 效率差异　　C. 闲置能量差异　　D. 预算差异
3. 用企业内部制定的规章制度来约束成本的支出，预防偏差和浪费的发生，即称为_____
   A. 前馈性成本控制　　　　　　　B. 反馈性成本控制
   C. 防护性成本控制　　　　　　　D. 事前成本控制
4. 标准成本的种类通常有四种，在实行标准成本制度时，一般都是采用_____
   A. 基本标准成本　　　　　　　　B. 预期标准成本
   C. 理想标准成本　　　　　　　　D. 正常标准成本
5. _____是指固定制造费用的实际金额与预算金额之间的差额。
   A. 能量差异　　B. 耗费差异　　C. 效率差异　　D. 闲置能量差异
6. 下列_____属于用量标准。
   A. 原材料价格　　　　　　　　　B. 材料消耗量
   C. 小时工资率　　　　　　　　　D. 小时制造费用率
7. 与预算成本不同，标准成本是_____
   A. 实际成本　　B. 历史成本　　C. 总额的概念　　D. 单位额的概念
8. 在标准成本控制系统中，成本差异是指在一定时期内生产一定数量的产品所发生的
   A. 预算成本与标准成本之差　　　B. 实际成本与标准成本之差

C. 预算成本与实际成本之差　　　　　D. 实际成本与计划成本之差
9. 下列_____属于标准成本控制系统的内容。
  A. 成本预算的编制　　　　　　　　　B. 成本差异的分配
  C. 成本差异的计算与分析　　　　　　D. 成本差异的账务处理

二、多项选择题

1. 成本控制的经济原则的具体要求有_____
   A. 具有适用性　　B. 例外管理原则　　C. 重要性原则　　D. 因地制宜原则
   E. 全面介入原则
2. 成本控制按控制的时间进行分类,可分为_____
   A. 日常成本控制　B. 事前成本控制　　C. 事中成本控制　D. 事后成本控制
   E. 质量成本控制
3. 要实现成本的全面控制原则必须做到_____
   A. 全员控制　　　B、全过程控制　　　C. 全方位控制　　D. 全社会控制
   E. 全行业控制
4. 在实务中,贯彻成本控制的例外管理原则时,确定"例外"的标志有_____
   A. 重要性　　　　B. 一贯性　　　　　C. 统一性　　　　D. 可控性
   E. 特殊性
5. 通常所说的标准成本主要有_____等类型。
   A. 基本标准成本　　　　　　　　　　B. 现实标准成本
   C. 理想标准成本　　　　　　　　　　D. 正常标准成本
   E. 预期标准成本
6. 单位产品标准成本一般由_____组成。
   A. 直接材料标准成本　　　　　　　　B. 直接人工标准成本
   C. 间接人工成本　　　　　　　　　　D. 制造费用标准成本
   E. 变动标准成本
7. 三差异分析法,是指将固定制造费用的成本差异分解为_____来进行分析的。
   A. 耗费差异　　　B. 能量差异　　　　C. 效率差异　　　D. 闲置能量差异
   E. 变动成本
8. 下列_____因素会影响直接材料的耗费用量差异。
   A. 材料质量　　　　　　　　　　　　B. 工人的技术熟练程度
   C. 设备的完好程度　　　　　　　　　D. 用料的责任心
   E. 材料价格
9. 标准成本控制系统的内容包括_____
   A. 标准成本的制定　　　　　　　　　B. 成本差异的计算与分析
   C. 成本差异的账务处理　　　　　　　D. 成本差异的分配
   E. 成本预算的编制
10. 变动性制造费用成本差异可分解为_____

A. 耗费差异　　　　B. 预算差异　　　　C. 开支差异　　　　D. 效率差异
E. 能量差异

三、简答题

1. 从广义上怎样理解成本控制？
2. 简述成本控制原则。
3. 简述成本控制程序。
4. 简述价值工程的含义。
5. 简述标准成本制度的作用。
6. 简述标准成本制度的特点。

四、计算题

1. 某企业采用标准成本制度计算产品成本,直接材料单位产品标准为 135 元。其中,用量标准 3kg/件,价格标准 45 元/kg。本月购入 A 材料一批 32 000kg,实际价格 40 元/kg,共计 1 280 000 元。本月投产甲产品 8 000件,领用 A 材料 30 000kg。

要求:(1)计算购入材料的价格差异。
(2)计算领用材料的数量差异。

2. 兴皖企业生产 A 产品需要经过两道工序,生产每件 A 产品需要在第一道工序加工 2 小时,加上必要的职工休息间歇、设备调试时间以及其他必要耗费,每件 A 产品需要 3 小时。同样,生产每件 A 产品需要在第二道工序加工 2.5 小时,但是,加上必要的时间耗费,每件 A 产品需要 3.5 小时。由于生产的劳动强度不同,因此,第一、第二道工序工人工资率不相同。经计算,第一道工序工人工资率为 3 元/小时,第二道工序工人工资率为 2 元/小时。

要求:根据以上资料,计算 A 产品直接人工标准成本。

3. 兴皖企业 2005 年 1 月份生产 A 产品 1 000 件,实际耗用材料 3 000 千克。该材料的实际采购单价为 2 元/千克,标准单价为 3 元/千克;每件 A 产品材料标准耗用量为 2.5 千克。

要求:计算 A 产品所用材料的成本差异总额。

4. 某企业采用标准成本法,A 产品的正常生产能力为 1 000 件,单位产品标准成本如表附 6—1、表附 6—2 所示。

表附 6—1　　　　　　　　单位产品标准成本卡(产品 A)

直接材料	0.1 千克×150(元/千克)	15 元
直接人工	5 小时×4(元/小时)	20 元
制造费用	—	—
其中:变动费用	6 000 元/1 000 件	6 元
固定费用	5 000 元/1 000 件	5 元
单位产品标准成本	—	46 元

表附 6－2　　　　　　　　单位产品实际成本卡(产品 A)　　　　　　产量：800 件

直接材料	0.11 千克×140(元/千克)	15.4 元
直接人工	5.5 小时×3.9(元/千克)	21.45 元
制造费用	—	—
其中：变动费用	4 000 元/800 件	5 元
固定费用	5 000 元/800 件	6.25 元
单位产品实际成本	—	48.1 元

要求：(1) 计算直接材料标准成本差异。

(2) 计算直接人工成本差异。

(3) 计算变动制造费用差异。

五、本章案例分析题

结合本章案例，谈谈邯钢成本控制的具体方法。

第七章　成本核算

一、单项选择题

1. 下列不属于实际成本原则的说法是_____
   A. 对生产所耗用的原材料、燃料和动力等按先进先出的原则计价
   B. 起初原材料按先进先出的原则计价，之后应经济环境的变化，采用后进先出的原则
   C. 固定资产折旧按购买时的价格和规定使用年限计算
   D. 生产耗用的原材料、燃料和动力等按计划成本计价

2. 下列属于计入产品成本费用的是_____
   A. 车间工人的工资和福利费　　　B. 行政人员的工资和福利费
   C. 借贷款项的利息费用　　　　　D. 销售人员的工资和福利费

3. 对于生产车间一般耗用的材料，应计入的会计科目是_____
   A. 生产成本　　　　　　　　　　B. 管理费用
   C. 制造费用　　　　　　　　　　D. 营业费用

4. 当材料费用的多少与产品的重量有直接联系时，材料费用的分配方法是_____
   A. 定额耗用量比例分配法　　　　B. 产品材料定额成本比例法
   C. 产品产量比例分配法　　　　　D. 产品重量比例法

5. 应计入产品成本而不能分清应由哪种产品负担的材料、人工等费用，应_____
   A. 不计入产品成本　　　　　　　B. 按一定的标准分配计入产品成本
   C. 直接计入产品成本　　　　　　D. 直接冲减本期损益

6. 某企业本月份生产甲、乙两种产品，共发生生产工人工资 196 900 元，其中甲产品生产工时为 30 000 小时，乙产品生产工时为 20 000 小时，根据生产工时比例分配工资费用时，甲产品应分配

的工资费用为_____元。

    A. 147 675　　　　　B. 118 140　　　　　C. 158 460　　　　　D. 48 326

7. 辅助生产费用在直接分配法下实际费用要在_____分配。

    A. 辅助车间以外的各受益部门　　　　B. 在各受益单位之间

    C. 各辅助生产车间　　　　　　　　　D. 各基本生产车间之间

8. 完工产品核算的最基本公式是_____

    A. 月初在产品成本＋本月发生的生产费用＝本月完工产品成本＋月末在产品成本

    B. 月初在产品成本－本月发生的生产费用＝本月完工产品成本－月末在产品成本

    C. 月初在产品成本＋本月发生的生产费用＋月末在产品成本＝本月完工产品成本

    D. 月初在产品成本＋本月发生的生产费用＋本月完工产品成本＝月末在产品成本

9. 某工业企业某产品本月完工 300 件，月末在产品 180 件，在产品完工程度测定为 40%；月初和本月发生的原材料费用共为 65 100 元，原材料随着加工程度陆续投入，则完工产品和月末在产品的原材料费用分别为_____

    A. 55 200 元和 12 600 元　　　　　　B. 55 200 元和 16 200 元

    C. 52 500 元和 12 600 元　　　　　　D. 52 500 元和 16 200 元

10. 不计算在产品成本的方法，适用于_____

    A. 能制定比较准确的消耗定额的情况

    B. 月末在产品数量变动不大的情况

    C. 原材料费用在产品成本中所占比重较大的情况

    D. 月末在产品数量很小的情况

二、多项选择题

1. 降低产品成本的包括_____

    A. 提高劳动生产率　　　　　　　　　B. 节约材料的消耗

    C. 控制生产损失的发生　　　　　　　D. 控制制造费用

    E. 控制管理费用

2. 属于成本核算的原则的是_____

    A. 合法性原则　　　　　　　　　　　B. 相关性原则

    C. 可靠性原则　　　　　　　　　　　D. 一致性原则

    E. 重要性原则

3. 下列各项中，为了计算产品成本，必须正确划分的费用界限有_____

    A. 生产成本与期间费用的界限　　　　B. 营业费用与管理费用的界限

    C. 各个月份的费用界限　　　　　　　D. 各种产品的费用界限

    E. 完工产品与在产品的费用界限

4. 企业基本生产所发生的各项费用，在记入"生产成本—基本生产成本"账户的借方时，对应贷方账户可能有_____

    A. 原材料　　　　　　　　　　　　　B. 生产成本—辅助生产成本

    C. 制造费用　　　　　　　　　　　　D. 管理费用

E. 财务费用

5. 制造费用一般包括_____
   A. 间接用于产品生产的费用
   B. 车间用于组织和管理生产的费用
   C. 生产产品用的材料费用
   D. 生产工人的工资
   E. 应分摊的企业管理费

6. 企业在选择在产品成本计算方法时应考虑的因素主要有_____
   A. 在产品数量的多少
   B. 各月在产品数量变化的大小
   C. 各项费用比重的大小
   D. 定额管理基础的好坏
   E. 成本计算程序的繁简

7. 不计算月末在产品数量的成本核算方法为_____
   A. 在产品成本按定额成本计算
   B. 在产品成本按其所耗用的原材料费用计算
   C. 约当产量法
   D. 不计算在产品成本
   E. 在产品成本按年初固定数计算

8. 采用约当产量法计算在产品成本时,一般适用于下列费用的分配_____
   A. 财务费用
   B. 一次投入的原材料费用
   C. 管理费用
   D. 随生产进度陆续投料的原材料费用
   E. 工资等加工费用

9. 按定额比例分配完工产品和月末在产品成本的方法适用于_____
   A. 各月月末在产品数量变化较大
   B. 各月月末在产品数量变化不大
   C. 制定了比较准确的消耗定额
   D. 原材料在产品成本占了相当大的份额
   E. 产品的原材料是在生产开始时一次投入的

10. 下列各项不属于期间费用的是_____
    A. 主营业务成本
    B. 生产成本
    C. 制造费用
    D. 财务费用
    E. 销售费用

三、简答题

1. 简述成本核算的意义。
2. 降低产品成本的意义在哪里?
3. 说明费用和产品成本之间的异同点。
4. 简述材料费用的归集和分配的方法。
5. 为了完成成本核算的任务,应做好哪些工作?

四、计算题

1. 某企业设有机修、供水、运输三个辅助生产车间,2008年4月份有关资料如下:

(1)各个辅助生产车间归集的费用:机修车间 2 500 元,供水车间 4 000 元,运输车间 8 600 元。

(2)各个辅助生产车间提供的劳务如表附 7－1 所示:

表附 7－1　　　　　　　　各个辅助生产车间提供的劳务

车间 \ 工时	机修(小时)	供水(吨)	运输(公里)
机修车间	10	100	100
供水车间	20	50	50
运输车间	30	200	50
第一基本生产车间	90	600	200
第二基本生产车间	60	400	300
企业行政部门	50	3 000	1 500
合　计	260	4 350	2 200

要求:使用直接分配法,归集各部门费用。填写表附 7－2,并写出相关会计分录。

表附 7－2　　　　　　　　辅助生产费用分配表　　　　　　　　单位:元

服务部门	待分配总额	计量标准	分配率	受益单位					
				第一基本生产车间		第二基本生产车间		企业行政部门	
				受益量	金　额	受益量	金　额	受益量	金　额
机修车间		小　时							
供水车间		吨							
运输车间		公　里							
合　计									

2. 某企业生产甲、乙、丙三种产品,共耗用某种原材料 3 060 千克,每千克 3.50 元,甲产品实际产量为 300 件,单位产品材料定额耗用量为 3 千克;乙产品实际产量为 200 件,单位产品材料定额耗用量为 1.5 千克;丙产品实际产量为 600 件,单位产品材料定额耗用量为 4 千克。

要求:采用定额耗用量比例分配法分配材料费。

3. 某企业只生产乙产品,原材料在生产开始时一次投料,产品成本中原材料费用所占比重很大,月末在产品按所耗原材料费用计价。5 月初在产品费用 2 800 元。5 月份生产费用:原材料 12 200 元,燃料和动力费用 4 000 元,工资和福利费 2 800 元,制造费用 800 元。本月完工产品 400 件,月末在产品 200 件。

要求:(1)分别计算乙产品完工产品成本和月末在产品成本。

(2)登记乙产品成本明细账,即表附 7－3。

表附 7-3　　　　　　　　　　　乙产品成本明细账

20××年5月　　　　　　　　　　　产量:400件

摘　要	原材料	燃料和动力	工资和福利费	制造费用	合　计
月初在产品					
本月生产费用					
合　计					
完工产品成本					
月末在产品					

4. 某工业企业生产甲产品,原材料在开始生产时一次投入,甲产品的工时定额40小时,其中第一道工序的工时定额10小时,第二道工序的工时定额20小时,第三道工序的工时定额10小时。期初在产品数量为零,本期完工产品数量500件,期末在产品数量200件,其中第一道工序在产品100件,第二道工序在产品20件,第三道工序在产品80件。本期为生产甲产品发生原材料费用56 000元、直接人工费用49 770元、制造费用48 585元。完工产品和在产品成本分配采用约当产量法。

要求:(1)计算分配直接人工费用和制造费用时,各工序在产品完工程度和在产品约当产量。

(2)计算甲产品完工产品总成本和月末在产品总成本(先计算完工产品总成本)。

5. 某企业生产A产品,有关A产品的定额资料为:单位产品的原材料定额成本50元,单位产品工时消耗定额5小时。某月完工产品1 000件,月末在产品200件。在产品投料程度60%,完工程度25%。本月月初在产品和本月份的生产费用合计为126 000元,其中原材料费用50 400元,工资及福利费42 000元,制造费用33 600元。要求:按定额比例分配法计算完工产品和在产品的成本,并填写表附7-4。

表附 7-4　　　　　　　　完工产品和在产品的成本计算表

摘　要	原材料	工资及福利费	制造费用	合　计
费用合计				
完工产品定额				
月末在产品定额				
小　计				
费用分配率				
完工产品成本				
月末在产品成本				

五、本章案例分析题

讨论:针对本章案例,你是否同意约翰关于公司没有盈利以及单位成本远高于竞争对手的说法?如果你不同意约翰的说法,请解释其在计算过程中所犯的错误,并予以改正。假设该公司的所得税率为30%。

第八章 成本考核

一、单项选择题

1. 一个责任中心如果只着重考核其所发生的成本或费用,而不考核可以用货币计量的收入,这一类责任中心称为_____
   A. 利润中心 B. 成本中心
   C. 收入中心 D. 投资中心

2. 成本中心的业绩评价是以_____为重点,其目的是提高成本中心控制的有效性。
   A. 不可控成本 B. 可控成本
   C. 变现成本 D. 沉没成本

3. 不是建立责任成本制度应遵循的原则是_____
   A. 一致性原则 B. 可控性原则
   C. 激励性原则 D. 自主性原则

4. 产品或劳务处于完全的市场竞争条件下,并有客观的市价可供采用,各责任中心之间转让的产品或劳务应_____
   A. 以市场价格基础确定转移价格 B. 以完全成本为基础确定转移价格
   C. 协商确定转移价格 D. 以变动成本为基础确定转移价格

5. 对成本中心而言,下列各项中,不属于该类中心特点的是_____
   A. 只考核成本中心的责任成本 B. 只对成本中心的可控制成本负责
   C. 只对责任成本进行控制 D. 只对直接成本进行控制

6. 进行责任成本内部结转的实质,就是将责任成本按照经济损失的责任归属结转给_____
   A. 发生损失的责任中心 B. 发现损失的责任中心
   C. 承担损失的责任中心 D. 下游的责任中心

7. 在下列各项中,不属于责任成本基本特征的是_____
   A. 可以预计 B. 可以计量
   C. 可以控制 D. 可以对外报告

8. 企业在利用激励性指标对责任中心进行定额控制时,所选择的控制标准是_____
   A. 最高控制标准 B. 最低控制标准
   C. 平均控制标准 D. 弹性控制标准

9. 责任成本的计算范围是_____
   A. 直接材料、直接人工、制造费用
   B. 直接材料、直接人工、变动制造费用
   C. 各责任中心的直接材料、直接人工、制造费用
   D. 各责任中心的可控成本

10. 某企业甲责任中心将 A 产品转让给乙责任中心时,厂内银行按 A 产品的单位市场售价向

甲支付价款,同时按 A 产品的单位变动成本从乙收取价款。据此可以为该项内部交易采用的内部转移价格是_____

　　A. 市场价格法　　　　　　　　B. 以市场为基础的协商价格
　　C. 基于成本的转移定价　　　　D. 双重定价法

二、多项选择题

1. 责任中心根据其控制区域和权责范围的大小,一般可分为_____
　　A. 成本中心　　B. 收入中心　　C. 利润中心　　D. 投资中心
　　E. 控制中心

2. 与财务报告相比,责任报告的特征主要表现在_____等几方面。
　　A. 报告对象　　B. 报告内容　　C. 报告时间　　D. 报告形式
　　E. 报告格式

3. 建立责任会计制度应遵循的原则有_____
　　A. 一致性原则　　　　　　　　B. 可控性原则
　　C. 重要性原则　　　　　　　　D. 反馈性原则
　　E. 例外管理原则

4. 制定内部转移价格的主要作用有_____
　　A. 有助于经济责任的合理落实
　　B. 为管理的评价和考核提供客观、公正和可比的基础
　　C. 保证各责任中心与整个企业经营目标的一致性
　　D. 有助于进行成本控制
　　E. 有助于进行成本核算

5. 下列有关成本责任中心的说法中,正确的是_____
　　A. 成本责任中心不对生产能力的利用程度负责
　　B. 成本责任中心不进行设备购买决策
　　C. 成本责任中心不对固定成本负责
　　D. 成本责任中心应严格执行产量计划,不应超产或减产
　　E. 成本责任中心具有经营权或销售权

6. 责任成本具有的特点是_____
　　A. 计算责任成本的目的是为了控制成本
　　B. 责任成本的计算范围是各责任中心的可控成本
　　C. 责任成本的计算对象是各责任中心
　　D. 共同费用的分摊原则是谁受益谁承担
　　E. 成本计算期在责任成本预算时确定,一般应与产品制造成本的计算期相符

7. 适合建立费用中心进行成本控制的是_____
　　A. 生产企业的车间　　　　　　B. 餐饮店的制作间
　　C. 研究开发部门　　　　　　　D. 行政管理部门
　　E. 销售部门

8. 下列表述中,正确的是_____
   A. 高层次责任中心的不可控成本,对于较低层次的责任中心来说,一定是不可控的
   B. 低层次责任中心的不可控成本,对于较高层次责任中心来说,一定是可控的
   C. 某一责任中心的不可控成本,对另一个责任中心来说,一定是可控的
   D. 某些从短期看属不可控的成本,从较长的期间看,可能又成为可控成本
   E. 某一责任中心的不可控成本,对另一个责任中心来说,不一定是可控的
9. 以市场为基础的协商价格作为企业内部各组织单位之间相互提供产品的转移价格,需要具备下列条件_____
   A. 某种形式的外部市场   B. 各组织单位之间共享的信息资源
   C. 准确地中间产品的单位变动资料   D. 最高管理层对转移价格的适当干预
   E. 不需要管理层的干预
10. 甲利润中心常年向乙利润中心提供劳务,在其他条件不变的情况下,如果提高劳务的内部转移价格,可能出现的结果有_____
   A. 甲利润中心内部利润增加   B. 乙利润中心内部利润减少
   C. 企业利润总额增加   D. 企业利润总额不变
   E. 甲利润中心内部利润减少

三、简答题

1. 什么是责任中心?责任中心有几种形式?它们之间的关系如何?
2. 描述责任成本与产品成本的区别。
3. 什么是责任成本考核?责任成本考核有什么经济意义?
4. 什么是平衡计分卡?平衡计分卡的四个维度是什么?
5. 什么是标杆法?

四、计算题

1. 某公司有甲、乙两个投资中心。甲投资中心的年最大生产量为100 000件,生产的甲产品既可作为乙投资中心的原材料,也可直接在生产上出售,目前市场价格是每件40元。乙投资中心每年需要甲产品40 000件,可以从甲投资中心或市场购入。其他资料如下:

乙投资中心市场乙产品的市场单价100元
单位变动成本:
甲投资中心   30元
乙投资中心   60元
固定成本:
甲投资中心   600 000元
乙投资中心   200 000元

要求:(1)该公司应采用何种内部转移价格?
   (2)假设甲投资中心的甲产品最多能对外销售60 000件。在这种情况下,应采用何种内部转移价格为宜?

(3)假设甲投资中心对外销售甲产品,每件需支付 0.3 元的销售费用,而内部转移不需支付销售费用。乙投资中心从外部市场购买甲产品也不需支付运杂费。在这种情况下,宜采用何种内部转移价格?

2. 三星公司的零部件车间为成品车间生产零部件。其中,A 零件的单位生产成本如下:(单位:元)

直接材料	50
直接人工	10
变动制造费用	15
固定制造费用	25
单位生产成本	100

根据实际产量 200 000 个计算。
零部件车间的其他费用如下:
  固定销售和管理费用　2 500 000
  变动销售费用　　5 元/单位

A 零件在市场上的价格为 140~150 元。目前,零部件车间以每个 145 元价格对外销售 A 零件。零部件车间每年可生产 200 000 个 A 零件,但预计明年只能卖出 150 000 个零件。如果 A 零件销售给成品车间,变动销售费用就可以避免。

预计成品车间明年 A 零件的需用量为 50 000 个,除了向零部件车间购买之外,还可以 140 元的单价从外部供应商处购买。成品车间的经理已经承诺以每个 90 元的价格从零部件车间购买 50 000 个 A 零件。

要求:(1)确定零部件车间转移 A 零件能够接受的最低转移价格。
(2)确定成品车间的经理能够支付的最高转移价格。
(3)你认为应该进行内部交易吗?为什么?
(4)如果你是零部件车间的经理,你会接受以每个 90 元的价格将 50 000 个 A 零件转移给成品车间的方案吗?为什么?

3. 某公司下设 A、B 两个投资中心。A 投资中心的投资额为 200 万元,投资报酬率为 15%;B 投资中心的投资报酬率为 17%,剩余收益为 20 元;该公司要求的平均最低报酬率为 12%。该公司决定追加投资 100 万元,若投向 A 投资中心,每年可增加利润 20 万元;若投向 B 投资中心,每年可增加利润 15 万元。

要求:(1)计算追加投资前 A 投资中心的剩余收益。
(2)计算追加投资前 B 投资中心的投资额。
(3)计算追加投资前该公司的投资报酬率。
(4)若 A 投资中心接受追加投资,计算其剩余收益。
(5)若 B 投资中心接受追加投资,计算其投资报酬率。

4. 已知某集团下设三个投资中心,有关资料如表附 8-1。

表附8-1　　　　　　　　　三个投资中心的资料

指标	集团公司	A投资中心	B投资中心	C投资中心
净利润(万元)	34 650	10 400	15 800	8 450
净资产平均占用额(万元)	315 000	94 500	145 000	75 500
规定的最低投资报酬率	10%			

要求：(1)计算该集团公司和各投资中心的投资利润率，并据此评价各投资中心的业绩。

(2)计算各投资中心的剩余收益，并据此评价各投资中心的业绩。

(3)综合评价各投资中心的业绩。

五、本章案例分析题

根据本章案例的有关资料，请分析服饰部门究竟应该从哪里购买皮革呢？请注意两个方面的需求：服饰部门成本最小化的要求和Deluxe公司总体利润最大化的要求。

第九章　成本报表

一、单项选择题

1. 企业成本报表的种类、格式、项目以及编制方法_____
   A. 由国家统一规定　　　　　　　　B. 由企业自行确定
   C. 由企业主管部门规定　　　　　　D. 由企业主管部门与企业共同制定

2. 成本报表是一种以满足企业内部经营管理需要为主要目的的会计报表，它_____
   A. 受外界因素影响
   B. 不受外界因素影响
   C. 有时受外界因素影响，有时不受外界因素影响
   D. 决定于外界因素

3. 制造费用表_____编制。
   A. 按年　　　　B. 按季　　　　C. 按月　　　　D. 按旬

4. 可比产品成本降低率与可比产品成本降低额，二者之间是_____关系。
   A. 正比　　　　B. 反比　　　　C. 同方向变动　　　　D. 反方向变动

5. 按产品类别反映的产品生产成本表中，反映上年成本资料的产品是_____
   A. 库存商品　　B. 已销售商品　　C. 可比产品　　D. 不可比产品

6. 按产品类别反映的产品生产成本表应该按_____
   A. 可比产品和不可比产品分别编制
   B. 可比产品和不可比产品合并在一起编制
   C. 历史先进水平设置栏目编制

33

D. 成本项目和产品类别混合编制
7. 主要产品单位成本表反映的单位成本,包括_____
   A. 历史先进水平　　　　　　　　B. 本年实际平均
   C. 上年实际　　　　　　　　　　D. 本年实际
8. 按成本项目反映的产品生产成本表在结构上分为_____两部分。
   A. 生产费用和产品成本　　　　　B. 成本项目和产品类别
   C. 本年计划和本年实际　　　　　D. 上年实际和本年实际
9. 工业企业成本报表不包括_____
   A. 产品生产成本表　　　　　　　B. 主要产品单位成本表
   C. 制造费用明细表　　　　　　　D. 产品销售费用明细表
10. 按规定,成本报表_____
    A. 是对内报表　　　　　　　　　B. 是对外报表
    C. 既是对内报表,也是对外报表　D. 是对内报表还是对外报表,由企业自行决定

二、多项选择题

1. 工业企业成本报表一般包括_____
   A. 产品生产成本表　　　　　　　B. 主要产品单位成本表
   C. 制造费用明细表　　　　　　　D. 辅助生产成本表
   E. 以上均包括
2. 成本报表按反映的内容可以分为_____
   A. 产品生产成本表　　　　　　　B. 主要产品单位成本表
   C. 管理费用明细表　　　　　　　D. 年报
   E. 制造费用明细表
3. 下列属于反映生产经营情况的报表是_____
   A. 生产情况表　　　　　　　　　B. 材料耗用表
   C. 制造费用明细表　　　　　　　D. 营业费用明细表
   E. 材料差异分析表
4. 主要产品单位成本表反映的单位成本包括_____
   A. 本月实际　　　　　　　　　　B. 历史先进水平
   C. 本年计划　　　　　　　　　　D. 本月计划
   E. 上年实际平均
5. 成本报表的编制要求是_____
   A. 数字准确　　　B. 数据清晰　　C. 内容完整　　D. 便于检查
   E. 编报及时
6. 产品生产成本表可以用来反映_____
   A. 本年计划单位成本　　　　　　B. 本年实际单位成本
   C. 本月计划单位成本　　　　　　D. 本月实际单位成本
   E. 本月实际总成本

7. 产品生产成本表一般分为按_____等几种。
   A. 成本项目反映　　　　　　　　B. 要素费用反映
   C. 产品品种反映　　　　　　　　D. 产品类别反映
   E. 产品批别反映
8. 产品生产成本表的结构分为_____等几部分。
   A. 基本报表　　　　　　　　　　B. 辅助报表
   C. 附表　　　　　　　　　　　　D. 补充说明
   E. 补充资料
9. 制造费用明细表设有_____等多个栏目。
   A. 本年计划　　　　　　　　　　B. 本年实际
   C. 上年同期实际　　　　　　　　D. 本月实际
   E. 本年累计实际
10. 期间费用明细表包括_____等。
    A. 制造费用明细表　　　　　　　B. 管理费用明细表
    C. 财务费用明细表　　　　　　　D. 销售费用明细表
    E. 采购费用明细表

三、简答题

1. 什么是成本报表？成本报表在整个会计报表体系中起什么作用？
2. 简述商品产品成本报表的作用。
3. 主要产品单位成本表一般包括哪些内容？
4. 何谓可比产品和不可比产品？
5. 你认为在本章列示的成本报表之外，企业还应编制何种成本报表？试简述理由。

四、计算题

1. 某企业有关产量、单位成本和总成本的资料如表附9－1所示。

表附9－1　　　　　　　　　　　　产品成本资料

产品名称		实际产量		单位成本		总成本	
		本月	本年累计	上年实际平均数	本年计划	本月实际	本年累计数
可比产品	A产品	100	900	800	780	75 000	684 000
	B产品	30	500	500	480	13 500	235 000
	C产品	80	1 100	700	710	55 200	748 000
不可比产品	D产品	300	3 200		1 150	375 000	3 520 000
	E产品	600	7 800		1 480	894 000	11 076 000

要求：根据上述资料，编制"商品产品成本表"。

2. 某企业本年度各种产品计划成本和实际成本资料如表附9－2所示。

表附9-2　　　　　　　　　　　成本对比分析表

项　　目	本年计划成本	本年实际成本	成本差异额	成本差异率
A产品	1 000 000	980 000		
B产品	2 500 000	2 600 000		
C产品	3 800 000	4 000 000		
合　　计				

要求：根据上述资料，采用对比分析法，分析各种产品的成本差额和成本差异率并将计算结果填入上表中。

3. 某企业生产的A产品，本月份产量及其他有关材料费用的资料如表附9-3所示。

表附9-3　　　　　　　　　　　产量及其他有关资料

项　　目	计划数	实际数
产品产量（件）	200	220
单位产品材料消耗量（千克）	30	28
材料单价	500	480
材料费用		

要求：根据上述资料，采用因素分析法分析各种因素变动对材料费用的影响程度。

4. 某企业本年度生产五种产品，有关产品产量及单位成本资料如表附9-4所示。

表附9-4　　　　　　　　　　　产量及单位成本资料

产品类别		实际产量（件）	计划单位成本（元）	实际单位成本（元）
可比产品	A产品	200	150	162
	B产品	300	200	180
	C产品	800	1 200	1 150
不可比产品	D产品	260	380	400
	E产品	400	760	750

要求：根据上述资料，按产品别计算企业全部商品产品成本计划的完成情况，并将计算结果填入表附9-5。

表附 9-5　　　　　　　全部商品产品成本计划完成情况分析表

产品名称		总成本		差异	
		按计划计算	按实际计算	降低额（元）	降低率
可比产品	A 产品				
	B 产品				
	C 产品				
	小计				
不可比产品	D 产品				
	E 产品				
	小计				
合　　计					

五、本章案例分析题

根据本章案例有关资料，假如你是菲丽瑟，请为吉伯逊理一理每种产品的成本是多少？哪些产品最赚钱？产品定价是否合理？在此基础上，为吉伯逊制定生产定价战略。

第十章　成本分析

一、单项选择题

1. 成本分析工作的重点是_____
   A. 企业外部因素　　　　　　　B. 生产技术因素
   C. 企业经营管理因素　　　　　D. 设厂时的基础条件和固有因素
2. 下列不属于成本分析主要的基本方法是_____
   A. 对比分析法　　B. 产量分析法　　C. 连环替代法　　D. 差额计算法
3. 下列不属于连环替代法的特点的是_____
   A. 计算程序的连环性　　　　　B. 计算程序的简便性
   C. 因素替换的顺序性　　　　　D. 计算结果的假定性
4. 影响某项成本指标高低的因素有 4 个，采用因素分析法时需要计算的替代指标数量是_____
   A. 2 个　　　　　B. 3 个　　　　　C. 4 个　　　　　D. 5 个
5. 下列不能影响成本降低额的因素是_____
   A. 产量　　　　　B. 产品品种结构　　C. 单位成本　　　D. 成本性态
6. 若某个会计期间，A 产品的计划产量为 200 件，计划单位成本为 2.1 元；实际产量为 230 件，实际单位成本为 1.9 元，请问成本降低额为_____
   A. 46　　　　　　B. -17　　　　　　C. 103　　　　　　D. 40
7. 在进行全部商品产品成本分析时，在计算成本降低率时，是用成本降低额除以_____

A. 按计划产量计算的计划总成本 B. 按计划产量计算的实际总成本
C. 按实际产量计算的计划总成本 D. 按实际产量计算的实际总成本

8. 对全部产品成本计划完成情况的分析的角度不正确的是_____
   A. 按产品类别分析 B. 按成本项目分析
   C. 按成本性态分析 D. 按产品结构分析

9. 在进行可比产品成本降低任务完成情况分析时,产品品种构成的变动_____
   A. 只影响成本降低额,不影响成本降低率
   B. 只影响成本降低率,不影响成本降低额
   C. 既影响成本降低额,也影响成本降低率
   D. 可能影响成本降低率,但不一定影响成本降低额

10. 在原材料综合利用时,当追加的费用达到一定程度的_____
    A. 主产品单位成本一定会继续下降
    B. 主产品单位成本可能会上升
    C. 主产品单位成本一定会上升
    D. 主产品单位成本一定不会上升

二、多项选择题

1. 成本分析的原则包括_____
   A. 必须以政府有关财经政策、企业会计准则、企业财务通则为衡量依据
   B. 必须坚持实事求是的精神
   C. 必须相互联系地看问题
   D. 必须坚持辩证的方法
   E. 必须抓住重点,找出关键

2. 下列因素中可能会影响到成本变动的是_____
   A. 自然条件 B. 企业规模
   C. 生产效率 D. 国际燃料价格的波动
   E. 生产技术的革新

3. 对成本分析方法说明正确的是_____
   A. 比较分析法是对综合性指标的变动进行分析
   B. 比较分析法是对同质数量的指标进行对比分析
   C. 因素分析法是对综合性指标的变动进行分析
   D. 因素分析法是对同质数量的指标进行对比分析
   E. 连环替代法和差额计算法的实质是一样的

4. 采用因素分析法进行成本分析时,确定各因素替代顺序时下列说法正确的是_____
   A. 先替代数量指标,后替代质量指标
   B. 先替代质量指标,后替代数量指标
   C. 先替代实物量指标,后替代货币量指标
   D. 先替代货币量指标,后替代实物量指标

E. 先替代主要指标,后替代次要指标
5. 下列属于影响成本降低率的因素是_____
   A. 企业规模	B. 成本性态
   C. 产品品种结构	D. 产品单位成本
   E. 产量
6. 产品单位成本分析的作用包括_____
   A. 找出影响成本升降的具体原因
   B. 全面、完整地评价企业成本管理工作的实绩
   C. 寻求降低产品成本的途径
   D. 制定降低成本的具体措施
   E. 制定改善成本管理的具体措施
7. 在进行全部商品产品成本计划完成情况分析时,需要计算的指标有_____
   A. 全部商品产品成本降低额	B. 全部商品产品成本降低率
   C. 可比产品成本降低额	D. 可比产品成本降低率
   E. 不可比产品成本降低额
8. 在进行可比产品成本分析时,需要计算的各项指标包括_____
   A. 可比产品成本实际降低额	B. 可比产品成本实际降低率
   C. 可比产品成本计划降低额	D. 可比产品成本计划降低率
   E. 可比产品成本上年度降低额和降低率
9. 在进行可比产品成本降低任务完成情况分析时,对于产品单位成本的变动,下列说法正确的有_____
   A. 产品单位成本的变动影响成本降低额
   B. 产品单位成本的变动影响成本降低率
   C. 产品单位成本的变动不影响成本降低额
   D. 产品单位成本的变动不影响成本降低率
   E. 产品单位成本的变动既不影响成本降低额,也不影响成本降低率
10. 下列对直接人工费用的影响分析公式正确的是_____
   A. 工时耗用量变动对单位产品成本影响额＝(单位产品实际工时消耗－单位产品计划工时消耗)×计划平均小时工资率
   B. 工时耗用量变动对单位产品成本影响额＝(单位产品实际工时消耗－单位产品计划工时消耗)×实际平均小时工资率
   C. 平均小时工资率变动对单位产品成本影响额＝(实际评价小时工资率－计划平均小时工资率)×单位产品实际工时消耗
   D. 平均小时工资率变动对单位产品成本影响额＝(实际评价小时工资率－计划平均小时工资率)×单位产品计划工时消耗
   E. 对直接人工费用的影响分析的主要因素是劳动生产率和平均工资水平

三、简答题

1. 成本分析有何作用?

2. 对比分析法的分析内容包括哪些？
3. 请简述一下连环替代法的运算程序。
4. 什么是可比产品成本降低任务完成情况的分析？
5. 请简述可比产品成本降低任务完成情况分析的两种方法的不同点。

四、计算题

1. 假定 A 产品的直接材料费用定额为 800 000 元，实际为 749 700 元。有关资料如表附 10－1 所示。

表附 10－1　　　　　　　　　　直接材料费用资料

项目	产品数量（件）	单位产品材料耗量（公斤）	单价（元）	材料费用（元）
定额	1 000	20	40	800 000
实际	1 050	17	42	749 700
差异	50	－3	2	－50 300

要求：采用连环替代法计算产品产量、单位产品材料消耗量和材料单价三项因素对产品直接材料费用节约的 50 300 元的影响程度。

2. 某企业产品生产成本表，如表附 10－2 所示。

表附 10－2　　　　　　　　　某企业产品生产成本表

产品名称	计量单位	实际产量	单位成本			本年总成本（实际产量）		
			上年实际	本年计划	本年实际	按上年实际单位成本计算	按本年计划单位成本计算	实际成本
一、可比产品								
甲产品	件	30	1 050	1 040	1 020			
乙产品	件	35	1 350	1 285	1 245			
小计								
二、不可比产品								
丙产品	件	20	—	600	690			
全部产品成本								

产值成本率计划数为 60 元/百元，商品产值本月实际数按现行价格计算为 153 000 元。

要求：(1) 计算和填列产品生产成本表中总成本各栏数字。

(2) 分析全部产品生产成本计划的完成情况和产值成本率计划的完成情况。

3. 某企业生产多种产品，其中甲产品的有关资料如表附 10－3 所示。

表附10-3　　　　　　　　　　　工时及工资资料

项目	单位	计划	实际	差异
小时工资率		4	5	
单位产品工时	小时	100	95	
单位产品工资	元	400	475	75

要求：根据上述资料，采用因素分析法，分析各因素变动对单位产品成本中工资费用的影响。

4. 某工厂A产品有关成本资料如表附10-4所示。

表附10-4　　　　　　　　　　　A产品成本资料

成本项目	产量（台）		单位成本（元）	
	计划	实际	计划	实际
变动成本			600	615
固定成本			580	580
单位成本	700	770	1 180	1 195

要求：分析产量变动对单位成本的影响。

5. 某企业本年度可比产品成本资料如表附10-5所示。

表附10-5　　　　　　　　　　本年度可比产品成本资料

可比产品名称	计划产量（件）	实际产量（件）	上年实际平均单位成本	本年计划单位成本	本年实际单位成本
甲产品	3 300	4 400	100	90	89
乙产品	1 100	1 100	200	190	188

要求：计算确定可比产品成本降低任务完成情况，并分析各个因素变动对可比产品成本降低任务完成情况的影响（表附10-6、表附10-7、表附10-8）。

表附10-6　　　　　　　　　　××××年度可比产品成本计划表

产品名称	计量单位	计划产量	单位成本		总成本		计划降低任务	
			上年实际	本年计划	上年成本	计划成本	降低额	降低率
可比产品		P_1	C_0	C_1	P_1C_0	P_1C_1	$P_1C_0 - P_1C_1$	降低额/P_1C_0
甲产品	件							
乙产品	件							
合计								

表附 10－7　　　　　　××××年度可比产品成本的实际完成情况表

产品名称	计量单位	实际产量	单位成本 上年实际	单位成本 本年计划	单位成本 本年实际	总成本 上年成本	总成本 计划成本	总成本 本年实际	实际降低情况 降低额	实际降低情况 降低率
可比产品		P_2	C_0	C_1	C_2	P_2C_0	P_2C_1	P_2C_2	$P_2C_0-P_2C_2$	降低额/P_2C_0
甲产品	件									
乙产品	件									
合计										

表附 10－8　　　　　　可比产品成本降低任务完成情况分析表

顺序	指标	成本降低额(元)	成本降低率
(1)	按计划产量、计划品种结构、计划单位成本计算的成本降低额和降低率	$\sum P_1 C_0 - \sum P_1 C_1$ =	=
(2)	按实际产量、计划品种结构、计划单位成本计算的成本降低额和降低率	$\sum P_2 C_0 \times 100\%$ =	=
(3)	按实际产量、实际品种结构、计划单位成本计算的成本降低额和降低率	$\sum P_2 C_0 - \sum P_2 C_1$ =	=
(4)	按实际产量、实际品种结构、实际单位成本计算的成本降低额和降低率	$\sum P_2 C_0 - \sum P_2 C_2$ =	=
各因素的影响程度			
产量变动影响　　　　(2)－(1)			
品种结构变动的影响(3)－(2)			
单位成本变动的影响(4)－(3)			
合　计			

五、本章案例分析题

思考：根据本案例中有关艾丽丝公司的产销特点，试问应建立什么样的管理信息系统？该公司是如何运用管理信息系统降低成本的？

第十一章 成本管理的新发展(上)

一、单项选择题

1. 下列不属于战略成本管理的要素是_____
   A. 员工培训与激励　　　　　　　B. 环境审视
   C. 用战略眼光看待内部信息　　　D. 竞争者分析
2. 战略成本管理核心是_____
   A. 降低成本　　B. 差异化　　C. 目标集中　　D. 成本优势
3. 波特将企业的价值链分为九种相关活动，这些活动可分为_____
   A. 主要活动与辅助活动　　　　　B. 重要活动和非重要活动
   C. 业务活动和管理活动　　　　　D. 财务活动和业务活动
4. 下列不属于战略成本管理控制系统的组成部分是_____
   A. 战略规划　　　　　　　　　　B. 预算
   C. 战略决策　　　　　　　　　　D. 战略性业绩评判
5. 不属于结构性成本动因的是_____
   A. 全面质量管理　　　　　　　　B. 规模经济
   C. 地理位置　　　　　　　　　　D. 技术
6. _____首次提出了"人力资本"。
   A. 舒尔茨　　B. 亚当·斯密　　C. 利克特　　D. 赫基缅
7. 不属于人力资源所具有的资产属性标准的是_____
   A. 人力资源是可以为企业提供未来服务潜力或经济效益的一种经济资源
   B. 人力资源能够为企业单位所拥有和控制
   C. 人力资源可以用货币进行计量
   D. 人才在各个社会单位间流动，因此人力资源具有流动性
8. 不属于重置成本计量模型的优缺点的是_____
   A. 提供的信息具有很强的相关性　　B. 收集和分析数据的工作量大
   C. 信息数据不会变动　　　　　　　D. 信息数据含有人为的因素
9. 在人力资源成本管理中，对人力资源成本信息的披露不正确的是_____
   A. 在无形资产项下单独列示人力资产有关情况
   B. 在现金流量表上，对为人力资源而发生的现金流出和流入，在经营活动产生的现金流量下单独列项反映

C. 在附注中,从动态和静态两个方面详细揭示人力资源的状况

D. 在利润表上,可增设"人力资源费用"项目,同时对原"管理费用"等账户反映的内容作必要的调整

10. 在进行资本结构决策时,主要采用的资本成本是_____

　　A. 负债性资本成本　　　　　　　　B. 个别资本成本

　　C. 边际资本成本　　　　　　　　　D. 加权平均资本成本

二、多项选择题

1. 战略成本管理的特点有_____

　　A. 长期性　　　B. 全局性　　　C. 外延性　　　D. 灵活性

　　E. 创新性

2. 下列关于成本动因分析的说法,正确的是_____

　　A. 结构性成本动因分析解决绩效的提高问题

　　B. 结构性成本动因分析主要是解决决策层的问题

　　C. 执行性成本动因分析主要是解决管理层的问题

　　D. 两类成本动因分别从基础经济结构和作业程序两方面影响企业总成本态势

　　E. 执行性解决资源优化问题

3. 关于价值链分析,正确的是_____

　　A. 价值链分析包括产业价值链分析、企业价值链分析和竞争对手价值链分析

　　B. 价值链分析强调的是利润增加和降低成本

　　C. 价值作业不用分类

　　D. 产业价值链是一系列相同价值作业的结合

　　E. 有意义的成本分析是考察作业中成本,而不是企业作为一个整体的总成本

4. 人力资源成本主要包括_____

　　A. 招募成本　　　　　　　　　　　B. 人力资源开发成本

　　C. 人力资源遣散成本　　　　　　　D. 人力资源的维持成本

　　E. 其他

5. 人力资源的取得成本主要包括_____

　　A. 招募成本　　　B. 选拔成本　　　C. 雇佣、定岗成本　　　D. 培训成本

　　E. 安置成本

6. 人力资源可以进行会计计量的假设包括_____

　　A. 人力资源会计的信息是不可缺少数据假设

　　B. 人力资源是会计资产的假设

　　C. 持续经营假设

　　D. 劳动力资源对象假设

　　E. 人力资源的价值是管理方式的函数假设

7. 人力资源成本的计量模型包括_____

　　A. 制造成本计量模型　　　　　　　B. 历史成本计量模型

  C. 重置成本计量模型   D. 机会成本计量模型
  E. 边际成本计量模型
8. 企业对政府的责任成本是_____
  A. 促进社会和谐   B. 参与社区精神文明建设
  C. 准确披露企业信息   D. 完善售后服务体系
  E. 推动产业升级
9. 属于企业资本成本的筹资费用是_____
  A. 发行股票债券支付的印刷费   B. 发行手续费
  C. 资信评估费   D. 公证费
  E. 律师费
10. 对 EVA 理解正确的是_____
  A. EVA 是充分体现保值增值目标的财务考核指标
  B. EVA 度量的是资本利润,而不是企业利润
  C. EVA 度量的是资本的社会利润,而不是个别利润
  D. EVA 度量的是起额收益,而不是一般收益
  E. EVA 是用来衡量公司为股东所创造的价值

三、简答题

1. 什么是价值链分析?
2. 执行性成本动因有哪些?
3. 战略成本管理的分析方法有哪些?
4. 人力资源成本由哪些构成?
5. 重置成本法有何优缺点?

四、本章案例分析题

  根据本章案例中有关菱花集团在经济管理中的低成本扩张战略,试分析可否将"降低成本"理解为"节约开支"?

第十二章 成本管理的新发展(下)

一、单项选择题

1. 下列是质量成本研究的基本问题的是_____
  A. 质量损失成本   B. 环境成本   C. 人力资源成本   D. 以上三项都不是
2. 下列属于内部损失成本的是_____
  A. 预防成本   B. 鉴定成本   C. 质量降级损失费   D. 质量索赔费
3. 质量成本管理的核心是_____
  A. 质量成本预测   B. 质量成本核算   C. 质量成本分配   D. 质量成本控制

4. 下列是不可控质量成本的是_____
   A. 内部损失成本　　B. 预防成本　　　　C. 鉴定成本　　　　D. 质量事故处理费
5. 下列是可控质量成本的是_____
   A. 内部损失成本　　B. 外部损失成本　　C. 预防成本　　　　D. 质量事故处理费
6. 下列不属于显见性质量成本的是_____
   A. 预防成本　　　　B. 鉴定成本　　　　C. 废品损失费　　　D. 质量事故损失费
7. 下列不属于隐含性质量成本的是_____
   A. 废品损失费　　　B. 降价损失费　　　C. 降级损失费　　　D. 质量事故损失费
8. 全产品生命周期成本管理最早应用于_____
   A. 制造业企业　　　B. 服务业企业　　　C. 政府机关　　　　D. 军事作业
9. 关于社会责任成本的计量方法正确的为_____
   A. 只有货币计量方式
   B. 只有非货币计量方式
   C. 将全部的社会责任成本计入"管理费用"中
   D. 将货币计量和非货币计量结合起来使用
10. 属于社会责任范畴的是_____
   A. 对员工的责任成本　　　　　　　　B. 对债权人的责任成本
   C. 对政府的责任成本　　　　　　　　D. 以上都是

二、多项选择题

1. 从各过程中与质量管理活动有关的资金耗费性质上划分,质量成本可分为_____
   A. 预防成本　　　　　　　　　　　　B. 鉴定成本
   C. 内部损失成本　　　　　　　　　　D. 外部损失成本
   E. 可控质量成本
2. 下列属于质量成本战略管理环节的是_____
   A. 质量成本预测　　B. 质量成本计划　　C. 质量成本预测　　D. 质量成本核算
   E. 质量成本控制
3. 按照质量成本与产品质量的密切程度,可以将质量成本分为_____
   A. 可控质量成本　　　　　　　　　　B. 不可控质量成本
   C. 直接质量成本　　　　　　　　　　D. 间接质量成本
   E. 显见性质量成本
4. 属于六西格玛质量成本管理的特征是_____
   A. 严格以数据和事实为根据　　　　　B. 注意成本的波动处理
   C. 保证和提高产品质量　　　　　　　D. 将顾客需求作为驱动因素
   E. 跨部门的合作
5. 下列属于全产品生命周期成本的是_____
   A. 原材料/供应成本　　　　　　　　　B. 未来市场变化成本
   C. 社会福利影响　　　　　　　　　　D. 废物处理成本

E. 罚款

6. 处于产品生命周期的不同阶段,企业有不同的成本工作重点,下列说法正确的是_____
   A. 在产品的投入期,企业重视研发费用和营销费用
   B. 在产品的成长期,企业重视研发费用和营销费用
   C. 在产品的成长期,企业重视售后服务费用和营销费用
   D. 在产品的成熟期,企业重视研发费用和营销费用
   E. 在产品的衰退期,企业重视售后服务费用和营销费用

7. 以下属于社会责任成本范畴的是_____
   A. 社会人力资源成本　　　　　　B. 自然资源耗用成本
   C. 土地使用成本　　　　　　　　D. 环境支出成本
   E. 社区公益成本

8. 影响资本成本管理的因素主要包括_____
   A. 行业的竞争环境　　　　　　　B. 总体经济环境
   C. 证券市场条件　　　　　　　　D. 内部的经营和融资状况
   E. 融资状况

9. 社会责任成本的具体计量方法包括_____
   A. 调查分析法　　　　　　　　　B. 复原、避免和替代成本法
   C. 支付成本法　　　　　　　　　D. 影子价格法
   E. 成本效益法

10. 从质量成本价值补偿上分类,质量成本可分为_____
    A. 可控质量成本　　　　　　　　B. 不可控质量成本
    C. 直接质量成本　　　　　　　　D. 显见性质量成本
    E. 隐含性质量成本

三、简答题

1. 什么是质量成本?它一般由哪几部分组成?
2. 质量成本的分类方法有几种?
3. 现代质量成本管理的目标是什么?与传统质量成本管理相比,有什么特点?
4. 全产品生命周期成本管理研究的意义在哪里?
5. 研究社会责任成本有何意义?

四、本章案例分析题

根据本章案例有关资料,请说明质量成本通常由哪些项目所引起?你认为质量成本控制的重点应放在哪些项目上?

答　案

第一章　成本管理总论

一、单项选择题

1. C 2. D 3. C 4. C 5. D 6. A 7. A 8. C 9. D 10. C

二、多项选择题

1. ABCE   2. BCDE   3. ABCDE   4. ABCDE   5. ABCD
6. ABCDE 7. ABCDE 8. ACDE   9. ABCDE   10. ACD

三、简答题（略答）

1. 成本管理的形成和发展阶段包括：经验管理阶段、成本的科学管理阶段、成本的现代管理阶段、成本的战略管理阶段。

2. 现代成本管理的基础工作同样是企业管理的基础工作。完善基础工作是组织现代化生产、做好成本管理工作的依据。企业成本管理基础工作的好坏，决定着企业成本水平的高低，决定着企业的经济效益。

3. 成本管理的职能包括：成本预测、成本决策、成本计划、成本控制、成本核算、成本分析、成本考核。

   成本预测是成本决策的前提，成本决策是成本预测的结果。成本计划是成本决策所确定目标的具体化。成本控制是对成本计划的实施进行监督，保证决策目标的实现。只有通过成本分析，才能对决策正确性做出判断。成本考核是实现决策目标的重要手段。

4. 成本预测符合实际；成本决策科学合理；成本计划积极先进；成本控制全面实施；成本核算及时准确；成本考核严格公平。

5. 成本管理基础工作主要由静态和动态两部分组成。

四、本章案例分析题

1. 主要的努力：树立全员成本的思想；制定详细的规章制度；选择专业软件，建立办公自动化平台,以管理供应商、管理成本科目、建立标准成本体系等;员工的培训使得专业软件能在公司上下真正运作起来,提升工作效率等。

2. 成本策划设计:在设计了成本管理的工作组织后,根据成本策划的流程,结合该公司成本策划的特点开展工作。

第二章　成本管理的基本方法

一、单项选择题

1. B　　2. D　　3. A　　4. D　　5. D　　6. A　　7. B　　8. D　　9. B　　10. A

二、多项选择题

1. ABCD　　2. ABCE　　3. ABCD　　4. ABDE　　5. ABCD
6. ACD　　7. CDE　　8. ACDE　　9. ACE　　10. ABC

三、简答题

1. 生产经营过程中实际消耗的各种原材料;固定资产的折旧费;新产品设计费;列入成本的职工工资、福利费;职工教育经费;报废损失等。

2. 直接材料,即在生产过程中,直接用来构成产品主要实体的成本。

直接人工,即在生产过程中,直接改变原材料的性质或形态所耗用的人工成本。

制造费用,即在生产过程中,除直接材料、直接人工以外所发生的所有成本。

3. 这种分类方式是按费用能否为考核对象所控制来划分的。可控成本是针对一定的责任中心而言的,可以控制其发生水平的成本。而不可控成本是这个责任中心不可以控制其发生的成本。责任中心划定不同会影响到成本的可控与否。

4. 成本性态的分类假设、本量利的线性假设、产销平衡假设、产品结构不变假设、目标利润假设。

5. 边际贡献是产品的销售收入减去变动成本后的差额,也称贡献边际、贡献毛益、边际利润,可以理解为毛利的概念。

四、计算题

1. (1) 保本点的销售量＝5 000/(20－10)＝500(件)

保本点的销售额＝500×20＝10 000(元)

(2) 目标利润的销售量＝(20 000＋5 000)/(20－10)＝2 500(件)

目标利润的销售额＝2 500×20＝50 000(元)

2. (1) 单位变动成本＝15＋5＋8＋4＝32(元)

盈亏临界点销售量＝(10 000＋17 000)/(50－32)＝15 000(件)

实际销售量＝15 000/(1－70%)＝50 000(件)

(2)71 000＝目标利润下的销售量×(50+2－32)－10 000－17 000－80 000

目标利润下的销售量＝8 900(件)

3. (1)利润＝100×(50－30)－6 000＝－4 000(元)

(2)0＝100×(目标单价－30)－6 000

目标单价＝90(元)

(3)单价敏感系数＝[(－4 000－0)/(－4 000)]/[(90－50)/50]＝1.25

4. 变动成本法下：

(1)产品的单位成本＝5+6+2＝13(元)

(2)期末存货的成本＝13×(4 000－3 500)＝6 500(元)

(3)2月的利润＝3 500×(30－13)－24 000－4 000－3 000＝28 500(元)

完全成本法下：

(1)产品的单位成本＝5+6+2+24 000/4 000＝19(元)

(2)期末存货的成本＝19×(4 000－3 500)＝9 500(元)

(3)2月的利润＝3 500×(30－19)－4 000－3 000＝31 500(元)

五、本章案例分析题

1. 用盈亏平衡方法分析企业的风险并不全面，这主要是分析了经营方面的风险，分析了成本、产量和利润之间的关系，没有考虑影响利润的其他因素。如果引入财务杠杆和经营杠杆的风险分析方面，可以分析由于企业的经营活动所引起的固定成本的摊薄，以及由于企业的筹资活动所引起的利息抵税的效应对企业利润的影响，因此更加的全面。

2. 盈亏平衡的产量分析可以从安全边际、安全边际率、产量的敏感系数等方面考虑。

3. 根据表2－11和表2－12(原书中第67页)，可以做出旧的生产设施和新的生产设施的盈亏均衡数量图，由于在两种生产模式下单位变动成本和固定成本的不同，导致了均衡图中成本直线的斜率和与Y轴的交点也不同，因此，均衡的产量也有不同。

4. 固定成本增加使得均衡图中成本直线向上移动，因此导致盈亏均衡数量增加。

5. 销售和利润与盈亏均衡数量之间可以从均衡数量图中找到关系：成本线和收入线不变，当销售量越高，利润也越高，但是均衡数量不变。

6. 1995年的销售额＝47 100×(1+15%)＝54 165(千美元)

1994年的销售利润率＝2 363/47 100＝5%

1995年的销售利润率＝5%+3%＝8%

1995年的税后利润＝54 165×8%＝4 333(千美元)

在设施处计划的新运营方式就是对利润增长率和销售利润率关注的直接结果。因此，税后利润的增加是公司兴建新的生产设施的原因。这种设想会改变公司的增长率，随之而来，行业的增长率也会增加。

7. 目前生产模式的经营杠杆度＝8 000×(432－324)/[8 000×(432－324)－500 000]＝2.37

计划生产模式的经营杠杆度＝8 000×(432－175)/[8 000×(432－175)－1 728 000]＝6.27

8. 公司目前的经营杠杆度是2.37，远远小于行业数据，虽然使得风险减小了，但是公司的获利能力也下降了,因此它的利润率也就远远低于行业水平。改变经营策略后,经营杠杆度和行业水平持平,因此这样的计划是合理的,这也能增加公司1995年的利润。

9. 盈亏均衡反映量本利之间的关系,而经营杠杆度反应销量变动对利润的关系,两者的依据相同,但是分析的角度不同,盈亏均衡分析获利能力,而经营杠杆度分析风险情况。

10. 这主要面临的是在人事调动上是否能够合理地满足工人的需要,以及也可能存在裁员等。

11. 经营杠杆度＝6.27

财务杠杆度＝[8 000×(432－175)－1 728 000]/[8 000×(432－175)－1 728 000－200 000]
＝2.6

总杠杆度＝6.27×2.56＝16.05

12. 公司新的经营特点在于:变动成本中人工的成分下降,但是新设备所带来的固定成本大幅上升。如果出现既非"固定"也非"浮动"的成本,企业管理层应采用成本习性的分析方法,将成本中的固定部分和浮动部分区分开来,以便进行成本的分析和杠杆的衡量。

第三章　成本预测

一、单项选择题

1. C　　2. B　　3. C　　4. A　　5. C　　6. B　　7. D　　8. A　　9. A　　10. C

二、多项选择题

1. AB　　　　2. ABCE　　　3. ABCD　　　4. ABC　　　5. BCD
6. ABCD　　　7. CDE　　　　8. AB　　　　9. ABE　　　10. AB

三、简答题

1. 成本预测的内容主要包括:编制成本计划阶段的成本预测;在计划实施过程中的成本预测;技术经济指标对单位成本影响预测;根据本量利关系预测目标固定成本和单位变动成本。

2. 成本预测是一个涉及企业生产经营管理活动复杂的动态过程,在进行成本预测时,除选择恰当的预测方法外,还应遵循以下几个原则:系统性原则;时间性原则;相关性原则;客观性原则;适应性原则。

3. 定量预测方法中运用比较广泛的有高低点法、回归分析法、因素分解法等。高低点法就是以历史成本资料中产量最高和最低两个时期的产品总成本数据为依据,计算出 a 和 b,利用 y＝a＋bx,推算出计划产量下的总成本水平和单位成本的预测方法。它是一种最简便的预测方法,在产品成本的变动趋势较稳定的情况下,用来预测未来成本的发展趋势比较适宜。如果企业各期的成本变动幅度较大,则不宜用此法进行预测。回归分析法是一个统计学线性模型,用于计量一个或多个自变量每变动一个单位导致因变量发生变动的平均值。与高低点法相比,回归直线法的预测结果较为精确,但是计算过程较为复杂。因素测算法即分析判断法,是通过对与成本变动相关的各项技术经济因素进行分析,根据几个有关经济指标之间的内在联系,由一个或几个因素的变动来测算所要预测指标数值的方法。该方法根据计划期成本并在上年成本水平的基础上,结合计划期影响成本变动的有关技术经济指标的变化情况,测算产品成本的降低率和降低额,同时与计划期企业目标成本进行比较,以确定计划年度成本水平。此种方法用途较为广泛。

4. 成本预测的定性分析法——判断分析法,是根据熟悉市场未来变化的专家的丰富实践经验和综合判断能力,在对预测期的销售情况进行综合分析研究以后所作出的产品销售趋势的判断。判断分析法的具体方式,一般为调查研究判断法,包括德尔菲法、座谈会法、个人判断法。

5. (1)影响成本变动因素的稳定性和可量化性。企业成本受到企业内部生产经营条件,管理水平以及市场状况,国家经济政策等众多复杂因素影响,在这些因素中,有的较为明确和稳定,有的却具有不确定性;有的可以量化,有的却不能量化。当影响成本变动的主要因素在一段时期内保持相对稳定,且便于定量化时,宜主要采用定量预测方法,否则以主要采用定性预测方法为好。

(2)预测期的长短。成本预测期的长短直接与影响因素的稳定性有关。在一个较短的时期内(如月度),未来成本水平状况能较好地保持历史趋势而递延发展,因而在作短期成本预测时,一般可以定量方法为主,并重视近期成本资料的作用。在一个较长的时期内(如年度)由于各种因素都有可能发生较大的变动,因而应在采用定量方法的基础上,运用定性预测加以修正,甚至更多地要依靠成本管理人员对因素变动及其影响作用的职业判断,以防止某些重要因素发生较大变动而在预测模型中并未包含从而产生较大的误差。

(3)成本统计资料的完整性与可靠程度。采用定量方法建立成本预测模型,其计算结果是否可信,不仅取决于模型本身的合理性,更取决于成本统计资料的完整性和可靠程度。在成本统计资料较为完整、可靠时,往往可以从中找出规律性联系,从而建立定量预测模型。反之,如果成本统计资料不完整、不可靠,或者其中包含有许多偶然性因素产生的影响作用,甚至根本无成本统计资料可循,则应以采用定性预测方法为宜。

(4)预测模型类型的选择。通过对成本统计资料的分析,判断主要影响因素的性质及预测模型的类型,必须依赖定性分析。没有对影响因素的调查研究和对相互关系的分析,定量预测方法必然失误。

(5)预测结果的检验与修正。为了避免预测结果的片面性,在采用某种定量成本预测方法时,需要采用定性预测方法,或另一种定量成本预测方法对预测结果予以检验和修正。

(6)管理人员的专业水平和实践经验。定量预测方法和定性预测方法对管理人员的要求不同,如果管理人员理论水平较高,宜多考虑采用定量预测方法,如果管理人员实践经验较为丰富,宜多考虑采用定性预测方法,这样因人制宜,扬长避短,可以收到较好的效果。

四、计算题

1. $\begin{cases} \sum C = nFC + UVC\sum Q \\ \sum QC = FC\sum Q + UVC\sum Q^2 \end{cases}$

得:$\begin{cases} 600 = 5FC + 720UVC \\ 72\,500 = 720FC + 87\,400UVC \end{cases}$

得:$FC = 49.23$(万元),$UVC = 0.49$(万元)

$C = 49.23 + 0.49Q$

所以，单位可变成本额是 0.49 万元，2008 年成本总额为 122.95 万元。

2. (1 000＋1 200＋1 180＋1 150＋1 170＋1 140)/6＝1 123.33(万元)

3. (1)测算按上年预计平均单位成本计算的计划年度产品总成本。
   按上年预计平均单位成本计算的计划年度产品总成本＝1 000×800×(1＋20％)
   ＝960 000(元)

   (2)测算各因素变动影响的成本降低率和降低额
   直接材料费用变动影响的成本降低率＝[1－(1－6％)(1＋20％)]×50％＝2.06％
   直接材料费用变动影响的成本降低额＝960 000×2.06％＝19 776(元)
   直接工资变动影响的成本降低率＝[1－(1＋5％)/(1＋18％)]×30％＝3.3％
   直接工资变动影响的成本降低额＝960 000×3.3％＝31 680(元)
   制造费用变动影响的成本降低率＝[1－(1＋2％)/(1＋20％)]×20％＝3％
   制造费用变动影响的成本降低额＝960 000×3％＝28 800(元)

   (3)汇总上述计算结果
   计划成本降低率＝2.06％＋3.3％＋3％＝8.36％
   计划成本降低额＝960 000×8.36％＝80 256(元)
   测算的年度产品成本减低率为 8.36％。已达到要求成本减低 8.35％的任务。

五、本章案例分析题

100 000＋40 000＋20 000/2＋30 000＝180 000

(50＋200＋60)/2＝155

每趟固定成本＝180 000/360/4/2＋155＝217.5

所以，周一至周五每辆车每次损益平衡的乘客数量为 217.5/(100－15)＝3

周末每辆车每次损益平衡的乘客数量(180 000/360/2/2＋55)/(80－5)＝3

第四章　成本决策

一、单项选择题

1. B　2. C　3. B　4. B　5. C　6. B　7. A　8. D　9. A

二、多项选择题

1. CD　　　　2. AE　　　　3. BCDE　　　　4. ACE　　　　5. ABCDE
6. ACE　　　7. CDE　　　8. ABD　　　　9. DE　　　　10. CD

三、简答题

1. 决策的正确与否直接影响到企业经济活动的正常开展，甚至会影响到企业未来的发展。所以，对一个现代企业而言，决策者所面临的不是应否进行决策的问题，而是如何作出正确的决策，如何进行科学的决策的重大问题。成本决策对于正确地制订成本计划,促进企业降低成本,提高经济效益都具有十分重要的意义。且成本决策是完善管理决策的一个重要组成部分;成本决策是成本管理的一项基本职能。

2. 提出问题,确定决策目标;广泛搜集资料;针对决策目标提出若干可行的备选方案;分析计算评价;考虑其他非计量因素的影响;确定最优方案。

3. 实亏损产品销售收入低于变动成本,边际贡献为负,不应继续生产。虚亏产品销售收入高于变动成本,边际贡献为正。应继续生产。

4. 不同加工设备的选择,应与产品加工批量大小联系起来分析研究,才能作出正确的决策。生产工艺技术方案的决策关键在于确定"成本无差别点"。用"成本无差别点"法进行决策。

5. 净现值法和现值指数法。净现值法得出的结果是绝对值,现值指数法得出的是相对值。

四、计算题

1.(1)开发新产品不需要考虑固定成本,因为固定成本 14 000 元,即使不开发新产品它也将发生,因此固定成本属于沉没成本,无需在各产品之间进行分配,决策时不考虑。由于相关成本只有变动成本,因此直接进行贡献边际的比较:

乙产品贡献边际=200×(80-70)=2 000(元)

丙产品贡献边际=500×(46-38)=4 000(元)

可见,应生产丙产品,这样可多获利 2 000 元。

(2)生产产品乙或丙追加的成本支出为专属成本,必须考虑利用差量损益分析法进行决策,分析结果如下表所示,可见应开发丙产品,这样可多获利 1 230 元。

表附附 4-1　　　　　　　　　差量损益分析表　　　　　　　　　单位:元

项目＼方案	开发乙产品	开发丙产品	差异额
相关收入	16 000	23 000	-7 000
相关成本	15 080	20 850	-5 770
其中:变动成本	14 000	19 000	
专属成本	1 080	1 850	
差量损益			-1 230

2.(1)若亏损产品 C 停产后,闲置的能力不能用于其他方面,相当于原本由 C 承担的成本都要由 A 和 B 来分摊。那么,企业合计的利润=150 000+60 000-20 000=190 000<200 000,低于 C 不停产的合计利润。所以,C 不能停产。

(2)原本 C 生产的边际贡献=200 000-190 000=10 000,若闲置的能力可以用于承揽零星加工业务,预计获贡献边际 15 000 元,即能获得更多的边际贡献,即使还不能完全弥补固定成本的份额,但这个方案还是有利于企业的总利润的。

3. 设甲产品的产销量为 x_1,乙产品的产销量为 x_2,则:

目标函数为：Mix(成本)$=16x_1+10x_2$

约束条件为：$\begin{cases} 6x_1+3x_2 \leqslant 1\ 200 & (1) \\ 3x_1+4x_2 \leqslant 1\ 500 & (2) \\ x_1,x_2 \geqslant 0 & (3) \end{cases}$

所以,$x_1=20$,$x_2=360$

4.(1)假设利用半自动机器生产,要生产 X_1 只甲产品才能使自制与外购成本相等。

所以,$1.1X_1=7\ 000+0.4X_1$

$X_1=10\ 000$

假设利用半自动机器生产,要生产 X_2 只甲产品才能使自制与外购成本相等。

所以,$1.1X_2=10\ 000+0.3X_2$

$X_2=12\ 500$

(2)要使两种机器的生产成本相等,应销售 X_3 只。

所以,$7\ 000+0.4X_3=10\ 000+0.3X_3$

$X_3=30\ 000$

5.(1)继续加工前的半成品成本,包括变动成本和固定成本,都是沉没成本,决策中不予考虑,因为这部分成本不会因产品的继续加工而有所改变。另外继续加工增加的固定成本也应视为沉没成本,因为该企业生产能力剩余,增加的固定成本为分配计入的固定成本。只有继续加工追加的工资和变动成本才是与决策相关的成本。

增加的利润$=(7-3-1)\times 5\ 000=15\ 000>0$

可见半成品应继续加工为产成品再出售,这样可多获利 15 000 元。

(2)由于该企业只具有80%继续生产的能力,因此相关的产销量只有 4 000 件。

增加的利润$=(7-3-1)\times 4000=12\ 000>0$

可见应将半成品继续加工为产成品,这样可多获利 12 000 元。

(3)租入设备的租金视为专属成本,必须考虑。

增加的利润$=15\ 000-25\ 000=-10\ 000<0$

可见,半成品应直接出售。

(4)依据所给条件,产成品的产销量与半成品的产销量不同,为 2 500 件(5 000/2)。

以半成品出售的边际贡献$=(20-15)\times 5\ 000=25\ 000$

以产成品出售的边际贡献$=(27-19)\times 2\ 500=20\ 000<25\ 000$

可见,应直接出售半成品,这样可多获利 5 000 元。

6.(1)

表附附4－2　　　　　　　　　　　项目现金流量表

	建设期		经营期					合计
0	1	2	3	4	5	6		
净现金流量	-500	-500	300	300	300	200	300	300
累计净现金流量	-500	$-1\ 000$	-700	-400	-100	100	400	—
折现净现金流量	-500	-454.5	247.93	225.39	204.90	124.18	169.34	17.24

(2)包括建设期的投资回收期=3+100/200=3.5(年)

不包括建设期的投资回收期=3.5-1=2.5(年)

(3)净现值=-500-454.5+247.93+225.39+204.90+124.18+169.34=17.24(万元)

(4)原始投资现值=500+454.5=954.5(万元)

(5)净现值率=17.24/954.5=1.8%

(6)获利指数=1+1.8%=1.018

该项目的财务可行性：

净现值>0

净现值率>0

获利指数>1

所以该项目具有财务可行性。

五、本章案例分析题

前提：首先，考察该机械公司的生产能力。公司一周正常工作时间为90小时,可加班时间为78小时(78=7×24-90)。第一生产部门的正常工作时间为90×36=3 240小时,可加班时间为78×36=2 808小时;第二生产部门的正常工作时间为 90×54=4 860小时,可加班时间为78×54=4 212小时。

(1)成本分析如下：

外购成本G组件为4.52×8.5=38.4元,

H组件为5.47×8.5=46.5元。

不加班自制G组件的成本:4.6+1.5×9.6+1×8=27元

不加班自制H组件的成本:14.9+1×9.6+2×8=50.1元

可见,自制G比外购节约11.4元,自制H比外购节约3.6元。所以,应将正常的生产能力优先生产G组件。

(2)如果第一、二生产部门都在正常工作时间工作,可生产G组件2 160件,费用为21 60×27=58 320元。这时,两部门的工作能力剩余如下：

第一生产部门:正常工作时间剩余0小时,可加班时间

78×36=28 08小时。

第二生产部门:正常工作时间剩余4 860-2 160=2 700小时,可加班时间为78×54=4 212小时。

第一生产部门加班、第二生产部门不加班时的成本分析：

生产G组件:34.2=4.6+1.5×14.4+1×8,比进口少4.2元。

生产H组件:45.3=14.9+1×14.4+2×8,比进口少1.2元。

所以再生产240件G产品,费用为240×34.2=8 208元。

这时工作能力剩余为：

第一生产部门正常工作时间0小时,可加班时间2 808-360=2 448小时。

第二生产部门正常工作时间为2 460小时,可加班时间为78×54=4 212小时。由于第一部门加班生产的成本要底于进口,受第二部门生产能力限制,可生产H组件1 230件,费用为55 719元

(1 230×45.3)

(3)这时剩余生产能力如下:

二部门剩余正常工作时间都为 0 小时,可加班时间分别为:

1 218 小时(=2 448－1 230)、4 212 小时(=78×54)。如果两部门都加班,生产 H 组件的成本为 53.5 元(=14.9＋1×14.4＋12×2)要高于进口,所以剩余 H 组件应选择外购,费用为 1 770×46.5＝82 305 元。

(4)综上分析,公司应该如下安排生产:第一、第二部门都在正常生产时间生产 G 组件 2 160 件,另外第一部门加班、第二部门不加班生产 G 组件 240 件,生产 H 组件 1 230 件,进口剩余 H 组件 1 770 件,费用合计为 204 552 元(=58 320＋8 208＋55 719＋82 305)。

第五章　成本预算

一、单项选择题

1. A　　2. C　　3. A　　4. B　　5. C　　6. A　　7. B　　8. C　　9. D　　10. B

二、多项选择题

1. ABCD　　2. ABC　　3. ABCDE　　4. ABCDE　　5. ABCD
6. ABCE　　7. ABCD　　8. CE　　9. ABCDE　　10. ABCD

三、简答题

1. 全面预算是一系列预算的有机结合体,是指以本企业的经营目标为出发点,通过对市场需求的研究和预测,以销售为主导,进而延伸到生产、成本和资金收支等方面,最后编制预计财务报表的这样一种预算体系。

2. 作用有以下几个方面:预算是督促战略目标实现的手段,保证完成企业财务计划的重要手段;预算有助于企业各级部门明确企业经营目标;预算可以作为管理信息生成的基础之一。预算在编制时是业务工作的模拟,在执行时可以作为实时监控器;预算是绩效考核的主要依据;预算是控制成本的依据;预算是企业成本分析和考核的基本标准;预算是编制国民经济和社会发展计划,以及宏观经济综合平衡的依据。

3. 预算的编制原则:预算的编制要目标明确,围绕中心;企业预算编制要具有科学性;在确定经营目标、落实预算指标时,应做好预测工作。遵循谨慎、稳妥性原则。企业在编制预算时要采取自上而下全体职工参与的原则。

4. 固定预算又称静态预算,是根据未来固定不变的业务水平,不考虑预算期内生产经营活动可能发生的变动而编制的一种预算。弹性预算亦称变动预算,与固定预算正好相反。用弹性预算的方法来编制成本预算时,其关键在于把所有的成本划分为变动成本与固定成本两大部分。变动成本主要根据单位业务量来控制,固定成本则按总额控制。

5. 弹性预算亦称变动预算,与固定预算正好相反。用弹性预算的方法来编制成本预算时,其关键在于把所有的成本划分为变动成本与固定成本两大部分。变动成本主要根据单位业务量来控制,固定成本则按总额控制。弹性预算的优点在于:一方面能够适应不同经营活动情况的变化,扩大了预算的范围,更好地发挥预算的控制作用,避免了在实际情况发生变化时,对预算作频繁的修改;另一方面能够使预算对实际执行情况的评价与考核,建立在更加客观可比的基础上。

6.零底预算,或称零基预算,是指在编制预算时,对于所有的预算支出均以零字为基底,不考虑其以往情况如何,从根本上研究、分析每项预算有否支出的必要和支出数额的大小。零底预算法克服了传统成本计划的缺点,成本、费用计划过程从零开始,发生的一切支出都须有充分的理由证明是合理的,并且对一切业务都进行成本—效益分析,本着以最低耗费取得最大效益的原则来分配使用资金。

然而,由于零底预算法需要耗费大量的时间和精力,需要生产人员、工程技术人员、成本决策人员等的紧密配合才能实现,所以,在实际工作中很难实行,该法在公共组织部门运用较为普遍。

7.滚动预算,即预算期是连续不断的,始终保持12个月(一年),每过去一个月,就根据新的情况进行调整和修订后几个月的预算,并在原来的预算期末随即补充一个月的预算。滚动预算的优点:首先,保持预算的完整性、继续性,从动态预算中把握企业的未来;其次,能使各级管理人员始终保持对未来12个月甚至更长远的生产经营活动作周详的考虑和全盘规划,保证企业的各项工作有条不紊地进行;再次,便于外界(银行信贷部门、税务机关、投资者等)对企业经营状况的一贯了解;最后,由于预算不断调整与修订,使预算与实际情况更相适应,有利于充分发挥预算的指导和控制作用。

四、计算题

1.

表附附 5—1　　　　　　　　　辅助生产车间成本预算表

成本项目	辅助生产车间的成本预算			辅助生产车间成本的分配计划			
	消耗定额	单　价	金　额	基本生产车间	修理工时	分配率	金　额
直接材料	100	100	10 000	一车间	5 000		23 312.50
直接工资	8 000	2	16 000	二车间	3 000		13 987.50
制造费用							
其中:工资							
办公费			6 000				
折旧费			2 000				
其　他			2 500				
小　计			11 300				
合　计	—	—	37 300	合　计	8 000	4.662	37 300

2.（1）

表附5－2　　　　　　　基本生产车间直接费用预算表（A产品）

成本项目	产　量	单位消耗量	计划单价	总成本	单位成本
直接材料	100	200	50	1 000 000	10 000
燃料及动力		80 000	1	80 000	800
直接工资		3 000	2	60 000	600
合　计				1 140 000	11 400

（2）

表附5－3　　　　　　　基本生产车间制造费用预算及分配表

明细项目	计划数	预算制造费用分配			
工　资	5 000	产品名称	分配标准	分配率	分配金额
办公费	22 000	A	100 000		25 000
折旧费	35 000	B	80 000		20 000
消耗材料	17 000	C	100 000		25 000
低值易耗品		D	110 000		27 500
修理费	23 312.50	E	90 000		22 500
检验费	480.50				
劳保费	5 432				
其　他	10 975				
合　计	120 000	合　计	480 000	0.25	120 000

（3）

表附5－4　　　　　　　基本生产车间产品成本预算表

项　目	A产品（计划产量:100件）		B产品（计划产量:40件）		C产品（计划产量:100件）		D产品（计划产量:250件）		E产品（计划产量:60件）		合　计
	单位成本	总成本	单位成本	总成本	单位成本	总成本	单位成本	总成本	单位成本	总成本	
直接材料	10 000	1 000 000	700	28 000	585	58 500	190	47 500	440	26 400	1 160 400
燃料及动力	800	80 000	400	16 000	320	32 000	150	37500	400	24 000	189 500
直接工资	600	60 000	300	12 000	210	21 000	100	25 000	320	19 200	137 200
制造费用	250	25 000	500	20 000	250	25 000	110	27 500	375	22 500	120 000
合　计	11 650	1 165 000	1 900	76 000	880	88 000	550	137 500	1 535	92 100	1 607 100

3. 预计生产量如下：第一季度为 8 800 件，第二季度为 9 000 件，第三季度为 12 800 件，第四季度为 11 100 件。

预计材料采购量如下：第一季度为 94 000 千克，第二季度为 95 000 千克，第三季度为 127 000 千克，第四季度为 86 000 千克。

4. 9 000 工时：变动成本＝2.4×9 000＝21 600(元)　固定成本＝18 000(元)　合计 39 600 元。

　　10 000 工时：变动成本＝2.4×10 000＝24 000(元)　固定成本＝18 000(元)　合计 42 000 元。

　　11 000 工时：变动成本＝2.4×11 000＝26 400(元)　固定成本＝18 000×1.06＝19 080(元)

　　合计 45 480 元。

5. 产品包装费、差旅费和办公费：17 000 元

广告费：4 500 元

推销费：7 500 元

6. 生产能力分别为 1 800 工作小时和 2 000 工作小时的制造费用预算如下：

表附附 5-5　　　　　　　　　　制造费用预算

项　目	生产能力	
	1 800 工作小时	2 000 工作小时
间接人工成本	18 000	20 000
工厂物料费用	1 800	2 000
机器维修费用	1 800	2 000
热能与照明费用	1 000	1 000
机器折旧费用	6 500	6 500
小工具费用	1 800	2 000
动力费用	9 000	10 000
房屋租用费	2 000	2 000
合　计	41 900	45 500

7.

表附附 5-6　　　　　　　　　销售与管理费用预算

项　目	第一季度	第二季度	第三季度	第四季度	合　计
预计直接人工小时	5 600	12 800	14 400	7 600	40 400
变动制造费用分配率	4	4	4	4	4
预计变动制造费用	22 400	51 200	57 600	30 400	161 600
预计固定制造费用	15 000	15 000	15 000	15 000	60 000
预计制造费用合计	37 400	66 200	72 600	45 400	221 600
减：折旧	3 000	3 000	3 000	3 000	12 000
预计需用现金支付的制造费用	34 400	63 200	69 600	42 400	209 600

预计固定制造费用分配率＝60 000÷40 400≈1.49

8.

表附附 5－7　　　　　　　　　销售与管理费用预算

项　　目	第一季度	第二季度	第三季度	第四季度	合　　计
预计销售量	2 000	6 000	8 000	4 000	20 000
单位产品变动销售与管理费用	6	6	6	6	6
预计变动销售与管理费用	12 000	36 000	48 000	24 000	120 000
预计固定销售与管理费用广告费	8 000	8 000	8 000	8 000	32 000
保险费	8 500	—	—	15 000	23 500
管理人员工资	9 200	9200	9 200	9200	36 800
财产税			4 500		4 500
租　金	2 600			2 600	
小　计	28 300	17 200	21 700	32 200	99 400
预计销售与管理费用合计	40 300	53 200	69 700	56 200	219 400

五、本章案例分析题

在此案例中，明基相对于其他企业来说，对自身经营环境的认识全面而且深刻。通过对市场长远性预测，来规划企业自身的经营活动，如新厂预留空地、节约用电、供应链管理等，这些措施都为其未来良好运行提供了必要的经营条件。

第六章　成本控制

一、单项选择题

1. D　　2. D　　3. A　　4. B　　5. B　　6. B　　7. C　　8. B　　9. C

二、多项选择题

1. ABC　　　　2. BCD　　　　3. ABC　　　　4. ABE　　　　5. ABCDE
6. ABD　　　　7. ABC　　　　8. ABCD　　　9. ABC　　　　10. AD

三、简答题

1. 广义的控制强调对企业生产经营活动的各个阶段、各个方面的所有发生的成本的控制。广义的成本控制贯穿于企业生产经营活动的全过程，与成本预测、成本决策、成本预算、成本考核等共同构成了现代成本管理的完整体系。

2.成本控制的原则是:全面介入的原则;例外管理的原则;经济效益的原则;可控性原则。

3.(1)确定目标成本;(2)将实际发生数与目标成本进行比较;(3)分析差异,查明原因,进行信息反馈;(4)把目标成本加减脱离目标的差异,计算产品的实际成本。

4.价值工程,指的都是通过集体智慧和有组织的活动对产品或服务进行功能分析,使目标以最低的总成本,可靠地实现产品或服务的必要功能,从而提高产品或服务的价值。价值工程的主要思想是通过对选定研究对象的功能及费用分析,提高对象的价值。

5.(1)有利于增强员工的成本意识;(2)有利于成本控制;(3)有利于价格决策;(4)有利于简化会计工作;(5)有利于正确评价业绩。

6.(1)预先制定所生产的各种产品应该发生的各项成本,亦称标准成本,作为员工工作努力的目标,以及用作衡量实际成本节约或超支的尺度,从而起着成本的事前控制作用。

(2)在生产过程中将成本的实际消耗与标准消耗进行比较,及时地揭示和分析脱离成本标准的差异,并迅速采取措施加以改进,以加强成本的事中控制。

(3)每月终了按实际产量乘各项目的成本标准,将求得的标准成本同计算出来的实际成本相比较,揭示各成本差异,分析差异原因,查明责任归属,评估业绩,从而制定有效措施,以避免不合理支出和损失的重新发生,为未来的成本管理工作和降低成本的途径指出努力方向,实现成本的事后控制。

四、计算题

1.(1)本月购入材料:

本月成本=32 000×45=1 440 000(元)

实际成本=32 000×40=1 280 000(元)

材料价格差异=1 280 000－1 440 000=－160 000(元)

(2)本月领用材料:

材料标准用量=8 000×3=24 000(千克)

应耗材料标准成本=8 000×3×45=1 080 000(元)

实际领用材料标准成本=30 000×45=1 350 000(元)

材料数量差异=1 350 000－1 080 000=270 000(元)

2.

表附附 6－1　　　　　　　　　直接人工标准成本

标　准	第一道工序	第二道工序
价格标准(元/小时)		
小时工资率	3	2
用量标准(小时)		
生产工时	2	2.5
其他损耗	1	1
小　计		
直接人工标准成本(元)	9	7

直接人工标准成本=9+7=16(元)

3. $3\ 000×2-2\ 500×3=1\ 500(元)$

4.（1）直接材料成本差异：

材料价格差异$=(800×0.11)×(140-150)=-880(元)$

材料数量差异$=(800×0.11-800×0.1)×150=1\ 200(元)$

直接材料成本差异$=-880+1\ 200=320(元)$

由于材料实际价格低于标准价格，使材料成本下降880元；由于材料实际数量高于标准数量，使材料成本上升1 200元，两者相抵，直接材料成本净上升320元，为不利差异。

（2）直接人工成本差异：

工资率差异$=(8\ 000×5.5)×(3.9-4)=-440(元)$

人工效率差异$=(800×5.5-800×5)×4=1\ 600(元)$

直接人工成本差异$=(-440)+1\ 600=1\ 160(元)$

（3）变动制造费用差异：

变动制造费用耗费差异$=(800×5.5)×[4\ 000/(800×5.5)-6\ 000/(1\ 000×5)]=-1\ 280(元)$

变动制造费用效率差异$=(800×5.5-800×5)×6\ 000/(1\ 000×5)=480(元)$

变动制造费用差异$=-1\ 280+480=-800(元)$

五、本章案例分析题

成本逆向分解的控制方法：最关键的是根据市场价格、目标利润确定目标成本，然后整个公司内部以目标成本为基准，将目标成本层层分解到各个部门以及到每个人，使每个单位、每个职工的工作都与市场挂钩，使公司形成一个目标管理体系。

第七章 成本核算

一、单项选择题

1. B 2. A 3. A 4. D 5. B 6. B 7. A 8. A 9. C 10. D

二、多项选择题

1. ABCD　　2. ABCDE　　3. ACDE　　4. ABC　　5. AB
6. ABCD　　7. DE　　　　8. DE　　　9. AC　　　10. AB

三、简答题

1. 作为生产耗费的补偿尺度；反映和监督各项消耗定额及成本计划的执行情况等；反映和监督产品资金的增减变动和结存情况。

2. 提高企业的经济效益；节约人力和物力；降低产品成本是降低产品价格的重要条件。

3. 费用中的产品生产费用是构成产品成本的基础。费用是按时期归集的，而产品成本是按产品对象归集的。一种产品成本可能包括几个时期的费用；一个时期的费用可能分配给几个时期完工的产品。

4. 用于产品生产的原料及主要材料通常是按照产品分别领用的,属于直接费用,应根据领料凭证直接计入各种产品的"直接材料"项目。如果是共同耗用,在消耗定额比较准确的情况下,通常采用材料定额消耗量比例或材料定额成本的比例进行分配。

5. 严格执行国家规定的成本开支范围和费用开支标准;正确划分成本的界限;完善成本责任制;做好成本核算的各项基础工作;选择适当的成本计算方法。

四、计算题

1.

表附 7-1　　　　　　　　　　辅助生产费用分配表　　　　　　　　　　单位:元

服务部门	待分配总额	计量标准	分配率	第一基本生产车间 受益量	第一基本生产车间 金额	第二基本生产车间 受益量	第二基本生产车间 金额	企业行政部门 受益量	企业行政部门 金额
机修车间	2 500	小时	12.5	90	1 125	60	750	50	625
供水车间	4 000	吨	1	600	600	400	400	3 000	3 000
运输车间	8 600	公里	4.3	200	860	300	1 290	1 500	6 450
合　计					2 585		2 440		10 075

借:生产成本——第一生产车间　　　　　　　　　　　2 585
　　　　　　——第二生产车间　　　　　　　　　　　2 440
　　管理费用　　　　　　　　　　　　　　　　　　　10 075
贷:生产成本——辅助生产成本——机修车间　　　　　2 500
　　　　　　　　　　　　　　——供水车间　　　　　4 000
　　　　　　　　　　　　　　——运输车间　　　　　8 600

2. 原材料分配率＝3 060/(300×3＋200×1.5＋600×4)＝0.85
　甲产品耗用的原材料重量＝0.85×300×3＝765 千克
　甲产品耗用的原材料金额＝765×3.5＝2 677.5 元
　乙产品耗用的原材料重量＝0.85×200×1.5＝255 千克
　乙产品耗用的原材料金额＝255×3.5＝892.5 元
　丙产品耗用的原材料重量＝0.85×600×4＝2 040 千克
　丙产品耗用的原材料金额＝2 040×3.5＝7 140 元

3. (1)因为原材料在生产开始时一次投料,所以,
　乙产品原材料费用分配率＝(2 800＋12 200)/(400＋200)＝25
　乙产品本月完工产品原材料＝400×25＝10 000(元)
　乙产品月末在产品原材料＝200×25＝5 000(元)
　乙产品完工产品成本＝10 000＋4 000＋2 800＋600＝17 400(元)
　(2)

表附附 7-2　　　　　　　　　乙产品成本明细账
20××年5月　　　　　　　　　　　产量:400件

摘　　要	原材料	燃料和动力	工资和福利费	制造费用	合　　计
月初在产品	2 800	0	0	0	2 800
本月生产费用	12 200	4 000	2 800	600	19 800
合　　计	15 000	4 000	2 800	600	22 600
完工产品成本	10 000	4 000	2 800	600	17 600
月末在产品	5 000	0	0	0	5 000

4.(1)计算分配直接人工费用和制造费用时,在产品完工程度和在产品约当产量
　①第一道工序在产品完工程度=(10×50%)/40×100%=12.5%
　②第二道工序在产品完工程度=(10+20×50%)/40×100%=50%
　③第三道工序在产品完工程度=(10+20+10×50%)/40×100%=87.5%
　④在产品约当产量=100×12.5%+20×50%+80×87.5%=92.5(件)
(2)计算完工产品总成本和在产品成本
①完工产品总成本
原材料费用=56 000/(500+200)×500=40 000元
直接人工费用=49 770/(500+92.5)×500=42 000元
制造费用=48 585/(500+92.5)×500=41 000元
完工产品总成本=40 000+42 000+41 000=123 000元
②在产品成本=56 000+49 770+48 585-123 000=31 355(元)

5.

表附附 7-3　　　　　　　完工产品和在产品的成本计算表

摘　　要	原材料	工资及福利费	制造费用	合　　计
费用合计	50 400	42 000	33 600	126 000
完工产品定额	50 000	5 000	5 000	
月末在产品定额	6 000	250	250	
小　　计	56 000	5 250	5 250	
费用分配率	0.9	8	6.4	
完工产品成本	45 000	40 000	32 000	117 000
月末在产品成本	5 400	2 000	1 600	9 000

原材料:完工产品定额材料成本=1 000×50=50 000(元)

月末在产品定额材料成本=(200×60%)×50=6000(元)

分配率=50 400/(50 000+6 000)=0.9

完工产品成本=0.9×50 000=45 000(元)

月末在产品成本=0.9×6 000=5 400(元)

工资及福利费:完工产品定额工时=1 000×5=5 000(元)

月末在产品定额工时=200×25%×5=250(元)

分配率=42 000/5 250=8

完工产品成本=8×5 000=40 000(元)

月末在产品成本=8×250=2 000(元)

制造费用分配原理同工资及福利费(略)。

五、本章案例分析题

完工产品成本=1 917 500(元)

单位产品成本=147.50(元)

利润=395 500(元)

可见,约翰关于公司没有盈利以及单位成本远高于竞争对手的说法是错误的。约翰在计算过程中有三个错误:

(1)将营业费用和管理费用等期间成本作为产品成本;

(2)混淆了当期生产费用与完工产品之间的关系;

(3)按销售数量而非生产数量计算产品的单位成本。

第八章 成本考核

一、单项选择题

1. B 2. B 3. B 4. A 5. D 6. C 7. D 8. B 9. B 10. D

二、多项选择题

1. ABCD 2. ABCD 3. ABDE 4. ABC 5. ABD

6. ABCE 7. CDE 8. ACD 9. ABD 10. ABD

三、简答题

1. 责任中心是指企业内部按各自生产经营的特点和一定的控制范围,有其主管人员对其可控制的生产经营活动负责并拥有相应权力的内部单位。分为成本中心、利润中心、收入中心和投资中心四种类型。企业的各种类型和层次的责任中心,形成了一个网络,促使每个责任中心为保证经营目标一致性的实现而协调工作。

2.

表附 8－1 责任成本与产品成本的区别

项　目	责任成本	产品成本
成本原则	责任确定原则	公认会计原则
成本对象	经济责任中心	产品、劳务
成本内容	责任可控成本	实际成本
核算主体	财会部门	财会部门及各成本中心
信息作用	反映责任指标差异与例外	反映成本构成情况
成本报告	对内控、考核	对上、对外
报告格式	各企业决定、格式多样	原则上统一
资料汇集	受责任组织体系决定	受产品、工艺决定
成本计价	内部价格	实际或计划成本价

3. 责任成本考核是将责任完成实绩指标与预算指标加以对比,考核其责任完成情况。

责任成本的经济意义:首先,它是责任成本管理循环的重要组成部分;其次,考核是加强责任控制的有力保证;最后,责任成本考核也是贯彻责权利相结合原则的重要措施。

4. 平衡计分卡是一种以信息为基础的管理工具,它分析哪些是完成企业使命的关键性成功因素以及评价这些关键性因素的项目,并不断检查、审核这一过程,以把握企业绩效评价真实、客观的方法。平衡计分卡把对企业的评价划分为四个部分:财务方面、顾客、内部流程、学习与成长。

5. 标杆法是建立在过程概念之下,通过对先进的组织或者企业进行对比分析,了解竞争对手的长处和具体的行事方式,在此基础上,对比自己的行事方式,然后制定出有效的赶超对策来改进自己的产品服务以及系统的一种有效的改进方式或改进活动。

四、计算题

1. (1)应采用市场价格。
   (2)应采用协商价格。
   (3)应采用协商价格。

2. (1)零部件车间能够接受的最低转移价格是 75 元。
   (2)成品车间能够接受的最高转移价格是 140 元。
   (3)应该进行内部交易。因为销售方的机会成本要比购买方的机会成本小。
   (4)会接受的。因为零部件车间将可多赚 750 000 元。

3. (1)计算追加投资前 A 投资中心的剩余收益:
   A 投资中心的利润额 $=200 \times 15\% = 30$(万元)
   A 投资中心的剩余收益 $= 30 - 200 \times 12\% = 6$(万元)
   (2)计算追加投资前 B 投资中心的投资额:

B投资中心的利润额＝投资额×17％

B投资中心的剩余收益＝投资额×17％－投资额×12％＝20(万元)

投资额＝20/(17％－12％)＝400(万元)

(3)计算追加投资前该公司的投资报酬率：

投资报酬率＝(200×15％＋400×17％)/(200＋400)＝16.33％

(4)若A投资中心接受追加投资，计算其剩余收益：

剩余收益＝(200×15％＋20)－(200＋100)×12％＝14(万元)

(5)若B投资中心接受追加投资，计算其投资报酬率：

投资报酬率＝(400×17％＋15)/(400＋100)＝16.60％

4. (1)计算该集团公司和各投资中心的投资报酬率，并据此评价各投资中心的业绩。

集团投资利润率＝34 650/315 000＝11％

A投资中心投资报酬率＝10 400/94 500＝11％

投资中心投资报酬率＝15 800/145 000＝10.90％

C投资中心投资报酬率＝8 450/75 500＝11.19％

C投资中心最好，高于集团投资报酬率；B投资中心最差，低于集团投资利润率；A投资中心与集团投资利润率保持一致。

(2)计算各项投资中心的剩余收益，并据此评价各投资中心的业绩。

集团剩余收益＝34 650－315 000×10％＝3 150万元

A投资中心剩余收益＝10 400－94 500×10％＝950万元

B投资中心剩余收益＝15 800－145 000×10％＝1 300万元

C投资中心剩余收益＝8450－75 500×10％＝900万元

评价：B中心最好，A中心次之，C中心最差。

(3)综合评价各投资中心的业绩。由于以投资利润率作为评价标准存在很多局限性，而采用剩余收益为评价标准可以克服投资利润率的某些缺陷，所以，当投资利润率的决策结果和剩余收益的决策结果不一致时应当以剩余收益的决策结果为准。因此，总的来说，B投资中心业绩最优，A投资中心次之，C投资中心最差。

五、本章案例分析题

服饰部门成本最小化，从Thompson公司采购成本最小。

Deluxe公司总体利润最大化，设服饰部门的公文包价格为X，则：

方案一，从本公司皮革部门购买皮革，皮革部门的成本为9/(1＋40％)＝6.43美元

公司的总体利润＝100 000×3×(X－9)＋100 000×3×(9－6.43)＝300 000X－1 929 000

方案二，从Koeing公司采购皮革，则：

公司的总体利润＝100 000×3×(X－8)＝300 000X－2 400 000

方案三，Thompson公司采购皮革，化学品成本2/(1＋30％)＝1.54美元，则：

公司的总体利润＝100 000×3×(X－7)＋100 000×(2－1.54)＝300 000X－2 054 000

所以，从皮革部门购买，公司总体利润最高。

第九章 成本报表

一、单项选择题

1. B　　2. B　　3. A　　4. A　　5. C　　6. B　　7. A　　8. A　　9. D　　10. A

二、多项选择题

1. ABC　　　　2. ABCE　　　　3. ABE　　　　4. ABCE　　　　5. ACE
6. ADE　　　　7. AD　　　　　8. AE　　　　9. ACDE　　　　10. BCD

三、简答题

1. 成本报表是根据企业日常的产品成本核算资料定期编制,用来反映、考核和分析企业在一定时期内产品成本水平以及产品成本计划执行结果的报告文件。

产品成本是反映企业生产经营活动情况的综合性指标,是企业工作质量的一个重要尺度。企业物质消耗、劳动效率、技术水平、生产管理等各方面经营管理的好坏,以及企业外的一些因素(诸如物价、国家经济政策等)的影响,都会直接或间接地在产品成本中表现出来。产品成本的变动趋势,综合反映了企业为提高经济效益所作的各种努力是否有效,以及有效程度如何。为了考核企业产品成本计划的执行结果,使成本核算所获得的各种资料得到充分有效的利用,企业就必须编制成本报表并进行考核、分析,这样才能把握成本变动趋势,不断寻找降低产品成本的途径。

2. 商品产品生产成本表,是反映企业在一定时期内生产的全部商品产品的总成本以及各种主要商品产品的单位成本和总成本的报表,因此一般也称之为商品产品成本表。

3. 主要产品单位成本表可以具体说明"商品产品生产成本表"中的"单位成本"项目的具体构成。

本表共分三个部分。第一部分反映产品本月实际合格产品的产量、本年累计实际合格产品产量、销售单价以及品名、规格、计量单位等反映全貌的指标。

第二部分反映产品的单位生产成本。按具体成本项目设行,按历史先进水平、上年实际平均、本年计划、本月实际和本年累计实际平均设专栏。

第三部分反映单位产品所耗用的各种主要原材料的数量、单位产品耗用生产工时、材料利用率及废品率等主要技术经济指标。为了便于考核产品成本的变动等情况,这些技术经济指标也按当年单位产品生产成本相同的专栏设置。

4. 所谓可比产品是指企业以前一年度已生产过的产品。所谓不可比产品是指企业本年度初次生产的新产品,或虽非初次生产,但以前仅属试制而未正式投产的产品。

5. 企业还应编制成本管理专题报表。此类报表主要反映成本管理中某些特定的重要信息。通过对这些信息的反馈和分析,可以加强企业的成本管理工作。此类报表一般依据实际需要灵活设置,通常有责任成本表、质量成本表等。

四、计算题

1.

表附附 9－1　　　　　　　　　　　产品生产成本表

编制单位：××工厂　　　　　　　　200×年×月　　　　　　　　　　　　　　单位：元

产品名称	计量单位	实际产量 本月	实际产量 本年累计	单位成本 上年实际平均	单位成本 本年计划	单位成本 本月实际	单位成本 本年累计实际平均	本月总成本 按上年实际平均单位成本计算	本月总成本 按本年计划单位成本计算	本月总成本 本期实际	本年累计总成本 按上年实际平均单位成本计算	本年累计总成本 按本年计划单位成本计算	本年累计总成本 本年实际
可比产品合计								151 000	149 200	143 700	1 740 000	1 696 000	1 667 000
其中：A	件	100	900	800	780	750	760	80 000	78 000	75 000	720 000	675 000	684 000
B	件	30	500	500	480	450	470	15 000	14 400	13 500	250 000	240 000	235 000
C	件	80	1 100	700	710	690	680	56 000	56 800	55 200	770 000	781 000	748 000
不可比产品合计								1 233 000	1 269 000		15 224 000	14 596 000	
其中：D	件	300	3 200		1 150	1 250	1 100		345 000	375 000		3 680 000	3 520 000
E	件	600	7 800		1 480	1 490	1420		888 000	894 000		11 544 000	11 076 000
全部产品								1 382 200	1 412 700		16 920 000	16 263 000	

补充资料：

(1) 可比产品成本降低额：73 000 元

(2) 可比产品成本降低率：4.2%

2.

表附附 9－2　　　　　　　　　　　成本对比分析表

200×年×月

项　　目	本年计划成本	本年实际成本	成本差异额	成本差异率
A 产品	100 000	980 000	－20 000	－2%
B 产品	2 500 000	2 600 000	100 000	4%
C 产品	3 800 000	4 000 000	200 000	5.26%
合　　计	7 300 000	7 580 000	280 000	3.38%

3.

表附附9－3　　　　　　　　产量及其他有关资料

项　目	计划数	实际数
产品产量（件）	200	220
单位产品材料消耗量（千克）	30	28
材料单价（元）	500	480
材料费用	3 000 000	2 956 800

分析对象：2 956 800－3 000 000＝－43 200（元）

计划材料费用＝200×30×500＝3 000 000（元）

第一次替代：材料费用＝220×30×500＝3 300 000（元）

第二次替代：材料费用＝220×28×500＝3 080 000（元）

实际材料费用＝220×28×480＝2 956 800（元）

由于产量变动对材料费用的影响＝3 300 000－3 000 000＝300 000（元）

由于材料单耗变动对材料费用的影响＝3 080 000－3 300 000＝－220 000（元）

由于材料单价变动对材料费用的影响＝2 956 800－308 000＝－1 232 000（元）

三个因素变动对材料费用的影响程度合计＝300 000－220 000－123 200＝－43 200（元）

4.

表附附9－4　　　　　　全部商品产品成本计划完成情况分析表

200×年×月

产品名称		总成本（元）		差异	
		按计划计算	按实际计算	降低额（元）	降低率
可比产品	A产品	300 000	32 400	2 400	8％
	B产品	60 000	54 000	－6 000	－10％
	C产品	960 000	920 000	－40 000	－4.17％
	小　计	1 050 000	1 006 400	－43 600	－4.15％
不可比产品	D产品	98 800	104 000	5 200	5.26％
	E产品	304 000	300 000	－4 000	－1.32％
	小　计	402 800	404 000	1 200	1.3％
合　计		1 452 800	1 410 400	－42 400	－2.29％

五、本章案例分析题（略）

提示：首先要规范成本会计的账目，由专人负责票据的整理、分录的填写和账目的生成，以产品的品种和生产的环节为核算对象，加强企业成本核算的科学性和合理性，即可清楚了解各项产品的成本和利润，作出正确的生产和定价战略，并且能够进行相应成本的控制和分析考核。将成本责任落实到具体个人。

第十章　成本分析

一、单项选择题

1. C　2. B　3. B　4. C　5. D　6. A　7. C　8. D　9. C　10. B

二、多项选择题

1. ABCDE　　2. ABCDE　　3. BCE　　4. ACE　　5. CD
6. ABCDE　　7. AB　　　　8. ABCD　　9. AB　　10. ACE

三、简答题

1. 有助于认识和掌握产品成本变动规律；有助于加强成本控制、为正确决策提供依据。

2. (1)将本期实际数与本期计划数或定额数对比；

(2)将本期实际数与前期实际数对比；

(3)将本期实际数与同行业标准进行对比。

3. (1)利用比较法将某项综合经济指标的实际数与基数对比，找出其差额作为分析对象；

(2)确定该项综合经济指标由哪几个因素组成，及各因素影响指标的排列顺序；

(3)以基数为计算基础，按照各因素的排列顺序，逐次以各因素的实际数替换其基数，每次替换后实际数就被保留下来，有几个因素就替换几次，直到所有因素都变为实际数为止，每次替换后都求出新的计算结果；

(4)将每次替换后的所得结果，与其相邻的前一次计算结果相比较，两者的差额就是某一因素变动对综合经济指标的影响程度；

(5)计算各因素变动影响数额的代数和。这个代数和应等于被分析指标实际数与技术的总差异额。

4. 就是将可比产品的实际成本与按产品实际成本的降低额和降低率，并同计划规定的成本降低额和降低率相比，评价企业完成可比产品成本降低任务的情况，确定各项因素的影响程度，以便为今后采取措施、降低成本指明方向。

5. 传统分析方法把因产量变动引起单位固定成本变动对成本降低任务的影响，都归结为单位成本变动的影响，掩盖了成本中两种不同性态构成的区别，而成本性态分析方法可以避免这一缺陷，因而对影响总成本变动的各个因素的分析更加真实全面。

四、计算题

1. 材料费用总额定额指标：　　　$1\,000 \times 20 \times 40 = 800\,000$(元)　　　　　　　(1)

　第一次替代：　　　　　　　　$1\,050 \times 20 \times 40 = 840\,000$(元)　　　　　　　(2)

　第二次替代：　　　　　　　　$1\,050 \times 17 \times 40 = 714\,000$(元)　　　　　　　(3)

　第三次替代(实际指标)：　　　$1\,050 \times 17 \times 42 = 749\,700$(元)　　　　　　　(4)

　(2)－(1)＝$840\,000 - 800\,000 = 40\,000$(元)　　　产量增加的影响

(3)-(2)=714 000-840 000=-126 000(元)　　材料单位消耗的节约的影响
(4)-(3)=749 700-714 000=35 700(元)　　材料单价提高的影响
40 000-126 000+35 700=-50 300(元)　　全部因素的综合影响

2.(1)产品生产成本表中总成本各栏的计算和填列见下表:

表附附10-1　　　　　　　　某企业产品生产成本表

产品名称	计量单位	实际产量	单位成本 上年实际	单位成本 本年计划	单位成本 本年实际	本年总成本(实际产量) 按上年实际单位成本计算	本年总成本(实际产量) 按本年计划单位成本计算	本年总成本(实际产量) 实际成本
一、可比产品								
甲产品	件	30	1 050	1 040	1 020	31 500	31 200	30 600
乙产品	件	35	1 350	1 285	1 245	47 250	44 975	43 575
小　计						78 750	76175	74 175
二、不可比产品								
丙产品	件	20	—	600	690	—	12 000	13 800
全部产品成本						78 750	88 175	87 975

(2)全部产品生产成本计划完成情况:
全部产品成本降低额=计划总成本-实际总成本
=∑(实际产量×计划单位成本)-∑(实际产量×实际单位成本)
=88 175-87 975=200(元)(节约)
全部产品成本降低率=成本降低额÷计划总成本×100%
=200/88 175×100%=0.227%(节约)
可见,全部产品的实际成本比计划成本节约300元,节约率为0.34%。
产值成本率计划数为60元/百元,实际数为87 975/153 000×100%=57.5(元/百元)。

以上计算表明,本月全部产品实际总成本是比计划数节约的,本月商品产值比较大,从产值成本率分析看,企业本月实际产值成本率实际数为57.5元/百元,低于计划数60元/百元,反映企业本月生产耗费的经济效益不错。总成本节约是由于甲、乙产品(可比产品)成本节约所致,不可比产品丙产品成本都是提高的。

3. 工时耗用量变动对单位成本的影响=(95-100)×4=-20(元)
平均小时工资率变动对单位成本的影响=(5-4)×95=95(元)
两因素共同影响=-20+95=75(元)
这说明直接人工成本项目的升高主要是由于平均小时工资率的变动。

4. 产量增长率=(770-700)/700=10%
产量变动对单位产品成本降低额的影响=580×[1-1/(1+10%)]=52.73元
产量变动对单位产品成本降低率的影响=52.73/1 180×100%=4.47%
以上分析结果表明:产量从700件增加到770件,使单位成本降低52.73元,这实际上是由于产量增加而单位固定费用相对节约所造成的。

5.
(1)首先计算全部可比产品的成本降低任务,即计划降低额和计划降低率。

表附附10－2　　　　　　　××××年度可比产品成本计划表

产品名称	计量单位	计划产量	单位成本		总成本		计划降低任务	
			上年实际	本年计划	上年成本	计划成本	降低额	降低率
可比产品		P_1	C_0	C_1	P_1C_0	P_1C_1	$P_1C_0-P_1C_1$	降低额/P_1C_0
甲产品	件	3 300	100	90	330 000	297 000	33 000	10%
乙产品	件	1 100	200	190	220 000	209 000	11 000	5%
合　计					550 000	506 000	44 000	8%

（2）其次，计算全部可比产品成本的实际降低额和实际降低率，与计划降低额和计划降低率相对比，分析其成本降低任务完成情况。

表附附10－3　　　　　××××年度可比产品成本的实际完成情况表

产品名称	计量单位	计划产量	单位成本			总成本			实际降低情况	
			上年实际	本年计划	本年实际	上年成本	计划成本	本年实际	降低额	降低率
可比产品		P_2	C_0	C_1	C_2	P_2C_0	P_2C_1	P_2C_2	$P_2C_0-P_2C_2$	降低额/P_2C_0
甲产品	件	4 400	100	90	89	440 000	396 000	391 600	48 400	11%
乙产品	件	1 100	200	190	188	220 000	209 000	206 800	13 200	6%
合　计						660 000	605 000	598 400	61 600	9.333%

可见，全部可比产品成本实际降低额超额完成了计划，比计划多降低17 600元；实际降低率较计划增加了1.333%（9.333%－8%）。

（3）下面用连环替代法分别计算产品产量、产品品种结构、产品单位成本三个因素的变动对成本降低任务完成情况的影响。

表附附10－4　　　　　可比产品成本降低任务完成情况分析表

顺　序	指　标	成本降低额（元）	成本降低率
（1）	按计划产量、计划品种结构、计划单位成本计算的成本计划降低额和降低率	$\sum P_1C_0-\sum P_1C_1$ ＝550 000－506 000 ＝44 000	44 000÷550 000 ＝8%
（2）	按实际产量、计划品种结构、计划单位成本计算的成本降低额和降低率	$\sum P_2C_0\times 8\%$ ＝660 000×8% ＝52800	8% 保持不变
（3）	按实际产量、实际品种结构、计划单位成本计算的成本降低额和降低率	$\sum P_2C_0-\sum P_2C_1$ ＝660 000－605 000 ＝55 000	55 000÷660 000 ＝8.333%
（4）	按实际产量、实际品种结构、实际单位成本计算的成本实际降低额和降低率	$\sum P_2C_0-\sum P_2C_2$ ＝660 000－598 400 ＝61 600	61 600÷660 000 ＝9.333%
各因素的影响程度			
产量变动影响	（2）－（1）	52 800－44 000＝8 800	－
品种结构变动的影响	（3）－（2）	55 000－52 800＝2 200	0.333%
单位成本变动的影响	（4）－（3）	61 600－55 000＝6 600	1%
合　计		17 600	1.333%

五、本章案例分析题

提示:(1)艾丽丝成本主要是在产品开发阶段,产品的设计和模具制造等投入较大,采用了称为"Maker & Vender(制造与批发功能兼备)的战略。扩大经营网络,同时面向全国的大型零售店直接批发产品,提高运输效率,确保能够回收产品开发费所需的销售量和销售利润。

(2)提高新开辟的批发业的竞争能力。将目标指向建立一个畅通而有效的销售和运输系统。开发并日趋完善了与客户联机,使订货、生产、送货相结合的信息系统这样就克服了客户少,产品种类少,工厂也只有一处,造成运货效率低这种情况。

(3)为保留必要的库存准备,又使成本降到最低,艾丽丝进行了严密的需求预测和以JIT为基础的生产管理。均以往年的销售数据为基础进行需求预测,并提高预测精度,数据库的数据按商品类别、地区类别、订货点类别、营业负责人类别进行分类。此外,以每周的汇总为基础进行预测,通过套用预设的需求模式,能得到每日的需求预测,这样艾丽丝就对产品的订货存货情况有一定的掌握,大大地降低了成本。

(4)艾丽丝生产管理系统与销售管理系统使用不同的主机。工厂按每周预测销售量安排生产计划并准备材料和模具。实际生产指令与库存管理联动,只生产能销售的产品。销售管理系统与生产管理系统以库存管理辅助系统为媒介相互连接,接受客户订货的销售管理系统,从各工厂的库存数据中减去应送的数量;生产管理系统以库存和一周销售预测为基础向工厂发出实际生产指令。如此一来使得艾丽丝的生产更有针对性,避免产品剩余和滞销,降低了生产成本和风险成本。

第十一章　成本管理的新发展(上)

一、单项选择题

1. A　　2. D　　3. A　　4. C　　5. A　　6. B　　7. D　　8. C　　9. B　　10. B

二、多项选择题

1. ABCDE　　2. BCD　　3. ABDE　　4. ABCDE　　5. ABC
6. ABCDE　　7. BCD　　8. BCDE　　9. ABCDE　　10. ABCDE

三、简答题

1. 价值链分析方法视企业为一系列的输入、转换与输出的活动序列集合,分析的对象是企业为了提供有价值的产品或劳务给顾客而发生的一系列创造价值的活动,每个活动都有可能相对于最终产品产生增值行为,从而增强企业的竞争地位。

2. 生产能力运用模式、联系、全面质量管理、员工对企业的向心力。

3. 价值链分析、成本动因分析、战略定位分析。

4. 人力资源的取得成本(招募、选拔、雇佣、定岗而发生的各种支出)、维持成本、开发成本(上岗培训、在职培训和脱产培训所发生的各种费用支出)和遣散成本(遣散费用和安置费用)。

5. 优点在于:所提供的信息具有很强的相关性、可比性,信息使用者可以直接采用这样的数据进行有关人力资源方面的决策。但缺点在于:工作量会比较大,需要付出大量的人力成本,而且所提供的信息中含有一定的人为确定的因素,在一定程度上缺乏可信赖程度。

四、本章案例分析题

不能将降低成本理解为节约开支。从该案例中得到的启示:该公司总资产有8万元增加到23万元,销售收入有42万元增加到10亿元。企业的非生产性开支是一压再压,虽然该企业是大企业,但管理层仍在一座普普通通的旧楼里办公。此外,集团公司将节约思想贯彻到项目投资、工艺设计各个环节,结果是该集团生产性固定资产投资中,设备占95%,而一般情况下,最多为80%。因此,该集团还处在努力降低成本的阶段。

第十二章　成本管理的新发展(下)

一、单项选择题

1. A　2. C　3. D　4. D　5. C　6. D　7. A　8. D　9. D　10. D

二、多项选择题

1. ABCD　2. ABCDE　3. CD　4. ACDE　5. ABCDE
6. ABE　7. ABCDE　8. ABCDE　9. ABCDE　10. DE

三、简答题

1. 质量成本的内涵是产品在生产过程中为使产品达到经济合理的符合性质量水平而发生的一切资金耗费。质量成本的外延是产品完成生产过程之后,消费者在使用产品过程中因质量低劣而导致的消费者的损失以及消费者对质量不满而对企业产生的间接损失,包括预防成本、鉴定成本、内部损失成本和外部损失成本。

2. 从质量成本发生性质上分类;从质量成本可控性上分类;从质量成本价值补偿性上分类;从质量成本与产品质量的密切程度进行分类。

3. 在传统的质量成本管理体系下,战略管理的目标是使产品达到可接受的质量水平,使过程与结果达到一致。这种管理目标主要针对的是可见的、可控的成本,不太适应现在的管理理念,因此,现代质量成本管理的目标是零缺陷质量目标,是将成本水平和质量水平有机结合起来,增强产品的竞争力。

4. 全产品生命周期成本管理理论具有较强的战略适应性;能够缩短产品的上市周期,能降低产品的研发成本,能够改善产品质量,有助于控制环境成本。

5. 研究社会责任成本,有助于提高企业的社会形象,提升企业价值;企业利用了社会的资源,理应为这个利用支付一定的费用;企业承担社会责任成本是一种道德义务;企业承担社会责任成本是符合可持续发展的目标的。

四、本章案例分析题

1. 质量成本的项目:内部失败成本、防止失败成本、无缺陷成本、预防成本、鉴定成本。

2. 质量成本控制的重点:企业上下的质量观念;落实质量管理的权责制;确定质量成本的要素;计划、执行、监督、评价的结合。